Hella S. Haasse

Ich widerspreche stets

Das unbändige Leben der Gräfin Bentinck

Roman

Aus dem Niederländischen von Maria Csollány

Wunderlich

Die Originalausgabe erschien 1978 unter dem Titel
«Mevrouw Bentinck. Onverenigbaarheid van karakter»
bei Querido, Amsterdam

*Am Schluß des Buches findet der geneigte Leser
ein Personenverzeichnis*

1. Auflage Januar 1997

Umschlaggestaltung Susanne Müller
(Antoine Watteau: «Unterhaltung im Freien»,
um 1717/18. Dresden, Gemäldegalerie, Alte Meister;
Archiv für Kunst und Geschichte, Berlin/Erich Lessing)
Satz aus der Baskerville (Linotronic 500)
Gesamtherstellung Clausen & Bosse, Leck
Printed in Germany
ISBN 3 8052 0580 5

Ich widerspreche stets

Wie beginnt man eine wahre Geschichte, ohne daß diese augenblicklich an Glaubwürdigkeit verliert, ja, ohne daß die Tatsachen sich in Fiktion verwandeln? Die wirklich geschehene, aber ungreifbare Vergangenheit nimmt wie von selbst die Farben einer Sage an. Es war einmal... wir haben gelernt, auf diese Weise Märchen zu erzählen. Doch hier geht es nicht um ein Märchen, allen Schlössern, Kutschen, Kostbarkeiten, Reifröcken und Perücken zum Trotz. Vielleicht kann eine nüchterne Erzählweise das plausibel machen.

Es war also, zu Beginn des siebzehnten Jahrhunderts, zwischen Nordsee und Weser ein dänisches Lehnsgut namens Oldenburg, das vom Grafen Anton Günther regiert wurde, einem Mann, weit und breit berühmt wegen seines Mutes und Unabhängigkeitssinnes und wegen seiner Kenntnisse in der Pferdezucht. In seiner Jugend verliebte er sich in ein Fräulein, von Adel zwar, doch nicht hochgeboren genug, um seine rechtmäßige Gemahlin zu werden. Sie hieß Elisabeth von Ungnad; sie war schön und verwegen und erwiderte Anton Günthers Liebe mit Leib und Seele. Als sie ihm mitteilte, daß sie schwanger sei, erinnerte er sich an einen alten Brauch: Zwischen einem Edelmann und einer Edelfrau galt ein unter vier Augen gegebenes, schriftliches Treuegelöbnis als Vollzug der Ehe. Er unterzeichnete das Schriftstück mit einer in sein Blut getauchten Gänsefeder. Das Gerücht kam Anton Günthers Mutter zu Ohren, die schon eine Braut für ihn ausgesucht hatte und sehr ungehalten war, als sich ihre Pläne zu zerschlagen drohten. Sie sandte einen ihrer vertrauten Hofleute zu Elisabeth mit dem Auftrag, ihr das bindende Dokument zu entlocken und es zu vernichten. Elisabeth ließ sich überreden und zeigte ihm das Schriftstück, worauf der Besucher ihr das Papier aus der Hand riß und sofort ins Kaminfeuer warf. Noch in derselben Nacht floh Elisabeth ins benachbarte Ostfriesland und bat um den Schutz des herrschenden Fürsten. Nicht lange darauf brachte sie einen Sohn zur Welt, den sie nach seinem Vater Anton nannte.

Notgedrungen ehelichte Anton Günther die ebenbürtige Dame, konnte aber Elisabeth nicht vergessen. Die Ehe blieb kinderlos, was bedeutete, daß Oldenburg nach seinem Tode an die dänische Krone zurückfiel. Doch Anton Günther stand mit dem König auf gutem Fuß. Er setzte durch, daß sein mittlerweile als legitim erklärter Sohn zum Grafen seiner kleinen Besitztümer erhoben wurde, der Landgüter Kniphausen und Varel mit den umliegenden Gebieten und des sogenannten Butjadinger Landes an der Jademündung; hinter den Dünen und Sümpfen lag gutes Weideland, das sich hervorragend zur Viehzucht eignete.

Der frischgebackene Graf durfte sich Anton I. von Aldenburg nennen. Sein Vater schenkte ihm außerdem ein Kapital von hunderttausend Goldstücken und (für den Notfall) einen Besitz in der Republik der Vereinigten Niederlande, das Schloß Doorwerth in Geldern, das er dem bankrotten Eigentümer abgekauft hatte. Eine fast ebenso wertvolle Erbschaft war das gute Einvernehmen mit dem dänischen Königshaus. Anton I. wurde zum persönlichen Rat am dänischen Hof ernannt und mit ehrenvollen Aufträgen betraut; so vertrat er 1678 Dänemark bei den Friedensverhandlungen in Nimwegen. Etwa zu dieser Zeit starb seine erste Frau. Er hatte fünf schon verheiratete Töchter, aber keinen männlichen Erben. Am dänischen Hof begegnete Anton I. einer Nichte und Schutzbefohlenen der Königin. Sie hieß Charlotte Amélie de la Trémouille und gehörte dem hohen französischen Hugenottenadel an. Sie war schon siebenundzwanzig, strenggläubig, eine stolze, zurückhaltende, einsame junge Frau, die eine wechselvolle, schwere Jugend hinter sich hatte. Einmal in einer Gesellschaft (bei der auch Anton zugegen war) erklärte sie scherzhaft, es sei ihr Herzenswunsch, dereinst in Frieden, mit einer auskömmlichen Witwenpension auf einem

Schloß in den Niederlanden, ihre Tage zu beschließen. Anton gab ihr zu verstehen, einer seiner Freunde, ein Mann von Jahren, habe eine innige Zuneigung zu ihr gefaßt. Falls sie seine Gefühle erwidern könne, würde derselbe vor Glück sterben, und zwar innerhalb eines halben Jahres. Da er ihren Wunsch kenne, biete er ihr als «douaire», als Witwensitz, sein Schloß in den Niederlanden an unter der Bedingung, daß sie ihn die sechs Monate, die er noch zu leben habe, als ihren Ehegatten erdulde. Charlotte Amélie durchschaute die List und sagte, es sei ihr «unmöglich, mein Herz einem Manne zu verweigern, der an Körper und Seele so wohlgestaltet ist wie Monsieur, der in mich verliebt ist und dessen Charakter in jeder Hinsicht mit dem meinen übereinstimmt». Trotz des Widerstandes sowohl ihrer eigenen Familie als auch Antons Töchtern und Schwiegersöhnen wurde bald darauf die Ehe eingesegnet. Nach damals üblichem Brauch behielt Charlotte Amélie, die im Rang höher stand als ihr Ehemann, den Titel Prinzessin.

Nach einer kurzen Reise über Doorwerth und die anderen Aldenburger Landgüter ließ sich das Ehepaar auf Schloß Varel nieder, das dem Geschmack der Zeit entsprechend umgebaut und neu eingerichtet wurde. Sie waren vollkommen glücklich. «Die Stunden verflogen wie Sekunden», schrieb Charlotte Amélie später in schmerzhaftem Gedenken in ihren Memoiren. Sie fragte sich, ob der plötzliche Tod Antons, der merkwürdigerweise tatsächlich ein halbes Jahr nach der Hochzeit starb, eine Strafe Gottes sei, da sie «das Geschöpf mehr geliebt habe als seinen Schöpfer».

Der Graf von Aldenburg war kaum verschieden, als im Namen der Erben der Mann seiner ältesten Tochter, der dänische Baron Gyldenlöve, erschien. Ohne Umschweife fragte er Charlotte Amélie, ob sie schwanger sei. Sie war so vor Kummer verstört und entrüstet über sein mangelndes Feingefühl, daß sie antwortete: «Ich weiß es nicht, ich glaube nicht.» Als der Baron das Zimmer verlassen hatte, erzählte sie ihrer Gesellschafterin, was sie gesagt hatte. Das Fräulein sagte: «Wie konnten Sie das in Anbetracht Ihrer Umstände sagen! Es ist kein Zweifel möglich, Sie erwarten ein Kind.

Das wird gewisse Konsequenzen nach sich ziehen, gestatten Sie, daß ich erläutere, wie sich die Sache wirklich verhält.» Sie tat, wie gesagt, und erklärte, die Prinzessin habe vor Scham und Verlegenheit nicht gewußt, was sie antworten sollte, denn sie sei erwiesenermaßen im fünften Monat schwanger. Das Fräulein bekam zu hören, man werde sich daran halten, was die Prinzessin selbst gesagt habe.

Die gesamte bewegliche Habe wurde nun aus dem Schloß geschafft, Schmuckstücke, Möbel, Kutschen, Pferde und Kühe, sogar die Statuen aus dem Garten und das Bett der Prinzessin, ein prunkvolles Möbelstück in Grün und Gold, das die Gyldenlöves sofort als Brautbett für ihre älteste Tochter bestimmten. Sie forderten auch das Tafelsilber, und zwar das größere der beiden vollständigen Services, die sich im Schloß zu Varel befanden. Charlotte Amélie ließ es einpacken und nach Dänemark verfrachten. In der Meinung, sie versuche ihn zu betrügen, schickte es der Baron wieder zurück; er wolle das andere, das sie für sich behalten habe. Gelassen kam Charlotte Amélie seiner Forderung nach; er bekam jetzt das kleinere Service, konnte aber nicht mehr reklamieren. Sie verschloß das kostbare Silberzeug hinter Schloß und Riegel an einem sicheren Ort, um es notfalls einzeln zu verkaufen und damit den Lebensunterhalt für sich und das Kind zu sichern. Außer altem Gerümpel waren ihr nur die Wandteppiche geblieben, die man in der Eile übersehen hatte. Das Geld für die allernötigsten Ausgaben mußte sie sich borgen. Um niemandem zur Last zu fallen, verzichtete sie auf alles. Als dies bekannt wurde, schickte einer ihrer Beamten ihr täglich zu essen. Der König von Dänemark, der auf der Durchreise zufällig in Varel vorbeikam, erschrak, als er ihre Armut sah. Er zeigte sich wohlwollend und von seiner freundlichsten Seite. Er konnte aber sein Versprechen nicht halten und nichts gegen Gyldenlöve ausrichten, der sein natürlicher Sohn und außerdem Statthalter von Oldenburg war. Unterdessen hatte Charlotte Amélie einen Sohn, Anton II., zur Welt gebracht. Sobald sie zu Kräften gekommen war, entschloß sie sich, Kniphausen, dem anderen Aldenburgischen Besitz, einen (gezwungenermaßen lange aufgeschobenen) Besuch abzustatten, und forderte dort, wie in Varel, die Anerkennung ihrer Rechte. In Kniphausen hatte man unterdessen auf Gyldenlöves Befehl das örtliche Geschütz in Stellung gebracht; man hätte auf die Prinzessin und ihr Gefolge geschossen, wenn sie sich dem Stadttor zu nähern gewagt hätte. Nicht lange darauf deckte sie zufällig ein (wiederum von Gyldenlöve angezetteltes) Komplott auf: ihr kleiner Anton sollte entführt werden, um im Schoße seiner «richtigen Familie» aufzuwachsen. Nach allem, was geschehen war (Charlotte Amélie war nun auch überzeugt, daß man ihren Mann im Auftrag Gyldenlöves vergiftet hatte), hielt sie äußerste Vorsicht für geboten. Wie eine Generation zuvor Elisabeth von Ungnad bei Nacht und Nebel geflohen war, so machte sich nun Charlotte Amélie, nur von einigen Bedienten begleitet, auf den Weg zum Schloß Doorwerth in den Niederlanden, dem Hochzeitsgeschenk ihres verstorbenen Mannes. Unterwegs getraute sich niemand, den Flüchtenden Obdach zu gewähren. Nachts schliefen sie im Heu; die Frauen breiteten die Röcke über das Kind, um es vor Kälte und Regen zu schützen.

Da sie den kleinen Anton auch auf Doorwerth nicht vollkommen sicher glaubte, schickte Charlotte Amélie das Kind unter der Obhut eines getreuen Dieners nach Amsterdam. Sie selbst reiste nach Wien, trug dem Kaiser des Heiligen Römischen Reiches ihre Angelegenheit vor und verlangte die offizielle Vormundschaft für ihren Sohn. Die ärmlich gekleidete, äußerst bescheiden lebende Nachfahrin der Bourbons fand nach endlosem Antichambrieren schließlich Gehör. Als Ergebnis ihrer Bemühungen ernannte der Kaiser sie zum «Obervormund» und Gyldenlöve und einen anderen Schwiegersohn von Anton I. zu Mitvormündern, die dank Position und Umständen praktisch die größere Macht innehatten. Danach ließ sich Charlotte Amélie auf Doorwerth nieder, wo ihr Sohn seine Kinder- und Jugendjahre in einer Atmosphäre strenger Einfachheit und Frömmigkeit verbrachte. Die einzige Abwechslung bestand aus gelegentlichem, meist hohem Besuch, wie es dem gesellschaftlichen Stand seiner Mutter entsprach. Ein regelmäßiger Gast war die Prinzessin von Oranien. Sie lud Anton ein paarmal zur Kirmes nach

Arnhem ein. Geld für Reisen oder andere Vergnügungen besaß Charlotte Amélie nicht.

Die beiden Mitvormünder, Gyldenlöve und sein Schwager, handelten bei der Verwaltung von Varel und Kniphausen ganz nach eigenem Ermessen. Sie bezahlten die von Anton I. nachgelassenen Schulden aus den Einkünften ihres Mündels, ließen aber Gebäude, Gärten, Wälder und Ländereien verkommen. Man traf eine Vereinbarung, daß (falls Anton II. keine männlichen Nachkommen haben sollte) Varel wieder in den Besitz der dänischen Krone zurückfallen und der ältesten Tochter Gyldenlöves als Lehen überlassen werden sollte. Nicht erwähnt wurde dabei, daß Anton Günther seinerzeit schon Grundstücke und die Zollrechte auf der Weser als Gewähr für die Rechte seiner Nachkommen der dänischen Krone abgetreten hatte. Anton II., naiv wie er war, ließ sich zur Heirat mit einem Mädchen überreden, das wegen eines körperlichen Gebrechens niemals Mutter werden konnte. Die Täuschung war so offensichtlich, daß die Ehe nach einigen Jahren für ungültig erklärt wurde. Wie einst sein Vater begegnete auch Anton seiner zukünftigen zweiten Frau am dänischen Hof; wie seine Mutter war auch seine Braut ein Schützling des königlichen Paares, eine Nichte der Königin, die den Titel einer Prinzessin trug. Wilhelmine Marie entstammte dem deutschen Fürstenhaus Hessen-Homburg. Im dreizehnten Lebensjahr verwaist, wurde sie in Kopenhagen wie ein Kind der königlichen Familie zusammen mit der dänischen Prinzessin Sophie erzogen. Zwischen Wilhelmine Marie und Anton von Aldenburg entbrannte Liebe auf den ersten Blick. Von zärtlichen Gefühlen überwältigt, warf Wilhelmine Marie alle Bedenken über Bord, daß sie strenggenommen unter ihrem Stand heiratete, was der bescheidene Anton ihr zeitlebens nie vergaß. Das junge Paar wählte Varel als Wohnsitz. Im Laufe der Jahre besserten sich die Beziehungen zwischen der Familie von Aldenburg und den mittlerweile erwachsenen Söhnen und Töchtern von Antons Halbschwestern. Zweifellos spielten hierbei gewisse Erwartungen eine Rolle, denn die Kinder von Anton und Wilhelmine wurden tot geboren oder starben nach wenigen Wochen. Anton überwand seine Enttäuschung und widmete sich Tag und Nacht der Verwaltung seiner heruntergekommenen Landgüter; Wilhelmine Marie fand ihren Trost darin, daß sie das Töchterchen einer jung verstorbenen Schwester zu sich ins Haus nahm. Das Ehepaar entschloß sich, die kleine Charlotte, Prinzessin von Nassau-Siegen, ein liebes und folgsames, aber etwas begriffsstutziges Mädchen, an Kindes Statt zu erziehen. Vor allem Wilhelmine Marie betrachtete es als ihre Aufgabe, bei Lottchen (wie sie ihre Pflegetochter liebevoll nannte) die Erinnerung an ihre frühe Kindheit auszulöschen, die von einer schwachen, unglücklichen Mutter und einem wegen seiner Ausschweifungen und Willkür berüchtigten Vater geprägt war. Einmal hatte er in einem Wutanfall einen Bauern vom Feld herbeirufen und an Ort und Stelle zu Tode prügeln lassen, nur um den Umstehenden zu zeigen, wer Herr und Meister auf seinem Grundbesitz war. Anton und Wilhelmine Marie dagegen pflegten die alten Tugenden der feudalen Gesellschaft: Pflichtbewußtsein gegenüber Gleichgestellten und Verantwortung für ihre Untergebenen. Diese Geisteshaltung wie auch eine aufrichtige Gottesfurcht übernahm Lottchen von den Pflegeeltern, denen sie mit ganzem Herzen anhing.

Am fünften August 1715 schenkte Wilhelmine Marie (die wie ihre Schwiegermutter immer *Prinzessin* von Aldenburg genannt wurde) ihrem letzten Kind das Leben, dem einzigen, das sie behalten durfte. Es war ein Mädchen, das auf den Namen Charlotte Sophie getauft wurde.

Die Eltern waren außer sich vor Freude. Nachdem die schlimmsten Kinderkrankheiten überstanden waren, ließen sie von der zweijährigen künftigen Erbin von Varel und Kniphausen ein Porträt malen. Es zeigt sie in einem langen weißen Kleid, das runde Kindergesichtchen von einer Spitzenmütze umrahmt, in der Hand eine Blume und geschmückt mit einem schweren Medaillon an einer schwarzen Schnur. Anton reiste nach Kopenhagen, wo er mit dem Enkelsohn von Gyldenlöve endlich die Erbfolge zu regeln gedachte, doch dieser setzte die Familientradition fort und schob alles auf die lange Bank. Anton hatte noch weitere Gründe zur Besorgnis. Kniphausen, in der Nachbarschaft von Ostfriesland mit dessen immer kritischen und oft aufsässigen Bevölkerung, war säumig im Bezahlen der Steuern und Pachtgelder. Zu Allerheiligen des Jahres 1717 verwüstete eine der schwersten Überschwemmungen der Geschichte das Butjadinger Land. Vierhundert Menschen kamen ums Leben, mehr als zweitausend Stück Vieh ertranken, ganze Bauernhöfe wurden fortgeschwemmt, und der durch und durch versalzene Boden blieb lange Zeit unfruchtbar. Anton verkaufte alles, was er an Silbergeschirr besaß, um die Deiche zu befestigen und neue Viehherden anzuschaffen. Möbel, Kutschen und Schmuckstücke folgten dem Tafelsilber. Schließlich entließ er blutenden Herzens einen Teil der Dienerschaft. Doch alle diese Maßnahmen reichten nicht aus, um den Schaden zu beheben, als in den Jahren nach der Allerheiligenflut Rinderpest, Dürre, Mäuseplagen und Mißernten das Gebiet heimsuchten. Anton borgte Geld, wo er es bekam; die Summen erreichten schwindelerregende Höhen. Fast sein gesamter Besitz war mit Hypotheken belastet, auch Schloß Doorwerth, das Eigentum seiner Mutter, mit den dazugehörigen Ländereien. Da er zur privaten Korrespondenz keine Zeit fand, übernahm Wilhelmine Marie diese Aufgabe. In alle Windrichtungen gingen ihre Briefe, um freundschaftliche Bande zu festigen und neue Beziehungen zu knüpfen. Mit krakeligen Buchstaben, die das Papier von Rand zu Rand bedeckten, und in respektvollen, vor Mitteilsamkeit überschwenglichen Worten berichtete sie Charlotte Amélie, der alten Dame im Gelderland, die sie als das eigentliche Oberhaupt der Familie betrachtete, von den Ereignissen in Varel, insbesondere von den Geldsorgen und der Entwicklung ihres Kindes. Charlotte Sophie, lebhaft und aufgeweckt, Gegenstand ständiger Aufmerksamkeit, galt in Varel als das achte Weltwunder. Die Eltern trugen sie auf Händen, das dreizehn Jahre ältere Lottchen bemutterte sie wie eine lebendige Puppe. Aus Doorwerth kamen gute Ratschläge in Fülle. Die betagte Prinzessin lehnte jeglichen Drill ab, nannte sich eine überzeugte Anhängerin der Charakterbildung durch eigene Einsicht und Selbstdisziplin; doch bei dieser Methode bedarf es einer großen Selbstsicherheit seitens der Erzieher – eine Eigenschaft, die weder Anton noch seine Frau besaßen. Zuweilen fuhr Wilhelmine Marie in einer rumpelnden Kutsche über schlechte Landstraßen ins Gelderland, um Charlotte Sophie zu ihrer Großmutter zu bringen. Bei einem solchen Besuch kam aus der Schublade eines Kabinettschranks eine merkwürdige Dokumentensammlung zum Vorschein: Selbstporträts, eigenhändig geschrieben von den illustren Verwandten und Freunden der alten Prinzessin. Charlotte Amélie schenkte ihrer Schwiegertochter eine Charakterskizze, die sie im Alter von fünfeinhalb Jahren selbst verfaßt hatte, in kunstvoller Schönschrift mit einem schwungvoll verschnörkelten Namenszug darunter. Das Geschenk (eine vorbildliche Übung zur Selbsterkenntnis in jugendlichem Alter) war eigentlich als Ansporn für die Schwiegertochter gedacht, sich in Varel endlich ernsthaft um die Erziehung des verwöhnten, unartigen kleinen Mädchens zu kümmern. Doch für Wilhelmine Marie wurde das Blatt zum Grundstein einer eigenen Sammlung von Selbstporträts. Über Mangel an Sujets in ihrer nächsten Umgebung konnte sie sich nicht beklagen. Ehrlich gesagt, empfand sie die vielen Menschen manchmal sogar als lästig. Als sehr alte Frau schrieb sie einmal: «Mein Leben lang habe ich das Alleinsein geliebt, es aber eigentlich nie so recht genießen können, weder am dänischen Hof, an dem ich zwanzig Jahre verbracht habe, noch während meiner Ehe, denn mein Mann liebte sehr die Gesellschaft, so daß wir ständig Gäste hatten. Doch ich habe gern getan, woran er Freude hatte.» Zum Glück bestand der Besuch meist aus Verwandten oder aus befreundeten Gutsbesitzern im Aldenburger Raum. Sie alle (wie auch die höheren Beamten des Grafen: der Verwalter, der Sekretär, der Pfarrer und der Hausarzt mit ihren Frauen und erwachsenen Söhnen und Töchtern) hatten sich nolens volens der neuen Liebhaberei der Prinzessin zu unterwerfen. Sie selbst ging mit gutem Beispiel voran.

Selbstporträt der Wilhelmine Marie von Aldenburg von Hessen-Homburg

Ich bin groß und gerade gewachsen an Leib und Gliedern. Vor sieben oder acht Jahren hatte ich noch eine schöne schlanke Gestalt. Jetzt nicht mehr, ich bin arg schwer geworden. Ich habe ein längliches Gesicht mit einem etwas schiefen Kinn, da ich mir einmal beim Gähnen den Kiefer ausgerenkt habe. Ich habe kleine, graue, lebhafte Augen. Mein Haar ist aschblond. Ich habe eine helle Gesichtsfarbe, aber keine glatte Haut, da sie von Pockennarben entstellt ist. Meine Nase hat eine ziemlich dicke Spitze. Meine Zähne sind regelmäßig, aber angegriffen durch Krankheiten und die Arzneien, die ich genommen habe, und durch meine Schwangerschaften. Mein Mund ist der anziehendste Teil meines Gesichts. Ich bewege mich behende, zumindest wenn ich in anregender Gesellschaft bin. Fast hätte ich meine großen Ohren vergessen, von denen eines ein Ohrläppchen hat, das andere aber nicht. Ich sehe nicht dumm, aber auch nicht besonders intelligent aus. Ich hoffe, daß der überwiegende Eindruck ein freundlicher ist. Menschen, die mich nicht kennen, denken, ich sei stolz, was aber eher meiner Schüchternheit zuzuschreiben ist. Ich bin gutherzig. Ich lege Wert auf Gediegenheit. Es mangelt mir nicht an Urteilsvermögen; ich lasse mich gern durch meinen gesunden Verstand leiten. Ich mag es, wenn man mich auf meine Fehler hinweist, doch müssen es Menschen sein, die mich lieben. Ich bin gern bereit, ihnen den gleichen Dienst zu erweisen, und gehe dabei zuweilen allzu gründlich vor. Falschheit und Lügen sind mir ein Greuel, und wenn ich überzeugende Beweise für ein solches Verhalten habe, will ich mit dem Betreffenden zeitlebens nichts mehr zu tun haben; einen solchen Menschen kann ich einfach nicht ausstehen. Ich gebe zu, daß es unter gewissen Umständen besser wäre, ein wenig zu heucheln, doch dazu bin ich nicht imstande. Ich weiß nicht viel und schäme mich deswegen. Die Ursache dafür ist mein schlechtes Gedächtnis; ich vergesse sofort wieder, was ich mir ins Gedächtnis einzuprägen versuche. Ich erinnere mich nur an das Gute, das man mir erwiesen hat. Ich war immer auf meinen guten Ruf bedacht. Mein Temperament ist so weit entfernt von jeder Gefallsucht, daß ich niemals der Neigung zum Leichtsinn verfallen bin. Sicherlich hätte ich mich sonst bemüht, so zu werden, wie ich in den Augen der Welt erscheinen möchte. Mein Äußeres stand immer im Einklang mit diesem Wunsch. Man lobt mich wegen meiner Ausgeglichenheit. Ich mache mir das Leben nicht schwer. Eine gewisse Nachlässigkeit und meine Vorliebe für ein ruhiges, regelmäßiges Leben sind der Grund dafür, daß ich am liebsten zu Hause bleibe. Doch wenn es sein muß, kann ich mich durchaus zu einem großen Auftritt zwingen. Wenn Gäste ins Haus kommen, fühle ich mich anfangs unbehaglich, aber am nächsten Tag habe ich mich an sie gewöhnt. Ich habe früher sehr gern getanzt; ich glaube, sogar ziemlich gut. Doch dieses Vergnügen verlockt mich von Tag zu Tag weniger; ich sehe lieber den Tanzenden zu, als daß ich mittue. Ich handarbeite und lese gern. An Romanen habe ich nie viel Gefallen gefunden, man lernt daraus nur Dinge, die man besser nicht wissen sollte. Ich schenke nicht leicht einem Menschen mein volles Vertrauen, doch wenn ich jemanden liebe, verliert er mein Vertrauen nie. Ich hasse Streit; bei einer Auseinandersetzung dabeisein zu müssen ist eine wahre Qual für mich. Ich hoffe immer, daß meine Wünsche in Erfüllung gehen, aber wenn mich diese Hoffnung trügt, werde ich trotzdem nicht mutlos. Ich beschäftige mich gern mit angenehmen Zukunftsplänen, auch wenn die Vernunft mir sagt, daß ihre Verwirklichung schwer sein wird. Was in der Zukunft möglich und erfreulich erscheint, ist für mich eigentlich schon reale Gegenwart. Ich gerate leicht in Verwirrung und sorge mich ständig um die Menschen, die ich liebe. Ich bin mir nicht ganz sicher, ob ich freigebig oder eher sparsam bin. Einerseits freut es mich, wenn ich geben und Gutes tun kann, andererseits kann ich es nicht ertragen, wenn Menschen etwas bekommen, was sie nicht verdienen. Der letztere Charakterzug zeugt gewiß nicht von Großmut. Ich muß mich in dieser Hinsicht einmal gründlich prüfen. Glück und Unglück meiner Freunde gehen mir nahe wie mein eigenes. Ich neige eher zur Heiterkeit als zur Melancholie. Gott hat mir die Gabe verliehen, immer mit meinem Los zufrieden zu sein, auch wenn ich Schicksalsschläge erdulden muß. Was auch geschieht, ich bin immer zufrieden; ich betrachte mich als das glücklichste Wesen auf Erden, solange es Gott gefällt, mir meinen Mann (den besten Ehegatten, den es gibt) zu erhalten und das Aufwachsen unseres geliebten Kindes zu segnen.

Selbstporträt von Anton von Aldenburg

Eine Frau, deren Wille für mich Gesetz ist (wenn sie zufrieden ist, bin ich es auch), hat mich um ein geschriebenes Selbstporträt gebeten. Was soll ich tun? Ich kann ihr die Bitte nicht abschlagen, doch mit Worten zu malen verstehe ich nicht. Sie wünscht von mir ein Porträt, wie ich in Wirklichkeit bin. Ich weiß nicht recht, wie ich anfangen soll. Vierzig Jahre Selbststudium haben mich nicht gelehrt, alle meine Fehler zu erkennen, täglich entdecke ich noch neue. Soll ich etwa der Wahrheit Gewalt antun, nur um der Frau, die ich liebe, gefällig zu sein? Denn wenn ich mich naturgetreu darstelle, wird ihr das Porträt ganz und gar nicht gefallen. Was soll ich also tun in dieser verzwickten Situation? Ich will ihr gehorchen und ehrlich versuchen, nicht allzu viele unschmeichelhafte Wahrheiten mit Worten zu schildern.

Ich bin von mittlerer Größe, eher klein, sehr dick, untersetzt und schwer gebaut. Ich habe, was man einen «hohen Rücken» nennt. Außerdem eine große Nase, ein langes, spitzes Kinn, kleine, lebhafte Augen und ein früher ausgesprochen schönes, nun aber schadhaftes Gebiß. Ich sehe nicht mehr allzu gut, habe aber ein scharfes Gehör. Mein Haar ist dunkel, meine Gesichtsfarbe mattbraun. Ungefähr soviel kann ich über mein Äußeres sagen; Spiegel sind für mich nutzlose Gebrauchsgegenstände geworden.

Gott sei Dank erfreue ich mich einer recht guten Gesundheit. Sie könnte noch besser sein, wenn ich mich früher nicht so oft überanstrengt hätte und wenn die Strapazen, vor allem Sorgen und Kummer, nicht ihre Spuren hinterlassen hätten. Von Natur aus bin ich äußerst zurückhaltend. Die Abgeschiedenheit, in der ich als Knabe gelebt habe, meine Erziehung und vielleicht auch mein Stolz haben diesen Fehler noch verstärkt, was mir in den Augen vieler Menschen geschadet hat. Ich habe einen ernsten Charakter, neige eher zum Trübsinn als zur Heiterkeit, wozu diverse bittere Erfahrungen kräftig beigetragen haben. Ich arbeite gern und widme mich mühelos, mit Ausdauer und großem Eifer den Aufgaben und Geschäften, zu denen ich kraft meiner Position berufen bin. Ich scheue jedoch jede Tätigkeit, die mir neue Probleme verschaffen könnte. Wenn ich genügend Zeit und geistige Muße hätte, würde ich gern mehr lesen; ich bedauere sehr, daß es mir nur zu oft an beidem fehlt. Ich interessiere mich für die Wissenschaft, obwohl sie größtenteils Terra incognita für mich ist. Mein Interesse fußt auf den sehr lückenhaften Kenntnissen, die ich während meiner Studienjahre erworben habe. Ich habe zuviel gelernt, als daß ich sagen könnte, daß ich nichts weiß, aber ich habe mich in den Lehrstoff zuwenig vertieft (und zuwenig davon behalten), um mich eines echten Wissens rühmen zu können. Mein Geist ist immer beschäftigt, manchmal zu aktiv. Ich bin oft zerstreut, wirke unhöflich oder begehe große Dummheiten, weil ich von meinen Gedanken völlig in Beschlag genommen werde. Von dem, was in meiner Umgebung geschieht, entgeht mir nicht viel, wenn meine Arbeit das Beobachten gestattet. Früher hatte ich ein ausnehmend gutes Gedächtnis, das mich jetzt zuweilen im Stich läßt. Ich bin klug genug, den Mund zu halten in Gegenwart von Menschen, die mehr wissen als ich, und diese sind in der Überzahl. Ehrlich gesagt, bin ich ein Faß voller Unzulänglichkeiten, doch soweit ich weiß, habe ich Gott sei Dank auch ein paar gute Eigenschaften. Meine wichtigsten Charakterfehler sind ein nicht alltägliches Maß an Hochmut und Überempfindlichkeit, die sich hinter einem bescheidenen Auftreten verbergen, ein ungewöhnlich heftiger Jähzorn, der sich in Wutausbrüchen äußern kann, eine zu große Reserviertheit, zuwenig Offenheit und übertriebene Schweigsamkeit, die mich in vielen Fällen in Mißkredit gebracht haben. Im Grunde will ich immer recht haben, doch wenn ich es mir in Ruhe überlege, lasse ich auch die Meinung anderer gelten, vorausgesetzt, sie hat Hand und Fuß. Eine unüberwindliche Trägheit läßt mich alles fürchten und meiden, was mir Last und Sorge bereiten könnte. Wenn mir ein Mißgeschick widerfährt (was nicht selten geschieht), behalte ich das still für mich; es zehrt an mir und macht mich krank, doch ich bringe den Mut und die Kraft nicht auf, mein Herz anderen auszuschütten, nicht einmal den Menschen, denen ich vollkommen vertraue. Die Ursache für diese unvernünftige Zurückhaltung liegt wohl in den vielen Enttäuschungen, die ich meiner einst spontanen Neigung zur Vertraulichkeit und emotionellen Mitteilsamkeit verdanke; außerdem fürchte ich mich davor, unangenehme Gedanken und Gefühle, die ich am liebsten vor mir selber verbergen möchte, ans Tageslicht zu zerren und dadurch den Menschen, die ich liebe, Kummer zu bereiten.

Zu meinen guten Eigenschaften zähle ich ein Herz voller Zuneigung und Mitgefühl, durch Pflichtbewußtsein und Streben nach Gerechtigkeit freiwillig im Zaum gehalten; ich bin stets bereit, allen Menschen, insbesondere Freunden, einen Gefallen zu tun und ihre Wünsche zu erfüllen. Ich bin ein treuer, aufrichtiger Kamerad; für Menschen, die ich liebe, opfere ich gern meine Ruhe und meine eigenen Interessen, um ihnen einen Dienst zu erweisen. Ich kann ein Geheimnis bewahren. Gott sei Dank hasse ich niemanden; und obwohl ich in einem Anfall von Jähzorn gelegentlich ausfallend werde und böse, verletzende Dinge sage, bedauere ich das sogleich und gerate in größere Verlegenheit als derjenige, den ich beschimpft habe. Die Schwächen meiner Freunde ertrage ich geduldig und versuche sogar, daraus zu lernen. Die einzigen Leute, die mir zuwider sind und die ich ohne Skrupel demütigen und verletzen kann, sind jene aufgeblasenen Kerle, die sich selbst großartig finden, ja, in sich selbst verliebt sind. Wenn ich gezwungen bin, jemanden zu bestrafen oder barsch zurechtzuweisen, gelingt mir das nicht ohne große innere Aufregung. Ich bin sehr dankbar für die Zuneigung, die man mir entgegenbringt, und nehme ernst, was andere sagen. Ich höre es gern, wenn man mir taktvoll Beifall spendet, wenn ich überzeugt bin, daß ich das Lob verdient habe (was weniger oft vorkommt, als mir lieb ist); wenn man mich aber beweihräuchert und ich genau weiß, daß ich es nicht verdiene, bin ich empört. Lieber würde ich sterben, als von meinem Nächsten schlecht zu denken. Ich wünschte, alle Menschen wären guten Willens. Da aber leider die Menschen mit schwachem Charakter in der Mehrzahl sind, bin ich stets auf der Hut, ohne eigentlich argwöhnisch zu sein. Ich verbreite keine üblen Nachreden. Ich kann die Fehler anderer, die ich bemerkt habe oder selbst erdulden mußte, völlig vergessen. Ich bin nicht rachsüchtig. Man kann mich jederzeit entwaffnen, indem man sich auf meine Freundschaft beruft oder mein Mitleid erweckt. Jemandem, der diese Schwäche kennt, kann ich kaum etwas verweigern.

Zuletzt will ich auf das Allerwichtigste zu sprechen kommen: Gottlob und dank jenen, die für meine Erziehung Sorge getragen haben, stehe ich fest in meinem Glauben; ich liebe ihn und bin durchdrungen von seiner Schönheit und Vortrefflichkeit und preise mich glücklich, wenn ich seine Vorschriften in die Praxis umzusetzen vermag. Ich fürchte Gott und ehre Ihn, wenn auch gewiß nicht in dem Maße, wie ich möchte und sollte, da oft schwere Sorgen mich bedrücken und ich dann nicht die Kraft finde, mein Herz zu Ihm zu erheben. Letztendlich ist mein ganzes Streben darauf gerichtet, meine Fehler zu bessern und meine Pflichten in jeder Hinsicht zu erfüllen.

Ich hege eine warme, aufrichtige und treue Zuneigung zu meiner Familie und zu der Familie meiner Frau. Ihr im besonderen gilt meine zärtliche Liebe, auf die sie ein Anrecht hat, und meine Hochachtung, die sie verdient.

Ich habe alles andere als eine Abneigung gegen meine Tochter.

Wie Anton von Aldenburg befürchtet hat, ist Wilhelmine Marie sehr unzufrieden mit seinem Selbstporträt. Und weil er nicht zu bewegen ist, ein anderes zu schreiben, muß sie es aufbewahren, doch jedesmal, wenn es ihr unter die Augen kommt, liest sie es mit Ärger und Bestürzung. (Nach seinem Tod im Jahr 1738 fügt sie einen persönlichen Kommentar hinzu, da sie den Gedanken nicht ertragen kann, daß Menschen, die ihn nicht gekannt haben, ein falsches Bild von ihm bekommen.)

Porträt von Anton von Aldenburg, geschrieben von seiner Frau Wilhelmine Marie

Mein Gewissen läßt mir keine Ruhe, solange ich nicht das häßliche und überhaupt nicht ähnliche Porträt, das mein teurer verstorbener Ehegatte von sich selbst geschrieben hat, durch ein anderes, naturgetreues ergänze, das ihm Gerechtigkeit widerfahren läßt. Niemand hat seine Verdienste und guten Eigenschaften besser gekannt als ich.

Ich beginne mit seinem Äußeren. Er war in der Tat von mittlerer Größe, aber durchaus nicht klein. Im Laufe der Jahre nahm er an Gewicht zu, aber in seiner Jugend, als er sich auf der Jagd und auf Inspektionsreisen viel Bewegung verschaffte, war er sehr schlank. Man sah ihm seine edle Herkunft an. Trotzdem war er von Natur aus schüchtern. Infolgedessen ging er, wenn er sich in Gesellschaft unbehaglich fühlte, ziemlich vornübergebeugt, so daß es aussah, als habe er einen krummen Rücken. Doch bald richtete er sich wieder zu seiner vollen Körpergröße auf. Dann war er eine höchst anziehende, angenehme und sympathische Erscheinung, die, wie ich und viele andere meinten, die schönsten Männer in den Schatten stellte. Er kleidete sich mit erlesenem Geschmack und beachtete dabei die geringsten Kleinigkeiten, insbesondere was die Körperpflege anbelangt, auch an jenen Stellen, die man nie zu Gesicht bekommt, ohne daß er sich dessen jemals rühmte.

Er besaß ein königliches Herz, ich meine, wie das Herz eines Königs sein sollte. Er war ehrlich, gerecht, pflichtbewußt, freigebig, von aufrichtiger Frömmigkeit, ein aufgeklärter Geist ohne Pedanterie. Wenn er ein Gebet sprach, kam ihm kein anderer gleich, was mich jeden Morgen und jeden Abend in höchstem Maße erbaute. Mein Seelenheil lag ihm ebensosehr am Herzen wie sein eigenes. Zu seiner größten Freude gehörte es, den Armen und Unglücklichen Gutes zu erweisen; er war für sie eine Zuflucht in der Not. Er konnte nicht nein sagen und wurde deshalb von vielen Menschen ausgenutzt.

Er hatte einen klaren Verstand und sprach gewandt über die wichtigsten Angelegenheiten. In der Jugend war es ihm nicht vergönnt, seine Bildung durch Reisen zu fördern und sich gewandtere, weltmännischere Umgangsformen anzueignen; seine Umstände und Verpflichtungen haben dies verhindert. Obwohl er sich stets tadellos benahm, war er kein sogenannter galanter Herr. Für Scherze und Neckereien hatte er nicht viel übrig, sie entsprachen nicht seinem ernsthaften Charakter. Er konnte sehr jähzornig werden, vor allem, wenn er sich im Recht glaubte. Doch war das nur ein Strohfeuer, das bald wieder erlosch.

Verwaltungsaufgaben und finanzielle Angelegenheiten, sowohl die eigenen wie auch die seiner Freunde, beschäftigten ihn Tag und Nacht. Er war darin sehr aktiv und präzise und wählte ergebene Mitarbeiter aus, mit denen er auf freundschaftlichem Fuße verkehrte. Er bestand auf Ordnung im Haus und belohnte großzügig diejenigen, die ihm mit Fleiß und Geschick dienten. Er mochte seine Diener und sorgte gut für sie. Sein liebster Zeitvertreib war die Jagd. Seine Leidenschaft waren Pferde, von denen er viel verstand. Er legte großen Wert auf erlesene Gesellschaft und geistvolle Konversation, in der er niemandem nachstand. Nie war er ein Spielverderber, und obwohl er sich aus Musik und Komödienaufführungen nicht viel machte, wohnte er ihnen pflichtschuldig oder aus Gefälligkeit bei. Dasselbe galt für das Kartenspiel. Schach dagegen spielte er gern.

Die Eigenliebe und den Stolz, deren er sich schuldig bekennt, hat ihm niemand vorwerfen können, im Gegenteil, wir anderen fanden immer, er sei zu bescheiden und übertreibe gelegentlich darin. Aber eben durch diese Bescheidenheit hat er sich allenthalben Achtung und größeres Ansehen erworben als andere durch Hochmut und Wichtigtuerei.

Selbstporträt von Charlotte (Lottchen) von Nassau-Siegen

Die Gehorsamkeit, die ich zeitlebens und unter allen Umständen Eurer Hoheit schulde und erweisen werde, verpflichtet mich, das von Ihnen gewünschte Selbstporträt zu schreiben. Ich versuche es, so gut ich kann.

Ich bin von mittlerer Größe und habe eine recht gute Figur. Ich habe einen leichten Gang. Mein Haar ist mehr aschblond als goldblond. Ich habe ein ovales Gesicht, braune Augenbrauen und ziemlich große Augen von unbestimmter blauer Farbe. Meine Stirn ist hoch und breit. Ich habe eine häßliche, viel zu große Nase. Mein Mund mag angehen, aber meine Zähne sind sehr schlecht. Ich habe ein Grübchen am Kinn, kleine Ohren und einen scheußlichen Teint; beim geringsten Anlaß werde ich feuerrot bis zum Hals. Davon abgesehen ist mein Dekolleté recht passabel. Wenn ich in ernster Stimmung bin, sehe ich traurig aus, was manchmal zu Mißverständnissen führt bei Menschen, die mich nicht gut kennen. Ich kleide mich mit Sorgfalt, was mir hilft, meine Mängel einigermaßen zu vertuschen. Soviel zu meinem Äußeren.

Was meine Geistesgaben anbelangt, so können andere diese besser beurteilen als ich selbst. Ich wäre gern ein wenig intelligenter. Ich versichere Ihnen, daß ich keine allzu hohe Meinung von mir habe. Es wäre gut, wenn ich mehr Selbstvertrauen hätte und die Angst bekämpfen könnte, die bewirkt, daß ich schüchtern bin und mich ständig fürchte, etwas Falsches zu tun oder mich lächerlich zu machen.

Ich möchte vieles wissen und ergreife eifrig jede Gelegenheit, um meine Kenntnisse zu erweitern. Mich beeindrucken die Fähigkeiten und Leistungen anderer Menschen, und in der Regel versuche ich, ihrem Beispiel zu folgen. Von Natur aus bin ich gutherzig, manchmal insgeheim auch stolz und überheblich, was mich aber nicht hindert, mich liebenswürdig und zuvorkommend zu benehmen; es macht mir sogar Vergnügen, zu allen freundlich zu sein. Ich widerspreche nie der Meinung anderer, halte aber im stillen an meiner eigenen Überzeugung fest. In der Freundschaft bin ich beständig, ja, hartnäckig. Die Zeit, die fast alle Erinnerungen auslöscht, prägt sie mir um so tiefer ins Gedächtnis. Wenn ich schuld bin, daß meine Freunde mir gegenüber ihre Gefühle ändern, tue ich buchstäblich alles, um sie zurückzugewinnen; wenn ich mir aber nichts vorzuwerfen habe und sie mich aus Eigennutz oder Charakterlosigkeit feige im Stich lassen, verbanne ich sie in tiefer Entrüstung aus meinen Gedanken. Selten schenke ich jemandem mein volles Vertrauen. Vor allem den Menschen gegenüber, die ich liebe, bin ich sehr empfindlich und leicht gekränkt, doch lasse ich die unangenehmen Eindrücke auch rasch wieder fahren. Ich kann nicht lange böse sein. Man mag mich noch so sehr gekränkt haben, innerhalb von vierundzwanzig Stunden habe ich alles wieder vergeben. Ein freundliches Wort, eine Äußerung des Bedauerns lassen mich die Kränkung selbst zwar vergessen, aber das wahre Vertrauen ist unwiederbringlich dahin.

Schmeicheleien verabscheue ich zutiefst; Aufrichtigkeit geht mir über alles. Ich weiß es zu schätzen, wenn man mich auf meine Fehler aufmerksam macht, aber nur unter vier Augen. Ich bin gern fröhlich, doch es muß ein unschuldiges Vergnügen sein. Bei heiterer Unterhaltung mache ich aus ganzem Herzen mit; ich kann aber auch leicht darauf verzichten. Ich habe das Glück, mich immer und überall anpassen zu können, damit Ruhe und Frieden herrschen und es keinen Streit gibt, denn diesen hasse ich auf den Tod. Ich handarbeite und lese gern – sogar Märchen, je phantastischer, desto besser. Ich versuche, mir das Gute zu merken und das übrige zu vergessen. Bedauerlich ist nur, daß die Zeit so rasch vergeht. Ehrlich gesagt, bin ich weder so liebenswürdig noch so boshaft, einen Vorteil daraus zu ziehen. Man kann mich sehr leicht dazu bewegen, mich in mein Schneckenhaus zu verkriechen. Wenn ich etwas nur durch Betteln und Schmeicheln erreichen kann, dann verzichte ich lieber darauf. Ich fühle mich durch Dankbarkeit verpflichtet, erwarte aber nichts von anderen. Ich gebe gern und finde es angenehmer, anderen Wohltaten zu erweisen (wenn ich dazu imstande bin), als selbst welche zu empfangen. Ich bin weder ausgesprochen heiter noch niedergestimmt von Gemüt, sondern immer so froh oder traurig, wie es den Umständen entspricht. Ich kann nicht lange ununterbrochen traurig sein und vertraue bei Schicksalsschlägen auf die göttliche Vorsehung. Ich bin fest davon überzeugt, daß alles, was mir widerfährt, zu meinem Besten und zu meinem Seelenheil geschieht.

Bislang bin ich, Gott sei Dank, noch nie verliebt gewesen. Meine Freiheit ist mir mehr wert als jede andere Art von Glück. Ich glaube, ich bin sehr wählerisch. Niemals werde ich einen Mann gegen meinen Willen akzeptieren; im Gegenteil, ich will nur der Stimme meines Herzens folgen. Durch eine vorteilhafte Verbindung und großen Reichtum lasse ich mich nicht blenden. Es wird mich Mühe kosten, eine Entscheidung zu treffen, doch wenn ich mich einmal entschieden habe, wird es schwer sein, mich von meinem Entschluß abzubringen.

Der Verwalter, Anton von Aldenburgs Stütze und rechte Hand, heißt Thomas Isaac de Larrey; er ist dreißig Jahre alt und steht seit 1716 im Dienst des Grafen. Sein Großvater, ein aus Frankreich emigrierter Hugenotte, hatte sich im vergangenen Jahrhundert in den deutschen Landen niedergelassen, zunächst unter dem Schutz des reformierten Hauses Hessen in der Stadt Homburg, später in Celle auf hannoverschem Gebiet. De Larreys Vater wählte den Kriegsdienst als Beruf und brachte es zum Generalmajor. Die Familie besitzt weder Geld noch Grundbesitz, nur Urkunden, die ihren französischen Provinzadel bestätigen. Von Thomas, dem einzigen männlichen Nachkommen, erwartet man, daß er auf Grund seines Namens und mit Hilfe des Ruhmes, den sein Vater im Heer erworben hat, den verlorenen Status seines Geschlechts in Ehren wiederherstellt. Seiner kleinen Statur wegen (er mißt nicht mehr als einen Meter fünfzig) hat er auf eine militärische Laufbahn verzichten müssen. Für Abenteuer hat er nicht viel übrig; wenn es das Glück nicht außerordentlich gut mit ihm meint, wird er eine bessere Zukunft für sich und die Seinen hart erarbeiten müssen. Sein Ehrgefühl (schließlich ist er adliger Herkunft und nicht zum Administrator geboren) und der Kummer über seine geringe Größe haben ihm das Leben anfangs sehr erschwert, doch allmählich hat er seine Frustrationen zum größten Teil überwunden. Der Graf von Aldenburg hat ihn auf einer Geschäftsreise kennengelernt. Anton war vom ersten Augenblick an dem kleinwüchsigen, äußerst gepflegten, korrekten jungen Mann interessiert, der bescheiden auftritt, fließend Französisch, Deutsch und Niederländisch spricht, eine schöne, lesbare Handschrift schreibt und sich in administrativen und juristischen Angelegenheiten hervorragend auskennt. Auch was ihren Hintergrund (das Hugenottentum!), Charakter und Ansichten betrifft, verstehen sie sich ausgezeichnet. Nachdem das Dienstverhältnis jahrelang nicht näher festgelegt war, hat Graf von Aldenburg ihm jetzt eine feste Stellung angeboten. Die Eltern von de Larrey, inzwischen zu Hausfreunden auf Varel geworden, sind entzückt und dankbar; die Stellung eines Verwalters von so wichtigen Landgütern wie den Aldenburgischen läßt glänzende Aussichten für die Zukunft erhoffen, zumal in diesem besonderen Fall eine *Frau* die Nachfolge des Grafen antreten wird, wozu sie qua qualitate einen zuverlässigen und fähigen Mann als rechte Hand benötigt. Thomas selbst, seit kurzem verheiratet mit einer Tochter Weltzins, des Drosten von Varel, beabsichtigt, sich für immer in der Gegend niederzulassen, in der Hoffnung, zu gegebener Zeit eigenen Grundbesitz zu erwerben.

Selbstporträt von Thomas Isaac de Larrey, Verwalter des Grafen von Aldenburg

Mit einer gewissen Mühe komme ich der Aufgabe nach, mich selbst zu beschreiben. Ich weiß, wie schwer es ist, ehrlich über sich selbst zu berichten, und mir ist klar, daß man Selbsterkenntnis nur durch Anspannung aller Kräfte erwirbt. Ich muß gestehen, daß ich mich bislang nicht genügend angestrengt habe, um zu dieser nützlichen Einsicht zu gelangen. Ich tue mein Bestes und will ganz offen sein.

Ich bin sehr klein von Statur; ich habe braune Augen, eine ziemlich große Nase, einen angenehm geformten Mund mit vollen Lippen, eine blasse Gesichtsfarbe, kastanienbraunes Haar, dünne Augenbrauen und ein ovales Gesicht. Man sagt, für einen so kleinwüchsigen Mann sei ich gut gebaut, nur meine Beine sind etwas zu dünn. Die Erfahrung hat mich gelehrt, mich selbst recht skeptisch zu beurteilen. Früher war ich sehr jähzornig, doch habe ich diese Untugend zum Glück überwunden. Zeitweise habe ich mich zu gewissen üblen Gewohnheiten verleiten lassen, die anscheinend mit unserem Stand einhergehen, wie beispielsweise die Untätigkeit, doch bald habe ich eingesehen, daß Müßiggang eines anständigen Menschen unwürdig ist. An Ausschweifungen habe ich nie Gefallen gefunden und mich von ihnen stets sorgsam ferngehalten. Seit meiner frühesten Jugend hat man mich zur Rechtschaffenheit erzogen und mich mit den Wahrheiten der Heiligen Schrift vertraut gemacht. Ich verabscheue die Lüge und wage zu behaupten, daß ich das Herz auf dem rechten Fleck trage. Undankbarkeit ist für mich die verwerflichste aller Untugenden; eine mir erwiesene Wohltat vergesse ich niemals. Ich liebe die Musik, lese und tanze gern; ich bin immer beschäftigt, ein treuer Freund und glaube, ein Geheimnis bewahren zu können. Eine geistreiche Unterhaltung weiß ich sehr zu schätzen, bin mir aber nicht sicher, ob ich selbst genügend Esprit besitze, um mithalten zu können. Ich wäre freigebig, wenn ich es mir finanziell erlauben könnte. Ich bin ehrgeizig, das heißt, ich möchte in der Welt vorankommen, doch meine Ambition hat Grenzen, und so gebe ich mich leicht mit einem mittelmäßigen Resultat zufrieden. Der Umgang mit Damen macht mir viel Vergnügen; vielleicht bin ich darin etwas zu sensibel, denn ich ziehe ihre Gesellschaft jeder anderen vor. Ich schätze Verdienst und Ehrbarkeit, wo sie mir begegnen. Wenn ich mich nicht täusche, dürfte mir das Porträt recht ähnlich sein. Leider muß ich zu meiner Schande bekennen, daß ich es auf Grund meiner Fähigkeiten hätte viel weiter bringen können.

Das tägliche Leben auf Schloß Varel verläuft familiär und ungezwungen, auch wenn Gäste da sind. Sie kommen besonders zur Jagd in den ausgedehnten Wäldern oder zu Familienfesten. Das Essen ist gut, derbe ostfriesische Kost mit viel Fleisch und Fisch, ohne kulinarische Besonderheiten oder extravagante Soßen; dazu wird eine Vielfalt an Gebäck und Süßspeisen aus dem Rezeptbuch der Prinzessin angeboten. Charlotte Sophie und Lottchen backen gern Kekse und anderes Feingebäck zum Nachmittagstee. Ob Besuch da ist oder nicht, die Zeremonie der Teestunde wird niemals ausgelassen. Anton, seine Frau, seine Tochter und seine Pflegetochter sitzen um den Tisch, auf dem ein silberner Teekessel, Schalen mit Sahne und Kandiszucker und ein Service aus zartem japanischem Porzellan stehen. Sie besprechen die Ereignisse des Tages, lesen einander Briefe vor und necken sich, das Lachen nimmt kein Ende (sogar Anton läßt sich mitreißen). Dazu werden unzählige Tassen Tee getrunken. Natürlich ist Französisch die Umgangssprache in Konversation und Korrespondenz. Es ist wortwörtlich Antons Muttersprache, in der er denkt, obwohl er auch Deutsch und Niederländisch beherrscht. Seine Frau, die beiden Mädchen und die meisten Leute am kleinen «Hof» von Varel denken und parlieren in einem Mischmasch aus flottem, aber saloppem Französisch und Plattdeutsch (ausgenommen ein paar Angestellte mit höherer Schulbildung wie der französische Sekretär Genêt und der Verwalter de Larrey mit hugenottischer Abstammung). Die gebürtigen Prinzessinnen Wilhelmine Marie und Lottchen haben keine Ahnung von Rechtschreibung und Grammatik und fallen beim ungezwungenen Gespräch und besonders, wenn sie scherzen, in den örtlichen Dialekt. Wilhelmine Marie ist so angetan von der Teegesellschaft zwischen fünf und sieben in ihren Privatgemächern, daß sie die vertraute Szene auf einen Fächer malen läßt in einem Stil, der während der Regierungszeit der englischen Königin Anne in Mode gekommen ist: Anton mit weißer Perücke, sie selbst und die Mädchen in leichten Hauskleidern sitzen auf Stühlen um einen niedrigen Tisch. Daß die zehnjährige Charlotte Sophie und das dreiundzwanzigjährige Lottchen sich auf dem Bild wie Zwillinge ähneln, stört Wilhelmine Marie nicht, beide zusammen verkörpern für sie den Begriff «Tochter». Wilhelmine Marie und Lottchen sind verwandte Seelen, heiteren Gemüts, vielleicht ein bißchen kindisch, aber streng religiös; mit viel Sinn für Familie, versessen auf die Neuigkeiten, Geschichten und Skandale der großen Welt, der sie angehören, ohne in ihrem nördlich abgelegenen Winkel wirklich daran teilzuhaben. Darüber hinaus verbindet sie eine gemeinsame Untugend (sie haben Schuldgefühle gegenüber Anton und schulden einander kleine Geldsummen): Sie spielen heimlich in den Lotterien von Hamburg und Bremen, in der naiven Hoffnung, irgendeinmal ein Vermögen zu gewinnen. Wilhelmine Marie hat in Lottchen eine fügsame, ihr stets respektvoll zugetane Vertraute gefunden, lange bevor ihre eigene Tochter für diese Rolle in Frage kommt. Dabei steht dahin, ob Charlotte Sophie als erwachsene junge Frau den Typus verkörpert, in deren Gesellschaft ihre Mutter sich wohl fühlt. Das mollige Kleinkind, Liebling von groß und klein, das vorlaute (und immer amüsante) kleine Mädchen ist zu einem jungen Fräulein herangewachsen, das die Eltern mit gemischten Gefühlen aus bewundernder Liebe und ängstlichem Staunen beobachten. Körperlich noch nicht ganz ausgereift und in ihrem Ungestüm einem jungen Hund oder Fohlen vergleichbar, ist sie dennoch alles andere als kindlich. Was Anton beschönigend «närrische Anwandlungen» nennt (und für die er in nachdenklichen Stunden demütig die eigenen Charakterschwächen verantwortlich macht), beschreibt Wilhelmine Marie als «Eigenschaften, die noch aus der Ritterzeit stammen». Die archaischen Vorstellungen von «Ehre», «Heldentum», «Alles oder Nichts», die in Charlotte Sophies Gedankenwelt eine so große Rolle spielen, findet ihre Mutter sonderbar, bewundert sie aber insgeheim. Der Trotz, die jähzornigen Ausbrüche und manchmal diabolischen Quälereien der Tochter sind oft schwer zu bändigen; dann wieder überrascht sie durch Anwandlungen zärtlichen Gehorsams, durch geistreiche Bemerkungen und Einfälle, die eine für ihr Alter ungewöhnliche Beobachtungsgabe verraten. Wenn sie ihren Willen nicht durchsetzen kann, ist mit ihr nicht gut Kirschen essen. Im entscheidenden Moment wird sie kreidebleich, läßt sich zu Boden fallen und schlägt mit Armen und Beinen um sich, bis sie das Bewußtsein verliert. Mehrmals wurden der Leibarzt des Grafen, ein Chirurg, und sogar Ärzte aus Hamburg und Bremen konsultiert. Fieberkrämpfe, hysterische Anfälle lautet ihre Diagnose, mit der die Eltern nicht viel anfangen können. Sie sind froh, daß die gefürchtete Epilepsie offensichtlich nicht in Frage kommt. Der berühmte Arzt Dr. Hugo aus Hannover, der Könige und Kurfürsten zu seinen Patienten zählt, stellt fest, Charlotte Sophie habe einen schwachen Rücken, was zwar ihre schlechte Haltung erklärt, aber auch neue Probleme für die Zukunft aufwirft. Vorläufig darf sie trotz ihres wütenden Protests nicht reiten. Was ihr Äußeres anbelangt, verspricht sie sehr anziehend zu werden. Ein kleiner Schönheitsfehler (zu spitze Eckzähne) läßt sich zu gegebener Zeit leicht korrigieren.

Anton und Wilhelmine Marie beschäftigen sich, jeder auf seine Weise, in Gedanken ständig mit der Zukunft ihres einzigen Kindes. Während er, gegen die ständig wachsende Schuldenlast ankämpfend, überlegt, ob es für die überempfindliche Tochter nicht besser wäre, wenn ihr die Herrschaft über Varel und Kniphausen mit allen Sorgen und Nöten erspart bliebe (daß höheren Ortes noch immer keine endgültige Entscheidung über das Erbfolgerecht getroffen wurde, betrachtet er in solchen Augenblicken als Glück im Unglück), träumt seine Frau von einer glänzenden Verehelichung in allerhöchsten fürstlichen Kreisen, die über genügend Geld verfügen, um die (ihr übrigens nicht in vollem Ausmaß bekannten) finanziellen Sorgen ihres Mannes mit einem Schlag zu vertreiben und das Haus Aldenburg in altem Glanz wiedererstehen zu lassen. Eine solche Lösung ist für Wilhelmine Marie die selbstverständlichste Sache der Welt. Trotz ihrer allseits gerühmten Leutseligkeit besitzt sie ein ausgeprägtes Standesbewußtsein. Seit ihrer Heirat beschäftigt sie sich eingehend mit der Geschichte des Geschlechts von Aldenburg (ohne Antons Unterstützung, der in dieser Hinsicht keine Ambitionen hat, sondern anhand der Erzählungen und Aufzeichnungen ihrer stolzen Schwiegermutter in Doorwerth). Die außergewöhnlichen, ja märchenhaften Ereignisse der Vergangenheit verlangen geradezu nach einer Apotheose mit Krone und Hermelin. Beim Durchstöbern der Genealogien ist sie zu dem Ergebnis gelangt, daß es kaum Könige oder Prinzen in Europa gibt, mit denen Charlotte Sophie väterlicher- oder mütterlicherseits nicht verwandt ist. Wilhelmine Marie redet gern und viel über dieses Thema, doch die Erfahrung hat sie gelehrt, das nicht in Hörweite ihres Mannes zu tun, der diesen und ähnlichen illustren Gedankengängen wenig Bedeutung beimißt. Vom romantisch veranlagten Lottchen unterstützt und von den besten Absichten beseelt, nährt sie so tagtäglich die heroische Phantasie eines Kindes, das sich ohnehin für eine höchst bedeutende, ja einzigartige Persönlichkeit hält, die zu großen Dingen vorbestimmt ist; sie weiß nur nicht genau, zu welchen.

Die Zeit steht nicht still. Während sich das Ehepaar von Aldenburg zunehmend mit Charlotte Sophies Zukunft befaßt, wird ihnen bewußt, daß das vertraute Gleichmaß der Tage seinem Ende zugeht, und damit rückt auch Lottchens künftiges Schicksal in den Mittelpunkt. Ehre und Pflicht gebieten, die um viele Jahre ältere Pflegetochter vorteilhaft zu verheiraten, bevor sich alles um die Erbin dreht. Auch Lottchen weiß, was man stillschweigend von ihr erwartet. Sie kann sich auf die Rücksichtnahme und liebevolle Vorsorge von Anton und Wilhelmine Marie verlassen, außerdem verfügt sie über eine beträchtliche Mitgift. Kontakte werden geknüpft, Ehekandidaten ins Auge gefaßt und geprüft, wobei man Verwandte und Bekannte einbezieht. Lottchen schenkt ihre Hand (von ihrem Herzen ist wohlweislich nicht die Rede) schließlich dem Fürsten von Anhalt-Köthen, einem nicht mehr jungen, aber liebenswerten und rechtschaffenen Mann. Seine Gesundheit läßt zu wünschen übrig, er leidet an Schlaflosigkeit, doch Wilhelmine Marie glaubt hartnäckig, daß sich alles zum Guten wenden wird (wenden *muß*, da sie es so will), und entkräftet alle Einwände Lottchens. Die Trauung findet in Varel statt.

Lottchen folgt ihrem Ehemann nach Köthen, der Hauptstadt des kleinen Fürstentums. Sie ist mit ihrem Schicksal zufrieden, vor allem, als sie kurz nacheinander zwei Kinder bekommt, einen kleinen Jungen, Emmanuel, und ein Jahr später ein Töchterchen, Leopoldine, ihr «Poltinchen».

An Charlotte Sophies zwölftem Geburtstag im August 1727 versammelt sich die ganze Familie in Varel. Es ist ein großes Fest. Aus Dänemark ist endlich der Bescheid eingetroffen, daß die Tochter von Anton II. von Aldenburg als Nachfolgerin auf Varel und Kniphausen offiziell anerkannt wird. Sie ist jetzt geschlechtsreif und somit heiratsfähig und gilt als glänzende Partie. Der erste Ehekandidat läßt nicht lange auf sich warten; es ist ihr Cousin, der Prinz von Nassau-Siegen, Lottchens jüngerer Bruder. Er nimmt an dem Fest in Varel teil und zeigt sich angenehm überrascht über den rasch erblühten, frischen Charme von Charlotte Sophie. In seinem Auftrag verfaßt de Larrey ein Gelegenheitsgedicht, das von den zu jener Zeit modischen, mythologischen Anspielungen strotzt: Amor, der sich anschickt, seine Pfeile auf die jugendliche Schönheit abzuschießen, um sie für sinnliche Freuden empfänglich zu machen, wird von der Göttin der Weisheit daran gehindert, denn «Liebe ohne Tugend ist nicht von Dauer, während Tugend ohne Leidenschaft durchaus zu einer guten Ehe führen kann» (immerhin sitzt Lottchen als lebendiger Beweis für das Postulat an der Festtafel). «Die Götter entscheiden, Charlotte Sophie sei viel zu lieb, um sich an dem gefährlich sengenden Feuer zu verbrennen. Amor soll ihr ohne Fackel,

Pfeil und Bogen folgen; ihr Liebreiz sei die mächtigste Waffe, die zum Schluß der wahren Liebe zum Sieg verhilft.»

Wilhelmine Marie ist stärker beeindruckt als die Adressatin der Lobeshymne. Das in kunstvoller Schönschrift abgefaßte Gedicht bekommt einen Platz in ihrem Album. Obwohl sie die bestehenden Familienbande gern noch enger geknüpft sähe und Lottchens drängenden Bitten für ihren Bruder ein williges Ohr leiht, muß sie sich mit den Tatsachen abfinden: Anton will nichts davon hören, das Kind ist erst zwölf, eine Verlobung, geschweige denn eine Ehe, kommt nicht in Frage, zumal Charlotte Sophie die Komplimente ihres galanten Cousins so gleichgültig hinnimmt, daß es fast einer Beleidigung gleicht. Ihr Herz ist getroffen, aber nicht von Amors Pfeilen. Seit sie weiß, daß sie dereinst Herrin von Varel und Kniphausen sein wird, betrachtet sie die Wälder, Weiden, Dörfer und Pachthöfe mit anderen Augen. Das längst Vertraute hat eine andere Dimension bekommen. Dieser Grund und Boden gehört ihr, die Menschen, die darauf wohnen, das Vieh, das darauf weidet, alle werden mit ihrem Wohl und Wehe einmal von ihr abhängig sein. Welche anderen Verbindungen sie in ihrem späteren Leben auch eingehen wird, mit Varel und Kniphausen verknüpft sie ein unverbrüchliches Band. Bei entfernten Verwandten auf Haus Nienoord in Groningen sieht sie den «Adler von Kniphausen», einen mit Diamanten und Rubinen besetzten Trinkbecherhalter in Gestalt eines Raubvogels: ein Symbol wechselseitigen Einvernehmens zwischen den verschiedenen Zweigen des Geschlechts, in dessen Rechte ihre Familie vor einem Jahrhundert getreten ist. Der Gedanke beflügelt ihre Phantasie, in ihren Träumen sieht sie sich in der Rolle der milden, gerechten, angebeteten Landesherrin, die baufällige Hütten ausbessern läßt und den armen Bauern, halb Leibeigene noch, neue Kleider und Schuhe schenkt. Das «Land» ist ihre erste Liebe, sie lebt in einem Rausch der Zukunftserwartung. Von den komplizierten geschäftlichen Aspekten des Großgrundbesitzes und deren politischen Konsequenzen versteht sie so gut wie nichts. Alle Menschen sind freundlich zu ihr. Seit feststeht, daß sie Erbin und Nachfolgerin ihres Vaters ist, erhält sie ihren Anteil an den Ehrenbezeigungen und Schmeicheleien, und mehr als das – was sie als selbstverständlich hinnimmt.

Unterdessen sind weitere Heiratsanträge eingetroffen. Zu Wilhelmine Maries Genugtuung sind große Namen darunter: der Graf von Reventlow und der Herzog von Plön, die beide an deutsch-dänischen Gebieten interessiert sind, der Fürst von Gotha, der Graf von Wied und der Erbprinz von Hessen-Homburg, ein anderer Cousin von Charlotte Sophie. Doch Anton läßt sich auf keine Diskussion ein über die verschiedenen Kandidaten, ihre Hintergründe und Aussichten. Deshalb wendet sich Wilhelmine Marie wie gewöhnlich an ihre Schwiegermutter, die ihrer angegriffenen Gesundheit wegen und aus Gründen der Sparsamkeit von Schloß Doorwerth nach Utrecht umgezogen ist.

Charlotte Amélie von Aldenburg-de la Trémouille
an ihre Schwiegertochter

Gottlob ist unsere liebe Sophie noch zu jung für den Prinzen von Nassau-Siegen. Sie wissen selbst, was Ihre Schwester, diese tugendhafte, fromme Frau, die neben dem Vater des betreffenden jungen Mannes das Dasein einer Märtyrerin geführt hat, erdulden mußte. Der Apfel fällt nicht weit vom Stamm, zumindest was das Kapitel Frauen angeht, denn wie ich höre, hat auch der Sohn einen ausgesprochenen Hang in diese Richtung. Ich kann nicht beurteilen, wieweit sein Glaube und sein Charakter stark genug sind, um derlei Versuchungen zu widerstehen. Außerdem hat er Schulden. Die Mätresse seines Vaters hat das Land völlig zugrunde gerichtet. Aus finanzieller Sicht wäre es gewiß kein Glücksfall für unser liebes Kind. Aber die größte Sorge macht mir doch die Mentalität des Prinzen. Und handelte es sich um einen König, ich würde nicht anders denken. Die innige Liebe, die ich für Sophie empfinde, wird mir noch manche Angst bescheren, solange der junge Mann nicht anderweitig verheiratet ist. Ich hoffe bei Gott, daß er bald eine Frau nach seinem Geschmack findet. Es freut mich sehr, daß Sie einige der Heiratskandidaten zu mir schicken wollen, damit ich sie kennenlerne. Doch bislang gibt es keinen Grund zur Eile. Die beiden Herren, deren Väter ausschweifend, grausam und ungerecht sind, erscheinen mir absolut ungeeignet, meine liebe Schwiegertochter. Es gibt nur eine Möglichkeit, zu bekommen, was wir uns wünschen. Lassen Sie uns zu Gott beten, daß Er zu gegebener Zeit unserem teuren Kind einen Mann zuführen möge, der zu ihr paßt.

Im Frühsommer des Jahres 1728 sterben beide Kinder Lottchens kurz nacheinander an den Pocken. Anton und Wilhelmine Marie bieten dem schwergeprüften Ehepaar Schloß Doorwerth als vorläufige Zuflucht an, weit entfernt von der ansteckenden Atmosphäre in Köthen, in der Hoffnung, daß der Ortswechsel ihnen hilft, den Schmerz zu überwinden. Als Beistand und Stütze im alltäglichen Leben schicken sie Thomas de Larrey nach Gelderland.

Charlotte (Lottchen) von Anhalt-Köthen von Nassau-Siegen an Wilhelmine Marie von Aldenburg von Hessen-Homburg

Madame, meine innig geliebte Pflegemutter. Es hat sich so viel Schreckliches ereignet, seit ich Ihnen das letzte Mal geschrieben habe, daß Sie mir sicherlich verzeihen, daß ich so lange nichts von mir habe hören lassen. Wie könnte ich den Dank meines Mannes und den meinen in Worte fassen dafür, daß Sie uns gestattet haben, einige Zeit auf Doorwerth zu wohnen. Sie kennen mich zu gut, liebe Pflegemutter, um mir Undankbarkeit vorzuwerfen; o nein, alle Wohltaten, die Sie mir seit meiner frühesten Jugend erwiesen haben, Ihr zärtliches Interesse, vor allem für mein liebes Poltinchen, werden ewig in unserer Erinnerung weiterleben. Es wird uns stets eine Freude sein, unseren Gefühlen für Eure Hoheit und unseren lieben Onkel Ausdruck zu geben. Sie können sich vorstellen, in welchem Zustand ich mich befinde, nun, da ich rasch nacheinander meine beiden teuren Kinder verloren habe, die ich über alles geliebt habe. Dennoch muß ich mich dem Willen des Allmächtigen unterwerfen, der alles zu unserem Besten fügt. Er allein kann den Verlust ersetzen und uns in diesem Leben noch manchen Grund zur Freude schenken, nachdem er uns so hart geprüft hat in dem, was unseren Herzen am nächsten stand. Allmählich beginne ich, mich wieder ein wenig des Lebens zu freuen, seit mein Bruder beschlossen hat, sich in Kürze zu verheiraten. Der Ehevertrag soll morgen unterzeichnet werden. Mein Bruder hätte es nach meinem Dafürhalten nicht besser treffen können: Seine Braut ist liebenswert, geistreich, gehört unserem Glauben an, und, was mir wichtiger erscheint als alles andere, bei meinem Bruder war es diesmal Liebe auf den ersten Blick. Ich hoffe, daß das junge Paar einen Teil des Winters bei uns in Köthen verbringen wird; es wäre für mich ein großer Trost und eine Ablenkung in einer Umgebung, die mir sonst nur Anlaß zur Trauer gibt. Ich werde Ihnen ausführlich schreiben, sobald wir wieder zu Hause sind!

P. S. Zu meinem großen Bedauern höre ich soeben von Herrn de Larrey, daß Sie sich nicht wohl fühlen. Wie schade, liebe Pflegemutter, daß Sie nicht die Mineralbrunnen in Aachen besucht haben, die Ihnen vor sechs Jahren so gutgetan haben!

Wilhelmine Marie hat sich trotz des Chinins, das sie auf Anraten ihrer Schwiegermutter schluckt, noch nicht ganz von einem heftigen Fieber erholt und kann deshalb an der Hochzeit von Lottchens Bruder nicht teilnehmen. So fahren nur Anton und Charlotte Sophie zu den Feierlichkeiten, vor allem Lottchen zuliebe, aber auch, um durch ihre Anwesenheit eventuelle Gerüchte über Unstimmigkeiten innerhalb der Familie (wegen des abgewiesenen Antrags) auszuräumen. Einige Tage nach der Hochzeit bedankt sich die junge Ehefrau bei Wilhelmine Marie brieflich für die Glückwünsche und Geschenke und macht ihr Komplimente über die dreizehnjährige «allerliebste kleine Gräfin».

Aachen, die alte Kaiserstadt inmitten von lieblichen grünen Hügeln, besitzt schwefelhaltige Brunnen; seit der Römerzeit suchen Kranke, die an Rheuma, Nierensteinen, chronischen Kopfschmerzen, Schwerleibigkeit oder überempfindlichen Nerven leiden, dort Linderung für ihre Qualen. Wie Pyrmont und Spa ist die Stadt nicht nur Kurort, sondern auch ein Treffpunkt der mondänen Welt. «Die Leichtigkeit, mit der man als Patient und Fremder mit anderen Bekanntschaft schließt, hat etwas besonders Ansprechendes; einzigartig und besonders günstig erscheint mir jedoch der Umstand, daß man die geknüpften Beziehungen wieder abbrechen und fortgehen kann, ohne daß jemand Anstoß daran nimmt, so daß man seine Gesellschaft und Vergnügungen ganz nach eigenem Geschmack und Gefallen auswählen kann», schreibt ein Bekannter von Wilhelmine Marie, als er vernimmt, daß sie sich anschickt, mit ihrer Tochter die heilkräftigen Quellen von Aachen zu besuchen.

Wie immer, wenn die Prinzessin von Aldenburg an einem Kurort weilt, läßt sie sich als erstes über Rang und Herkunftsort der anderen vornehmen Gäste informieren. Sie kennt alle Einzelheiten der weitverzweigten Familienbeziehungen zwischen den verwandten und befreundeten Geschlechtern und weiß sofort, welchen Umgang sie während ihres Aufenthaltes pflegen wird. Wie gewöhnlich sind auch viele Fremde in der Stadt. Auf der Esplanade und in den Wandelhallen, die man «pour prendre les Eaux» aufsucht, trifft man alle Leute, die für eine standesgemäße Konversation in Frage kommen. Wilhelmine Marie und ihre Tochter schließen sich einer älteren Dame an, einer verwitweten Gräfin zu Schaumburg-Lippe, mit der sie übrigens weitläufig verwandt sind. Die neue Bekanntschaft ist schon allein aus dem Grunde hoch interessant, weil die Gräfin drei Generationen der Kurfürsten von Hannover als Hofdame gedient hat, insbesondere (seit Erhebung des Hauses auf den englischen Thron) den Königen Georg I. und Georg II. und deren Familien. Die Gräfin hat in den Palästen in Hannover und London gewohnt; sie hat Menschen gekannt und Ereignisse aus der Nähe miterlebt, die für die Bewohnerinnen des ländlich abgelegenen Varels mit einer weltlichen Aureole umgeben sind. Außerdem hat sie den Ruf gutreformierter Charakterfestigkeit und sittlichen Mut. Als ihr Gatte sie vor vielen Jahren wegen einer jüngeren, römisch-katholischen Frau verstieß, weigerte sie sich, den Dispens anzuerkennen, den der Papst den Neubekehrten verlieh. Als Gesellschafterin der Kurfürstin von Hannover sorgte sie selbst für ihren Lebensunterhalt und ging, als der Hof nach London übersiedelte, mit ihren beiden Söhnen nach England.

Die Gräfin zu Schaumburg-Lippe ist eine immer noch schöne Frau von etwa sechzig Jahren, intelligent, trotz ihrer angegriffenen Gesundheit heiteren Gemüts, und sie besitzt die Toleranz eines Menschen, der viel von der Welt gesehen hat. Sie ist korpulent, hat aber schöne, olivgrüne Augen mit goldbraunen Sprenkeln. Aus ihren Gesprächen geht hervor, daß sie nicht nur gebildet ist und leidenschaftlich liest, sondern auch in den Naturwissenschaften dilettiert. Neuerdings hat sie einen vielversprechenden französischen Schriftsteller entdeckt, dessen Esprit sie dermaßen begeistert, daß sie ihn allen Bekannten empfiehlt. Der Autor heißt (oder nennt sich) Voltaire. Wilhelmine Marie hat noch nie von ihm gehört. In Gesellschaft der außerordentlichen Frau fühlt sie sich ein wenig befangen, doch Charlotte Sophie hängt andächtig an ihren Lippen. Die Gräfin weicht einer Diskussion über ihre Lebensumstände nicht aus, im Gegenteil. «Ich war immer sehr auf meinen Ruf und darauf, was ‹man› sagt, bedacht; so sehr, daß ich mir lieber jegliches Vergnügen versagte, als auch nur den geringsten Anlaß zu übler Nachrede zu geben», erklärt sie offenherzig. «Doch sobald ich den Eindruck hatte, daß meine Integrität außer Frage stand, kümmerte ich mich überhaupt nicht mehr um den Klatsch; es gab kaum etwas, was mich aus dem Gleichgewicht bringen konnte.» Charlotte Sophie ist von dieser Grundsatzerklärung hingerissen. Ihre Mutter dagegen ist von einer anderen Aussage beeindruckt: «Ich liebe meine Söhne unendlich viel mehr als mich selbst», und geht vor dem Bekenntnis der Gräfin vollends in die Knie: «Gottes Güte hat mir Einsicht in die Eitelkeit der Dinge gewährt und mir Abscheu vor Äußerlichkeiten ins Herz gelegt. So kam es, daß ich mich sogar am englischen Hof nach Ruhe und Einkehr sehnte; jetzt strebe ich nur noch nach dem einen, einzigen Heil: in Gottes Gnade zu leben und zu sterben.» Die Gräfin hat ihre Reise in Aachen für die Kur unterbrochen, zum erstenmal seit vielen Jahren will sie ihre Heimat, die Grafschaft Schaumburg-Lippe am Rande des Wesergebirges nahe dem Teutoburger Wald, besuchen. Ihr geschiedener Mann, den sie auch weiterhin immer ihren «Herrn» genannt hat, ist im Juni beim Ballspielen in seiner Residenz Bückeburg an einem Schlaganfall gestorben; ihr ältester Sohn Albrecht Wolfgang (den sein Vater immer abgelehnt und aus der Heimat verbannt hat) hat seinen rechtmäßigen Rang als regierender Reichsgraf angetreten. Während ihres Aufenthalts in Aachen kommt er unerwartet zu Besuch und macht selbst eine Kur für ein paar Wochen (seit Jahren leidet er an Nierenbeschwerden). Er will seine kleinen Söhne sehen, die sich im Gefolge der Gräfin befinden, hübsche, lebhafte Kinder, die wegen ihres jugendlichen Alters von den Erzieherinnen stets in angemessener Entfernung von den Erwachsenen gehalten werden. Albrecht Wolfgang zu Schaumburg-Lippe ist Witwer; seine Frau, eine berühmte dunkelhaarige Schönheit, ist vor zwei Jahren im Alter von sechsundzwanzig Jahren an der Schwindsucht gestorben. Er trägt den Flor noch um den Arm, obwohl die offizielle Trauerzeit längst verstrichen ist. Tief bewegt erzählt man sich in Aachen die Geschichte, wie er, unterwegs von Hannover zu seiner Hauptstadt Bückeburg, dem Wagen begegnete, auf dem die sterblichen Überreste der schönen Margarethe Gertrud in die gräfliche Gruft überführt wurden. Seine Mutter glaubt, der tragische Zwischenfall (der seinen herzzerreißenden Kummer neu belebte und als böses Omen für seinen Regierungsantritt in Schaumburg-Lippe galt) könnte die Ursache für seine gesundheitlichen Beschwerden sein. Albrecht Wolfgang ist dreißig Jahre alt, nicht groß von Statur, aber beweglich und schlank, er hat auffallend anziehende Gesichtszüge und schwarze Augen und verfügt über die Manieren und das sichere Auftreten eines erfahrenen Mannes von Welt. Man sagt, vor seiner Heirat sei er oberflächlich und sogar leichtsinnig gewesen; er gehörte zu den ausgelassensten und zügellosesten Kavalieren auf den Londoner Bällen. Waghalsige Jagdpartien und wilde Ritte, Luxus und gute Weine liebt er über alles. Er kann mit Geld nicht umgehen und gibt es mit vollen Händen für Repräsentationszwecke und für die Verschönerung seines Schlosses in Bückeburg aus, mit einer Großzügigkeit, die voreilig und absolut unverantwortlich ist, da er in Wirklichkeit keinen roten Heller besitzt. Sein Vater hat ihm ein zerrüttetes Staatswesen und eine leere Schatzkiste hinterlassen. Schon jetzt ist es ein öffentliches Geheimnis, daß die hohen Beamten in Bückeburg seine Nachlässigkeit und sein mangelndes Interesse für Geschäfte ausnützen. Der Graf fühlt sich mehr zu den schönen Künsten hingezogen; er komponiert und widmet sich begeistert der Dichtkunst; mit der Zeit gedenkt er den großen Saal in Bückeburg in eine Gemäldegalerie umzuwandeln. Zugleich strebt er eine militärische Laufbahn an, vorzugsweise als Kommandeur einer Garnison in den Niederlanden. Der ihm väterlich zugeneigte König Georg I. von England hatte ihn seinerzeit unterstützt, das Regiment Friesland zu erwerben, starb aber plötzlich, bevor er die zum Unterhalt eines Regiments erforderliche Apanage gewähren konnte – und Albrecht Wolfgang kann die Summe aus eigenen Mitteln nicht aufbringen. Dies ist einer der Gründe, warum er sich wieder zu verheiraten gedenkt. Eine Frau mit angesehenem Namen und Vermögen könnte ihm zu mächtigen Beziehungen verhelfen und ihm Gelegenheit verschaffen, zumindest für einen Teil des Jahres den Dokumenten und langweiligen Verwaltungsaufgaben zu entkommen, mit seinem Regiment zu exerzieren und die Kriegskunst zu studieren. Es gärt in der internationalen Politik Europas; die Chance, auf dem einen oder anderen Schlachtfeld Lorbeeren zu ernten, ist nicht aus der Luft gegriffen.

Albrecht Wolfgang besitzt das Talent, jede Gesellschaft zu beleben. Die Kurgäste reißen sich um seine Bekanntschaft beim Bronzebecken der «heißen» Quelle, in der Säulenhalle, in den Kaffeehäusern oder beim Tanz im öffentlichen Ballsaal. Er improvisiert geschlossene Veranstaltungen für diejenigen, die nicht am mondänen Zeitvertreib teilnehmen wollen, er sorgt für ein kaltes Büffet, für Musik und Spieltische. Einige Damen bittet er zum Tanz, darunter auch die kleine Gräfin Charlotte Sophie von Aldenburg, die sich unter den hochgeborenen Gicht- und Leberpatienten gräßlich langweilt. Von seiner warmen Hand im Menuett oder Kontratanz geführt zu werden, Auge in Auge zu scherzen mit einem erwachsenen Mann, der ihr weder schmeichelt noch sich väterlich gibt, sondern im geistreichen Wortwechsel von gleich zu gleich mit ihr verkehrt und sie ermutigt, eigene Ideen zum besten zu geben, der selbst Ansichten äußert, die von ungeahnter Toleranz und Savoir-vivre zeugen – das sind Erfahrungen, die Charlotte Sophie zu Kopf steigen. In ihren Augen ist er vornehm wie ein König oder Kaiser und schön wie ein Engel. Sie betet ihn an. Sie sagt es ihrer Mutter, sie sagt es auch ihm selbst. Albrecht Wolfgang in seiner Ritterlichkeit gedenkt ihre absolut ungewöhnliche Offenheit als geistreiche Laune auszulegen. Sie macht ihm einen unerhörten Vorschlag: er, (derzeit) regierender Fürst von Bückeburg, und sie, (demnächst) regierende Reichsgräfin von Varel und Kniphausen, sollten sich verbinden; jeder bleibt Herr auf eigenem Gebiet; er hat schon Erbfolger, also könnten eventuelle gemeinsame Kinder ihre Nachfolge antreten; sie könnten abwechselnd in Varel und in Bückeburg wohnen, und falls er ein Regiment mit Standort in Arnhem oder Venlo bekommt, könnte sie in Doorwerth, das eines Tages ebenfalls ihr gehören wird, in seiner Nähe bleiben. Ist die Weser nicht eine natürliche Verbindungslinie zwischen ihren beiden Domänen? Außerdem sind sie durch gemeinsame Vorfahren des Hauses Hessen miteinander verwandt. Betroffen und amüsiert hört Albrecht Wolfgang ihr zu. Er findet die kleine Gräfin ein bezauberndes Persönchen, nicht zu vergleichen mit ihren Altersgenossinnen, sehr charmant mit ihrer früh entwickelten Gestalt und dem lebhaften Gesicht; doch sie ist erst dreizehn, ein Kind noch, viel zu jung, um seine Gemahlin und die zweite Mutter seiner Söhne werden zu können – aber auch dafür weiß Charlotte Sophie Rat: Er soll einfach sieben Jahre auf sie warten wie Jakob, als er um Rahel warb.

Wilhelmine Marie ist völlig verwirrt, doch das Problem, wie sie ein selbst in der ungezwungenen Atmosphäre Aachens höchst unerwünschtes Aufsehen vermeiden soll, erledigt sich von selbst. Aus Köthen kommt die Nachricht, daß der Fürst, Lottchens Ehegemahl, nach kurzem Krankenbett an bösartigem Fieber verschieden ist. Mutter und Tochter verlassen Aachen in größter Eile, um mit Lottchen zu trauern.

1729 ist ein scheinbar stilles Jahr in Varel, doch in Wirklichkeit geschieht viel unter der Oberfläche des täglichen Lebens. Anton von Aldenburg ist immer mehr in Geldsorgen verstrickt, alle Sparmaßnahmen sind vergeblich. Seine Abneigung gegen eine Verheiratung der Tochter nimmt zu; einerseits hält er sie wegen ihrer jähzornigen Natur und mangelnden Lebenserfahrung für noch nicht reif genug, Verantwortung zu übernehmen, andererseits lassen ihn die durchweg schlechten finanziellen Verhältnisse in den Fürstentümern und Grafschaften der Bewerber, die um Charlotte Sophies Hand anhalten, für seinen Besitz und das künftige Wohl der Tochter das Schlimmste befürchten. Zum erstenmal kommt es zwischen ihm und seiner Frau zu einer ernsthaften Meinungsverschiedenheit. Wilhelmine Marie bevorzugt ihren Neffen, den Prinzen von Hessen-Homburg, und meint, die Sache müsse durchgezogen werden; das wird Charlotte Sophie von der albernen und kindischen Schwärmerei für den entfernt verwandten Grafen zu Schaumburg-Lippe heilen. (Anton, der den Grafen seit seiner Jugend kennt und über dessen finanzielle Nöte und seinen Ruf als Charmeur Bescheid weiß, hat die ganze Sache ohnehin nicht ernst genommen.) Vorläufig meidet das Ehepaar jede Diskussion über Ehekandidaten.

Charlotte Sophie äußert den Wunsch, konfirmiert zu werden (ein wichtiger Schritt auf dem Weg zum Erwachsensein!). Sie wird angehalten, ein Selbstporträt für das Album ihrer Mutter zu schreiben.

Selbstporträt von Charlotte Sophie von Aldenburg

Ich weiß nicht, warum ich ein Porträt von mir schreiben soll. Ich kenne mich selbst kaum. Wenn es nur um mein Äußeres ginge, könnte ich mich vor einen Spiegel setzen und mich genau beschreiben, aber für unser Inneres gibt es keinen Spiegel. Ich weiß schon, was ich tue, paß auf. Ich sehe mich also an: Ich bin keine Schönheit, aber mein Gesicht ist wohl ganz hübsch. Man sagt, mein Mund sei schön. Wenn ich nicht besser aussehe, liegt das nur an mir selbst. Ich beiße mir immer auf die Unterlippe: *eine echte ‹Lippe›!* Meine Zähne sind nicht schön, obwohl ich sie sorgfältig pflege. Ich habe eine kurze Nase mit breiter Spitze. Mein Haar ist glänzend und blond, aber nicht sehr voll. Ich habe graue Augen. Es versteht sich von selbst, daß diese Dinge zusammen noch kein hübsches Gesicht ergeben. Aber weil ich erst dreizehn und somit sehr jung bin, findet man mich reizend, vor allem, wenn ich aufgeregt bin, denn sonst sehe ich meistens recht blaß aus. Was meine Figur betrifft, so finden manche Leute mich ziemlich groß für mein Alter. Ich bin nicht allzu schlank, aber ebenmäßig gebaut. Wenn ich wollte, könnte ich zierlich daherschreiten, doch leider habe ich die Gewohnheit zu laufen, ich gehe niemals langsam. Ich habe mollige Arme und kräftige Hände. Ich bin stark; wenn ich jemanden richtig festhalte, kommt er mir nicht so leicht davon. Soviel zu meinem Äußeren. Das Innere ist übrigens das Wesentliche. Aber weil ich mich selbst nicht gut beurteilen kann, will ich erzählen, was andere Leute über mich sagen. Ich beginne mit einer Eigenschaft, die für mich spricht, vielleicht klingt dann das übrige weniger schlimm. Man behauptet, ich habe ein gutes Herz; ehrlich gesagt, glaube ich das selbst auch, und das wiegt meine schlechten Eigenschaften mehr als auf. Ich könnte intelligent sein, wenn ich meinen Verstand weiterbilden würde, aber das tue ich nicht, dazu habe ich keine Lust. Gelegenheit zum Lernen hätte ich genug. Ich habe ein ziemlich gutes Gedächtnis. Es geht nur darum, mir Dinge beizubringen, die sich lohnen. Ich liebe Bücher – wenn man sie mir vorliest! Vor allem Bücher über historische Themen. Selber lesen oder schreiben finde ich zu mühselig. Wenn ich etwas nicht will, kann niemand mich dazu zwingen, denn ich bin unausstehlich eigensinnig. Man sagt oft, ich sei lästig und kaum zu bändigen, und das stimmt genau. Ich widerspreche stets, mit mir kann man nicht reden. Aber wenn ich etwas unbedingt will, kann man es mir nur mit Gewalt aus dem Kopf schlagen. Das alles sagt man über mich, und ich glaube, es ist wahr. Doch jetzt habe ich mich selbst genug angeschwärzt. Ich hoffe, daß Gott mir hilft, mich zu bessern, damit ich eine würdige Tochter werde für den rechtschaffensten Vater und die tugendhafteste Mutter, die es jemals gegeben hat. Ich möchte gern ein Kind Gottes sein.

Zur allgemeinen Überraschung entwickelt Charlotte Sophie in den nächsten Monaten eine auffallende Lust am Lernen und ist mit Eifer bei der Sache. Nachdem sie ihre Abneigung gegen das Lesen und Schreiben überwunden hat, entpuppt sie sich unversehens als angehende Philosophin. Anton, den ihre Energie ziemlich erstaunt, meint, die Kostproben ihrer jungen Weisheit enthielten noch allzu viele «schöne Worte», doch Wilhelmine Marie schickt sie voller Stolz nach Utrecht.

Charlotte Amélie von Aldenburg-de la Trémouille
an ihre Schwiegertochter

Am Dienstag habe ich Ihren Brief mit den schönen Gedanken von Sophie erhalten. Wirklich, ich bewundere das liebe Kind! Nicht nur wegen ihres Gedächtnisses, sondern vor allem wegen ihrer hingebungsvollen Andacht für Gottes Wort; man behält ja nur das, wofür man Interesse, ja Liebe fühlt. Sie würden mir eine große Freude bereiten, wenn Sie diesen Schatz, die allerliebsten Aufsätze unseres teuren Kindes, auch künftig mit mir teilten. Möge Gottes Segen auf den Gaben ruhen, die Er ihr geschenkt hat. Wer kann selbst den Wert von dem ermessen, was ihm auf seinen Lebensweg mitgegeben wird? Mir will scheinen, daß Vater und Mutter sehr vernünftig handeln, indem sie die Konfirmation noch aufschieben, sosehr das Kind selbst darauf drängt. Es ist keine Kleinigkeit für ein armes, sündiges Geschöpf, unvollkommen vom Scheitel bis zu den Zehen, mit unserem Allerhöchsten Herrn ein Bündnis einzugehen. Sie muß zumindest verstehen, was es heißt, sich Gott hinzugeben.

Man hält nun die Zeit für die notwendigen körperlichen Korrekturen gekommen. Als erstes werden Charlotte Sophies Zähne abgefeilt. Die Großmutter rät zu einem Spezialkorsett, das sie zwingt, sich gerade zu halten. Anfangs wehrt sich Charlotte Sophie dagegen; sie tut ohnehin ihr Bestes, wie das deutlich sichtbare Ergebnis zeigt. Doch die alte Dame mahnt aus der Ferne: «Da sich Sophies Haltung ein wenig gebessert hat, könnten wir natürlich noch etwas warten mit dem Mittel, das ich empfohlen habe. Aber wie mir scheint, ist mit ihrer Wirbelsäule grundsätzlich etwas nicht in Ordnung, und ich halte es für unbedingt erforderlich, daß ein erfahrener Arzt das Mädchen untersucht; wenn der Schaden jetzt nicht behoben wird, kommt er womöglich nach der Hochzeit ans Licht. So unwichtig das heute erscheinen mag, später wird man ihr vielleicht nicht mehr helfen können, was jetzt hoffentlich noch möglich ist.» Die Argumente verfehlen nicht ihre Wirkung. Charlotte Sophie unterzieht sich der Behandlung (die ärztliche Untersuchung empfiehlt ein steifes Lederkorsett von den Achseln bis zu den Hüften) trotz der damit verbundenen Unbequemlichkeit und Schmerzen.

Unterdessen hat Wilhelmine Marie eine Idee, die ihr im Laufe des vergangenen Jahres öfter, wenn auch vage in den Sinn gekommen ist, bei sich in allen Einzelheiten ausgesponnen. Wie sie meint, sind der charmante Witwer in Bückeburg mit den beiden mutterlosen Söhnchen und die von Ehemann und Kindern beraubte, trotz aller Schicksalsschläge immer zuversichtliche Pflegetochter Lottchen wie füreinander geschaffen. Außerdem besitzt Lottchen noch fast ihre gesamte Mitgift, und die kann dem Grafen aus seinen finanziellen Schwierigkeiten helfen. Albrecht Wolfgang unterhält enge Beziehungen zu dem Hause Hessen. Gemeinsam mit Wilhelmine Maries Bruder (dem Vater des Prinzen von Nassau-Siegen, der um Charlotte Sophies Hand angehalten hat) übt er die Vormundschaft bei der Erziehung des noch sehr jungen Erbprinzen von Hessen-Kassel aus. Einmal im Jahr treffen sich die Vormünder zu Beratungen in Homburg. Wilhelmine Marie beruft sich auf diesen Umstand und beginnt eine Korrespondenz mit dem liebenswürdigen Bekannten aus Aachen, der sie, wenn er will, «Tante» nennen darf. Nach und nach liefert sie in ihren Briefen Informationen über Lottchen in der ihr eigenen Art: spontan, familiär und doch nach allen Regeln der Convenance.

Im Oktober 1729 nimmt Albrecht Wolfgang zu Schaumburg-Lippe gemeinsam mit seinem jüngeren Bruder Friedrich an einer großen Wildschweinjagd im Oldenburgischen teil, wo er scheinbar zufällig Anton von Aldenburg begegnet, der als Grand Veneur, als Oberjägermeister des Königs von Dänemark, die Veranstaltung leitet. Wie alle Menschen erliegt auch Anton bald dem Charme des Mannes, den er vor Jahren nach flüchtiger Bekanntschaft für einen eitlen Bruder Leichtfuß hielt und den er jetzt wegen seiner Courtoisie und Liebenswürdigkeit schätzen lernt. Bald hat er ihn so sehr ins Herz geschlossen, daß er, der niemals einen Sohn hatte, den vaterlosen jüngeren Verwandten bei dessen schwierigen Verwaltungsgeschäften und finanziellen Problemen beraten und unterstützen will. Seine eigenen bitteren Erfahrungen sollen dem jungen Mann eine Warnung sein. Als Anton erfährt, daß Albrecht Wolfgang Lottchen den

Hof zu machen gedenkt, ermutigt er ihn zu seinem Vorhaben. Er hält es nicht nur für seine Pflicht, dem neuen Glück der Pflegetochter den Weg zu ebnen, sondern freut sich auf die innige freundschaftliche Beziehung mit einem Mann, dem er heute mit Rat und Tat beistehen kann und der, wer weiß, morgen vielleicht seine rechte Hand und Stütze werden kann. Lottchens Trauerjahr geht im November zu Ende. Es empfiehlt sich, die Begegnung der beiden nicht allzulange aufzuschieben; aus Siegen, wo die junge Witwe derzeit bei Bruder und Schwägerin wohnt, kommt das Gerücht, daß schon andere Konkurrenten an die Tür klopfen.

Wilhelmine Marie ist hoch zufrieden über die Nachricht, die ihr Mann aus Oldenburg nach Hause bringt. Lottchen hat versprochen, über Weihnachten nach Varel zu kommen. Obwohl man Charlotte Sophie nicht ins Vertrauen zieht, schnappt sie immerhin auf, daß irgend etwas mit dem Grafen zu Schaumburg-Lippe im Gange ist. Wilhelmine Marie ahnt zwar, was in ihrer Tochter vorgeht, wischt aber wie gewöhnlich alles beiseite, was nicht in das von ihr geplante Zukunftsbild paßt. Sie zählt auf Charlotte Sophies Respekt und ihre schwesterliche Liebe für die um vieles ältere Cousine.

Kurz vor Weihnachten läßt der Graf zu Schaumburg-Lippe «offiziell» anfragen, ob er Anfang Januar für ein paar Tage kommen dürfe. Wilhelmine Marie erwähnt seine Bitte und die Hintergründe des Besuchs in einem Brief an ihre Schwiegermutter in Utrecht. Die alte Dame antwortet ein wenig befremdet: «Dieser Fürst aus Bückeburg, der Sie demnächst besuchen will, ist das nicht derselbe Mann, den Sophie unter solch höchst merkwürdigen Umständen heiraten wollte, als Sie damals in Aachen waren?»

Anton von Aldenburg an Albrecht Wolfgang zu Schaumburg-Lippe

27. Dezember 1729

Mein Herr, ich habe den Brief, den Eure Exzellenz mir am Zweiundzwanzigsten des Monats zu schreiben geruhten, in bester Ordnung erhalten. Da Sie wissen, wie hoch ich Sie verehre, achte und schätze, dürfen Sie zu Recht überzeugt sein, daß es für mich zu jeder Zeit und unter allen Umständen eine Ehre und ein Vergnügen ist, Ihnen meine Gastfreundschaft zu gewähren und Ihnen meine Dienste anzubieten. Deshalb kann ich Ihre Frage nicht beantworten, wann Ihr Besuch mich nach den Festtagen am wenigsten stören würde, denn Sie stören mich niemals! Ich habe meinen Cousin von Wedel gebeten, Ihnen Gesellschaft zu leisten, weiß aber noch nicht, ob er zu dieser Zeit kommen kann. Hoffentlich wird ein anderer guter Freund von uns, Herr Neubour, Anfang nächster Woche hier eintreffen. Zu meiner Freude wird er mir während seiner Anwesenheit helfen, die Honneurs zu erweisen an diesem ländlichen Ort, der im Winter alles entbehren muß, was ihn zu den anderen Jahreszeiten erträglich macht, nämlich die Jagd und die Spaziergänge in der schönen Umgebung. Wie dem auch sei, in meiner «Kate» werden wir Sie mit offenen Armen empfangen, und es wird mir eine große Ehre und Genugtuung sein, Ihnen meine Ansichten über den Stand der Dinge mitzuteilen. Kommen Sie also, mein Herr, wann immer Sie wollen, Sie sind stets von Herzen willkommen. Madame, die verwitwete Prinzessin von Anhalt-Köthen, ist gestern am späten Abend hier angekommen.

Um die Begegnung zwischen Lottchen und dem Grafen zu Schaumburg-Lippe möglichst ungezwungen und unauffällig zu gestalten, hat das Ehepaar von Aldenburg mehrere Gäste eingeladen. Die letzten Tage im Dezember und die ersten im Januar vergehen mit Ausflügen in der winterlichen Landschaft, Teegesellschaften, langen, heiteren Mahlzeiten, Charaden und Musizieren. Lottchen hat ihre

Trauerkleidung abgelegt; sie blüht auf, sie ist (zum ersten Mal im Leben) ernsthaft verliebt. Das Glück verleiht ihr eine Schönheit, die sie von Natur aus nicht besitzt. Albrecht Wolfgang seinerseits fühlt sich von der jungen Witwe sehr angezogen, obwohl er bedauert, daß sie, wenn sie lacht, wegen ihrer schlechten Zähne die Hand oder den Fächer vor den Mund hält. Um so besser gefällt ihm, was er über die Größe ihrer Mitgift (zuzüglich ihrer Einkünfte aus Zollrechten) erfährt. Mit Hilfe dieser Mittel wird er sein Regiment behalten können. Anton sieht voraus, daß die Abwicklung der finanziellen Belange, an der auch Nassau-Siegen und Anhalt-Köthen beteiligt sind, sich lange hinziehen kann, und rät, die beiden Familien vor vollendete Tatsachen zu stellen. Albrecht Wolfgang und Lottchen tauschen Geschenke als Unterpfand ihrer Treue: eine Brosche für sie, eine Gürtelschnalle für ihn. Albrecht Wolfgang gratuliert sich zu seiner Wahl und beschließt, die Verlobungszeit möglichst kurz zu halten. Wie zu erwarten, wird ihm das Album von Wilhelmine Marie unter die Nase gehalten.

Selbstporträt von Albrecht Wolfgang zu Schaumburg-Lippe

Eure Hoheit gebietet mir, mein Porträt zu schreiben. Ein schwieriges Unterfangen, doch nichts darf mir zu schwer sein, wenn es darum geht, Ihnen zu gehorchen. Wie soll ich anfangen? Soll ich all das Schlechte sagen, das ich von mir weiß? Das möchte ich lieber anderen überlassen, viele Leute würden diese Aufgabe mit Vergnügen übernehmen. Vielleicht kenne ich ja nur die Hälfte meiner schlechten Eigenschaften, dann dürfte ihr Porträt weitaus zutreffender sein. Soll ich mich selbst loben? Das wäre von allen Tätigkeiten gewiß diejenige, zu der ich am wenigsten Lust habe.

Über mein Äußeres will ich nicht viel sagen, für mich war das Innere des Menschen immer wichtiger. Ein Mann muß lediglich darauf achten, daß er nicht lächerlich aussieht.

Ich bin gläubig; ich wünsche von ganzem Herzen, ein guter

Mensch zu sein – und kann man das, wenn man sich nicht in allen Dingen durch den Glauben leiten läßt? Ich gebe zu, daß ich die Tugend bewundere und innig hoffe, sowenig wie möglich von ihrem Pfad abzuirren, doch viel weiter als bis zur Bewunderung habe ich es leider bislang noch nicht gebracht! Mein Temperament widersetzt sich der allgemein anerkannten Auffassung, man solle lieber ein mittelmäßiges Original als eine gute Kopie sein; seit ich mich erinnern kann, habe ich stets danach getrachtet, große Vorbilder zu wählen und ihnen so gut wie möglich zu folgen. Auch ich selbst habe mein Leben lang anderen als Vorbild gedient, was insofern verzeihlich ist, als ich, sobald ich an den von mir auserwählten Vorbildern Fehler entdecke, meine Gefolgschaft aufkündige und mich nach würdigeren Objekten umsehe. Während meines Aufenthalts hier in Varel habe ich gefunden, was ich gesucht habe. Mein illustrer Gastherr liefert mir ein prächtiges Vorbild, wie soll ich es ihm nachtun? Obwohl, was soll das, bei allen wichtigen Unternehmungen kommt es in erster Linie auf das *Wollen* an! Ich glaube, einen redlich guten Charakter zu besitzen, weiß aber auch, daß ich mich oft durch Leidenschaft oder Aufregung hinreißen lasse – hoffentlich nie so weit, daß meine Ehre darunter leidet. Ich muß auch gestehen, daß ich nicht immer zwischen normaler Freigebigkeit und Verschwendung unterscheiden kann, und habe allen Grund, zu fürchten, daß ich manchmal Großzügigkeit nenne, was vielmehr Schlamperei heißen müßte. Zwar kann dieser Fehler im praktischen Leben manchmal zufällig etwas Gutes bewirken, doch es ist und bleibt ein Fehler, das sehe ich ein. Wenn ich einst in der Liebe leichtsinnig gewesen bin, so trifft mich dabei nur die halbe Schuld. Ich habe stets das Vollkommene gesucht, und da ich glaube, es nun gefunden zu haben, habe ich mich innerlich gebunden in einer Art und Weise, daß nichts und niemand mich davon entbinden kann.

So also bin ich ungefähr. Ich wäre sehr glücklich, wenn ich alles über meine Mängel wüßte. Vielleicht könnte mein aufrichtiger Wunsch, möglichst streng mit mir selbst zu sein, dem von Ihnen verlangten Schriftstück eine hübsche Nuance verleihen, wenn dieser

Wunsch beständiger wäre (und ich ihm öfter Folge geleistet hätte). Ich wage kaum hinzuzufügen, wie sehr ich von der Tugend und den anderen vortrefflichen Eigenschaften Eurer Hoheit überwältigt bin; ich fürchte nur, in den Verdacht des Eigenlobs zu geraten, wenn ich behaupte, daß ich das Gute und Schöne darin nach Gebühr zu schätzen weiß.

In Varel herrscht Feststimmung. Der einzige Mißklang: Albrecht Wolfgang ärgert sich über Lottchens Gefolge, insbesondere über die Hofdame Lucia de la Cour und die Kammerfrau Cordier, die beide, wie er meint, ihrer Herrin gegenüber eine geradezu unverschämte Machtposition einnehmen und viel zu familiär mit ihr umgehen. Wie Zerberusse bewachen die Frauen den Zutritt zu Lottchens Zimmern, vor allem während der als intim geltenden Morgenstunden, wenn Albrecht Wolfgang Lottchen seine Aufwartung machen möchte. Durch die welterfahrenen, vieldeutigen Blicke der eigensinnigen, herrisch auftretenden La Lucia, wie die Hofdame allgemein genannt wird, fühlt er sich in seiner Freiheit eingeschränkt. Lottchen will weder auf ihre Vertraute verzichten, noch ihren angehenden Ehemann vor den Kopf stoßen. Sie sorgt also dafür, daß Charlotte Sophie ihr in den Morgenstunden Gesellschaft leistet. Albrecht Wolfgang findet, das Mädchen habe sich seit den Aachener Tagen auffällig verändert. Ihre Gegenwart bringt in das gemütliche Beisammensein ein Element leichter Spannung, eine prickelnde Nuance, die ihn entzückt.

Charlotte Sophie betrachtet Lottchen so sehr als ideales «zweites Ich» und ist sich ihrer Zuneigung so sicher, daß ihr die Verbindung zwischen ihrer Cousine und dem Grafen zu Schaumburg-Lippe als himmlisches Geschenk vorkommt, nämlich als Gewähr, daß die beiden Menschen auf Erden, die sie am meisten bewundert und die alles für sie bedeuten, für immer in ihrer Nähe bleiben. Die beiden sind für Charlotte Sophie wie ein zweites, jüngeres Elternpaar, mit denen sie in einer spielerischen, unbekümmerten Vertraulichkeit umgeht, zu der ihre eigenen Eltern nicht fähig sind. In ihrer kindlichen Naivität glaubt Charlotte Sophie an eine fröhliche, innige Kameradschaft zu dritt, die ewig dauern wird. Sie wünscht sich nichts sehnlicher als ein solches Dreigespann, in dem sie sich sicher fühlen und sie selbst sein darf. Sie ist noch zu jung, um ihre wahren Gefühle zu erkennen.

Über den Abschied des Grafen zu Schaumburg-Lippe Mitte Januar fällt ein Schatten: er reist ganz plötzlich ab. Im stillen Kämmerlein sind Spannungen erwachsen. Die Hofdame hat durch unbestimmte Andeutungen Unruhe in Lottchens Herz gesät und Anspielungen gemacht auf die zahllosen Amouren und die ungebändigte Sinnlichkeit des Grafen, wie die Gerüchte verlauten. Als Mann von Welt hat er nur die Achseln gezuckt und es für unter seiner Würde gehalten, sich zu verteidigen. Größeren Ärger bereitet ihm der Umstand, daß die beleidigt schmollende Lucia offenbar genau Bescheid weiß über die nicht unbeträchtlichen Schulden, die Lottchen beim Kartenspiel gemacht hat. Dabei ist auch der Name des Barons von Fabrice in Hannover gefallen, ein Kammerherr des englischen Königs, der Lottchen freundlicherweise eine größere Geldsumme vorgeschossen hat. Unglücklicherweise kennt Albrecht Wolfgang diesen von Fabrice (einen Abenteurer und Junggesellen) nur zu gut aus den fröhlichen Londoner Jahren.

Man munkelt von einer leichten Verstimmung zwischen den Verlobten. Lottchen ist gekränkt, daß Albrecht Wolfgang sie nach kaum zwei Wochen verläßt, um seiner Aufsichtspflicht als Vormund nachzukommen und dem kleinen Erbprinzen von Hessen-Kassel einen Neujahrsbesuch abzustatten. Außerdem (und es fällt ihm gar nicht ein, es zu leugnen) will er unterwegs einen Abstecher zu den Karnevals-Redouten in Braunschweig und Hannover machen. Kann denn ein Mann, der behauptet, verliebt zu sein, überhaupt Lust zu solchen Festivitäten ohne seine Angebetete haben?

Ende Januar 1730 geht auch Anton von Aldenburg auf Reisen. Er plant, einige Städte zu besuchen, wo sich der norddeutsche Adel auf Bällen und anderen Veranstaltungen im Februar nahezu vollzählig versammelt. Er gedenkt dort Verwandte zu treffen, um mit ihnen über den Aufschub von Rückzahlungen und über neue Kredite zu verhandeln. Es lohnt sich, solche Beziehungen zu pflegen und drohende Prozesse möglichst abzuwehren. Außer vom Verwalter de Larrey, einem Sekretär und einigen Dienern wird er auch von Herrn Neubour begleitet, der zu seinem Wohnsitz bei Bremen zurückkehrt. Neubour hat seit vielen Jahren die Funktion eines Korrespondenten und Vermittlers für Anton von Aldenburg übernommen. Er ist groß und hager, hat ein spitzes Kinn, einen dünnen Hals und trägt eine Perücke mit albern wippendem Zöpfchen, eine wandelnde Karikatur, die vor allem Charlotte Sophie als Zielscheibe für ihre Neckereien dient; dabei gibt er sich übertrieben eifrig und dienstfertig, überstürzt sich schier mit Komplimenten und Schmeicheleien und ist bei aller Untertänigkeit doch von seiner eigenen Vortrefflichkeit überzeugt. Anton kann die ein wenig aufdringliche Hilfsbereitschaft seines Vertrauten manchmal nur schwer ertragen, weiß aber seine Loyalität zu schätzen, und er braucht ihn, denn Neubour weiß über alles Bescheid und kennt viele Menschen, auch im Ausland. Wilhelmine Marie hat ihn zu ihrem Höfling ernannt und lädt ihn zu allen Jagdgesellschaften ein, wobei er ihr in den anstrengenden Tagen als Stellvertreter des Hausherrn unschätzbare Dienste leistet. Man behandelt ihn denn auch als Familienmitglied, eine Gunst, die ihm in der Seele wohltut. Und jetzt hat Ihre Hoheit sogar die huldvolle und freundliche Bitte an ihn gerichtet, an ihrem Album mitzuwirken. Neubour skizziert ein ausführliches Selbstporträt mit dem Versprechen, es später durch eine kritische Studie zu ergänzen. «Es war mir immer ein großes Vergnügen, jemandem einen Dienst zu erweisen. Ich teile von ganzem Herzen die Sorgen und finanziellen Probleme meiner Mitmenschen allgemein, aber noch unendlich mehr, wenn es sich um vornehme, von Haus aus hochgestellte Personen handelt. Trotz meiner Anteilnahme fällt es mir oft überaus schwer, mich solchen Leuten zu nähern... und doch möchte ich gern gute Ratschläge geben, mich nützlich machen...»

Neubour hat auch diesmal einen delikaten Auftrag. Bevor er nach Varel ging, hat er aus Holland einen Brief von einem alten Bekannten, dem Grafen von Wassenaer van Obdam bekommen, der eine herausragende Stellung (wenn nicht gar Schlüsselposition) im Kollegium der niederländischen Adligen bekleidet.

Graf von Wassenaer van Obdam in Den Haag
an den Herrn Neubour in Bremen

Ich brauche Ihre Hilfe in einer Angelegenheit, bei der ich Sie um absolute Geheimhaltung ersuche. Es ist von allergrößter Bedeutung, daß niemand von unseren beiderseitigen Freunden, weder in Holland noch andernorts, von dieser höchst vertraulichen Sache erfährt, von der bislang nur ich Kenntnis habe. Falls sie öffentlich bekannt würde, geriete ich in die größte Bredouille, nicht nur bezüglich der Person, die mich ins Vertrauen gezogen hat, sondern auch gegenüber anderen Herren.

Sie sind befreundet mit dem Grafen von Aldenburg, Herrn von Doorwerth, und könnten mir einen großen Dienst erweisen, wenn Sie beiläufig bei ihm sondieren wollten, ob er geneigt wäre, einer Verheiratung seiner Tochter nach Holland zuzustimmen. Ich weiß sehr wohl, daß er nur die Hand auszustrecken braucht, wenn er einen Prinzen will. Doch angesichts der Tatsache, daß er Vernunft und ein klares Urteilsvermögen besitzt, wäre es möglich, daß er einen verdienstvollen Mann minder hohen Ranges, der seine Tochter glücklich machen würde, diesem oder jenem Prinzen vorzöge, der nicht so vorteilhafte Charaktereigenschaften besitzt wie der Freund, in dessen Namen ich mich jetzt an Sie wende. Sie kennen ihn, so daß ich mir die Mühe erspare, ihn zu beschreiben; ich sage nur, daß es sich um Herrn Willem Bentinck handelt. Was Charakter, Gemüt, Geist, Verstand und Auftreten betreffen, so wird der Graf von Aldenburg schwerlich einen Schwiegersohn mit den gleichen Vorzügen finden, an dem er auf die Dauer mehr Freude haben wird. Bentinck ist kein Prinz, nicht einmal ein Graf, aber er steht in vorderster Reihe in einer Provinz der Republik, die in der Weltpolitik allseits Anerkennung genießt. Bentincks Einfluß wächst zusehends, und er wird in Zukunft gewiß noch eine bedeutende Rolle spielen. Das weitere überlasse ich Ihnen. In Erwartung näherer Auskünfte bezüglich der Pläne und Ansichten des Grafen hoffe ich, daß Sie mir gütigst auch Ihre eigene Meinung über die Sache mitteilen und ob Sie, da Sie den Grafen besser kennen, einen Erfolg für möglich halten oder nicht.

Willem Bentinck ist trotz des guten niederländischen Namens seiner Herkunft nach nur zur Hälfte, und was seine Natur und Auffassung betrifft, überhaupt kein «Holländer». Sein Vater, Hans Willem Bentinck, Günstling und rechte Hand des Statthalters Willem III., wurde nach dessen Krönung zum König von England im Jahre 1689 in den Stand eines Grafen von Portland erhoben. Er ehelichte nacheinander zwei Frauen aus der englischen Aristokratie. Obwohl er jedes Jahr mehrere Monate in Holland verbrachte, spielte sich sein Leben überwiegend in der Umgebung des englischen Hofes und auf seinem Landgut Bulstrode Park ab. Der junge Willem wurde in Whitehall als ältester Sohn aus der zweiten Ehe seines Vaters geboren. Als Hans Willem Bentinck 1709 starb, ging der englische Titel mit dem dazugehörigen Besitz auf Willems erwachsenen Halbbruder über. Er selbst erbte die ansehnlichen niederländischen Güter Rhoon und Pendrecht bei Rotterdam, ein großes Haus am Lange Voorhout in Den Haag und den wegen seines prächtigen Parks und einer Orangerie weit über die Landesgrenzen hinaus berühmten Landsitz Sorghvliet zwischen dem Seghbroekpolder und den Dünen von Scheveningen. Willem und sein jüngerer Bruder Charles (dem die Herrschaft Nijenhuis, ein Bentinck-Besitz in Overijssel, zugefallen ist) wachsen auf in dem Bewußtsein, daß ihre Zukunft in den

Niederlanden liegt. Vielleicht sind sie deswegen, trotz des Altersunterschiedes von gut vier Jahren, von Kindesbeinen an unzertrennlich. Ihre Mutter, eine weit vorausblickende Frau, trifft langfristige Vorbereitungen für die Zukunft ihrer beiden Söhne und vier Töchter. Als ihre Witwenpension sich als unzureichend erweist und weil sie die für ihre Kinder bestimmten Gelder nicht antasten will, tritt sie 1718 eine Stellung als Gouvernante bei den Töchtern des englischen Thronfolgers aus dem Hause Hannover an und schickt die Söhne (vierzehn und zehn Jahre alt) nach Holland. Aus den Tagen, die sie mit ihrem Gatten in Den Haag oder auf Sorghvliet verbracht hat, ist ihr ein guter Freund geblieben, der Graf von Wassenaer van Obdam, ein feinfühliger, gläubiger und vor allem einflußreicher Mann. Deshalb hat sie ihn gebeten, ihre Söhne in seine Obhut zu nehmen und die Verwaltung ihrer niederländischen Besitztümer zu überwachen. Der Graf erwidert ein wenig zögernd: «Erlauben Sie mir, gnädige Frau, Ihnen mein Erstaunen auszusprechen über die hohe Meinung, die Sie von meinen Fähigkeiten als Vormund zu haben scheinen. Ich würde mich allenfalls bereit finden, Ihre Kinder, die sich hier im Lande aufhalten, bis zu deren Volljährigkeit zu beaufsichtigen, erkühne mich aber nicht, die Sorge für Ihre Landgüter zu übernehmen. Ich verstehe wenig von Geldgeschäften und Administration und wünsche nicht, für die Verwaltung fremden Eigentums Verantwortung zu übernehmen.» Lady Portland, auch über die halbe Zusage ihres alten Freundes sehr erfreut, vertraut Willem und Charles der Obhut eines sorgfältig ausgewählten Erziehers in Den Haag an, wo sie den Winter im Haus am Lange Voorhout und die Sommermonate auf Sorghvliet verbringen. Auf Sorghvliet läßt sie für den Grafen ein eigenes Zimmer einrichten, damit er, sooft es ihm gefällt, dort Tee trinken und die Aussicht genießen kann, denn sie erinnert sich, wie gern er früher auf ihrem Landsitz zu Gast gewesen war. Kurz nach der Ankunft ihrer Söhne in Holland erhält sie einen Brief, in dem der Graf von Wassenaer verspricht, sich besonders um die beiden Jungen zu kümmern: «Vor allem Ihren älteren Sohn habe ich sehr ins Herz geschlossen. Ich habe den Eindruck, daß er sich zu einem frommen Christen und einem durch und durch ‹honnête homme› entwickeln wird.»

Im Laufe der Jahre zeigte sich, wie ernst der Graf seine Aufgabe nahm. Der mütterlichen Besorgtheit von Lady Portland fügte er seine eigenen Skrupel und Ängste hinzu; angesichts der noch immer nicht verstummten Gerüchte über eine «widernatürliche Freundschaft» zwischen dem königlichen Statthalter und Hans Willem Bentinck glaubte er, dem (unausgesprochenen) Wunsch seiner verehrten Freundin entgegenzukommen, indem er das sittliche Verhalten ihrer Söhne strengstens überwachte. Als Willem seine Studien in Leiden aufnahm, wurde dort für ihn und seinen Bruder ein Haus angemietet, damit sie nicht dem Risiko ausgesetzt wurden, mit gesellschaftlich unerwünschten Personen unter einem Dach wohnen zu müssen. Die freien Sonntage mußte Willem bei seinem Vormund verbringen, damit der Müßiggang ihn nicht auf schlechte Gedanken brachte. Sein Erzieher und sein Kammerdiener wurden fortlaufend überwacht und Verhören über die Gewohnheiten des jungen Herrn unterzogen. Im Schwänzen des Unterrichts sah Willem die einzige Möglichkeit, der allzu strengen Aufsicht hin und wieder zu entkommen; die Strafe dafür nahm er gern in Kauf. In den Fluchtversuchen des Sechzehnjährigen nach Sorghvliet (wo er, im Gras ausgestreckt, las, mit Pferden und Hunden herumtollte oder auf ein an die Terrassenwand gezeichnetes Ziel schoß) glaubte der Graf Neigungen zu erkennen, die sofort unterdrückt werden mußten; dazu gehörten auch der gefährliche Umgang mit Feuerwaffen und ausgelassene Streiche mit den Stallburschen. Besorgniserregend fand der Graf außerdem, daß Willem den Geschichtsstunden fernblieb, um zu musizieren, die Gesellschaft der Studienkameraden dem Sonntagsmahl bei seinem Vormund vorzog und nicht in die Kirche ging, weil er die albernen Predigten nicht mehr hören konnte. In langen Briefen an Lady Portland beklagte sich der Graf über Willems unbegreiflichen Widerstand gegen seine guten Absichten: «Er ist brummig wie ein Bär und störrisch wie ein Wildschwein.» Charles machte ihm weniger Mühe, aber dafür hatte er kaum Kontakt mit dem Jungen. Willem wußte sehr gut, daß sein Bruder mit Schüchternheit und Verschlossenheit auf dieselben disziplinären Maßregeln reagierte, die ihn zu offenem Widerstand reizten; Charles war verletzlicher, weil er jünger war. Beide hatten Heimweh nach der vertrauten Umgebung ihrer Kindheit. 1723, nach neuerlichen Zerwürfnissen mit dem Vormund, schrieb Willem den ersten Brief an seine Mutter, dessen Ton nicht mehr ehrerbietig und zurückhaltend war: «Ich kann Ihnen nicht sagen, wie es mich kränkt, daß Sie im Zweifelsfall das Schlimmste von mir glauben; zum Beispiel tadeln Sie mich, daß ich in Geschichte keine raschen Fortschritte mache. Aber Sie berücksichtigen dabei nicht, daß ich sehr viel Zeit für Mathematik brauche, weil ich wöchentlich nur zwei Stunden Unterricht bei Herrn 's-Gravesande nehmen kann; wenn ich nicht zusätzlich arbeite, komme ich überhaupt nicht mehr voran. Ich behaupte keineswegs, daß ich meine Zeit immer aufs beste nütze, nein, ich will damit nur sagen, daß ich sie immerhin besser nütze, als Sie annehmen. Ich verstehe nicht, warum Sie etwas anderes dahinter vermuten. Wenn Sie mich auf diese Weise verdächtigen, müssen Sie mich wie einen Idioten hinter Schloß und Riegel sperren und dürfen mich nur unter Bewachung ausgehen lassen, um zu verhindern, daß ich mich selber oder andere Menschen verletze oder umbringe. Man kann genausoviel Unheil anrichten, wenn man mit Schrot schießt statt mit scharfer Munition, und man erhitzt sich genauso, wenn man läuft oder springt statt Tennis spielt. Seit wir Pferde haben und ich hin und wieder allein ausreite, ist meines Wissens weder mir noch jemand anderem dadurch ein Unglück zugestoßen. Verzeihen Sie, daß ich so offen spreche, aber ich kann den Mund wirklich nicht länger halten. Wenn sich darin nichts ändert, halte ich es auf die Dauer nicht aus. Seit dem Tag, an dem ich aus England hierherkam, versuchen die Menschen, mit denen ich ständig zu tun habe, mir jedes bißchen Freude, das ich mir gönne, zu vergällen.»

Lady Portland, die auf eine ehrliche und offene Beziehung größten Wert legte, war im Grunde froh über diese und andere Reaktionen ihres Sohnes, denn sie verrieten wachsende Selbständigkeit und einen Hang zum Nachdenken und Argumentieren. Während ihrer seltenen Besuche in Holland (alle zwei Jahre, öfter ließen es die Umstände nicht zu) überzeugte sie sich außerdem von Willems gutem Willen. Da sie jedoch eine Laufbahn im Dienst der Republik für ihren Sohn erhoffte, wollte sie die Autorität seines Vormunds (der als Alterspräsident der Holländischen Ritterschaft vorstand) nicht untergraben. Ihr war viel daran gelegen, daß ihr Freund und Ratgeber Willem bei seinen ersten Schritten in der holländischen ‹Society› und in der niederländischen Politik unterstützte; eine Kritik an seinen Erziehungsmethoden schien ihr nicht geraten. Sie ließ sich die altmodisch-förmliche Galanterie des Grafen (der vorgab, er sei wegen ihres Charmes Junggeselle geblieben) gut gelaunt gefallen. Seinem Rat folgend, widerstand sie immer wieder den Bitten der Söhne, die Sommermonate oder Weihnachten bei ihr auf Bulstrode Park verbringen zu dürfen. (Einmal, als sie es erlaubt hatte, war Willem schon Wochen davor buchstäblich krank vor Aufregung, das durfte nicht nochmals vorkommen.) Sie tröstete sich mit dem Gedanken, daß die Menschen, mit denen Willem und Charles am meisten verkehrten, ja keine Fremden waren. Eine Halbschwester war mit einem anderen Grafen von Wassenaer verheiratet und wohnte auf dem Landgut Duivenvoorde zwischen Den Haag und Leiden, außerdem wimmelte es seit den Tagen des königlichen Statthalters in der Haager *beau monde* von Engländern mit holländischen und Holländern mit englischen Verwandten. Zudem hatte die charmante und lebenslustige Schwester des Grafen von Wassenaer, Madame de St. Auban, für die beiden jungen Bentincks freiwillig die Rolle einer mütterlichen Freundin übernommen, mit der sie ungezwungener umgehen konnten als mit ihrem Vormund. Dieser befürchtete, die leicht frivole Atmosphäre im Hause des nach Paris orientierten Schwagers könnte seine Zöglinge beeinflussen, und bewachte den Umgang mit Argusaugen. «Es geht nicht darum, daß ich Den Haag oder Holland nicht ausstehen kann», schrieb Willem 1724 seiner Mutter, «aber die Sehnsucht nach Ihnen und den Freunden in England und der Wunsch, einmal andere Landschaften zu sehen, verleidet mir allmählich den Aufenthalt in diesem Land.» Er versuchte noch einmal, der für ihn ausgetüftelten Zukunft zu entkommen, und bat um die Zustimmung, in den Kriegsdienst treten zu dürfen. Natürlich wurde nichts daraus. Mit verdoppelter Wachsamkeit achtete seine Umgebung darauf, daß er seine Studien ordnungsgemäß abschloß. Erst danach hielt Lady Portland es für angemessen, ihrem Sohn nach und nach mehr Freiheit zuzugestehen. Sie mußte ihren gesamten Takt aufbieten, um den Grafen von Wassenaer zu überzeugen, daß er von jetzt an Willem gegenüber mehr als väterlicher Freund denn als autoritärer Erzieher auftreten müsse. Da sie sehr wohl erkannte, welche Gefahren sein übermäßiger Pflichteifer heraufbeschwor, nutzte sie die Gelegenheit und entzog ihm auch die Aufsicht über Charles. Um Willems Erziehung den letzten Schliff zu geben, schickte sie ihn in Begleitung eines Sekretärs auf eine zwei Jahre dauernde «grand tour» durch die wichtigsten Fürstentümer des Heiligen Römischen Reiches sowie durch Frankreich, die Schweiz und Italien. Vor allem wurde dabei berücksichtigt, was zur Bildung eines kontinental-europäischen Hintergrundes und Bewußtseins beitragen konnte. Willem Bentinck hat diese Prüfung (denn als solche galt die «grand tour») zu jedermanns voller Zufriedenheit bestanden. Überall wurde er mit Wohlwollen, ja selbst Ehrenbezeigungen empfangen, die zunächst mehr dem Träger des durch seinen Vater berühmten Namens galten, die aber (wie sein Begleiter Lady Portland begeistert meldete) schon nach kurzer Zeit in eine aufrichtige Wertschätzung seiner eigenen Persönlichkeit umschlugen. Die Charakterskizze, die der heimliche Aufpasser am Schluß seiner Mission ablieferte, ist für Lady Portland ein wichtiges Zeugnis: «Herr Bentinck hat noch nie jemanden im Stich gelassen, mit dem er auf gutem Fuße stand; dabei sparte er weder an Aufmerksamkeiten noch an subtilen und überraschend höflichen Gesten. Mit unglaublicher Leichtigkeit erwirbt er die Sympathie der Menschen und ermutigt sie, ihr wahres Gesicht zu zeigen, obwohl er selbst von Natur aus eher verschlossen ist. Wirklich offen wirkt nur sein Äußeres, mit dem er so viele Herzen gewinnt, wie er will.

Außerdem besitzt er ein erstaunliches Urteilsvermögen und vor allem Menschenkenntnis: wozu jemand fähig ist, wer auf irgendeine Art Böses anrichten könnte. Man kann ihm nur wünschen, daß er seine seltenen Gaben ebenso schätzen lernt wie die Menschen, die ihn kennen und noch kennenlernen werden. Die Talente, die er schon vor seiner Reise besaß, hat er unterwegs weiterentwickelt, fast ausnahmslos zu seinem Vorteil. Das öffentliche Leben, der Umgang mit hochstehenden und bedeutenden Personen haben in der Tat manches verändert, so hat er beispielsweise seine Neigung, alles ins Lächerliche zu ziehen, aufgegeben. Seine Spottsucht ist zweifellos ein Ergebnis übermäßiger Intelligenz.» Auch Willems Kammerdiener erklärt auf entsprechende Anfrage, sein Herr habe sich geschliffene Manieren angeeignet und sei geduldiger und liebenswürdiger im Umgang mit anderen Menschen.

Willem ist jetzt fünfundzwanzig Jahre alt; noch immer fühlt er sich in Holland nicht richtig zu Hause. Er hat auch kaum Freundschaften geschlossen, was zum Teil an seiner kritischen Natur liegt. Von den mondänen Umgangsformen und toleranteren Traditionen in London hat er noch so viel mitbekommen, daß ihm die holländischen Gepflogenheiten, die er spießbürgerlich und engstirnig nennt, oft auf die Nerven gehen. Er glaubt nicht, daß die Republik der Vereinigten Niederlande unter den derzeitigen Führungskräften noch die gleiche Macht und den gleichen Einfluß besitzt wie im vergangenen Jahrhundert. Kurz vor seiner «grand tour» hat er seiner Mutter geschrieben: «Wenn meine Aufnahme in die Holländische Ritterschaft durchgeht, bin ich natürlich verpflichtet, die mir erwiesene Ehre mit Dank anzunehmen, doch unter uns gesagt, bedrückt mich der Gedanke immer mehr, den Rest meines Lebens, unter welchen Umständen auch immer, in Holland verbringen zu müssen; eine nicht gerade erhebende Aussicht. Dagegen verschafft mir die (zweifellos eitle) Hoffnung auf eine Rückkehr nach England stets Zuversicht und Ablenkung. Stellen Sie sich bitte vor, der Graf von

Wassenaer würde sterben, was soll ich dann noch hier? Mein Leben so gut oder schlecht fristen wie die meisten hierzulande, von Sorghvliet nach Den Haag gehen und von Den Haag zurück nach Sorghvliet und meine Zeit mit Leuten verbringen, an denen mir nichts liegt und die mit mir nichts anfangen können, und noch tausend andere Dinge mehr, die ich hier nicht aufzählen will. Ich muß ehrlich gestehen, wenn aus der Sache hier in Holland nichts wird, werde ich deswegen keine Träne vergießen, und wenn Sie in England etwas für mich finden könnten, wäre das für mich das größte Glück auf Erden.»

Lady Portland sieht keine solche Möglichkeit und glaubt nicht, daß sie Willems Interesse dienen würde. Schließlich wurde er im Hinblick auf eine spätere (hohe) Funktion in der Republik erzogen, er kennt sich aus in den Bräuchen, in der politischen Geschichte und in den internationalen Beziehungen der Provinzen, außer Englisch und Niederländisch spricht und schreibt er fließend Französisch und Deutsch. Wenn man ihm erlaubt, die kaum angefangene Laufbahn abzubrechen und seine holländischen Besitztümer aufzugeben, käme das nach Lady Portlands Meinung einem Schiffbruch in Sichtweite des Hafens gleich. Sie versteht jedoch, daß er es nicht leicht hat und daß in Zukunft noch viel größere Schwierigkeiten auf ihn warten. Es ist von größtem Belang, daß er «gesettled», ansässig, wird.

Willem ist von mehr als mittlerer Größe, kräftig gebaut, sogar ein wenig zu schwer für sein Alter, und hat ein frisches, ansprechendes Gesicht und graublaue Augen. Wenn er lächelt, legt sich unwillkürlich ein Zug um seinen Mund, der bei den Menschen unterschiedliche Reaktionen hervorruft; in dem, was die einen als Zeichen von Verlegenheit und Unsicherheit deuten, vermeinen andere heimlichen Spott, Schadenfreude oder Hochmut zu erkennen. Da er viel reitet und gern tanzt, sind seine Bewegungen leicht und gelenkig. Wenn er in Gesellschaft Eindruck machen will oder selbst beeindruckt ist, pflegt er mit bedächtigen, gemessenen Gesten aufzutreten. Weder in seinem Äußeren noch in seinem Benehmen findet sich der kleinste Anflug modischer Renommiersucht. Er besteht auf dem Luxus der Qualität, nicht aber auf äußerem Glanz und Zurschaustellung. Für seine Kleidung wählt er teure Stoffe in gedeckten Farben. Tressen, Stickereien oder Spitzen interessieren ihn nicht, aber an den Schuhen trägt er goldene Schnallen, und die Schnupftabakdose in seiner Tasche ist kunstvoll emailliert. Eine seiner auffallendsten Eigenschaften, derentwegen ihn die Erzieher getadelt (und seine Mutter sich ernsthaft Sorgen gemacht hat), ist, daß er alles kaufen möchte, was ihm gefällt. Da er einen erlesenen Geschmack hat und sich in antiken Dingen auskennt, fällt es ihm doppelt schwer, sich zu beherrschen. Während seiner «grand tour» hat er oft der Versuchung nicht widerstehen können, viel mehr ausgegeben, als er sich erlauben konnte: für römische Münzen, Bücher, das Organisieren von Privatkonzerten mit deutschen und italienischen Berufsmusikern, für Uhren für sich und Charles aus dem Atelier des Hofjuweliers in Paris, für Geschenke an seine Mutter und seine Schwestern. So hat er zum Beispiel Miniaturen berühmter Gemälde, die er auf der Reise bewundert hat, auf venezianische Fächer kopieren lassen. Seit er selbständig ist und über seine Ausgaben keine Rechenschaft mehr ablegen muß, trägt er sich mit dem Plan, in die Fußspuren seines Vaters zu treten und den Landsitz Sorghvliet auszubauen und zu verschönern. Schon allein der Unterhalt des ausgedehnten, im französischen Stil angelegten Parks und der halbmondförmigen Orangerie mit seltenen Gewächsen kostet ein Vermögen. Willem möchte Fasane züchten und neue Baumarten anpflanzen. Sein Ideal ist es, neben den politischen und administrativen Aufgaben, die er in Zukunft übernehmen wird, ein möglichst geruhsames Leben zu führen, sich viel in der freien Natur aufzuhalten und sich auch Zeit zu gönnen für seine speziellen Interessengebiete: Physik, Astronomie, Naturkunde. Zum Zeitvertreib und als Gedächtnisstütze hat er aus den Aufzeichnungen seiner Studienjahre eine eigene Enzyklopädie zusammengestellt. Zur Entspannung reitet er in den Dünen von

Scheveningen und tafelt gern, wobei die erste Liebhaberei vorerst noch die zweite ausgleicht. Er geht selten aus, er haßt die Karten- und Glücksspiele, die zur Zeit in Mode sind, und obwohl er stundenlang tanzen könnte, erscheinen ihm die oberflächlichen Gespräche und Flirts ein zu hoher Preis für dieses Vergnügen. Die Theatervorstellungen in Den Haag können sich nicht messen mit denen, die er in Paris oder Venedig gesehen hat, eine Oper gibt es nicht. Im Salon seiner Mutter zu Whitehall hat er zu oft gute Musik unter der Leitung des königlichen Kapellmeisters Georg Friedrich Händel gehört, als daß ihn die Darbietungen, die er von Zeit zu Zeit in Holland hören kann, zufriedenstellen könnten. Er selbst spielt ganz passabel Flöte und Klavizimbel. Frauen und Alkohol, die gefährlichsten Fallstricke für junge Leute, bringen ihn nicht in Versuchung. Seine Zurückhaltung beim Weingenuß erregt weniger Erstaunen als sein mangelndes Interesse für das schöne Geschlecht. «Er führt sich auf wie ein überzeugter Junggeselle.» Dieses Urteil im Bekanntenkreis macht Lady Portland keine übermäßigen Sorgen. Sie glaubt ihren Sohn zu kennen: Er ist wählerisch, benutzt seine Vernunft und wird sich niemals (auch nicht, um seine Reputation als «Mann» zu retten) auf zweifelhafte Abenteuer einlassen oder Zeit und Geld verschwenden an ein Verhältnis, das ihn innerlich nicht berührt. Daß er noch nie einer Frau ernsthaft den Hof gemacht hat, beweist nur, daß er sein Herz noch nie verloren hat. Auf seiner «grand tour», die ihn an verschiedene Höfe führte, ergab sich manche diskrete Gelegenheit, eine passende Partie zu finden, aber auch von den schönsten Mädchen hat er nie mehr als ein Menuett oder einen Spazierritt verlangt. Lieber hat er mit älteren Herrschaften musiziert, die ihr Instrument beherrschten und anspruchsvolle Musik aufführten, als den schmachtenden Liebhaber in den Salons zu spielen. Während eines strengen Winters hat er die jungen Damen der Haager Gesellschaft im Pferdeschlitten oder auf Schlittschuhen durch die weiße Landschaft begleitet, hat Jahrmärkte besucht und sich in den Teesalons seiner Bekannten gezeigt. Trotz alledem hat Amor, der in so vielen lockeren Liedern Besungene, in Willem Bentinck keine Zielscheibe gefunden. Zusammen mit Charles, der soeben seine Studien in Genf absolviert hat, wohnt Willem abwechselnd am Lange Voorhout oder auf Sorghvliet, manchmal jagen sie in den Gebieten um Rhoon oder Nijenhuis. Er nimmt teil an den Zusammenkünften der Holländischen Ritterschaft und besucht in Leiden seinen früheren Mathematik-Dozenten, den hochgelehrten Herrn 's-Gravesande, den er wie einen Vater verehrt und bewundert. Hin und wieder hört Willem eine Vorlesung über ein naturwissenschaftliches Thema. Er sammelt Mineralien und liest mit Vergnügen Caesar und Cicero auf lateinisch. Sein Leben droht in festen Verhaltensmustern zu erstarren, es wird Zeit, daß er heiratet.

Da er selbst keinerlei Anstalten dazu macht, ergreift Lady Portland die Initiative. Eine englische Braut ist von vornherein ausgeschlossen; eine solche Verbindung würde Willems Sehnsucht nach seinem Geburtsland nur verstärken (schon die Aussicht auf eine kurze Reise nach England, wenn Familienangelegenheiten es erfordern, läßt ihn nach so vielen Jahren der Abwesenheit vor Freude nicht schlafen). Es muß eine Beziehung sein, die ihn für immer auf dem Kontinent festhält. Auf jeden Fall muß das Mädchen mit besonderen Gaben ausgestattet sein und Willem nicht nur das dringend benötigte häusliche Glück schenken; sie soll auch über entsprechende Geistesbildung, Takt, kurzum über alles verfügen, was man «usage du monde» nennt, um den Platz an seiner Seite einzunehmen, wenn er den erwarteten hohen Posten bekleidet. Willems Geschmack und sein angestrebter Lebensstil erfordern eine dicke Geldbörse. Die Höhe der Mitgift ist ein nicht zu vernachlässigender Faktor.

Neubour erhebt gewisse Einwände: In seinen Augen ist der Zögling des Grafen von Wassenaer van Obdam nicht gerade eine standesgemäße Partie für die Erbin des Herrn von Varel und Kniphausen und einer gebürtigen Prinzessin von Hessen-Homburg, doch zweifelt er keinen Augenblick an der Gediegenheit und den Fähigkeiten des fraglichen jungen Mannes, den er auf dessen «grand tour» kennengelernt hat, und hält es für eine ausgemachte Sache, daß dieser im reichen Holland ein großes Vermögen besitzt. Es schmerzt ihn zwar, den Grafen von Aldenburg merken zu lassen, daß er in vollem Umfang über dessen Geldsorgen unterrichtet ist, doch überreicht er ihm am Abend vor der Reise nach Braunschweig, Bremen und Hannover den Brief aus Den Haag.

Anton fühlt sich an einer empfindlichen Stelle getroffen. Im Herzen ist er nicht deutsch gesinnt, sondern (nach seiner Mutter) ein Exil-Hugenotte, der sich seiner Wurzeln in Frankreich bewußt ist; durch die in Amsterdam, Utrecht und auf Schloß Doorwerth verbrachten Jugendjahre fühlt er sich eher als Niederländer. Holländische Nüchternheit und Gediegenheit sind ihm lieb und wert. Er liebt die flache Landschaft und das geistige Klima des Landes. «Holland» ist für ihn gleichbedeutend mit Sicherheit und Ruhe, auch in Geschäften. Geruhsamkeit, Vernunft – was könnte besser sein für seine überempfindliche, nervöse Tochter mit ihren, wie er meint, überspannten Erwartungen bezüglich des reichsgräflichen Hermelins? Vorläufig verliert er kein Wort darüber zu seiner Frau, die, wie er sicher weiß, einiges daran auszusetzen haben wird. Anton wiederum weiß nicht, daß sie vor kurzem Neubour gebeten hat, während des vereinbarten Treffens mit dem Grafen zu Schaumburg-Lippe ihn an Lottchens Vorzüge zu erinnern (ein delikater Auftrag) und sich in Hannover möglichst diskret nach den Verpflichtungen zu erkundigen, die Lottchen dem Herrn von Fabrice gegenüber eingegangen ist. Auch de Larrey betraut sie hinter Antons Rücken mit einer Aufgabe. Er soll den Grafen zu Schaumburg-Lippe bitten, sich bei der Familie Hessen-Kassel zu erkundigen, wie man dort über die Bewerbung des Cousins von Hessen-Homburg um die Hand von Charlotte Sophie denkt. Außerdem muß de Larrey ihr täglich schriftlichen Bericht über die Aktivitäten und den Gesundheitszustand seines Herrn erstatten.

De Larrey entledigt sich des Auftrags gewissenhaft in allen Einzelheiten. Schon in der ersten Woche meldet er, daß der Graf von

Aldenburg gelegentlich bis tief in die Nacht an seinen Akten sitzt. «Er ist unermüdlich; wenn er einem Berater, um es einmal salopp zu sagen, ein Loch in den Bauch geredet hat, gibt er sich nicht zufrieden, sondern beginnt sofort eine neue Besprechung mit einem anderen. Gestern beklagte sich einer der beratenden Anwälte, ihm drehe sich alles im Kopf herum.» Man hat einen Maskenball am Hofe des Herzogs von Braunschweig besucht. Viele Gäste waren als Bauern und Bäuerinnen verkleidet, ein Kostüm, das nach de Larreys Meinung sehr gut zu ihrer grobschlächtigen Erscheinung paßte. «Sie hätten alle Schmuck wie der Graf zu Schaumburg-Lippe tragen müssen, damit man sie als Leute von Rang und Stand erkennt. Dazu muß ich Eurer Hoheit erklären, daß der Graf (der dasselbe Kostüm wie die anderen Herren seiner Gruppe trug) durch eine besonders prächtige Brosche an seiner Mütze auffiel: sie war aus lauter Brillanten! Trotz seiner Bauerntracht zeichnete er sich durch noble Umgangsformen und der ihm eigenen Leichtigkeit seiner Bewegungen aus; alle Blicke waren auf ihn gerichtet. Der Graf von Aldenburg trug zu diesem Anlaß einen Domino über der gewöhnlichen Kleidung, ich hatte eine große Zipfelmütze, die wie ein Zuckerbrot aussah, aufgesetzt. Während des Karnevals werden in Braunschweig fünfmal in der Woche von fünf Uhr nachmittags bis neun Uhr abends abwechselnd deutsche und italienische Opern aufgeführt. Nach der Vorstellung gibt es im Theater für die Besucher ein Souper; in mehreren Sälen kann man tanzen oder sich beim Hasardspiel vergnügen. Zu diesen geht man unmaskiert, wer nicht von Adel ist, wird nicht zugelassen. Die Herzogin von Braunschweig teilt täglich nach der Oper eigenhändig die Karten für das Souper aus. Es gibt so viele Interessenten, daß mehr als die Hälfte der Besucher im Stehen essen muß, hinter den Stühlen der Glücklichen, die einen Sitzplatz erobert haben. Graf von Aldenburg hat noch keine Vorstellung ausgelassen, aber ich bezweifle sehr, ob er sich immer amüsiert. Auf einem anderen Maskenball hat er sich als holländischer Bauer verkleidet. Den Aufenthalt in Braunschweig hat er dazu benutzt, viele Besuche zu machen.»

Von Braunschweig geht die Reise nach Hannover, wo sie ebenfalls eine Redoute besuchen. Auf dieses Fest ist de Larrey nicht gut zu sprechen. «Auf der einen Seite des Saales (im Rathaus, in das jedermann freien Zutritt hat!) befindet sich ein Podest, auf dem die Musiker spielen, übrigens ein schlechtes Orchester. Beau monde und canaille tanzen durcheinander. Man muß sich mit den Ellenbogen durch die Menge drängeln, um ein Plätzchen zu ergattern, wo es ein wenig gesitteter zugeht; unser Riechorgan wird durch schrecklichen Gestank belästigt. Im angrenzenden Saal kann man um Geld Karten spielen. Graf von Aldenburg hat die öffentliche Veranstaltung sehr bald und ohne Bedauern verlassen. Ich bin noch geblieben, um mit dem Grafen zu Schaumburg-Lippe zu soupieren, der mir viele freundliche Fragen über die Verhältnisse in Varel gestellt hat. Natürlich habe ich die Gelegenheit ergriffen, um ihm Ihre Bitte vorzutragen. Seine Exzellenz will in Kassel die Belange Eurer Hoheit vertreten.»

Herr Neubour an Wilhelmine Marie von Aldenburg von Hessen-Homburg

Wie ich hoffe, hat Ihr Gemahl, der Herr Graf, inzwischen selbst Eurer Hoheit geschrieben, wie «außergewöhnlich» er sich auf dem maskierten Karnevalsball amüsiert hat – ich übrigens auch! Ich gehe kein zweites Mal hin. Vielleicht handele ich mir durch mein Fernbleiben den Ruf ein, ein grober Flegel und Menschenhasser zu sein, aber mein Entschluß steht fest. Der Graf hat nun immerhin von den Vergnügungen Braunschweigs gekostet. Gewöhnlich kann man Lebensfreude und Zufriedenheit in seiner Miene lesen, was gewiß nicht der Fall ist, solange er ein Karnevalskostüm trägt. Er gleicht dann einem Ritter, der unter der Last seines Harnischs gebeugt geht und nur mit Mühe Luft bekommt. Das Wohlwollen und die Freundschaft, die er mir vor allen Leuten erweist, erregen die allgemeine Aufmerksamkeit und erhöhen mein Ansehen, was meine Zuverlässigkeit und Verdienste betrifft. Er selbst übertrifft hier alle und jeden durch seine Verdienste und vortrefflichen Eigenschaften. Kein Fürst aus dem gesamten Deutschen Reich erfreut sich solcher Beliebtheit und wird so hoch geschätzt und zuvorkommend behandelt wie er. Madame, die verwitwete Prinzessin von Anhalt-Köthen, hat mich mit ihrem Vertrauen beehrt, was ich hauptsächlich Eurer Hoheit verdanke, da sie Ihrem Vorbild in allem nacheifert. Dennoch darf ich mich auch auf Grund eigenen Verdienstes ihres Wohlwollens rühmen, denn ich bemühe mich, ihr in allem zu Diensten zu sein und ihr meinen devotesten Respekt zu bezeigen. Sollte dem Grafen zu Schaumburg-Lippe dies nicht gefallen, so muß er mir den Zutritt zu seinem Hof und seinem Land künftig verbieten, denn ich werde meine Sympathie für die Prinzessin in seiner Gegenwart wie in seiner Abwesenheit stets lauthals äußern. Um die Wahrheit zu sagen, glaube ich nicht, daß ich mir in dieser Hinsicht seinetwegen Zwang antun muß. Er legt großen Wert darauf, daß man den Menschen, die er gleichfalls schätzt, die gebührende Ehre erweist. Ich lege meine Hand dafür ins Feuer, daß er für Madame, die Prinzessin, mehr Achtung empfindet als für jede andere Dame auf Erden. Ich habe ihn hier in Hannover nur eine halbe Stunde gesprochen, während er ein Bild von sich malen ließ. Mit keinem Wort habe ich die Prinzessin erwähnt und einfach getan, als gäbe es sie gar nicht; teils um ihn zu provozieren, teils aus Diskretion. Mir will scheinen, daß er, nachdem er vierzehn Tage lang die Prinzessin gesehen und gesprochen hat und seither mit ihr korrespondiert, keine Ermutigung braucht, um sie in sein Herz zu schließen oder an anderes zu denken, als ihr zu gefallen und sie glücklich zu machen. Wenn er wieder in Braunschweig ist (wo wir noch eine Weile bleiben wollen), will ich gern mit ihm über die Prinzessin reden.

Auf Varel spielt sich unterdessen ein kleines Drama ab. Lottchens ungewöhnliche Blässe und Schweigsamkeit fallen auf. Dann läßt sie sich tagelang nicht sehen, und der Chirurg geht bei ihr ein und aus.

Zutiefst beunruhigt gelingt es Wilhelmine Marie schließlich, sich zu den Zimmern ihrer Pflegetochter Zutritt zu verschaffen. Lottchen wankt, ein Tuch um den Kopf, vor Schmerzen weinend hin und her. Die Hofdame und die Kammerfrau erzählen von mehreren äußerst schmerzhaften Eingriffen, mit denen der Chirurg versucht hat, Lottchens Zähne zu retten. Mit geschwollenem Kiefer und verzerrten Lippen sieht sie schrecklich aus. Unter Tränen erklärt sie, so könne sie unmöglich heiraten; es wäre besser, die Verlobung mit Albrecht Wolfgang zu lösen, lieber will sie sterben, als daß er sie häßlich findet. Obwohl Wilhelmine Marie ihr tröstend zuredet, daß wahre Liebe auch über einen zahnlosen Mund hinwegsieht, bleibt Lottchen (die es in diesem Fall besser weiß) unerschütterlich: Die Hochzeit muß aufgeschoben werden, bis sie sich wieder sehen lassen kann. Wilhelmine Marie weiß, daß ihr Mann die Angelegenheit im März geregelt haben möchte. Sie wendet sich deshalb mit einem weiteren Brief an Herrn Neubour. Er antwortet: «Ich werde mich bemühen, den Auftrag Eurer Hoheit zu erfüllen und den Hochzeitstermin bis nach Ostern aufschieben zu lassen, wage aber nicht zu versprechen, daß meine Vorhaltungen großen Eindruck machen werden. Hätte ich die Ehre, in der Haut des Grafen zu Schaumburg-Lippe zu stecken, und jemand käme mir mit einem solchen Ansinnen, würde ich sicher sagen: Geh zum Teufel! Ich hoffe von Herzen, daß der regierende Fürst von Anhalt-Köthen und seine Gemahlin noch so lange leben, daß die Belange der Prinzessin, nämlich die Auszahlung ihrer Mitgift an ihren neuen Ehegatten, dadurch nicht beeinträchtigt werden.»

Albrecht Wolfgang zu Schaumburg-Lippe an Anton von Aldenburg

1. März 1730

Nach Ostern (und zwar gleich nach Ostern) komme ich mit meiner Mutter, meinem Bruder, meinem Pastor, meinem Gefolge, kurzum, mit ‹Rindern, Schafen und Kamelen›, wie Jakob in den Tagen des

Alten Testaments reiste; aber ich werde auf der Hut sein, daß man mir nicht den gleichen Streich spielt! Ich tauge nicht dazu, sieben Jahre zu warten, und hoffe, die kommenden sieben Jahre auf viel angenehmere Weise ‹zu dienen›!

Anton von Aldenburg an Albrecht Wolfgang zu Schaumburg-Lippe

3. März 1730

Wenn Sie denken, die beiden Damen, die Sie ebenfalls kennen, eine Tante und ihre Nichte, würden mich um meine Meinung fragen, wenn sie Pläne schmieden oder Entschlüsse fassen, so kennen Sie sie nicht genügend und tun mir großes Unrecht. Es kommt häufig vor, daß ich überhaupt keine Ahnung habe von dem, was sie tun oder vorhaben; wenn sie mich überhaupt um Rat fragen, wollen sie nur hören, daß ich alles großartig finde und ihre Entscheidungen und Willensbekundungen durchführen werde. Wenn ich glaube, dagegen ein paar bescheidene Einwände erheben zu müssen, lassen sie mich reden und tun doch, was sie wollen. Und wenn sie voraussehen, daß ich gegen gewisse Maßnahmen Beschwerde einlegen werde und sie meine stichhaltigen Argumente fürchten, nun, dann setzen sie einfach ihren Willen hinter meinem Rücken durch. Bei Gelegenheit werde ich Ihnen das alles mündlich erklären. Falls Sie nun wissen möchten, wer von den beiden hartnäckiger ist, die Tante oder die Nichte, so muß ich Ihnen ehrlich gestehen, daß ich es selber nicht weiß. Sie sind einander sehr ähnlich. Doch Scherz beiseite: der Gedanke, die Hochzeit aufzuschieben, scheint mir angesichts des augenblicklichen Standes der Dinge sehr unvernünftig. Es ist dringend geboten, möglichst bald vollendete Tatsachen zu schaffen, damit beschleunigt man gewisse Prozeduren und verhindert unnötige Diskussionen über die finanziellen Aspekte. Meiner Meinung nach sollten Sie spätestens am Tag nach Ostern hier eintreffen. Wie ich die Kommandantin der Festung kenne, wird dann die weiße Fahne gehißt, und die Übergabe findet statt. Die Gründe der Damen für einen Aufschub der Hochzeit wären recht und billig, hätte nicht schon das Gerücht über die anstehende Trauung die Runde gemacht. Man kann die Menschen nicht im ungewissen lassen; man kann auch nicht unterderhand mit dem Fürsten von Anhalt-Köthen über die Auszahlung der Witwenapanage verhandeln. Außerdem ist da noch der überstürzte und spektakuläre Verzicht der Prinzessin auf bestimmte, ihr laut Ehevertrag zustehende Rechte und ihre formelle Anerkennung des betreffenden Unterpfandes, was doch wohl einer eindeutigen Stellungnahme der Prinzessin gleichkommt. Durchaus wichtig und ehrlich gemeint ist dagegen der Widerwille der Prinzessin, das Bett mit einem *Oberst* teilen zu müssen. Ich glaube, sie hat diesbezüglich früher einmal eine Art Gelübde abgelegt. Ihre Tante schürt das Feuer noch an, um den armen Oberst schnell auf ein Häuflein Asche zu reduzieren. *Ich* halte den Mund, ich hätte Ihnen gern vergönnt, daß Sie Ihr Regiment behalten können. So etwas verliert man leichter, als man es erwirbt. Wie es jetzt aussieht, werden Sie zwischen Ihrer Frau und Ihrem Regiment wählen müssen, und wenn es hart auf hart kommt, würde ich das erste dem zweiten vorziehen. Ich habe öffentlich erklärt, daß Sie, wenn jetzt Krieg wäre, nicht ohne Ehrverlust den Dienst quittieren könnten. Aber es ist kein Krieg, also geben Sie Ihr Regiment auf! Der Brief des Prinzen von Hessen-Kassel ermächtigt Sie zu diesem Schritt. Ihre Untertanen wünschen es, Ihre eigenen finanziellen Belange und die Ihrer Kinder erfordern es, und schließlich sind da noch die flehentlichen Bitten Ihrer liebenden Mutter, der Sie so viel schuldig sind, nicht zu vergessen die tödlichen Ängste und die Rebellion (jawohl!) einer gewissen Dame. Können Sie nicht mit Ihren Vorgesetzten vereinbaren oder, falls Ihr Bruder das Regiment bekommt (was ich ihm von ganzem Herzen wünsche), mit diesem, daß Ihr jüngerer Sohn zu gegebener Zeit den Befehl über eine Kompanie bekommt? Ich empfinde große Sympathie für den Soldatenstand, ich liebe unsere gute Republik, nichts erscheint mir erstrebenswerter, als ihr zu dienen, und doch rate ich Ihnen nachdrücklich: Nehmen Sie Ihren Abschied als Befehlshaber des Regiments Friesland.

Albrecht Wolfgang zu Schaumburg-Lippe an Anton von Aldenburg

Bückeburg, März 1730

Ich möchte Sie ans Herz drücken, mein allerbester «Onkel», für Ihre Erörterungen über den Aufschub, auf dem die beiden bewußten Damen so unbedingt bestehen; man kann, sagen Sie, nichts dagegen tun, sie wollen Gehorsam und fordern ihn auf Kosten meiner verliebten Ungeduld! Setzen Sie Ihren Willen durch, zeigen Sie ein für allemal, daß Sie der Herr im Hause sind, sagen Sie: Ich will, daß die Hochzeit an diesem oder jenem Tag stattfindet, sonst setze ich euch mit Sack und Pack vor die Tür! Seien Sie so gut und lassen Sie mich vorher wissen, wann Sie Ihre despotische Forderung stellen. Dann werde ich die Ehre haben und mich abends zuvor bei Ihnen einfinden; ich werde Sie nach Kräften unterstützen und den Damen klarmachen, daß Ihr Wort Gesetz ist, da Sie nun einmal der Onkel der einen und der Ehemann der anderen Dame sind, und daß es gut und ehrenvoll sei, Ihnen zu gehorchen. Wenn sie uns hinauswerfen, sind wir immerhin zu zweit und können die Schmach leichter überwinden!

Ich muß gestehen, daß es ein großes Opfer für mich ist, den Beruf aufzugeben, den ich gewählt habe, als ich alt genug war, selbst wählen zu können. Es trifft mich hart, daß die Prinzessin von Anhalt-Köthen mir gerade in diesem Moment die Pistole auf die Brust setzt, denn mein Wunsch nach einer militärischen Laufbahn stammt nicht von heute oder gestern, oder sagen wir: seit ich von Varel abgereist bin. Ich wäre verrückt, wollte ich das Soldatenleben wählen, wenn die denkbar glücklichste Zukunft sich vor mir auftut. In diesem Fall könnte sie mich mit vollem Recht abweisen als einen Mann, der seinen Verstand nicht gebraucht. Doch es gibt nichts zu wählen, ich bin schon Soldat, wie jeder weiß, und auch Sie geben zu, daß ich, bestünde auch nur die geringste Aussicht auf einen Krieg, nicht ohne Ehrverlust meinen Abschied nehmen könnte. Das Schreiben des Prinzen von Hessen gibt mir zwar einen Freibrief für das, was Madame von mir verlangt, doch inzwischen steuern die politischen Verhältnisse in Europa auf eine Krise zu. Ich kann ihr deshalb nicht versichern, daß ich ihr gehorchen werde. Dennoch verstehe ich ihre Argumente; letzten Endes bin ich selbst zu der Einsicht gelangt, daß der Beruf des Kriegers eigentlich nicht meine Berufung ist. Jetzt habe ich die Gelegenheit, zu beweisen, wie stark mein Wunsch ist, eine Frau glücklich zu machen, die es so sehr verdient, glücklich zu sein. Eine solche Chance bietet sich mir vielleicht nie mehr im Leben; seien Sie also überzeugt, daß ich sie ergreifen werde; nochmals vorausgesetzt, daß meine Ehre nicht darunter leidet! Die Besorgtheit der Dame um mich ist an und für sich schon so schmeichelhaft, daß ich außerordentlich stolz darauf bin. Ich werde jeden Bescheid, den ich aus Holland bekomme, an Sie weiterschicken, denn ich habe es mir zum Gesetz gemacht, nichts ohne Ihren Rat oder Auftrag zu unternehmen. Ein Gesetz, jawohl, aber für mich eine so große Stütze, daß ich nicht daran denke, jemals dagegen zu verstoßen!

Der Prinz von Nassau-Siegen an Wilhelmine Marie von Aldenburg von Hessen-Homburg

Siegen, 20. März 1730

Sie schreiben mir, liebe Tante, von der Eile des Herrn Grafen zu Schaumburg-Lippe, unser Lottchen zu heiraten. Ich zweifle keinen Augenblick daran, ich selbst weiß nur zu gut, was warten heißt, und pflichte ihm von ganzem Herzen bei. Dennoch fürchte ich, daß ich an der Hochzeitsfeier nicht teilnehmen kann, wenn diese demnächst stattfindet, denn meine Frau erwartet täglich unser erstes Kind. Ich bin überzeugt, daß meine Schwester mit dem Grafen vollkommen glücklich wird. Welche Gründe könnte ich, ja dürfte ich anführen, um eine solche Verbindung zu verhindern? Warum sollte ich mich ihrem Glück in den Weg stellen? Ich kenne die zärtliche Zuneigung, die Eure Hoheit für meine liebe Schwester empfinden, und weiß, daß Sie alles tun, was in Ihrer Macht liegt, um ihr ein beneidenswert glückliches Schicksal zu bereiten. Um die geschäftliche Seite der Heirat abzuwickeln, werde ich jemanden nach Varel schicken. Ich glaube, daß ich dazu auf jeden Fall verpflichtet bin; immerhin geht es um die Zukunft meiner innig geliebten Schwester.

Charlotte Sophie von Aldenburg an Albrecht Wolfgang zu Schaumburg-Lippe

20. März 1730

Ehrlich gesagt bin ich ziemlich erstaunt, daß Sie, der Sie das Französische so meisterhaft beherrschen, sich eines solchen ungeschickten Ausdrucks bedienen in dem Brief, den Sie mir freundlicherweise geschrieben haben. Indem Sie von sich selbst sprechen, benutzen Sie das Wort «unglücklich». Mir scheint dieser Ausdruck unziemlich, denn meiner Ansicht nach können Sie sich nicht glücklich genug preisen, daß Sie mit unserer lieben Prinzessin von Anhalt-Köthen korrespondieren dürfen. Verzeihen Sie mir diese kleine «Warnung an den Leser». Meine Hochachtung vor Ihnen gebietet mir, Ihnen auf die Finger zu klopfen! Ich bin von Ihrer Höflichkeit überzeugt und zweifle nicht daran, daß Sie die Gespräche unter vier Augen, die ich in den Morgenstunden mit meiner Kusine zu halten pflege, nur um meinetwillen gestört haben; Sie wollten mir sicherlich einen Gefallen tun und mich aus einer Verlegenheit retten! Ich sehe nämlich keinen anderen Grund dafür, warum Sie sonst der Dritte im Bunde sein wollten. Was kann Ihnen an einer Frau gelegen sein, die Sie knapp vierzehn Tage kennen? Ich erschöpfe mich in Dankesbezeigungen, mein Herr, für das Vertrauen, das Sie mir schenken. Aber ich glaube nicht, daß Sie dabei überlegt haben, daß ich jenem Geschlecht angehöre, das man (zu Unrecht!) beschuldigt, keine Geheimnisse bewahren zu können. Indem ich nicht ausplaudere, was Sie mir anvertraut haben, versuche ich die Reputation «der Frau» in Ehren wiederherzustellen. Um nicht hinter Ihnen zurückzustehen, will ich jetzt meinerseits *Sie* ins Vertrauen ziehen. Ich muß mit Ihnen über eine Angelegenheit sprechen, die Sie in Ordnung bringen müssen. Seit Ihrem Besuch auf Varel, oder besser: seit Ihrer Bekanntschaft mit der Prinzessin von Anhalt-Köthen wird arg viel über Sie geklatscht. Ich muß Ihren guten Namen tagtäglich gegen die Lästermäuler in Schutz nehmen. Man spricht nie über die Prinzessin, ohne im gleichen Atemzug auch *Ihren* Namen zu nennen. Da ich weiß, daß Sie hinsichtlich Ihrer Ehre sehr empfindlich sind, möchte ich Sie warnen, sich nicht allzuviel mit ihr zu bemühen; Sie sollten besser nicht mehr herkommen, solange sie bei uns wohnt. Das ist die einzig wirksame Methode, die Gerüchte verstummen zu lassen. Sie sagen, Sie seien überrascht, daß die Prinzessin Briefe von Ihnen empfangen möchte. Das erstaunt mich ganz und gar nicht! Wenn ich nach dem urteile, was Sie mir geschrieben haben, müssen Ihre Briefe sehr geistreich sein! Sie tragen mir auf, den ganzen Einfluß, den ich Ihrer Meinung nach auf meine Cousine ausübe, zu Ihren Gunsten anzuwenden. Daß Sie mir eine solche Fähigkeit andichten, schmeichelt mir zu sehr, als daß ich Ihnen widersprechen möchte. Ich komme mir sehr wichtig vor; ich werde Ihre Fürsprecherin bei unserem lieben Lottchen sein, obwohl meine Meinung bei ihr nicht viel gilt, die Ihre dagegen um so mehr, so daß Sie wirklich nicht auf die Hilfe anderer angewiesen sind. Doch Spaß beiseite: Ich habe Ihnen so viel geschrieben, daß Sie eine Woche lang vor Langeweile gähnen werden. Aus Mitleid höre ich also auf.

P. S. Die Hofdame und die Kammerfrau der Prinzessin lassen ehrerbietig grüßen. Meine Mutter ist böse auf mich, weil ich sie nicht erwähnt habe. Nun wissen Sie genug!

Anton von Aldenburg an Albrecht Wolfgang zu Schaumburg-Lippe

Varel, 21. März 1730

Das einzige, worüber ich noch mit Ihnen sprechen muß, betrifft Madame de la Cour. Ich bin nicht der Auctor intellectualis jener

Dinge, die man Ihnen mitgeteilt hat und die Madame genau zu wissen behauptet, und auch nicht derjenige, der Sie zu einem Schreiben nach Hannover überreden will, um den Ursprung der Gerüchte aufzuspüren. Das haben die beiden Durchlauchtigsten Hoheiten auf eigene Faust ausgeheckt. Sie haben unseren kleinen de Larrey als Vermittler benutzt, ihn schreiben und hin und her traben lassen. Sie wollten auch Neubour einschalten. Wenn ich gut unterrichtet bin, war er so klug, sich aus der Sache herauszuhalten. Ich bin mit dieser Art von Manövern überhaupt nicht einverstanden und teile von Anfang an Ihre Meinung, je weniger man «Hannover» in diesen Dingen befragt, desto besser. His praemissis, lassen Sie uns nun zur Sache kommen und gemeinsam vernünftig überlegen. Ich werde, wie ich es gewohnt bin und wie ich Ihnen versprochen habe, immer offen und ohne Umschweife mit Ihnen reden. Ich erinnere mich sehr gut, wie wenig Sie Madame de la Cour leiden konnten, als Sie bei uns waren. Ich habe versucht, als Vermittler aufzutreten, und habe wie versprochen den Charakter der betreffenden Dame studiert, um Ihnen meine Meinung zu sagen. Nun denn, soweit ich sie kennengelernt habe, scheint sie mir eine verdienstvolle und intelligente Frau zu sein, an der ich nicht viel auszusetzen habe. Doch ich muß zugeben, daß ihr (italienisches) Temperament und ihr Auftreten nicht an den Hof in Bückeburg passen. Wenn sie in heiterer Stimmung ist, finde ich sie sehr amüsant. Aber wenn sie schlechte Laune hat, ist mit ihr nicht gut Kirschen essen. Da man sich meiner Meinung nach jeden überflüssigen Ärger ersparen sollte und da nichts schädlicher für den guten Ruf einer Familie ist, als wenn Menschen, die dort in Dienst gestanden haben, in Unfrieden fortgehen, täten Sie gut daran, die Dame beizeiten und in gutem Einvernehmen zu entlassen. Darum habe ich meiner Hoheit nahegelegt, sich an de Larrey zu wenden, in den Madame de la Cour großes Vertrauen setzt, damit er ihre eventuellen Wünsche für die Zukunft ermittelt, selbstverständlich so, als erkundigte er sich aus eigenem Antrieb. Dies ist inzwischen geschehen, und er hat herausbekommen, daß sie sich später einmal mit einer kleinen Pension in Berlin zur Ruhe setzen möchte. Doch bis dato zeigt sie noch keine Neigung, sich zurückzuziehen, was ihr bislang auch noch niemand vorgeschlagen hat. Soll sie also wirklich nach Berlin gehen, so muß sie selbst darum bitten; das bringt die Leute von vornherein zum Schweigen und verhindert Spekulationen. Sie wird jedoch nicht darum bitten, solange sie ihren Lebensunterhalt nicht gesichert weiß. Ich schlage vor, Sie schicken mir einen Brief, den ich ihr beiläufig zukommen lassen werde, in dem Sie etwa schreiben: «Ich bin bereit, Madame de la Cour, falls sie sich mit dem Einverständnis der Prinzessin von Anhalt-Köthen zurückziehen will, jährlich hundertfünfzig oder zweihundert Dukaten Pension zu zahlen bis zu dem Zeitpunkt, an dem es mir richtig erscheint, diese Verpflichtung mit einer einmaligen Zahlung von zweitausend Dukaten abzugelten.» Mit einem solchen Brief von Ihnen in Händen kann ich de Larrey beauftragen, die Dame zur Kündigung zu bewegen.

Albrecht Wolfgang schickt den Brief (er schreibt einfach den vorgeschlagenen Text ab), und Anton händigt ihn de Larrey aus. Madame de la Cour bittet trotzdem nicht um ihre Entlassung und wird auch nicht weggeschickt. Lottchen kann es sich nicht erlauben, La Lucia weiß zuviel. Zu den vorhandenen Spielschulden hat Lottchen in den vergangenen Jahren an mehreren Stellen Geld geborgt, um in den großen Lotterien in Bremen und Hamburg zu spielen und allerlei Hasardspiele zu wagen, die ihr kleine Gewinne und große Verluste eingebracht haben. Bei den diversen Transaktionen ist immer die Gesellschaftsdame als Unterhändlerin aufgetreten. Anton von Aldenburg ärgert sich, daß La Lucia nun doch im Dienst bleibt, während Albrecht Wolfgang, dem das Gezänk längst zum Halse heraushängt, mit allem einverstanden ist, wenn nur endlich klare Vereinbarungen über das Ehebündnis getroffen werden. Insgeheim denkt er nicht daran, auf Lottchens Flehen und Antons Ratschläge zu hören und auf sein Regiment zu verzichten.

Wilhelmine Marie von Aldenburg von Hessen-Homburg an Albrecht Wolfgang zu Schaumburg-Lippe

Varel, 28. März 1730

Seit der unglückseligen Geschichte von neulich hat sich Gott sei Dank alles zum Guten gewendet. Der Chirurg läßt hoffen, daß Lottchen sich bald keine Sorgen mehr zu machen braucht. Das Zahnfleisch heilt zusehends, und die beiden lockeren Zähne scheinen wieder mehr Halt zu bekommen, so daß wir nur noch ein bißchen Geduld haben müssen. Lottchen wollte die Hochzeit aufschieben, bis sie wieder ganz in Ordnung ist, damit Sie sich nicht durch die Anwesenheit des Chirurgen, besser gesagt, wegen ihres geschwollenen Kiefers abgestoßen fühlen; ich merke jedoch an der Eile, mit der Eure Exzellenz vorgehen, daß Sie auf vernünftige Gründe nicht hören wollen. Ich habe Lottchen geraten, sich ins Unvermeidliche zu fügen, vor allem weil auch mein Ehegatte die Sache vorantreibt, als wäre er der Bräutigam. Nach den Ostertagen haben wir unsere religiösen Pflichten erfüllt, aber wir brauchen die ganze Osterwoche und noch zwei Tage dazu, um den Hausputz zu machen. Wollen Sie die Güte haben und am 19. April allein zu uns kommen; Ihre Mutter und Ihr Bruder können dann zwei oder drei Tage später nachkommen. Lottchen hat den 26. April für den großen Tag ausgewählt, sie hält das Datum für ein gutes Omen, da es auch mein Hochzeitstag ist. Sie nimmt sich das Eheglück von meinem Mann und mir zum Vorbild. Am Sechsundzwanzigsten sind wir neunzehn Jahre verheiratet, und wir lieben uns von Tag zu Tag mehr! Au fond bin ich entzückt über die gegenseitige Zuneigung, die ich bei Ihnen und Lottchen entdecke. Möge der liebe Gott Ihre Liebe ständig wachsen lassen und Ihnen beiden seinen himmlischen Segen im Überfluß schenken!

Charlotte Sophie von Aldenburg an Albrecht Wolfgang zu Schaumburg-Lippe

Varel, 31. März 1730

Offensichtlich erwarten Sie keine Briefe mehr von mir. Ich würde Sie auch nicht belästigen, wenn ich mich nicht verpflichtet fühlte, Ihnen auf Ehre und Gewissen etwas mitzuteilen, was Sie sicherlich erfreuen wird! Neulich, als die Prinzessin von Anhalt-Köthen sich nicht wohl fühlte und das Zimmer den ganzen Tag über nicht verließ, durfte ich ihr beim Essen Gesellschaft leisten. Wohlgemerkt, es war Posttag! Sie sah ein wenig betrübt drein und ging immer wieder zum Fenster. Nachdem sie kurz hinausgesehen hatte, sagte sie mit einem Seufzer: «Von der Post ist weit und breit noch nichts zu sehen!» Das Mittagessen wurde aufgetragen. Kraftlos setzte sie sich zu Tisch und aß fast nichts. Als die Mahlzeit zur Hälfte vorbei war, hörten wir den Postboten kommen. Ein Lächeln flog über ihr Gesicht. «Schnell, jemand soll mir meine Briefe holen!» rief sie. Diese wurden hereingebracht. Es wunderte mich, daß sie zuerst nach den Siegeln guckte, aber noch erstaunter war ich, als sie wieder in ihre trübe Stimmung zurückfiel. Denken Sie sich meine Verwirrung, als ich sie ungehalten sagen hörte: «Nein, wenn er auch nur einen Posttag versäumt, mir zu schreiben, bekommt er vier Wochen lang keinen einzigen Brief von mir!» Ich versichere Ihnen, ich habe unsere teure Prinzessin noch nie in meinem Leben so böse gesehen. «Ich vermisse einen Brief», sagte sie traurig. Ich tröstete sie, so gut ich konnte. Gleich darauf brachte man ihr noch zwei Briefe! Sie nahm den ersten und legte ihn auf den Schoß; doch kaum hatte sie den zweiten gesehen, als helle Freude, die sie nicht verbergen konnte, ihr Gesicht auf allerliebste Weise belebte. Ich habe übrigens bemerkt, daß der Brief mit zwei Siegeln verschlossen war und daß das Wappen sehr dem Ihren glich. Mich beschäftigt nun die Frage, warum schreiben Sie ihr eigentlich? Ich habe mir vergeblich den Kopf zerbrochen, um dahinterzukommen; ich muß gestehen, ich bin zu dumm und begreife es nicht! Wie dem auch sei, mein Herr, falls Sie der Absender des erfreulichen Briefes gewesen sein sollten, ermutige ich Sie, eine Korrespondenz fortzusetzen, die der Prinzessin offensichtlich viel Vergnügen bereitet!

Mit Charlotte Sophie als Vermittlerin stellt sich das gute Einvernehmen zwischen Albrecht Wolfgang und Lottchen rasch wieder her. Im Auftrag ihrer Mutter schreibt Charlotte Sophie ein Porträt der Braut, um den fernen Bräutigam mit dem äußeren Erscheinungsbild und dem inneren Wesen seiner Auserkorenen zu konfrontieren. Sie tut es mit Verve: «Immer ausgeglichen und munter, läßt sie ihr gutes Herz erkennen in allem, was sie sagt; obwohl sie sehr empfindsam ist, hat sie einen starken Charakter. Nie läßt sie sich von Leidenschaften hinreißen. Sie denkt lange nach, bevor sie handelt, und gibt sich der Freundschaft und der Liebe nur hin, nachdem sie wohlüberlegt ihre Wahl getroffen hat. Sie ist treu, standhaft und aufrichtig fromm. Schmeichler und Verleumder haßt sie, man wird solche auch niemals in ihrer Nähe antreffen. Wenn sie jemanden liebt, geht sie mit ihm durch dick und dünn. Hat der Betreffende einen Fehler gemacht oder wird er von anderen getadelt, so versucht sie seine Beweggründe herauszufinden.» Kurzum, die vortrefflichen Eigenschaften des im Porträt der Diskretion halber «Estéphanie» genannten Lottchens treten sonnenklar zutage; täglich entdeckt man neue im Umgang mit ihr. Der Sekretär Genêt überträgt den Aufsatz in hübsch gereimte französische Verse unter dem Titel «Imitation en vers du charmant portrait d'Estéphanie, écrit si ingénieusement en prose par l'admirable comtesse Charlotte Sophie d'Aldenbourg». Galant fügt er eine gereimte Huldigung an die Verfasserin hinzu; sie habe wohl an sich selbst ein Beispiel genommen, denn wo findet man in so jugendlichem Alter (mit vierzehn Jahren) so viel Einsicht? ein so gezieltes Streben nach Tugend? nach Erfüllung der Christenpflicht? Ganz zu schweigen von ihrer liebreizenden Gestalt, ihren glänzenden Augen, dem Adel und der Liebenswürdigkeit ihrer Erscheinung... Das Lob, dazu bestimmt, Albrecht Wolfgang unter die

Augen zu kommen, erweckt zuerst Charlotte Sophies Übermut, doch dann tritt ein anderes Gefühl in den Vordergrund, das in den vergangenen Wochen voller Überraschungen und Verwirrung unter der Oberfläche ihres Bewußtseins geschlummert hat: Was hat die Lobeshymne für einen Sinn, wenn alle Welt meint, sie sei noch zu jung und zu kindisch für die Liebe? Sie ist noch keine Frau, sie ist ein ungezogenes Mädchen («Lede gavtiv», böses Mädchen, nennt sie der Vater oft halb verzweifelt, halb scherzhaft im oldenburgischen Dialekt). In widerspenstigem Trotz, besessen von einem sonderbaren Verlangen, sich selbst gleichsam zu zerstören, schreibt sie ein groteskes Selbstporträt, das Lottchens Vollkommenheit um so leuchtender herausstellt. Sie, Charlotte Sophie, habe derbe rote Wangen und eine sonnengebräunte Haut wie ein Bauernkind. Sie fummelt und reibt dauernd an ihrer Nase, die deswegen voller Pickel ist. Ihr (großer) Mund ist ständig in Bewegung, sie plappert in einem fort, ihre Zähne stehen schief. Sie guckt sich mit Schlitzaugen um wie eine Katze, die miauend ihre Jungen sucht. Reißt sie dagegen die Augen weit auf, dann entstehen Runzeln auf ihrer Stirn, die an den Faltenwurf eines altmodischen Damenkleides erinnern. Die Ohren sind zu groß, die Füße setzt sie breit auseinander und stolpert herum wie eine watschelnde Gans.

Natürlich empfängt man die Karikaturskizze mit schallendem Gelächter. Genêt faßt auch diesen Text in Reime und schreibt darunter:

Dies Selbstporträt (ich will's nur sagen)
Gleicht unserer kleinen Gräfin nicht.
Doch kann ich keine Änderung wagen,
Laß mich von ihrem Spotte plagen,
Denn schön und lieb ist ihr Gesicht!

Charlotte Sophies herausfordernd-trotziges Bekenntnis (als «portrait d'Eucharis», als Kuriosität, wird es der Sendung an Albrecht Wolfgang beigelegt) ist nach Wilhelmine Maries Meinung zu bizarr, um es der Großmutter in Utrecht zu schicken. Besser eignet sich dazu ein Aufsatz über das untrennbare Fortbestehen von Gut und Böse in der Welt, den das erstaunliche Kind wie beiläufig geschrieben hat. Die betagte Hugenotten-Prinzessin ist begeistert: «Sophies letzter Aufsatz ist besonders hübsch gelungen. Ich kann es einfach nicht fassen. Ich habe schon vieles in meinem Leben gelesen, aber so etwas wie ihre Betrachtungen über die Taube und den Raben, die Noah zusammen aus der Arche wegfliegen ließ, habe ich noch nirgends angetroffen. Mein Pastor, dem ich es zu lesen gab, sagt, es sei vortrefflich, es stecke viel mehr darin als bloße ‹eloquentia›, wie mein Sohn es nennt. Oh, das Kind ist wirklich allerliebst, sie sollte ihre Schriften wie einen Goldschatz hüten. Noch ihre Kindeskinder werden ihre Freude daran haben.»

Thomas de Larrey verfaßt im Auftrag ein Festgedicht über das Glück, das in einem Land erblüht ist, das von «les froids aquilons», von kalten Nordwinden, heimgesucht wird. Alle Götter des Olymp sehen mit Wohlgefallen zu, wie die wegen ihres Charmes und liebenswürdigen Charakters allseits beliebte Prinzessin von Anhalt-Köthen zum zweiten Mal zum Altar geführt wird, von einem Mann, der ihrer würdig ist.

Nach der Trauung begeben sich die Jungvermählten in ihre Residenz Bückeburg, wo weitere Festlichkeiten stattfinden. Natürlich sind Wilhelmine Marie und ihre Tochter mit von der Partie, und sei es nur, um sich von Lottchen und dem neuen Verwandten noch nicht verabschieden zu müssen. Verglichen mit Varel zeigt das barocke Wasserschloß der Familie Schaumburg-Lippe mit dem großen Saal und der Hofkapelle voll vergoldetem Schnitzwerk und bunten Wandmalereien eine beispiellose Pracht. Es herrscht ein Zeremoniell wie in einem kleinen Versailles; man speist mit großem Pomp, vom vollzähligen Hof umgeben, und jeden Abend geben die Streicher und Bläser von Albrecht Wolfgangs Hausorchester dem Kartenspiel oder der Konversation einen wohlklingenden Hintergrund. Wilhelmine Marie ist beeindruckt: ein wahrhaft fürstliches

Leben! Charlotte Sophie fühlt sich zu Hause wie ein Fisch im Wasser. Es kommen noch weitere Gäste, man lustwandelt auf den Wällen ums Schloß und in den Frühlingswäldern an den Hängen des Wesergebirges, man reitet oder fährt mit der Kutsche in das nahe gelegene Stadthagen, wo Albrecht Wolfgangs Mutter ein anderes prächtiges Schloß bewohnt, inmitten von Parkanlagen, in denen ein Mineralbrunnen sprudelt. Erfreut stellt Lottchen fest, daß ihre Tante, ihre Nichte und alle Verwandten und Freunde fortan ihre Wasserkuren bei ihr machen können. Sie ist von Herzen glücklich mit ihrem zuvorkommenden, fröhlichen Ehemann, den sie zärtlich «mein Lip» nennt. Seinen autoritären Charakter, den Jähzorn und die Ruhelosigkeit, von denen sie während der Verlobungszeit manche Kostprobe bekommen hat, glaubt sie mit viel Geduld besänftigen zu können. Albrecht Wolfgangs Mutter, die verwitwete Gräfin zu Schaumburg-Lippe, ist sehr angetan von ihrer neuen Schwiegertochter und rühmt ihr bescheidenes, liebenswürdiges und taktvolles Benehmen allen gegenüber, die es hören wollen. Albrecht Wolfgang hingegen, der Lottchen endlich «besitzt», ist ziemlich ernüchtert. Ihre grazile Gestalt, ihre geschmackvollen Roben und Parfüms, die sie begehrenswert erscheinen ließen, solange er Abstand halten mußte, lassen ihn jetzt nicht darüber hinwegsehen, daß ihr Atem übel riecht. Ja, gewiß, sie ist treuherzig, heiter und vorbildlich fromm, aber viel Bildung besitzt sie nicht; man kann sich mit ihr nur über häusliche Themen unterhalten. Seine Liebhabereien, die Musik und die schönen Künste, finden bei ihr kaum Widerhall, und seine Leidenschaft für die Jagd und das Militär kann sie überhaupt nicht begreifen. Am besten kommen sie miteinander aus, wenn sie einander an einem Spieltischchen gegenübersitzen; immer wieder wundert er sich dabei über die Besessenheit, mit der sie spielt, und amüsiert sich darüber. Trotzdem ist er zufrieden. Sie zeigt unbestreitbar «Haltung», sie ist praktisch und pflichtbewußt; er braucht sie als sorgendes und mäßigendes Element in seinem Dasein. Seine kleinen Söhne sind noch ein wenig scheu in Gegenwart ihrer Stiefmutter, doch da sie sich große Mühe gibt, das Vertrauen der Kinder zu gewinnen, sieht er hier keine Probleme. Weniger hoffnungsvoll stimmt ihn ihr Verhältnis zu seinem Bruder. Friedrich hegte eine an Verehrung grenzende Zuneigung für die verstorbene Margarethe Gertrud, das «schöne Trudchen», wie sie allenthalben genannt wurde. Die neue Ehe, die Frau, die Albrecht Wolfgang gewählt hat, gefallen ihm nicht. Auch sonst von zurückhaltender Natur, verkriecht er sich jetzt ganz in sein Schneckenhaus. Als Wilhelmine Marie von Aldenburg ihn um einen Beitrag für ihr Album bittet, kann er ihr das natürlich nicht abschlagen, doch das Selbstporträt gibt seine verdrießliche Laune deutlich wieder.

Selbstporträt von Friedrich zu Schaumburg-Lippe

12. Mai 1730

Ich habe schwarzes Haar, graue Augen, eine häßliche große Adlernase, eine wettergebräunte Haut, eine etwas gebeugte, nachlässige Haltung. Ich bin verlegen, schweigsam, steif und zerstreut. Was meinen Umgang mit anderen Menschen betrifft, so bin ich, wenn sich jemand mir zu nähern versucht, anfangs meistens zu gutgläubig und werde später, wenn sich herausstellt, daß ich mich getäuscht habe, um so mißtrauischer und verschlossener. Seit meiner frühesten Jugend liebe ich den Wein und gutes Essen. Ich habe mich zu Ausschweifungen hinreißen lassen, die ich jetzt verabscheue. Auch heute noch bin ich träge und faul. Doch ich habe ein gutes Herz, und ich bin treu. Ich weiß, was Mitgefühl bedeutet. Ich bin aufrichtig bestrebt, mich zu bessern. Ich fürchte Gott.

Die Prinzessin von Aldenburg vermutet schon seit einiger Zeit, daß ihr Mann Pläne schmiedet für die Zukunft von Charlotte Sophie. Bislang ist ihr nicht gelungen, herauszubekommen, was er im Sinn hat. Sie ist leicht beunruhigt: er hat doch hoffentlich nicht die Absicht, eine Verbindung zwischen Charlotte Sophie und Albrecht

Wolfgangs jüngerem Bruder einzufädeln? Ihr Neffe von Homburg ist immerhin *ein Erbprinz*. Sie schreibt ihrem Mann einen Brief nach Varel, in dem sie den noch immer «offenen» Antrag ihres Neffen erwähnt und deutlich ausspricht, daß ein anderer Kandidat für sie nicht in Frage kommt. Anton ist froh, daß er schriftlich, aus sicherer Entfernung, seine Einwände formulieren und seine Frau vorsichtig auf die eigenen Zukunftsvorstellungen vorbereiten kann.

Anton von Aldenburg an seine Frau Wilhelmine Marie

Sie wissen, lieber Schatz, daß sich mehrere Bewerber um Sophies Hand gemeldet haben. Wir haben uns immer fest vorgenommen, keine Verbindung für unsere Tochter ins Auge zu fassen, bevor sie alt genug ist, selbst zu entscheiden, ob der Ehemann, den wir für geeignet erachten, zu ihr paßt. Wir wünschen ihr einen Gatten aus illustrem Geschlecht, wohlerzogen, liebenswert und finanziell in der Lage, standesgemäß zu leben, ohne daß wir verpflichtet sind, für Tochter und Schwiegersohn Opfer zu bringen und uns ihretwegen in Schulden zu stürzen. Vor allem aber wünschen wir uns einen vernünftigen, integren Mann, einen gläubigen Christen unserer eigenen Konfession. Ich muß gestehen, daß ich, als ich alle in Frage kommenden deutschen Fürstenhäuser vor meinem geistigen Auge Revue passieren ließ, nicht einen gefunden habe, der in die engere Wahl käme, zumal wenn wir unseren löblichen Vorsatz beibehalten und ausschließlich einen reformierten Schwiegersohn in Betracht ziehen wollen. Der Prinz von Hessen-Homburg, der Sohn Ihres Bruders, ist der einzige, den ich vollkommen au sérieux nehmen wollte und konnte. Mein Gefühl spricht für ihn; und meine Liebe zu Ihnen, mir so selbstverständlich wie Atmen, hat gleichfalls darauf Einfluß. Gott ist mein Zeuge, daß es für mich zu den süßesten Dingen auf Erden gehört, etwas für Ihre Familie zu tun, und das wenige, das der Herr mir geschenkt oder zurückgegeben hat, den Menschen zu hinterlassen, die Ihnen nahestehen. Ich weiß auch, daß es für unsere Tochter kaum etwas Erstrebenswerteres gibt, als eine Verehelichung mit einem Mitglied des Hauses Hessen. Aber, meine Liebe, so verheißungsvoll uns dieser Kandidat auf den ersten Blick erscheinen mag, was die fürstliche Geburt und den Glauben betrifft, so gebietet uns doch die Pflicht, unvoreingenommen auch seine anderen Lebensumstände zu prüfen.

a. Seine Person. Wir kennen ihn nicht. Was kann man von einem jungen Mann hoffen und erwarten, der seine Jugend in Homburg verbracht und kein anderes Bildungsinstitut als die Militärakademie besucht hat und der, bevor er ganz erwachsen war, zum Heeresdienst ins Innerste Rußlands versetzt wurde? Sie kennen den Hof von Homburg so gut, wenn nicht besser, als ich und wissen, von welch einem bedauernswerten Menschenschlag Ihr Bruder dort umgeben ist. Und welche Manieren, welche Erziehung, welche Gesinnung kann sein Sohn sich angeeignet haben am Hofe des verstorbenen Zaren oder in Moskau, Petersburg, Riga, Reval und in all den anderen Städten, wo er stationiert war? Sogar in Homburg beklagt man sich, daß Ihr Neffe lieber mit Unteroffizieren verkehrt, mit denen er prassen und bramarbasieren kann, als daß er die Gesellschaft von vornehmen, verdienstvollen, pflichtbewußten Personen sucht, denn dann wäre er gezwungen, sich zu beherrschen und auf unanständige Reden zu verzichten! Was kann man von einem jungen Mann erwarten, der nie geistige Anleitung bekommen, nichts von der Welt gesehen hat und nur den Umgang mit Moskowitern kennt? Könnten Sie, meine teure Mine, sich dazu entschließen, Ihr einziges Kind dem Elend auszuliefern, das eine solche Ehe unweigerlich mit sich brächte?

b. Die finanziellen Verhältnisse des Hauses Hessen-Homburg. Sie wissen, meine Liebe, in welch katastrophaler Unordnung sich die Angelegenheiten Ihrer Familie befinden. Sie wissen auch, daß die Schuldenlast ständig zunimmt und daß es nicht so aussieht, als würde sich die Situation in nächster Zukunft bessern. Wovon soll der Prinz leben, wenn er unsere Tochter heiratet? Ihr Herr Bruder kann ihm nichts geben. Wenn meine Umstände es zuließen, ihm einen Teil meines Einkommens abzutreten, würde ich das Ihnen zuliebe mit Freuden tun. Doch das kann ich nicht, jedenfalls so lange nicht, als ich mit Gottes Hilfe bestrebt bin, meine eigenen Schulden abzugelten. Und da Ihr Neffe nur im Heer eine Stellung bekleiden und, weil er bereits Generalleutnant ist, nicht in einem anderen Land Kriegsdienste leisten kann, müßten wir zulassen, daß unsere arme Tochter nach Rußland geht, mit der Folge, daß wir sie vermutlich nie wiedersehen werden. Großer Gott, was für eine Alternative: Sophie entweder nach St. Petersburg ziehen zu lassen oder sie in Homburg, in einer Atmosphäre von ewigem Hader und Verschuldung, gleichsam lebendig zu begraben; sie entweder dort in Armut zu stoßen oder, um ihren Unterhalt zu sichern, uns selbst zu ruinieren! Sehen Sie, meine Liebe, das sind meine Einwände, und ich bitte Sie, in Gottes Namen und in Ruhe darüber nachzudenken.

Ende Mai kehren Wilhelmine Marie und Charlotte Sophie nach Varel zurück. Das Ehepaar zu Schaumburg-Lippe geht auf Reisen, zu Höflichkeitsbesuchen bei den beiderseitigen Verwandten. Lottchen berichtet ihren Pflegeeltern ausführlich über die Logierbesuche mit sämtlichen Diners, Ausritten und Picknicks, zu denen Albrecht Wolfgang und sie eingeladen werden oder die sie selbst als Gastgeber arrangieren. Die Briefe lösen in Varel unterschiedliche Reaktionen aus. Wilhelmine Marie ist zufrieden, weil sie ihr teures Lottchen glücklich weiß. Anton schüttelt den Kopf über die Verschwendung: Lottchens Mitgift wurde noch nicht ausbezahlt, und zwischen den Häusern Anhalt-Köthen und Nassau-Siegen gibt es über die Höhe des Betrags Meinungsverschiedenheiten, die wohl auf einen Prozeß hinauslaufen werden. Zu allem Übel will Lottchen einige Bedienstete, die sie aus Köthen mitgebracht hat, nach Varel zurückschicken, weil ihr Ehemann, der selbst zuviel Personal beschäftigt, sie nicht erhalten kann: «Es ist für mich eine wahre Qual, wenn ich Menschen, die mir gut gedient haben, nicht weiterhin helfen und ihnen geben kann, was ihnen zukommt; diese meine Einstellung können Sie nicht tadeln, denn ich verdanke sie der Erziehung, die Sie beide mir gegeben haben.»

Anton fürchtet, daß auch «La Lucia» zu der ausgebooteten Dienerschaft gehört. Außer den eigenen Sorgen machen ihm nun auch die von Albrecht Wolfgang zu schaffen. Höchste Zeit, daß Rettung kommt in Gestalt eines Mannes mit unbegrenztem Kredit, der notfalls Bürgschaft leisten kann für ein so hohes Darlehen, um *zwei* gräfliche Haushalte vor dem Untergang zu bewahren.

Im Juli 1730 reist Anton mit Frau und Tochter ins Gelderland, offiziell zur Inspektion der Herrschaft Doorwerth und um seine kranke Mutter in Utrecht zu besuchen, doch tatsächlich ist ein von Neubour vorbereitetes Treffen mit dem Grafen von Wassenaer van Obdam und Willem Bentinck vorgesehen. Die Fahrt nach Doorwerth unterbrechen sie in Schloß Twickel in Overijssel, wo Verwandte des Grafen wohnen. Charlotte Sophie ist blaß und verstimmt (viel lieber wäre sie nach Bückeburg gegangen, wozu Lottchen sie eingeladen hat). Sie hat Kopf- und Zahnschmerzen und benimmt sich wie ein unartiges Kind, als man ihr einen großen, stämmigen jungen Mann vorstellt, der offensichtlich als ihr Kavalier aufzutreten gedenkt. Als ihr Vater sie zur Rede stellt, gibt sie zur Antwort, sie könne diesen Herrn Bentinck nicht leiden. Er habe einen Zug um den Mund, der sie ärgert.

Wilhelmine Marie ist entsetzt, als Anton sie in seine Pläne einweiht. Sie erinnert ihn daran, daß seine eigene Mutter einst vor Entrüstung buchstäblich in Ohnmacht gefallen war, als ein Mann ohne Adelstitel, ein *parvenu*, um ihre Hand angehalten hatte.

Tatsächlich reagiert die alte Dame auf den Bericht über diese und die nächste Begegnung (Willem Bentinck war auch Gast auf Doorwerth) mit Befremden: «Ich hoffe nicht, daß Sie die Absicht haben, ins Bürgertum hinabzusteigen.» Anton hofft jedoch zuversichtlich, daß seine Mutter vernünftigen Überlegungen zugänglich sein wird, sobald sie seine Beweggründe kennt. Der treue Neubour, der sich unterdessen zur Familie von Aldenburg gesellt hat, wird nach Utrecht geschickt, um der verwitweten Prinzessin bei unzähligen Tassen Tee und Kaffee den Sachverhalt darzulegen. Daß sie danach nicht ihre ausdrückliche Ablehnung erklärt, verbucht Anton als Gewinn. Wilhelmine Marie wirft sich zum Anwalt der nicht ausgesprochenen, aber spürbaren Zweifel ihrer Schwiegermutter auf. Charlotte Sophie weiß von nichts. Sie vertieft sich in die Predigtsammlungen und erbaulichen Schriften, die ihr die betagte Hugenottin geschickt hat, und vergnügt sich mit einem Hündchen, das sie bekommen hat und das «kleiner Tanzmeister» genannt wird, weil es so artig auf den Hinterbeinen trippeln kann.

Im Auftrag Anton von Aldenburgs reist Neubour weiter nach Den Haag, um Willem Bentinck um Geduld zu bitten und sich beim Grafen von Wassenaer zu erkundigen, wie es um die Finanzierung des Regiments Friesland durch die Staaten bestellt sei. Der Graf gibt ihm den Rat, auf den Anton heimlich gehofft hat: Der Graf zu Schaumburg-Lippe möge den Dienst als Kommandeur quittieren. Anton weiß, daß Albrecht Wolfgang nicht dazu zu bewegen sein wird, das Regiment ganz aufzugeben, und ersinnt einen neuen Plan: Friedrich zu Schaumburg-Lippe soll das Regiment des Bruders übernehmen, oder Lottchen muß den Streit um die Mitgift beenden und sich mit der Summe, die Anhalt-Köthen ihr auszuzahlen gedenkt, zufriedengeben, damit der Unterhalt des Regiments gesichert ist.

Anton von Aldenburg an Albrecht Wolfgang zu Schaumburg-Lippe

Doorwerth, 29. August 1730

Da ich bislang nicht die Zeit hatte, das Protokoll und die anderen Papiere bezüglich der Auseinandersetzung, die zwischen Ihrer Frau und der Familie ihres verstorbenen ersten Gemahls entstanden ist, aufmerksam zu lesen und zu studieren, kann ich nicht viel dazu sagen. Ich stehe auf dem Standpunkt, daß der zu erwartende Ärger und die Unsicherheit, welche die Begleiterscheinungen eines jeden Prozesses sind (und ein Prozeß scheint mir in diesem Fall aus mehreren Gründen unvermeidlich), Ihre Frau bewegen sollten, sich der

Meinung anzuschließen, die Sie selbst von Anfang an vertreten haben: daß nämlich ein gütlicher Vergleich, sogar ein unvorteilhafter, einer lukrativen, aber unbegründeten Erwartung vorzuziehen ist.

Varel, 4. November 1730

Wohlan, so lassen Sie mich meine Kühnheit weitertreiben! Darf ich Sie unverblümt auf Ihre Fehler hinweisen? Gott liest meine Gedanken, ich tue dies zu Ihrem eigenen Besten. Die Schwierigkeiten, die Sie mit Ihren Beamten in Bückeburg haben, schreibe ich nämlich gewissen Charakterfehlern zu, die mir an Ihnen aufgefallen sind.

1. Ein Anflug von «grandeur» und Eitelkeit, den auch die Tatsache, daß Sie ein gläubiger Christ sind und gesunden Verstand haben, nicht ganz unterdrücken kann. Und das Schlimmste ist: Sie kennen die Schattenseiten dieser unglückseligen Eigenschaften sehr wohl, die oft stärker sind als Sie.

2. Sie sind zu emotional, zu jähzornig, was eine Folge der unter Punkt 1. erwähnten Charakterzüge ist. Versuchen Sie, Ihr Ungestüm zu beherrschen.

3. Laxheit. Nachdem Ihr Zorn verraucht ist, sind Sie zu nachgiebig, zu schwach, zu gut. Und da Ihre Beamten Sie gut kennen und wissen, daß nach dem ersten Wutausbruch alles vergeben und vergessen ist, mißbrauchen sie Ihre Güte.

Blatt um Blatt bedeckt Anton von Aldenburg mit der Charakteranalyse und weisen Ratschlägen, die er seiner Gewohnheit nach in ordentlich durchnumerierten Kategorien zusammenfaßt. Albrecht Wolfgang, der noch nie im Leben eine so intensive väterliche Sorge und Zuneigung erfahren hat, ist tief gerührt, zweifelt aber an der eigenen Fähigkeit, sich zu ändern. Er läßt den Brief zu einem Büchlein binden und schreibt auf den Umschlag: «Das schönste Geschenk, das ich jemals bekommen habe».

Im Frühsommer 1731 bricht in Varel eine Pockenepidemie aus. Die Familie von Aldenburg flüchtet nach Doorwerth, wo die Luft gesünder ist und wo man sich höchstens davor hüten muß, zuviel Obst zu essen, was Dysenterie zur Folge haben kann. Anton und Neubour (der auch diesmal mit dabei ist) besuchen mehrmals Den Haag. Willem Bentinck hat angefangen, sein Haus am Lange Voorhout und das Landgut Sorghvliet zu renovieren. Anton merkt, daß der junge Mann auf eine Heirat in nicht allzu großer Ferne hofft, und bringt ihm behutsam bei, daß seine Erwartungen vorlaufig gegenstandslos sind. Charlotte Sophie weigert sich, über Heiratspläne irgendwelcher Art zu sprechen; sie will den Herbst und den Winter auf Varel verbringen, da Lottchen und Albrecht Wolfgang zur Jagd und zum Weihnachtsfest kommen wollen, und hofft, daß sie im kommenden Sommer nach Bückeburg eingeladen wird. Andere Menschen, andere Pläne interessieren sie (noch) nicht. Willem ist enttäuscht, zeigt aber Verständnis. Bei ihrer ersten Begegnung auf Doorwerth hat sie ihm gut gefallen, ihr sonderbares Betragen schreibt er ihrer Schüchternheit zu. Er denkt nicht daran, sich als Ehekandidat zurückzuziehen.

Lady Portland an ihren Sohn Willem Bentinck

Bulstrode Park, 6. August 1731

Ich habe, mein lieber Sohn, Deinen Brief erhalten; aus dem Bericht über Dein Gespräch mit dem Grafen von Aldenburg schließe ich, daß, wie er meint, das Mädchen noch einige Zeit braucht, ehe sie reif für die Ehe ist. Wenn es wirklich so ist, wie er sagt, stimme ich völlig mit ihm überein, daß man besser noch warten sollte, denn es läßt sich schwer voraussagen, wie ein Mädchen, dessen Charakter für ihr Alter noch so wenig ausgeprägt ist, sich später entwickeln wird. Deshalb: wenn der Graf zu erkennen gibt, daß er Dich weiterhin bevorzugt, kann die Sache noch bis zum nächsten Frühjahr aufgeschoben werden. Wie mir scheint, entspringen seine Hemmungen, mit Dir über diese Dinge zu sprechen, nur dem Wunsch, Du mögest ihn jetzt nicht drängen. Bei jedem anderen würde ich vermuten, er wolle die Heirat im Grunde nicht, aber der Graf ist ein ehrlicher Mann und würde Dir nichts vortäuschen. Allein die Tatsache, daß er selbst nach Den Haag gekommen ist, spricht für Dich.

18. August 1731

Ich habe Deinen Brief vom Vierzehnten bekommen, lieber Sohn, und danke Dir sehr herzlich für den ausführlichen Bericht über Dein langes Gespräch mit dem Grafen von Aldenburg. Er hat sich in allen Dingen von Anfang bis Ende genauso untadelig verhalten, wie man es ihm allenthalben nachsagt; wie die Sache auch ausgehen mag, ich werde immer mit besonderer Achtung und Sympathie an ihn denken. Die Offenheit, mit der er Dir seine Meinung über das eine oder andere sagte, finde ich sehr liebenswert! Daß er Dich mit so großem Respekt behandelt, macht ihn in meinen Augen nicht geringer, im Gegenteil, ich begreife sehr gut, daß er Dich allen anderen Bewerbern vorzieht. Ich sage das nicht aus Voreingenommenheit. Dein gutes Herz und Deine anderen Vorzüge, wie Dein deutlich ausgeprägter guter Wille, müssen auf einen Mann mit Prinzipien, wie den Grafen von Aldenburg, Eindruck machen. Ich wünschte, seine Frau und Tochter, die er mit so viel Rücksicht behandelt, dächten ähnlich wie er. Ich weiß gar nicht, ob ich hoffen soll, daß er genügend Einfluß auf die Tochter hat, damit sie ihren Sinn ändert; in den vergangenen Monaten hat er nicht viel bei ihr ausgerichtet. Du solltest auf seinen Rat hören und geduldig auf den eventuellen Wandel ihrer Gefühle warten. Vielleicht komme ich im nächsten Frühjahr zur Feier von Charles' Volljährigkeit nach Holland. Du darfst unbesorgt mit dem Grafen über meine Pläne sprechen, wenn Du meinst, es könnte Dir nützen.

Die verwitwete Gräfin zu Schaumburg-Lippe an eine Freundin

Bückeburg, 15. September 1731

Der König von Schweden hat unser Jagdschloß Baum besucht, wo mein Sohn eine großartige Jagdpartie für ihn ausrichtete und das Mittagsmahl in Zelten auftischen ließ. Meine Schwiegertochter hat Seine Majestät beim Kaffee begrüßt. Danach kam die fürstliche Gesellschaft zu uns herüber, da mein Sohn nicht imstande war, seine Aufwartung zu machen. Als er dem König entgegenfuhr, erlitt er einen ernsthaften Unfall. Ein Ast oder Stöckchen, das zwischen die Speichen seines offenen Wagens geraten war, traf ihn im Gesicht und verletzte ihn am rechten Auge. Ein Wunder Gottes, daß er nicht blind geworden ist. Sein Auge ist noch immer geschwollen, und das Gesicht ist an der Seite ganz schwarz von den Blutergüssen.

Im Oktober begibt sich Albrecht Wolfgang zu Schaumburg-Lippe mit seiner Frau und Gefolge, mit Pferden und Hunden zur Wildschweinjagd nach Varel. Die Folgen des Unfalls sind noch sichtbar. Zur rührenden Anteilnahme der Familie von Aldenburg bemerkt er scherzend, daß er an Leib und Gliedern völlig hergestellt sei und die Absicht habe, sich dem Vergnügen der Jagd nach Herzenslust hinzugeben. Wer sein entstelltes Gesicht abstoßend finde, möge ihm aus dem Weg gehen. Als Charlotte Sophie die Narben und Verfärbungen sieht, begreift sie, was es für sie bedeutet hätte, wenn er wirklich entstellt gewesen wäre; zum ersten Mal wird ihr bewußt, welche Macht seine schönen Augen über sie haben. Unbekannte Gefühle bestürmen und verwirren sie. Wilhelmine Marie und Lottchen können nicht reiten und gehen nicht gern auf die Jagd. Erst später am Tag lassen sie sich mit der Kutsche ins Revier fahren, um an dem Jagdzug teilzunehmen, der mit reicher Beute beladen zum Schloß heimkehrt. Charlotte Sophie sitzt gern im Sattel, neben ihrem Vater und Albrecht Wolfgang sprengt sie hinter den Hunden her. Der Rock umflattert ihre gestiefelten Beine, die gelösten Locken wehen unter dem dreispitzigen Jagdhut, die mit Tressen besetzte Jacke spannt sich um ihre Taille. Sie hält die Zügel mit fester Hand und lacht und jauchzt aus voller Brust. Albrecht Wolfgang ist von ihr hingerissen. Unter den hohen Bäumen hängt der prickelnde Geruch von feuchtem Holz und verrottenden Laubmassen. Die Welt ist rot und gelb und goldbraun, mal in der Sonne funkelnd, mal von Nebelschwaden verhüllt. Auf einem wilden Ritt haben Albrecht Wolfgang und Charlotte Sophie (sie wissen selbst nicht, wie) die anderen verloren. Plötzlich sind sie im tiefsten Wald, weit entfernt schallen Jagdhörner und bellen Hunde. Die Geräusche sterben dahin, sie sind allein in der raschelnden Stille. Während ihre dampfenden Pferde ausruhen, phantasieren sie kühn drauflos: Sie sind verzaubert, die einzigen Menschen auf Erden, dies ist der Anfang der Welt, er ist Sylvander und sie Sylvie, der Mann und die Frau vom Wald. Was für Albrecht Wolfgang noch vor einem Jahr unschuldiges Spiel gewesen wäre, erregt ihn nun. Die Pferde gehen dicht an dicht, er legt den Arm um Charlotte Sophies Taille und zieht sie an sich; der Kuß, den sie tauschen, ist *nicht* unschuldig. Doch sie geben ihre Gefühle nicht in Worten preis.

Von jetzt an überbieten sie sich an Einfällen, um sich während der Jagd unauffällig abzusondern und wenige Augenblicke allein zu sein. «Sylvander und Sylvie», die Namen haben magischen Klang. Das Paradies öffnet sich kurz für ein paar rasche, heftige Umarmungen, nur mit Lippen und Händen; ihre Liebe duftet nach Wald und Regen, nach Pferden, Leder, Pilzen, nach der warmen Haut unter den Kleidern. Kaum haben sie das Schloß in Varel betreten, sind sie wie verwandelt: Albrecht Wolfgang küßt seiner Frau die Hand, Charlotte Sophie ist wieder der Wildfang, das linkische, blutjunge Mädchen. Sie tauschen nur Blicke, aber sie suchen sich nicht und reden nicht darüber, was ihnen im Wald widerfahren ist.

Wilhelm zu Schaumburg-Lippe, Albrecht Wolfgangs jüngster Sohn, in seinen Aufzeichnungen (anno 1768)

Die zweite Ehe meines Vaters war nicht glücklich. Wie allgemein bekannt ist, schenkte er schon kurze Zeit nach der Eheschließung seine ganze Liebe der Gräfin Bentinck, geborene Charlotte Sophie von Aldenburg. Danach konnte man nur zunehmende Gleichgültigkeit (besser gesagt, Entfremdung) seinerseits gegenüber seiner Frau beobachten. Zudem beschäftigte ihn damals ein (noch aus den Tagen meines Großvaters datierender) Prozeß über die unserer Familie zustehende Hälfte der Grafschaft Brake, die das Haus Detmold widerrechtlich in Besitz genommen hatte. Die enormen Ausgaben, die der Prozeß mit sich brachte, übertrafen bei weitem die eventuellen Einnahmen aus dem fraglichen Gebiet. Außerdem waren da noch die Unkosten eines anderen Prozesses, den mein verstorbener Vater damals mit der Familie von Anhalt-Köthen über die Auszahlung der Mitgift meiner Stiefmutter führte – von den anderen Ausgaben ganz zu schweigen.

Anton von Aldenburg an Albrecht Wolfgang zu Schaumburg-Lippe

Utrecht, 20. Januar 1732

Seit acht Wochen bin ich nun hier in Utrecht, und es dürfte mehr als sieben Wochen hersein, daß ich, von einem gelegentlichen Kirchgang abgesehen, das Haus verlassen habe. Ich verbringe die ganze Zeit bei meiner armen Mutter, deren Hinscheiden ich von Tag zu Tag schmerzlich erwarte. Ich brauche es Ihnen nicht zu schildern, Sie haben selber ähnliche Erfahrungen gemacht und wissen, was jemand, dessen Herz nicht aus Stein ist, empfindet, wenn er einen geliebten Menschen, dem er so viel verdankt, leiden sieht. Seit ein paar Tagen hat meine Mutter Gott sei Dank keine Schmerzen mehr. Doch das ist nur eine Folge der Erschöpfung. Ihr Geist ist klar, deshalb leidet sie bewußt unter ihrer schrecklichen körperlichen

Schwäche. Sie erkennt uns alle. Da sie wochenlang nicht geschlafen hat, döst sie fast ständig vor sich hin und spricht kaum noch. Wir hoffen, daß sie wie eine Kerze erlischt und daß Gott sie aufnehmen möge in Seinen ewigen Frieden.

25. Januar 1732

Sie hat die Welt ohne Bedauern verlassen.

Anton von Aldenburg hat den kurzen Brief mit der Todesnachricht seiner Mutter kaum versiegelt und abgeschickt, als ein Eilbote aus Bückeburg eine weitere Unheilsbotschaft bringt. In der Nacht zum 21. Februar ist der Ostflügel (der Teil mit den Wohngemächern) von Albrecht Wolfgangs Ahnenschloß abgebrannt. Die Ursache ist nicht bekannt. Man vermutet, daß durch Unachtsamkeit eines Dieners Feuer aus einem offenen Kamin gefallen ist. Personen sind nicht zu Schaden gekommen.

Anton von Aldenburg an Albrecht Wolfgang zu Schaumburg-Lippe

26. Februar 1732

Uns sind noch nicht alle Einzelheiten bekannt von dem Unglück, das Sie getroffen hat. Könnten Sie in unseren Herzen lesen und die Tränenflut sehen, die meine Frau und meine Tochter vergossen haben, meine und Neubours Bestürzung und das Erschrecken aller, die die Nachricht des entsetzlichen Brandes in Ihrem Schloß Bückeburg vernommen haben, so wüßten Sie, wie innig wir Ihnen zugetan sind. Diese Katastrophe ist ein Fingerzeig Gottes! Die Vorsehung hat Ihnen einen vernichtenden Schlag versetzt. Beugen Sie sich unter Seine Hand und versuchen Sie nicht, sich dagegen aufzulehnen. Es ist nun einmal so, daß Ihre vielen langen Reisen, die Gäste, die Sie empfangen, Ihre Besuche bei anderen und tausend Dinge mehr, von denen ich nichts weiß, Ihre Finanzen total zerrüttet haben. Der katastrophale Brand wird Sie Ihre letzten Heller kosten und Ihre Kreditwürdigkeit ernsthaft gefährden, wenn nicht völlig untergraben. Ich könnte Ihnen eine einmalige, sehr hohe Summe verschaffen, um Sie von den vielen kleinen bedrückenden Schulden zu befreien, die mit ihren hohen Zinsen Ihre Schatzkiste leeren. Ich hoffe das Geld in Holland aufzutreiben, mit drei bis viereinhalb Prozent Zinsen, gedeckt durch wertbeständige Hypotheken. Die Summe soll dazu verwendet werden, Ihre Kreditfähigkeit herzustellen und Sie von Ihren Sorgen zu entlasten. Doch ich mahne Sie im voraus, daß Sie auf alle unnötigen Ausgaben verzichten müssen und das Geld nur für unbedingt notwendige Dinge verwenden. An einen Wiederaufbau Ihres Schlosses ist nicht zu denken, bevor sich Ihre finanzielle Lage gefestigt hat. Sie besitzen ja noch Schlösser in Stadthagen und Hagenburg sowie Häuser in Bückeburg und anderen Ortschaften, wo Sie vorerst wohnen können. Außerdem stehen Varel und Doorwerth, kurzum, alles, was mir gehört, stets zu Ihrer Verfügung...

Da Anton in geschäftlichen Angelegenheiten und mit der Regelung des Nachlasses seiner Mutter noch einige Zeit in den Niederlanden festgehalten wird, ziehen Wilhelmine Marie und Charlotte Sophie vorübergehend nach Doorwerth. Aus den Wochen werden Monate, und noch immer macht Anton keine Anstalten, mit seiner Familie nach Varel zurückzukehren. Im Mai erscheint er plötzlich in Doorwerth, aber nicht, um Frau und Tochter zur Heimreise abzuholen, sondern um mit ihnen einige Wochen in Den Haag als Gäste des Grafen von Wassenaer van Obdam zu verbringen. Ihr Aufenthalt in der großzügig angelegten, stillen holländischen Stadt bekommt einen festlichen Charakter. Die zahlreichen Freunde und Bekannten des Grafen von Wassenaer wetteifern darum, die Familie Aldenburg zu Diners und Soireen und zu Ausflügen ins Grüne einzuladen. So sind sie mehrmals zu Gast auf Sorghvliet, dem berühmten Landsitz von Willem Bentinck. Dessen Mutter, Lady Portland, und seine jüngste Schwester Barbara sind ebenfalls anwesend; mit ihnen und mit der fröhlichen, resoluten Madame de St. Auban, der Schwester des Grafen von Wassenaer, wandeln Wilhelmine Marie und Charlotte Sophie durch die langen Alleen des prächtig angelegten Gartens. Sie trinken Tee in einem Erdgeschoßzimmer, in das von draußen das grünlich-helle Licht des Maitages fällt, und genießen durch die weitgeöffneten Fensterflügel die Aussicht auf den Rasen und die Orangerie. Bei den seltenen Gelegenheiten, in denen Willem Bentinck sich zu ihnen gesellt, bemüht er sich auf Anraten Anton von Aldenburgs nicht ausdrücklich um Charlotte Sophie. Was ihr entgeht (weil sie in Gedanken woanders ist), bleibt den Argusaugen der *beau monde* in Den Haag nicht verborgen. Ende Mai fahren Wilhelmine Marie und Charlotte Sophie (beide haben Heimweh) nach Varel zurück. Anton begleitet sie einen Teil der Strecke, er selbst muß weiter nach Braunschweig, wo er einen vielversprechenden jungen Juristen namens Schrader kennengelernt hat, der, wie es heißt, auf eine große Karriere im Dienst des herzoglichen Hauses hofft. Anton will ihn, solange er noch frei ist, für den Grafen zu Schaumburg-Lippe engagieren. Schrader erhält den Auftrag, sich nach Wien zu begeben und einen Prozeß gegen Detmold vorzubereiten, falls man sich dort weiterhin weigert, die Hälfte der Grafschaft Brake an Albrecht Wolfgang und seine Nachkommen abzutreten.

Aus Braunschweig schreibt Anton an seine Frau.

Anton von Aldenburg an seine Frau Wilhelmine Marie

Es ist nicht nötig, meine Liebe, daß ich Sie an die Annäherungsversuche des Herrn Bentinck gegenüber unserer Sophie erinnere, die er auch weiterhin fortzusetzen gedenkt. Sie wissen Bescheid. Ich kenne die Gründe, warum Sie zurückhaltender darauf reagieren als ich. Ich glaube aber, mit gewichtigen Argumenten meinen Standpunkt verteidigen zu können.

Es geht um das irdische und ewige Heil des armen Kindes, das wir beide so innig lieben. Nach menschlichem Ermessen bestimmt unsere Entscheidung über ihr Schicksal. In einer so wichtigen Angelegenheit können wir nicht sorgfältig und vorsichtig genug vorgehen.

Die Familie Bentinck stammt aus Overijssel und gehört dem guten alten Adel des Landes an; die Figuren ihres Wappenschildes datieren aus einer so fernen Vergangenheit, daß auch die strengste Kritik nichts daran aussetzen kann. Der verstorbene Vater des Herrn Bentinck war ein höchst verdienstvoller Mann, der durch seine langjährige Treue und Hingabe die Gunst des königlichen Statthalters Wilhelm III. errang. Die Gräfin von Portland erfreut sich allenthalben eines so guten Rufes, daß allein die Nennung ihres Namens beeindruckt. Das vornehme Geschlecht der Portlands ist sowohl in England als auch in Holland mit allen wichtigen Familien liiert, unter anderem mit den Grafen von Essex, den Herzogen von Kingston und Kent, mit Mylord Lymerick und den von Wassenaers. Mit einem Wort, Herkunft und Beziehungen der Familie Bentinck sind ehrenvoll und ohne Tadel. Sie wissen, meine Liebe, daß die Gräfin von Portland nichts unterlassen hat, um ihrem Sohn eine gute Erziehung zu gewährleisten. Wo immer Bentinck sich sehen läßt, findet man an ihm Gefallen, und ich muß gestehen, daß er mir schon gefiel, bevor ich wußte, daß er um die Hand unserer Tochter anzuhalten gedenkt. Sein Name hat überall einen guten Klang. Man sagt, er sei ein wenig zurückhaltend und im Umgang nicht flexibel und gewandt genug für einen jungen Mann, der Freunde gewinnen und Karriere machen will. Aber das halte ich nicht für einen ausschlaggebenden Fehler. Seine Natur und seine Erziehung haben ihn so geformt. Außerdem hat er einen guten Charakter, er ist intelligent und besitzt ausgezeichnete Manieren. Das kann ich besser beurteilen als Sie, meine Liebe. Ich bin ihm öfter und unter ganz ungezwungenen Umständen begegnet; Ihnen gegenüber ist er immer ein wenig befangen und daher schüchtern. Von Untugenden oder lasterhaften Neigungen ist bei ihm nicht die Rede. Der Respekt und die innige Zuneigung für seine Mutter haben mein

Herz gewonnen, es sind unverkennbare Beweise für ein edles und liebendes Gemüt. Mit einem Wort, ich finde, daß Herr Bentinck an Körper, Seele und Geist nichts zu wünschen übrigläßt. Vergleichen Sie ihn bitte Zug um Zug mit den meisten unserer deutschen Prinzen und Grafen.

Die Holländische Ritterschaft ist eine erlesene Gesellschaft, wie jedermann weiß, der einigermaßen mit den Verhältnissen in der Republik vertraut ist. Bentinck wurde nicht nur in den Stand aufgenommen, sondern gilt (nach Meinung der Herren van Boetzelaer und van Wassenaer) als eine von Natur aus höchst geeignete und zuverlässige Person zur Wahrung der provinzialen Interessen – nämlich der Provinz Holland, und diese Provinz wiederum hat die mächtigste Stimme in der Republik. Ohne daß es eines Wunders bedarf, kann Bentinck durchaus damit rechnen, innerhalb weniger Jahre einer der ersten und wichtigsten Würdenträger seines Landes zu sein. Unsere deutschen Prinzen, die sich so stolz und hochmütig geben, solange sie auf ihren eigenen Misthaufen sitzen, wissen sehr gut (insbesondere wenn sie sich in Den Haag um den einen oder anderen Ehrenposten bewerben), wozu die holländischen Adligen fähig und was sie wert sind. Herr Bentinck sieht allmählich ein, daß seine Kollegen in der Ritterschaft sich nicht allzu intensiv mit den Staatsangelegenheiten beschäftigen, und fühlt sich berufen, das Ruder in die Hand zu nehmen.

Über Den Haag und seine Vorzüge will ich mich kurz fassen. Die wichtigen politischen Belange, über die man in dieser Stadt verhandelt, die Menschen, die dort wohnen und dorthin zu Besuch kommen, kurzum, die dort gängige Lebensweise macht Den Haag zu einem angenehmen Ort. Hierzu nur eine einzige Bemerkung. Ich hoffe nämlich über alles, daß meine Tochter sich in diesem Milieu einen Platz erobern kann. Sie wird dort nur Dinge zu sehen und hören bekommen, die sie vom Bösen abhalten und auf die rechte Bahn geleiten. Ich beteure Ihnen, daß dieser Gedanke in meinen Augen der wichtigste, da für das Seelenheil unseres Kindes von unmittelbarem Belang ist. Ich streife diesen Aspekt nur kurz und überlasse es Ihnen, in dieser Richtung weiterzudenken und zu denselben Schlußfolgerungen zu kommen wie ich.

Wenn ich die Gefahren eines Lebensstils voller Trubel, Aufwand und großspurigem Getue vergleiche mit den Vorteilen einer beschaulichen Existenz unter gutsituierten Menschen, die wissen, worauf es in der Welt ankommt, komme ich ganz selbstverständlich zu dem Schluß, daß ich solides Glück einem Glanz vorziehe, der nichts weiter ist als Illusion.

Genaueres weiß ich nicht, aber ich vermute, daß Bentinck über ein Einkommen von jährlich zehn- bis zwanzigtausend holländischen Gulden verfügt, genug, um in Den Haag seinem Charakter und seinen Verpflichtungen entsprechend standesgemäß zu leben – ohne daß ich selbst für den Rest meines Lebens auf vieles verzichten muß. Ich nehme an, daß er bei doppelt so hohem Einkommen seinen Haushalt und seine Ausgaben vernünftig steigern würde. Er hat keine Schulden und besitzt schöne Häuser in Den Haag und auf dem Land. Mit einem Wort, er verfügt über alles (und hat in Zukunft noch viel zu erwarten), was ein angenehmes, ruhiges Leben gewährleistet. Ich möchte nur noch erwähnen, daß die jüngeren Kinder unserer deutschen Prinzen und gräflichen Häuser finanziell erbärmlich versorgt sind. Dagegen werden die jüngeren Söhne eines niederländischen Edelmannes in den Adel von Geldern oder Overijssel aufgenommen und können überall hohe Funktionen bekleiden.

Ich möchte Sie noch auf eines hinweisen. Meiner Ansicht nach erfordert der heutige Stand unserer finanziellen Lage, daß wir uns um die Unterstützung der Republik bemühen, die mir während der Jahre meiner Minderjährigkeit so prompt und gnädig gewährt wurde. Die Zukunft ist und bleibt unsicher; ich glaube, nichts könnte nützlicher für uns sein, als der Kredit und die Hilfe der Republik, falls wir in Schwierigkeiten geraten sollten. Und letzten Endes: Wo könnte ich hin und wieder einen Winter auf angenehmere und bequemere Weise verbringen als in Den Haag bei meiner verheirateten Tochter?

Sehen Sie hier, mein lieber Schatz, die Zusammenfassung meiner

Überlegungen. Ich habe nur Andeutungen gemacht. Versuchen Sie in meine Gedanken einzudringen, denken Sie in Ruhe darüber nach. Ich bringe Ihnen die Argumente vor, im vollen Bewußtsein aller Einwände, die Sie dagegen erheben könnten, und verspreche Ihnen, daß ich Sie mit allem Respekt, mit aller Geduld und Gehorsamkeit anhören werde, wie Sie es sich wünschen; im Gegenzug erwarte ich von Ihnen, daß Sie sich mir gegenüber genauso verhalten. Wäre ich nicht davon überzeugt, daß meine Tochter mit Bentinck glücklich werden kann, so würde ich über diese Ehe kein Wort mehr verlieren.

Jetzt geht es darum, mein liebes Herz, zu entscheiden, ob wir die ganze Sache auf sich beruhen lassen sollen oder nicht. Falls ich Sie nicht überzeugen kann, daß Bentinck eine wünschenswerte Partie für Sophie ist, werde ich Ihnen nachgeben und bedauern, daß ich mich offensichtlich geirrt habe. Dann müssen wir abwarten, wie es Gott gefällt, ihre Zukunft zu gestalten. Anstand und Pflicht gebieten in diesem Fall, daß wir uns bei Herrn Bentinck für die erwiesene Ehre bedanken und ihm erklären, daß die Ehe mit Sophie nicht zustande kommt, damit er sich anderweitig umsehen kann. Danach müssen wir den Mantel des Schweigens über die Sache breiten, bevor noch mehr geredet wird, als dies ohnehin schon der Fall ist.

Doch wenn Sie meine Argumente für begründet halten und sich überzeugen lassen oder doch zumindest von Ihren früheren Wunschbildern einen gewissen Abstand nehmen, selbst dann bitte ich Sie nicht um eine rasche, definitive Entscheidung. Lassen Sie uns Gelegenheit schaffen, damit die beiden jungen Leute einander begegnen und besser kennenlernen können.

Ich schließe mit einer Erwägung, bei der ich Ihrer Zustimmung gewiß bin. Der Standesunterschied zwischen Bentinck und unserer Tochter ist sehr viel geringer als zwischen Ihnen und mir. Und dennoch: Wie oft haben Sie mir versichert, daß Sie mit mir glücklicher geworden sind als mit dem mächtigsten Fürsten der Welt. Wenn dies zutrifft, so ist die Einheirat in eine Familie, in der Ordnung, Glauben und gesunder Verstand an oberster Stelle stehen, allem Pomp und Gepränge vorzuziehen, die uns so oft blenden. Wenn Sie sich Charakter, Erziehung, Prinzipien, Benehmen und den Umgang der meisten unserer deutschen Fürsten vor Augen halten, so teilen Sie sicherlich meine Meinung, daß eine junge Frau mit Sophies Temperament in einer derartigen Verbindung größte Gefahr liefe, an Leib und Seele zugrunde zu gehen. In Den Haag dagegen wären die Gräfin von Portland, die Familie von Wassenaer und viele andere durch ihr Vorbild und mit ihrem Rat für Sophie eine Hilfe und Ansporn, ihre Pflichten gegenüber Gott und den Mitmenschen zu erfüllen. Zum Schluß noch dies: An allen deutschen Fürstenhöfen wird die Religion sträflich vernachlässigt, während man sich in Holland (wie Sie selbst einmal gesagt haben) zu einem starken Glauben bekennt. Auch das ist ein triftiger Grund, unser Kind in dieses Land zu verheiraten. Meine Liebe für Sophie wäre sehr gering, gäbe ich den Eitelkeiten dieses kurzen Erdenlebens den Vorrang vor dem ewigen Heil, dem einzigen wahren Ziel jedes aufrechten Christen.

Wilhelmine Marie von Aldenburg von Hessen-Homburg
an ihren Mann Anton

Ich will Ihnen sagen, daß ich in der bewußten Angelegenheit völlig mit Ihrer Auffassung übereinstimme; Ihre Gründlichkeit hat mich überzeugt. Was meinen Neffen aus Homburg anbelangt, so denke ich genauso wie Sie. Ich habe deshalb nichts weiter in dieser Richtung unternommen, denn die Schwierigkeiten scheinen mir unüberwindlich. Ich wünsche mir zwei Dinge: denselben Glauben und eine Partie, die zur Erhebung des Hauses Aldenburg beiträgt. Ihre Halbschwestern haben Ehen geschlossen, die man ihnen im allgemeinen ziemlich übelgenommen hat, obgleich es sich um Mitglieder des Adels handelte. Ich glaube, daß man auf unser Kind – und auch auf uns – herabsehen würde, wenn sie Willem Bentinck heiratet, ohne daß er einen Titel bekommt. Es heißt in Den Haag, daß er (wenn Sophie ihn will) ihrethalben sogar zum Herzog erhoben werden könnte. Neubour hat mir versichert, falls es keine anderen Hindernisse gibt, ließe sich dergleichen leicht bewerkstelligen. Meines Erachtens ist ein Einkommen von fünf- oder sechstausend Dukaten zu niedrig für den Stand eines Herzogs, doch mit der Zeit dürfte er noch weitere Ehrenämter dazubekommen, und auch unsere Schuldenlast wird einmal getilgt sein. Dann könnten Sie ihm einen Zuschuß gewähren. Wir wollen also nichts übereilen und uns Zeit lassen, uns wechselseitig besser kennenzulernen; warten wir ab, was die weise Vorsehung für uns in petto hat.

Ich möchte Ihnen ferner sagen, daß Sophie meiner Meinung nach jetzt weniger Abneigung gegen Bentinck zeigt als noch vor einiger Zeit. Der Aufenthalt in Den Haag und vor allem die Damen der Familie haben ihr gut gefallen. Vielleicht hört sie jetzt auf ein vernünftiges Wort.

Lady Portland an ihren Sohn Willem Bentinck

Nijenhuis, Sommer 1732

Ich wünsche, wenn es einigermaßen möglich ist, daß Du und die andere Partei einander besser kennenlernt, ehe eine endgültige Entscheidung fällt, denn ich halte das Vermögen der jungen Dame, so groß es auch sein mag, nicht für das Wichtigste. Für diese Verbindung sprechen vor allem die günstigen Informationen, die ich über den Charakter und die Gesinnung der Eltern erhalten habe; sie lassen mich hoffen, daß sie ihrer Tochter eine gediegene Erziehung gegeben haben. Daher mein Wunsch, Du solltest die Gelegenheit wahrnehmen, sie öfter zu sehen, damit Du erkennst, ob sie zu Dir paßt und Du zu ihr.

Vom Landgut ihres jüngeren Sohnes reist Lady Portland mit ihrer Tochter Barbara nach Spa, wo sie eine Kur mit dem in England als heilkräftig gerühmten Mineralwasser macht. So bleibt sie auf dem Festland noch einige Wochen in Willems Reichweite, für den Fall, daß er günstige Nachrichten zu melden hat. Willem nimmt Anton von Aldenburgs Einladung nach Varel an.

Willem Bentinck an seine Mutter Lady Portland

Varel, 5. Juli 1732

Man ißt hier in Varel um halb eins; nach der Mahlzeit, die eine Stunde dauert, zieht sich jeder mit eigenen Beschäftigungen bis fünf Uhr zurück. Dann treffen wir uns alle zum Tee. Bis zum Abendessen um acht Uhr abends arbeitet man, liest oder geht spazieren. Am späteren Abend spielt man Karten. Ich habe das Quadrille genannte Spiel auf der Reise hierher gelernt und spiele mit, als hätte ich nie etwas anderes getan! Um halb elf sucht jeder sein Zimmer auf. Die Damen des Hauses empfangen nicht in den Morgenstunden; vormittags gehe ich zwei- bis dreimal die Woche mit dem Grafen jagen oder schießen, sonst bleibe ich auf meinem Zimmer. Hier herrscht eine besonders angenehme Atmosphäre der Freiheit, alle sind sehr höflich und erweisen einander kleine Aufmerksamkeiten. Nach meiner Schilderung, wie man in Varel die Tage verbringt, erwarten Sie sicherlich etwas darüber zu hören, was uns beide am meisten interessiert. Da gibt es nicht viel zu erzählen, ich kann nur im allgemeinen sagen, daß die Stimmung gut ist. Wir beide haben uns nun etwas besser kennengelernt, die peinliche Begegnung auf Doorwerth ist vergessen. Je mehr ich höre und sehe, desto mehr Gründe habe ich, mit meiner Wahl zufrieden zu sein. Wenn ich Ihnen noch vor Ihrer Abreise aus Spa eine positive Nachricht schicken kann, scheint mir das rechtzeitig genug. Angesichts des Charakters der jungen Dame fürchte ich, der Versuch, irgend etwas gewaltsam durchzusetzen, hätte genau die entgegengesetzte Wirkung. Eine gute Lektion, mich nicht nur in Geduld, sondern auch in Selbstbeherrschung zu üben! Heute kommt ihre gute Freundin, Madame von Stöcken; ich habe die Absicht, mich bei der Dame beliebt zu machen. Ein langes Gespräch mit dem Grafen läßt mich hoffen, daß alles nach seinen Wünschen verlaufen wird. Er hat davon auch zu seiner Schwester, Madame von Haxthausen, und zu seiner Nichte, Madame von Schütz aus Hannover, gesprochen, die ebenfalls hier sind; beide bestärken ihn in seinem Vorhaben. Ich bin sehr froh, daß sie auf unserer Seite stehen, denn es sind kluge Frauen, die er sehr schätzt. Ich habe nicht die Absicht, ihn innerhalb einer festgesetzten Frist zu einer Entscheidung zu drängen.

Herr de Larrey und seine Frau fühlen sich Ihnen besonders verpflichtet, daß Sie sich noch an sie erinnern.

Varel, 9. Juli 1732

Was den Stand der Dinge hier anbelangt, so dürfen Sie nicht erwarten, daß ich Ihnen innerhalb weniger Wochen schon Einzelheiten über wesentliche Fortschritte berichten kann. Nur soviel: ihre Mutter macht sich immer mehr vertraut mit dem Gedanken, mich als Schwiegersohn zu akzeptieren. Ich habe nicht vor, Varel zu verlassen, solange ich keine Sicherheit über mein weiteres Schicksal habe. Der Graf von Wied, gleichfalls ein Ehekandidat, ist vor drei Monaten uneingeladen zu Besuch gekommen und ist noch immer da. Ein komischer Kerl; anscheinend empfindet er nicht viel für die bewußte junge Dame und sie nicht für ihn! Er bleibt hauptsächlich zum Reiten und Jagen da, wobei wir einander Gesellschaft leisten. Jeden Abend nach dem Essen bringe ich ihm eine Viertelstunde lang englische Vokabeln bei.

21. Juli 1732

Ich habe noch keine Gelegenheit gefunden zu einem vertraulichen Gespräch mit ihrer Mutter. Da es mir nicht klug erscheint, darauf zu bestehen, habe ich meinen Wunsch wie beiläufig geäußert. Vielleicht halten Sie es für ein schlechtes Zeichen, daß wir uns noch nicht ausgesprochen haben. Aber vielleicht ist es gerade ein günstiges, wie Sie im nachhinein verstehen werden.

Ich würde Ihnen gern alle Fragen umgehend beantworten, doch das ist nicht möglich. Sie würden es begreifen, wenn Sie selbst hier wären und alles mit eigenen Augen sehen könnten. Ich hoffe, daß ich Ihnen bald, vielleicht schon in wenigen Tagen, eine gute Nachricht schicken kann. Glauben Sie nicht, ich sei absichtlich so geheimnisvoll. Ich kann Ihnen nur erzählen, was andere mir sagen, mehr weiß ich selber nicht. Die Rolle, die ich hier in Varel spiele, besteht darin: geduldig abzuwarten, was man mit mir vorhat, und doch meine Ungeduld durchscheinen zu lassen, die ich nicht verbergen kann; ich darf die Menschen nicht mit Drängen belästigen, das würde nur einen unangenehmen Eindruck machen und mich keinen Schritt weiterbringen. Ein Neffe der Familie, Baron von Wedel, logiert jetzt ebenfalls hier.

Im August trifft aus Wien die Bestätigung ein, daß Willem Bentinck in den Stand eines Reichsgrafen erhoben wird.

Willem Bentinck an seine Mutter Lady Portland

24. August

Heute hatte ich endlich ein Gespräch mit der Prinzessin von Aldenburg, die ganz offen zu mir war und sich mit allen Plänen einverstanden erklärte, seit ihre Bedingung, nämlich dieser idiotische Titel, erfüllt ist. Ich habe nicht vor, ihn jemals zu tragen. Halten Sie die Sache bitte möglichst geheim. Ich bitte Sie inständig, sagen Sie es nicht einmal meinen Schwestern in England. Der Graf und seine Frauen sähen gern, daß Sie vorläufig in Holland in unserer Nähe blieben, und aus dem, was *sie* zu mir gesagt hat, schließe ich, daß es auch *ihr* Wunsch ist, wie übrigens auch der meine! Während des Gesprächs sagte ihre Mutter wie nebenbei, es habe ja noch keine Eile, einen definitiven Entschluß zu fassen, doch Madame von Schütz ist da ganz anderer Meinung; ich hoffe, daß sie und ich mit vereinten Kräften in den nächsten Tagen eine positive Wendung zuwege bringen. Meine Schwester Barbara soll *ihr* weiterhin schreiben wie bisher, und zwar so oft wie möglich! Ich habe Herrn Neubour geschrieben, er solle sich mit Schrader, der zur Zeit in Wien ist, in Verbindung setzen zwecks weiterer Verhandlungen über jenen idiotischen Papierfetzen, der mich zum «Reichsgrafen» erhebt.

Auch in Bückeburg verfolgt man interessiert die Entwicklung der Dinge. Lottchen meint, nun werde sich alles zum Guten wenden. Sie freut sich von Herzen; Charlotte Sophie wird in der Ehe zweifellos ihr Ungestüm verlieren und ausgeglichener werden. Albrecht Wolfgang sagt nicht viel dazu. Er ist ruhelos, reitet oft und lange allein aus. Eines Tages wird er nach einem wilden Ritt bewußtlos und verletzt ins Landhaus Stadthagen gebracht, wo die Familie zu Schaumburg-Lippe nach dem Brand in Bückeburg wohnt. Die Verletzungen sind zum Glück nicht schwer. «Lip» wurde aus dem Sattel geschleudert, blieb aber mit einem Fuß im Steigbügel hängen und hielt die Zügel fest, so daß er das Pferd zum Stehen bringen konnte. Einige Tage muß er das Bett hüten, danach hinkt er, auf einen Stock gestützt, noch eine Weile übel gelaunt umher. Der Jurist Schrader ist aus Wien zurückgekehrt und macht seine Aufwartung. Entsetzt über die chaotischen Zustände in der Verwaltung der Grafschaft, beschließt er, Seiner Durchlaucht die Leviten zu lesen. «Gott straft und züchtigt die Menschen, die Er liebt und die Er zur Einsicht und Reue bewegen will. Von Zeit zu Zeit wiederholt Er seine Warnung. Wer solche Winke in den Wind schlägt, ärgert sich naturgemäß über alle, die ihm aus Freundschaft und aufrichtiger Sorge einen guten Rat geben möchten. Folglich müssen Sie nur Gott, der uns warnt, hassen, und den Teufel, der uns schmeichelt, lieben und damit schließlich den mutigen und festen Entschluß fassen, sich selbst für alle Ewigkeit zu verdammen», schreibt Schrader – nach einem oft stockenden, wenig erfreulichen Gespräch mit dem Grafen zu Schaumburg-Lippe – mit beißendem Spott aus Betroffenheit über das Wohl und Wehe dieses schwierigen, aber überaus liebenswerten Mannes. «Entweder das eine oder das andere, einen Mittelweg gibt es nicht. Wenn ich hiermit zu weit gegangen bin, bitte ich Sie um Verzeihung. Ich sage dies nur Ihnen, Ihnen persönlich. Und wenn ich zuwenig gesagt habe, bitte ich gleichfalls um Entschuldigung. Wenn ich Eure Exzellenz weniger liebte, hätte ich den Mund gehalten. Sie müssen sich entschließen, Ihre schlechten Eigenschaften, die Sie selbst am allerbesten kennen, auszumerzen.»

Willem Bentinck an seine Mutter Lady Portland

Varel, 6. Oktober 1732

Wenn ich Ihnen vom Stand der Dinge in allen Einzelheiten berichten könnte, würden Sie unbesorgt sein! In der ersten Zeit meines Aufenthalts benahm sich die Mutter (die meinem Besuch nur zugestimmt hatte, um ihrem Mann einen Gefallen zu tun) mir gegenüber sehr kühl, höflich und distanziert, und da noch andere Gäste da waren, gingen wir uns tunlichst aus dem Weg. So verging die Zeit bis zur Ankunft der Madame von Schütz; sie hat bewirkt, daß ich in der Gunst der Prinzessin von Aldenburg ein wenig gestiegen bin. Sie hat darauf bestanden, daß die Prinzessin ihren Freunden am dänischen Hof schreibt und sich erkundigt, wie man dort über diese Heirat denkt. Der Graf fand den Brief seiner Frau nicht überzeugend genug und verfaßte einen anderen, den sie abschreiben mußte. Als schließlich die Antwort eintraf, war die Prinzessin von einem Tag auf den anderen wie verwandelt. Seitdem geht sie mit mir um, als gehörte ich schon zur Familie. Sie hat mir versprochen, ihren Mann zu überreden, daß er mit der Tochter spricht; ich habe gesagt, es sei unbedingt notwendig.

10. Oktober 1732

Ich verstehe jetzt, warum Graf von Aldenburg nicht schon früher mit seiner Tochter gesprochen hat. In Dänemark hat er nämlich einen guten Freund, den Minister von Plessen, dem er sehr verpflichtet ist und der ihm auch jetzt einen großen Dienst erweisen soll. Das Gespräch mit seiner Tochter hat er so lange aufgeschoben, damit er von Plessen wahrheitsgemäß schreiben kann, daß *sie* vorläufig noch nichts von der Sache weiß. Sie fragen jetzt vielleicht, warum Graf von Aldenburg dies nicht schon viel früher geregelt hat und warum er überhaupt solche Winkelzüge macht. Der Grund dafür ist, daß er von Natur aus wankelmütig ist, da er nie genau weiß, was er tun soll. Außerdem war er im letzten Monat von morgens früh bis abends spät in Anspruch genommen von den vielen Gästen und vom Jagen und Scheibenschießen, das er leidenschaftlich gern betreibt. Man hat ihn im Laufe seines Lebens so oft betrogen, daß er immer auf der Hut ist und jetzt noch umsichtiger und unsicherer auftritt als gewöhnlich. So ist er nun einmal, ich kann nichts daran ändern. Andererseits habe ich nicht die Absicht, auf diese Verbindung zu verzichten, und sollte es mich die zehnfache Mühe kosten. Sobald aus Dänemark die Antwort mit den Ratschlägen des Herrn von Plessen eingetroffen ist, will der Graf mit seiner Tochter sprechen. Leider fürchte ich, liebe Mutter, angesichts der Natur der Menschen, mit denen wir es hier zu tun haben, daß sich die Angelegenheit bis zum nächsten Sommer hinzieht. Dennoch gebe ich die Hoffnung nicht auf, daß die Entscheidung bald, vielleicht schon in drei Wochen fällt. Dann erwarten wir nämlich den Grafen zu Schaumburg-Lippe mit seiner Frau. Sie können sich nicht vorstellen, was die beiden für alle Menschen in Varel bedeuten. Vor allem seine Frau ist sehr beliebt, die Prinzessin ist ihr sehr zugetan. Ich hoffe, durch ihre Vermittlung mehr zu erreichen, als mir durch die Fürsprache von Madame von Schütz gelungen ist, obwohl sie mir sehr geholfen hat. Vor ein paar Tagen habe ich aus Bückeburg einen sehr freundlichen Brief des Grafen erhalten, in dem er mich eindringlich ermutigte, auch im Namen seiner Frau.

Ich sehe nicht ein, warum Sie meinen Gastgebern nicht schreiben sollten. Wegen Ihrer Französischkenntnisse brauchen Sie sich keine Sorgen zu machen; der Graf und die Prinzessin haben eine sehr hohe Meinung von Ihnen, und sogar wenn Sie Unsinn schrieben, würden sie glauben, es liege an ihnen, sollten sie etwas nicht verstehen.

Lady Portland an Wilhelmine Marie von Aldenburg von Hessen-Homburg

Da Ihre Tochter mir wie kein anderes Mädchen geeignet erscheint, meinen Sohn und mit ihm unsere ganze Familie glücklich zu machen, habe ich eine Zuneigung zu ihr gefaßt, die ich nicht mehr aus meinem Herzen verbannen kann. Willem gibt sich der Hoffnung hin, daß sein Antrag wohlwollend angenommen wird; es wäre sehr zu beklagen, wenn er enttäuscht würde, um so mehr, als sein Herz in zunehmendem Maße daran beteiligt ist. Der Aufenthalt in Varel hat viel dazu beigetragen! Wollen Sie mir, Madame, die Gunst erweisen, Ihrer Tochter meine liebe- und achtungsvollen Grüße zu übermitteln. Ich würde ihr gern selber schreiben, getraue mich aber nicht, solange ich nicht eine offizielle Erlaubnis dazu habe.

Wilhelmine von Aldenburg von Hessen-Homburg an Lady Portland

Der günstige Eindruck, den die Gläubigkeit, die Vernunft und die persönlichen Gefühle Ihres Sohnes auf uns gemacht haben, hat mich dazu bewogen, mich voll und ganz der Überzeugung meines Mannes anzuschließen, in der Hoffnung, daß Gott diese Verbindung segnen möge. Mein Mann und ich haben heute sehr ernsthaft mit unserer Tochter gesprochen. Er hat ihr ein paar Tage Frist gegeben, sie möge es sich gut überlegen, bevor sie ihre Entscheidung trifft. Sie hat uns von vornherein versichert, sie werde sich nach unseren Wünschen richten, sie habe nichts gegen Herrn Bentinck einzuwenden; sie sei von Ihnen entzückt und bringe Ihnen die gebührende Ehrerbietung entgegen; es werde ihr sicherlich gut gefallen, in Den Haag zu wohnen, schon weil es nicht allzuweit von uns entfernt ist. Sie beteuerte uns, es gebe keinen Mann, zu dem sie sich mehr hingezogen fühle als zu Herrn Bentinck, und sie werde den Mann heiraten, den wir für sie ausgesucht haben, denn sie sei überzeugt, daß wir besser beurteilen könnten als sie selbst, was für sie das Beste sei. Ich habe das Gefühl, daß sie sich entweder etwas vormacht oder glaubt, sie dürfe kein allzu großes Interesse für Ihren Sohn zeigen. Ich bin mir ganz sicher, daß sie ihn mag.

Willem Bentinck an seine Mutter Lady Portland

25. Oktober 1732

Am Sonntag traf der langerwartete Brief von Herrn von Plessen ein. Der Graf von Aldenburg brachte ihn mir, nachdem er ihn zuvor selbst gelesen hatte. Er muß Herrn von Plessen in sehr überzeugender Weise geschrieben haben, denn dessen Antwort kommt einem Glückwunsch gleich, als wäre alles schon unter Dach und Fach. Er berichtet, daß der König von Dänemark mit Freude und Wohlgefallen seine Zustimmung zu dieser Ehe gibt. Gestern morgen um sieben Uhr kam der Graf in mein Zimmer und sprach von sich, seiner Frau und seiner Tochter, er redete von Ihnen, meinen Schwestern und mir und erklärte, welche Erwägungen ihn dazu führten, gerade diese Zukunft für seine Tochter zu wählen. Das Gespräch dauerte über zwei Stunden. Der Kern seiner Rede war, ich sei nun lange genug hier gewesen, um den Charakter und das Temperament seiner Tochter beurteilen und mir eine Meinung darüber bilden zu können, ob wir zueinander passen oder nicht. Er versicherte mir, er werde es mir keinesfalls übelnehmen und nicht weniger Freundschaft für mich empfinden, wenn ich es mir anders überlegt hätte und sagte, ich liebte sie nicht genügend. Die ganze Zeit über, in der ich hier bin, hätten er und seine Frau sie absichtlich ihre eigenen

Wege gehen lassen, ohne sie in eine bestimmte Richtung zu drängen oder sie zurechtzuweisen, damit ich einen Eindruck von ihrem täglichen Tun und Treiben gewinne. Er sei sich des Risikos bewußt gewesen, sie könnte sich in Gegenwart der Gäste allzu frei und launenhaft benehmen, finde aber, ich hätte ein Recht darauf, die Tatsachen unverblümt kennenzulernen. Ich sagte dem Grafen aufrichtig, was ich von ihren guten und schlechten Eigenschaften halte, mein Entschluß stehe fest. Unser Gespräch endete damit, daß er versprach, mit seiner Tochter zu reden. Ich bat ihn, es so bald wie möglich zu tun. Dann ging ich zu Madame von Stöcken und dinierte bei ihr, um die Familie nicht zu stören. Ich kaufte Kanarienvögel von einem Händler, der wohl an die zweihundert in einem großen Korb auf dem Rücken trug, und ließ sie *ihr* als Geschenk bringen.

28. Oktober 1732

Ich habe mit ihr gesprochen. Sie war schrecklich verlegen. Sie sprach sehr freundlich in wohlgesetzten Worten und sagte, ich kenne sie noch zu kurz, um ihren Charakter zu verstehen; vielleicht würde ich Unzulänglichkeiten an ihr entdecken, die mir bislang nicht aufgefallen seien; sie sagte auch, sie erfülle gern ihre Pflicht gegenüber ihren Eltern, sie kenne ihre Gedanken und Ansichten und habe genügend Vertrauen in ihre Liebe und in ihr Urteil, um sich demselben zu unterwerfen. Andauernd betonte sie die Gehorsamkeit gegenüber ihren Eltern. Ich brach das Gespräch ab, da sie sich offensichtlich nicht wohl fühlte. Ihre Stimme wurde immer leiser, zum Schluß konnte ich, obwohl ich gespannt zuhörte, kaum noch verstehen, was sie flüsterte. Die Sache ist klar: Sie leistet keinen Widerstand, wagt aber nicht alles zu sagen, was sie denkt. Kurzum, wir sind auf dem richtigen Weg. Es liegt jetzt an mir, dafür zu sorgen, daß alles so rasch wie möglich in Gang kommt. Ich werde alles tun, was in meiner Macht steht. Der Graf hat seither mit seinem Rechtsberater Kontakt aufgenommen, einem Herrn van Eck, der den Ehevertrag aufsetzen soll. Wollen Sie so gut sein, Herrn Tork kommen zu lassen, ihn zu informieren und zu fragen, ob er den Grafen dabei beraten will, um die Angelegenheit zu beschleunigen? In Anbetracht der finanziellen Umstände liegt es im Interesse des Grafen von Aldenburg, seine Tochter kurzfristig versorgt zu wissen.

Offenbar kann man hier nichts geheimhalten; die Prinzessin hat den Hausarzt informiert, und ihre Tochter hat alles einer jungen Frau erzählt, einer französischen Kammerfrau der Prinzessin zu Schaumburg-Lippe, die mit dem Gepäck aus Bückeburg angekommen ist. Seitdem wissen alle Kammermädchen und wer sonst noch im Hause ein und aus geht, aus erster oder zweiter Hand, was hier im Gange ist. Darum bin ich dafür, daß auch Sie die Neuigkeit «vertraulich» mitteilen, an wen Sie nur wollen.

Der angekündigte Besuch des Ehepaares zu Schaumburg-Lippe läßt auf sich warten. Aus geschäftlichen Gründen ist «Lips» Anwesenheit in Bückeburg erforderlich. «Aufgeschoben ist nicht aufgehoben!» schreibt Lottchen, in einigen Wochen wird man weitersehen. Mademoiselle Cordier und das vorausgeschickte Gepäck sollen vorläufig in Varel bleiben. Charlotte Sophie ist krank vor Enttäuschung.

Willem Bentinck an seine Mutter Lady Portland

5. Dezember 1732

Das idiotische Dokument wird uns achttausend Gulden kosten. Herr de Larrey hat hier in der Nachbarschaft Geld für mich geliehen, das sozusagen sang- und klanglos nach Wien transferiert wurde. Der Graf von Aldenburg und seine Frau wollen heute nach Dänemark schreiben, er an den König und sie an die Königin, um ihre offizielle Zustimmung schwarz auf weiß zu erbitten, eine notwendige Formalität, weil Varel dänisches Fideikommiß-Gut ist. Sobald die Antwort eintrifft, kann der Ehekontrakt aufgesetzt werden.

Sie dürfen überzeugt sein, daß ich auf Ehre und Gewissen versuchen werde, alles so günstig wie möglich zu regeln. Der Graf hat mir beteuert, er werde den Kontrakt gern in der Weise formulieren, daß mir durch diese Verbindung niemals ein Nachteil entstehen kann. Er will mir außerdem ein Gespann von acht prächtigen Rappen für meine Kutsche schenken. Ich habe mir vorgenommen, mich in vielen Punkten zu bessern. Ich weiß nicht, ob ich die Kraft haben werde, mein Versprechen zu halten, aber ich will es immerhin versuchen. Was *sie* betrifft, so habe ich festgestellt, daß sie häuslich ist, sie kocht und backt gern leckere Sachen; aber von ihrem Geschick, mit Geld umzugehen und einen Haushalt zu führen, habe ich keine besonders hohe Meinung. Doch derlei Dinge lernt man durch Übung und die Erfahrung, daß es ein scheußliches Gefühl ist, wenn man keinen roten Heller in der Tasche hat. Heute las ich in der Gazette, daß eine Jacht aus England unterwegs ist, um Sie abzuholen. Ich hoffe, daß dies nicht stimmt und daß Sie in Den Haag noch einige Zeit für uns erreichbar bleiben.

Sobald die Antwort aus Dänemark da ist, wollen wir unsere Verlobung bekanntgeben. Man wird dann wohl auch die Hochzeit nicht mehr allzulange aufschieben. Ich denke, daß wir sie gegen Ende des Winters feiern können.

Als ich im Brief bis hierher gelangt war, trat Graf von Aldenburg ins Zimmer und sagte unter anderem, er hoffe sehr, daß Sie und meine Schwester Bab die Hochzeitsfeier mit Ihrer Gegenwart beehren werden. Er plant auch schon die Reise für Sie; wie Sie in drei Tagen von Utrecht nach Varel kommen können, ohne ein einziges Mal in einer Herberge übernachten zu müssen. Der Graf wird für Ihre Unterkunft in Doorwerth und bei befreundeten Familien sorgen und frische Pferde zu allen Wechselstationen schicken. Sie brauchen nichts weiter zu tun, als in Ihre Kutsche zu steigen und wieder auszusteigen. Herr de Larrey, zur Zeit mein einziger Berater hier, der alle meine Schritte sehr kundig und diskret lenkt, hat begonnen, eine Liste der notwendigen Ausgaben anzulegen.

Willem gibt seiner Mutter den dringenden Rat, die Einladung zur Hochzeit abzulehnen, wenn sie keine Lust hat zu kommen. Er will auf jeden Fall so lange in Varel bleiben, bis die Papiere aus Dänemark da sind. Der Graf von Aldenburg hat Halsschmerzen und ist schlechter Laune. Willem macht ihm jeden Tag höflich seine Aufwartung, während der Graf frühstückt oder sich ankleidet, wobei er taktvoll jedes Gespräch über «Geschäfte» vermeidet.

Lady Portland an Wilhelmine Marie von Aldenburg von Hessen-Homburg

Es bereitet mir überaus große Freude, daß Ihre Tochter mir ihre Zuneigung schenkt; denn seit ich das Vergnügen hatte, ihr in Den Haag zu begegnen, liebe ich sie, als stünde sie mir seit langem nahe. Ich bin überzeugt, daß sie in meiner Familie nur freundliches Entgegenkommen findet, und hoffe, daß es ihr nicht schwerfällt, dieses zu erwidern. Ich freue mich über die einmütige Zustimmung meiner Kinder und hege die Erwartung, daß Ihre Tochter nichts daran hindern wird, sich bei uns zu Hause zu fühlen. Ihre Herzensgüte und anderen lobenswerten Eigenschaften gewährleisten zu meiner innigen Zufriedenheit das Glück meines Sohnes. Ich höre mit Entzükken, daß sich alles günstig entwickelt, so sehr, daß wir die Lösung aller Probleme in Kürze erwarten dürfen. Willem ist tief beeindruckt von der liebevollen Fürsorge, die er in Varel genießt, und findet kaum Worte, um seine Dankbarkeit für Ihre Freundschaft auszudrücken. Ein Mann von seinem Charakter wird nicht säumen, sich Ihres Wohlwollens nach bestem Vermögen als würdig zu erweisen.

Willem Bentinck an seine Mutter Lady Portland

Varel, 19. Dezember 1732

Der Graf von Aldenburg hat mir versprochen, seiner Tochter so viel mitzugeben, daß ich davon alle Unkosten für sie bestreiten kann. Er ermahnte mich, nicht über unserem Stand zu leben und nicht auf zu großem Fuße anzufangen. Wörtlich sagte er: «Ne péter plus haut que le cul!» (Nie höher forzen, als der Hintern reicht.) Seine Tochter kann nicht mit Geld umgehen, er meint, es wäre besser für sie, es ganz allmählich zu lernen. Wenn wir uns wiedersehen, erzähle ich Ihnen eine vergnügliche Geschichte, die sich zwischen *ihr* und den Schwestern ihrer Mutter sowie anderen Bekannten zugetragen hat. Die genannten Personen hatten ihr geschrieben, sie mißbilligten diese Ehe und hätten ihren Ohren nicht trauen wollen, als sie die Nachricht davon erhielten. *Sie* hat die hochmütigen Leute barsch zurechtgewiesen. Für *sie* ist das idiotische Dokument aus Wien genauso unwichtig. Ich werde Herrn de Larrey bezüglich der Geschenke um Rat bitten, aber ich kann Ihnen jetzt schon sagen, daß sie sich nichts aus Juwelen macht und sogar mehrere Schmuckstücke, die ihre Mutter ihr schenken wollte, abgelehnt hat. Ich glaube, sie findet eher Gefallen an modischen Bijouterien, wie Scherenetuis, kleinen Dosen für verschiedene Zwecke und anderem Tand, wenn sie nur hübsch gemacht sind. Sie hat mehrmals gesagt, ich solle alles, was Dienerschaft, Kutschen, Pferde usw. betrifft, mit ihrem Vater regeln, darum kümmere sie sich nicht, ihr sei alles recht, was wir für passend halten.

21. Dezember 1732

Was die Regelung der Zuschüsse und die anderen finanziellen Angelegenheiten betrifft, so habe ich dem Grafen von Aldenburg den Teil Ihres letzten Briefes vorgelesen, worin Sie schreiben, Sie hofften, ich werde mich dem in Holland üblichen Lebensstil anpassen. Er war davon sehr angetan und erklärte, Sie seien nicht nur eine

Frau mit außergewöhnlich hellem Verstand, sondern auch eine gute, liebevolle Mutter. Er stimmt Ihnen in jeder Hinsicht zu und ist sich vollkommen klar darüber, welchen Eindruck ein allzu aufwendig geführter Haushalt in Holland macht: Er erweckt nur Neid, ohne jemandes Prestige zu erhöhen.

Am 22. Dezember empfängt Anton von Aldenburg aus Dänemark die königliche Bewilligung für die Heirat seiner Tochter mit Willem Bentinck. Das Datum der Trauung steht noch nicht fest, die Aussteuer ist noch nicht fertig. Charlotte Sophie will vorläufig nicht darüber reden. Jedenfalls wird am ersten Weihnachtstag die offizielle Verlobung gefeiert.

Willem Bentinck an seine Mutter Lady Portland

27. Dezember 1732

Graf von Aldenburg kam an jenem Morgen in mein Zimmer und bat mich, um elf Uhr in die Gemächer seiner Frau zu kommen. Dort traf ich ihn mit Frau und Tochter. Er hielt eine lange Rede, in der er vor uns allen wiederholte, was er zu jedem einzeln gesagt hatte (ich war von seinen Worten sehr gerührt), und fragte dann zuerst seine Tochter und danach mich, ob wir unseren Entschluß gefaßt hätten. Nachdem wir beide mit «ja» geantwortet hatten, legte er ihre Hand in die meine; nur der Tod kann uns jetzt noch scheiden. Nach meiner Rückkehr in Den Haag werde ich Ihnen diese Szene ausführlich schildern, es war die liebevollste und bewegendste, die Sie sich vorstellen können, vor allem durch das Verhalten des Grafen.

Entwurf von Anton von Aldenburg für den Ehevertrag

Zuerst die übliche Präambel in dem bei Eheverträgen gebräuchlichen Stil und Wortlaut.

1. Was ich meiner Tochter mitgebe. Außer Kleidern und Leinenwäsche, hierzulande angefertigt, fünfzigtausend Dukaten; die anfallenden 4 % Zinsen werde ich ihr jährlich auszahlen.

2. Sollte Gott mir noch einen Sohn schenken, so erhält sie in jedem Fall fünfzigtausend Dukaten mit Schloß Doorwerth als Unterpfand.

3. Wenn ich ohne männlichen Erben sterbe, so kommen meine Tochter und ihr Ehemann eo ipso in den Besitz meines gesamten Eigentums und meiner Güter. Entsprechend den testamentarischen Verfügungen meines Großvaters, des Grafen Anton Günther von Oldenburg, und gemäß dem Vertrag und den Vereinbarungen, die innerhalb unserer Familie getroffen wurden und die selbstverständlich unter allen Umständen verbindlich sind und bleiben, muß meine Tochter nach meinem Tode zuvörderst meine Schulden tilgen und die Legate ausbezahlen, die ich in meinem Testament anführe. NB. Hier sollte wohl eine Klausel zugunsten meiner Frau eingefügt werden, für den Fall, daß sie mich überlebt.

4. Mein lehensunabhängiger Grundbesitz und die mir verbliebenen Barwerte gehen ebenfalls auf meine Tochter und ihren Mann über, mit Ausnahme jener Beträge, über die ich in meinem Testament anderweitig verfügt habe.

5. Mein gesamtes Erbgut fällt demzufolge nach meinem Tod an meine Tochter und ihren Ehemann sowie deren Kinder, so daß sie das Eigentumsrecht und den Nießbrauch davon haben secundum pacta familiae. Sollte meine Tochter Kinder haben, tritt das Erstgeburtsrecht in Kraft, wie es im Testament meines Großvaters Anton Günther festgelegt ist.

6. Sollte meine Tochter kinderlos sterben, so behält Graf Bentinck den Nießbrauch ihres Besitzes ad dies vitae. Nach seinem Tode gehen alle Fideikommiß-Güter auf meinen Neffen, den Grafen

von Lauerwig, und dessen Erben über, über den Rest soll meinen Anweisungen gemäß verfügt werden.

7. Falls Graf Bentinck vor meiner Tochter stirbt und minderjährige Kinder hinterläßt, wird meine Tochter gesetzlicher Vormund mit zwei Nebenvormündern. Sobald ihr ältester Sohn oder ihre älteste Tochter volljährig und geschäftsfähig ist, tritt meine Tochter die Verwaltung der Güter an ihn oder sie ab und begnügt sich im weiteren mit ihrer Leibrente. Meine Tochter kann jedoch wählen, ob sie unmittelbar nach dem Tode ihres Ehegatten die Leibrente zu erhalten wünscht und im weiteren den Besitz ihres Kindes oder ihrer Kinder mit den Nebenvormündern gemeinsam verwalten will.

8. Graf Bentinck schenkt meiner Tochter als Morgengabe zehntausend holländische Gulden oder jährlich deren Zinsen zu 4 %, über die sie frei verfügen kann.

9. Graf Bentinck schenkt meiner Tochter als Leibrente (für den Fall, daß er vor ihr stirbt) die Summe von viertausend holländischen Gulden pro Jahr aus seinem eigenen Kapital, was zusammen mit den viertausend Gulden, die sie von mir als Zins von den fünfzigtausend Dukaten bekommt, einen jährlichen Gesamtbetrag von achttausend Gulden ausmacht. Falls meine Tochter ihr Erbe bereits angetreten hat, bekommt sie dreitausend Gulden aus dem Besitz der Bentincks und siebentausend Gulden aus dem meinen, also insgesamt zehntausend Gulden, mit freiem Logis.

10. Falls meine Tochter eine neue Ehe eingeht und aus dieser Verbindung Kinder hat, bekommt sie lediglich zwei Drittel ihrer Leibrente.

Nachdem Anton von Aldenburg alles zu Papier gebracht und zur weiteren Bearbeitung seiner Kanzlei überlassen hat, fühlt er sich (soweit die Umstände dies zulassen) einigermaßen beruhigt.

Der Rechtsanwalt Tork überprüft den Vertragsentwurf in Willem Bentincks Auftrag. Er fügt ein Blatt voll Anmerkungen hinzu:

«All diese Bestimmungen sind nur dann gültig, wenn Graf von Aldenburg über die Einkünfte seiner Domänen, oder zumindest einen Teil davon, tatsächlich frei verfügen kann. In diesem Fall hat die Verfügung zugunsten des Herrn Bentinck ad dies vitae eine Bedeutung, andernfalls ist eine solche Bestimmung völlig gegenstandslos.

Der deutsche Hochadel kennt in der Ehe keine Gütergemeinschaft, weder auf Grund eines Ehevertrags noch kraft allgemeinen Rechts oder Gewohnheitsrechts. In Holland herrschen ähnliche Verhältnisse. Das will sagen: während im holländischen Bürgertum die Gütergemeinschaft allgemein anerkannt ist, gilt sie nicht für den Hochadel. Da Herr Bentinck dem niederländischen Adel angehört und, falls nicht ausdrücklich anders festgelegt, man sich nach den Gesetzen und Bräuchen des Landes richtet, in dem der angehende Ehegatte sein Domizil besitzt, das auch die angehende Ehegattin zu ihrem Wohnsitz wählt, wäre zu überlegen, ob man nicht vorsichtshalber (um jedem Zweifel und jeder Meinungsverschiedenheit über die holländischen Bräuche zuvorzukommen) ad abundantiorum cautelam erklären sollte, daß jede Art von Gütergemeinschaft in diesem Fall absolut ausgeschlossen ist.»

Falls Willem gehofft hat, daß damit alle Schwierigkeiten beseitigt sind und er eine sorglose Verlobungszeit genießen kann, sieht er sich bitter enttäuscht. Seine zukünftige Frau ist um kein Haar zugänglicher als vor der Verlobung; sie geht ihm aus dem Weg, ist schnippisch und kühl und plagt ihn unbarmherzig, wo sie kann. Willem hat vor, Mitte Januar nach Den Haag zurückzukehren, wo seine Mutter auf ihn wartet; er muß allerhand Dinge regeln und Vorbereitungen für den neuen Haushalt in die Wege leiten. Doch Charlotte Sophie gibt ihm keine Gelegenheit, das eine oder andere unter vier Augen mit ihr zu besprechen; nicht einmal das Vorrecht jedes

Bräutigams, ab und zu ein paar ungestörte Augenblicke im Zimmer der geliebten Braut zu verbringen, gesteht sie ihm zu. Charlotte Sophie sitzt hinter verschlossenen Türen und schreibt Briefe. Sie muß die Glückwünsche aus Bückeburg beantworten. Anscheinend hat Lottchen geschrieben, sie fürchte, Holland könne in einen Krieg verwickelt werden, ein Argument, das Charlotte Sophie begierig aufgreift, um allen Gesprächen über den Hochzeitstermin auszuweichen. Willem drängt sie täglich, den Schaumburg-Lippes in seinem Namen mitzuteilen, in Holland halte kein Mensch eine solche Gefahr für möglich. In den letzten Tagen vor seiner Abreise läuft er ziellos und gereizt im Schloß herum. Nach langem vergeblichem Warten schickt er Charlotte Sophie ein Billett: «Indem Sie mit einem Schreiben an die Prinzessin zu Schaumburg-Lippe beschäftigt sind (woran ich nicht zweifle), ersuche ich Sie, ihr meine ehrfürchtigsten Grüße zu übermitteln und ihr auch ein wenig von mir zu erzählen, in den herzlichsten und überzeugendsten Worten, die Sie finden können. Und hören Sie endlich auf mit dem Gekritzel, damit ich Ihnen auf passende Weise meine Huldigung darbringen kann.»

Als Charlotte Sophie darauf nicht reagiert, wirft Willem alle Regeln der Etikette über Bord und klopft an der geschlossenen Tür. Die französische Kammerfrau, Mademoiselle Cordier, hält Wache und gibt ihm zu verstehen, daß die Comtesse ihn nicht empfangen kann. Das ist zuviel! Es entwickelt sich ein heftiger Wortwechsel. Charlotte Sophie kommt heraus und behauptet, es sei ihr gutes Recht, die Tür vor ihm zu verschließen, wenn sie keine Lust habe, ihn zu sehen. Die Szene endet mit einem ihrer Ohnmachtsanfälle. Willem, der so etwas noch nie erlebt hat, ist ratlos vor Angst und Schuldgefühlen.

Am nächsten Tag geben ihm die Hausgenossen und Gäste zum Abschied das Geleit; *sie* ist nicht dabei, sie muß nach Vorschrift des Arztes ruhen. Niedergeschlagen macht sich Willem auf den Weg. Das Wetter ist grau und regnerisch, die Straßen sind so schlecht, daß er täglich nur kleine Etappen zurücklegen kann.

(Aus dem Dorf Cloppenburg.) Wollen Sie bitte Ihrem Vater meinen alleruntertänigsten Respekt übermitteln und ihm sagen, daß ich ihn bitte, Ihnen mit größtem Nachdruck zu verbieten, auch nur einen einzigen meiner Briefe anderen Leuten zu zeigen, so wie Sie dieses vorhaben. Damit er genau Bescheid weiß, sollten Sie hinzufügen, daß Sie sogar die üble Absicht hegen, meine Briefe laut vorzulesen.

Ganz herzliche Grüße an Herrn und Frau von Stöcken und an Herrn Neubour. Ich bitte letzteren, künftig etwas weniger heftig in seinen Freundschaftsbezeigungen zu sein. Er hat mir mit der Nase fast ein Auge ausgestochen, als er mich an sein Herz drückte.

Wenn ich jemals einen Tag in Trübsinn verbracht habe, dann diesen: Mein Herz war randvoll mit Unruhe. Die geringste meiner Sorgen ist, daß ich Sie verlassen mußte. Sie können den Grund meines Kummers leicht erraten, denn er wird andauern, bis Sie Ihre Meinung über mich ändern. Aber vielleicht wird alles nur noch schlimmer, wenn ich wieder in Varel zurück bin. Das betrübt mich am meisten. Und zu allem Unglück werde ich den Gedanken nicht los, daß Sie sich gestern bei Ihrem Sturz mehr weh getan haben, als Sie zugeben wollten. Als mir das einfiel, war ich schon unterwegs, und wenn ich nicht gefürchtet hätte, man könnte mich für verrückt erklären, auf mein Ehrenwort, ich wäre schnurstracks umgekehrt, um mir Sicherheit darüber zu verschaffen... Ich flehe Sie an, denken Sie an mich. Niemand auf der ganzen Welt achtet Sie so sehr und liebt Sie so zärtlich und aufrichtig wie ich.

(Aus dem Städtchen Kloese.) Noch nie in meinem Leben, nein, noch niemals habe ich mich so elend gefühlt wie heute. Ich bin vor fünf Uhr morgens aus Cloppenburg, aus diesem Müllhaufen, dieser stinkenden Kloake, abgereist und nach einer Tagestour (ständig im Schritt!) erst um halb sechs Uhr abends hier angekommen. Ich bitte Sie, haben Sie ein wenig Mitleid mit mir, vorausgesetzt, Sie haben es noch nicht ganz aufgegeben, mir ein wenig Ihrer Sympathie zu schenken. Davor habe ich nämlich Angst; ich habe mich lange gefragt, ob ich Ihnen mit meinen Briefen nicht zur Last falle, denn warum sollten Sie meinen Briefen ein Interesse schenken, das Sie meiner Person nicht für würdig erachten? Ich sehne mich, zu hören, daß es Ihnen gutgeht, und hoffe, daß Sie sich wieder bester Gesundheit erfreuen, wenn Sie dieses Gekritzel erhalten. Ich möchte eigentlich noch viel mehr in diesem Brief sagen, doch dann könnten Sie sich über meinen Ernst ärgern. Sie würden meine Gefühle übertrieben, einen «Roman» nennen. Ich bin im Augenblick überhaupt nicht zum Scherzen aufgelegt und kann nun einmal nicht, wie Sie, lachen, um nicht weinen zu müssen. Ich werde mein möglichstes tun, um bald wieder bei Ihnen zu sein. Und bis dahin... bitte, denken Sie manchmal an mich als an den Menschen, der Ihnen mit Herz und Seele zugetan ist, und seien Sie mir ein bißchen gut.

(Aus dem Dorf Hulfte.) Ich habe es schon einmal gesagt und ich wiederhole es nochmals: Ich bin ein Idiot. Ich kann meine Phantasie nicht zügeln, die mich in den vergangenen vier Tagen aufs grausamste gequält hat. Ich finde keine Ruhe, bis Sie mich beruhigt haben. Aber bitte keine falschen Vorspiegelungen und keine frommen Lügen! Versuchen Sie nicht, mir Erwartungen auf ein Glück vorzugaukeln, das es nicht gibt. Kann ich jetzt auf Sie rechnen oder nicht? Wenn ich wieder in Varel bin, werde ich mir viel Zeit nehmen, um offen mit Ihnen zu reden, wenn die Prinzessin zu Schaumburg-Lippe hoffentlich nicht mehr da ist und Sie mir versprechen (und zwar auf Treu und Glauben, ohne inneren Vorbehalt oder anderen Jesuitenschwindel), daß Sie die Prinzessin nicht zur Mitleserin meiner Schreiben machen, denn das verdirbt mir das ganze Vergnügen an einem Briefwechsel, von dem ich mir so viel erhofft habe. Jedermann hat seine Schwächen, und zu den meinen gehört, daß ich mich ungern zur Schau stellen lasse; ich mag nicht, daß man meine Briefe anderen zu lesen gibt, vor allem, wenn ich darin mein Herz sprechen lasse. Ich stelle mich nicht gern bloß vor einer Gesellschaft, nicht einmal vor zwei Menschen zugleich. Ich wünsche so sehr, daß Sie meine Gefühle kennen und begreifen lernen, doch darauf legen Sie offensichtlich sehr wenig Wert. Antworten Sie mir bitte offen und ausführlich; auf mein Ehrenwort, was Sie mir anvertrauen, bleibt ganz unter uns; niemand, ohne Ausnahme, wird es jemals erfahren. Ich flehe Sie an, seien Sie ganz aufrichtig, und bedenken Sie, daß Sie damit einen Mann zu Dank verpflichten, der Ihnen mit Herz und Seele ergeben ist und jede Gelegenheit sucht, um Ihnen einen Gefallen zu tun und Ihre Zuneigung zu gewinnen. Das letztere wünsche ich mir mehr als alles andere auf der Welt.

Die verwitwete Gräfin zu Schaumburg-Lippe an eine Freundin

Bückeburg, 10. Januar 1733

Mein Sohn gedenkt den Grafen von Aldenburg zu besuchen, der seine einzige Tochter mit einem Herrn Bentinck verheiraten will, einem Mann aus den Generalitätslanden, Sohn des berühmten Grafen von Portland, eines Günstlings des englischen Königs William. Er ist steinreich. Sein Halbbruder ist der Herzog von Portland.

Willem Bentinck an Charlotte Sophie von Aldenburg

Den Haag, 17. Januar 1733

Ihre Freundschaft ist mir so teuer, daß jeder Hoffnungsschimmer, dieses Glücks jemals teilhaftig zu werden, mich vor Aufregung fast krank macht. In Ihrem kurzen Brief überwiegt ein Ton der Aufrichtigkeit, der mich hoch erfreut. Ich bin so glücklich darüber, daß ich allmählich zu glauben beginne, es sei Ihnen Ernst trotz des abweisenden Benehmens, das ich von Ihnen erdulden mußte (aber überhaupt nicht übelnehme). Mein Glück wäre vollkommen, dürfte ich jetzt bei Ihnen sein und nach Herzenslust Ihre Konversation genießen, die (und das ist kein leeres Kompliment) das Amüsanteste ist, was ich je erlebt habe.

Meine Mutter hat mich gefragt, ob Sie Ihren Rücken gerader halten als voriges Jahr, als Sie bei uns waren. Ich sagte: Nein, das tut sie nicht, denn in Deutschland getrauen sich die Mädchen nicht, den Rücken geradezuhalten, aus Angst, man könnte ihnen vorwerfen, ihre Brüste zu zeigen, vor allem, wenn sie wissen, daß dieselben schön sind. Ich setzte hinzu, das sei der Grund für Ihre schlechte Haltung, besonders, wenn Sie nur mit einem leichten Negligé bekleidet sind. Sie sollten sich immer hübsch geradehalten, die Schultern nach hinten; stellen Sie beim Gehen die Füße nach außen, ziehen Sie das Gesäß ein, tragen Sie den Kopf hoch und stolz, strecken Sie die Brust raus, und lassen Sie die Arme locker baumeln, wie es sich gehört. Wenn ich an Sie denke (und ich denke an fast nichts anderes), bin ich guter Laune, doch wenn ich mir dann überlege, daß Sie drei Tagereisen weit von mir entfernt sind, werde ich wieder traurig. Sie müssen später sehr lieb zu mir sein, um alles gutzumachen, was ich Ihretwegen ausgestanden habe und noch ausstehen muß. Die Worte fehlen mir, um meine Gefühle auszudrücken; noch nie im Leben habe ich so heftige Emotionen, einen solchen Wirrwarr von Leidenschaften empfunden. Freundschaft, Respekt, Zärtlichkeit haben sich in meinem Herzen bislang noch nicht mit jenem anderen Gefühl verbunden, dessen Namen Sie erraten dürfen. Sie haben es mehr als verdient. Der Gedanke und die Hoffnung, daß Sie einst meine Liebe erwidern und wir dann ein Herz und eine Seele sein werden, schenkt mir tiefe Befriedigung; nichts auf der Welt wünsche ich so innig wie dieses: daß die Verbindung, die ich mir so glücklich vorstelle, unauflösbar sein wird.

20. Januar 1733

Wenn Sie mir eine große Freude machen wollen, schreiben Sie mir regelmäßig und ausführlich. Außerdem bereiten Sie mir dadurch viel Vergnügen, denn ich muß oft herzlich über Ihre Briefe lachen.

Die Geschichte über meinen Onkel ist wirklich unbezahlbar! Sie tadeln mich wegen der Dinge, die ich Ihnen unterwegs geschrieben habe, aber dazu haben Sie kein Recht, denn Sie selbst sind der Grund, warum ich so gedacht habe. Nun gut, ich habe mich geirrt, und nichts freut mich mehr als dieser Irrtum. Jeder Beweis Ihrer Freundschaft rührt mich zutiefst.

Schreiben Sie doch meiner Schwester bitte nicht so übertrieben höflich! Am liebsten hätte ich Ihnen den Brief zurückgeschickt. Zum Donnerwetter noch mal, wie stellen Sie sich das vor, wie können Sie an so einem zeremoniellen Briefwechsel Vergnügen finden? Sie machen sich selbst lächerlich und bringen meine Schwester in Verlegenheit. Schreiben Sie einfach und vertraulich, oder lassen Sie es ganz sein. Sie will jetzt die Korrespondenz in einem neuen Ton eröffnen und Ihnen als Beispiel vorangehen. Ich habe Ihnen so viel zu sagen, daß ich lieber gar nichts sage. Ich bin ganz verwirrt, ich schlafe, aber der Schlaf bringt keine Erholung, das Essen schmeckt mir nicht, in Gesellschaft langweile ich mich, und so sitze ich lieber allein herum, starre ins Feuer und denke an Sie. Seit Sie mir beteuert haben, daß Ihre Gefühle für mich sprechen, bin ich noch rastloser geworden, und meine Ungeduld hat sich verdoppelt. Ich bin nicht in Stimmung für romantische Ergüsse, über die Sie sich (hoffe ich) nur amüsieren würden. Ich bitte um Vergebung für meine Plumpheit; wenn ich wieder in Varel bin, werde ich alles gutmachen, denn im Augenblick ist mir das nicht möglich.

In Den Haag überwacht Willem Bentinck den Umbau und die Renovierungsarbeiten, die er seit 1731 an seinem Haus am Lange Voorhout und auf Sorghvliet ausführen läßt (die Rechnungen der Maurer, Zimmerleute und Möbelschreiner stapeln sich). Auch hat er sich neue Kleider machen lassen, Jacken und Westen nach der neuesten Mode, in helleren Farben, als er gewöhnlich trägt; er hat Hemden, Krawatten und gefältelte Halstücher bestellt und mit Spitzen abgesetzte Manschetten anfertigen lassen. Er sitzt einem

Maler Modell, der ihn als Hirten in einer Schäferszene darstellt, mit lässig geöffnetem Hemd und einer sehr modischen, kurzen und gepuderten Perücke. Das Porträt ist als Geschenk für Charlotte Sophie gedacht.

Unterdessen holen Lottchen und «Lip» den aufgeschobenen Besuch in Varel nach. Jeden Gedanken an Willem, jede Rücksicht auf seine Wünsche und Gefühle hat Charlotte Sophie schlagartig aus ihrem Sinn verbannt. Für kurze Zeit scheint alles wie früher, sie kann einfach nicht glauben, daß sie wirklich mit Willem Bentinck verlobt ist. Sooft sie sich daran erinnert, bricht ihr der kalte Schweiß aus. Stundenlang redet sie morgens auf ihrem Zimmer mit Lottchen. Lip gibt sich zurückhaltender, was Charlotte Sophie in Aufregung und Unsicherheit versetzt. Sie gerät in Panik. Wenn «heiraten» in ihrem Fall bedeutet, den Kontakt zu den ihr liebsten Menschen zu verlieren, dann wird sie eben *nicht* heiraten. Impulsiv schreibt sie Willem einen Brief, in dem sie eine Reihe heiratsfähiger Töchter aus adligem Hause aufzählt, die sie während ihres Aufenthalts in Den Haag kennengelernt hat; wäre nicht jede von ihnen viel besser geeignet, Mevrouw Bentinck zu werden? Noch kann er sich's überlegen.

Willem Bentinck an Charlotte Sophie von Aldenburg

Da ich Ihre Menschenliebe und Ihr gutes Herz kenne, weiß ich, Sie wollen nicht, daß ich mir Arme oder Beine breche, mir ein Loch in den Kopf schlage oder irgendeinen anderen Unfall erleide. Deswegen habe ich meine Reise vier Tage aufgeschoben. Wenn es friert, sind die Straßen immerhin passierbar, wenn es taut, kommt man durch den Schlamm irgendwie durch, aber jetzt im tiefen Schnee ist es zu glatt. Übrigens zappele ich vor Ungeduld bis zur Abreise und gäbe einiges darum, wenn ich schon bei Ihnen wäre. Ich bin eifersüchtig auf die Prinzessin zu Schaumburg-Lippe. An der Art, wie Sie in Ihrem letzten Brief über sie schreiben, merke ich, daß Sie ganz von ihr in Beschlag genommen sind und in Ihren Gedanken kaum Platz für mich übrig haben. Wenn Sie wollen, daß ich der Prinzessin Sympathie entgegenbringe, muß sie dafür sorgen, daß Sie ein bißchen netter zu mir sind; sie darf nicht erlauben, daß ihre Kammerfrau mich aus Ihrem Zimmer verjagt. Da ich mir sicher bin, daß Sie ihr meine Briefe zu lesen geben, sage ich hier nichts mehr. Ich freue mich für Sie, daß die Prinzessin nun bei Ihnen ist, und wenn ich sie genauso kennen würde wie Sie, würde ich sie sicherlich auch genauso schätzen, wie Sie es tun. Doch solange dies nicht der Fall ist, will ich sie nicht über den grünen Klee loben, denn das wäre eine Beleidigung. Ich huldige deshalb vorläufig einzig und allein ihrem Titel als Prinzessin. Habe ich etwa nicht recht? Sie möchten, daß ich über sie rede, über nichts anderes, nur über sie; aber was zum Teufel soll ich sagen? Ich kenne sie ja gar nicht.

Ich bedauere, daß Ihr Vater sich nicht wohl fühlt. Ich werde mein Bestes tun, ihn aufzuheitern, bezweifle aber, daß es mir gelingt. Ich bin in verdammt schlechter Laune. Hier ist der Grund dafür: Ihr Brief von voriger Woche beginnt mit folgenden Worten: «Endlich sind alle meine Wünsche erfüllt.» «Alle meine Wünsche»! Also liegt Ihnen überhaupt nichts an mir! Das *alles* kränkt mich sehr. Ich kann es nicht schlucken, nicht verarbeiten, nicht aus meinen Gedanken vertreiben. Wirklich, es hat mich zutiefst verletzt. Lieber wäre mir gewesen, Sie hätten Neubour geküßt oder sich von ihm umarmen lassen, wie Sie es öfter getan haben, um mich zu quälen. Das hat schließlich nichts zu bedeuten; ebensogut könnten Sie Ihr Spiegelbild küssen, so unschuldig ist das allemal. Heute bin ich nicht imstande, gelassen und vernünftig zu schreiben, so sehr haben mich «*alle* meine Wünsche» in Verwirrung gebracht. – Ich flehe Sie an, schenken Sie mir doch die Gefühle, die man für einen Menschen empfinden kann und muß, der Sie über alles achtet und liebt und der (wie Sie wissen) sich mehr als alles in der Welt wünscht, Ihre Zuneigung zu gewinnen und täglich Ihrer würdiger zu werden. Das will nicht heißen, daß Sie die berechtigten Ansprüche der Prinzessin zu Schaumburg-Lippe vernachlässigen und ihr die Freundschaft verweigern sollen, die sie verdient, aber deswegen braucht sie doch nicht der Gegenstand *aller* Ihrer Wünsche zu sein! Die von Ihnen aufgezählten Damen in Den Haag kenne ich nur flüchtig, ich will sie auch nicht sehen, und es schert mich nicht im geringsten, was sie tun und sagen. Ich bin ihnen höchstens einmal in Gesellschaft begegnet und war nie bei ihnen zu Hause. Sie interessieren mich genausowenig wie meine abgetragenen Schuhe. Mir ist nur an Ihnen gelegen, an niemand anderem. *Sie* sind das Ziel aller *meiner* Wünsche. Adieu.

Tatsächlich hat Lottchen alle Briefe Willems gelesen. Solange die Verlobung keine abgemachte Sache war, hat sie die Klagen und Einwände ihrer Cousine ernst, aber nachsichtig und liebevoll widerlegt; jetzt verliert sie allmählich die Geduld. Sie meint, Charlotte Sophie müsse sich mit den Tatsachen abfinden, schließlich habe sie selbst zugestimmt. Ein gegebenes Wort, nicht wahr? Außerdem beobachtet Lottchen mit wachsender Sorge und Verwirrung, wie sich Charlotte Sophie gegenüber Lip benimmt. Anhänglichkeit, Balgereien und sogar Liebkosungen sind schön und gut, solange sie nicht die Grenzen dessen überschreiten, was Lottchen «unschuldiges Vergnügen» zu nennen pflegt. Jetzt regt sich bohrender Zweifel in ihr. Lottchen redet sich ein, Charlotte Sophie habe nichts Böses im Sinn, sie sei sich nicht bewußt, was sie tue. Doch Lip ist beeindruckt und scheint (sonderbarerweise) der Situation nicht ganz gewachsen. Lottchen tut zunächst, als merke sie nichts; Takt gehört zu ihren stärksten Seiten.

Willem Bentinck an Charlotte Sophie von Aldenburg

Die Prinzessin zu Schaumburg-Lippe hat Ihnen einen sehr vernünftigen und gescheiten Rat gegeben. Ich empfehle Ihnen, seien Sie so klug und befolgen Sie ihn. Versuchen Sie sich einzureden, Sie dächten in diesem Moment schon so, wie Sie denken möchten, dann wird es Ihnen durch ständige Wiederholung auch gelingen. Wenn es Ihnen tatsächlich Ernst ist, will ich Ihnen den richtigen Weg gern zeigen. Angesichts der besonderen Gaben, mit denen Sie gesegnet sind, werden Besinnung und gesunder Verstand ihre Wirkung nicht verfehlen, davon bin ich überzeugt! Jetzt werden Sie zweifellos sagen, mein Rat entspringe meinen eigenen Belangen. Ich weiß, daß jeder Mensch zuerst sein eigenes Glück im Auge hat, und ich muß gestehen, daß mein Lebensglück ganz und gar von Ihnen abhängt, so wahr mir Gott helfe! Auch wenn meine Ratschläge Ihnen wertlos erscheinen, sie entspringen einem Herzen, das mit innigster Zuneigung für Sie schlägt und auf dessen Treue Sie immer zählen können. Bitte, antworten Sie nicht darauf, ich weiß, Sie finden das langweilig, aber denken Sie in Ruhe darüber nach, und seien Sie überzeugt, daß auf der ganzen Welt Ihnen niemand so wohlgesinnt ist wie ich und Ihr Glück so von Herzen wünscht. Doch wahres Glück hängt auch von Ihrer eigenen geistigen Einstellung und Gemütsverfassung ab, und dafür sind Sie selbst verantwortlich. Ich habe gesprochen.

Willem Bentinck an Albrecht Wolfgang zu Schaumburg-Lippe

Varel, 20. Februar 1733

Da niemand auf dieser Welt Ihnen mehr Achtung und Anerkennung entgegenbringt als ich, dürfen Sie sich nicht wundern, wenn ich die erste Gelegenheit wahrnehme, Ihnen diese Gefühle zu bezeigen. Sie können sich nicht vorstellen, wie angenehm es mir war, in Varel eine Bekanntschaft fortzusetzen, die mir die denkbar größte Freude für die Zukunft verspricht.

Willem Bentinck an seine Mutter Lady Portland

Varel, 27. Februar 1733

Ich wollte die geplante Fahrt nach Bückeburg eigentlich bis acht oder zehn Tage vor unserer Abreise geheimhalten, aber da Sie nun doch davon erfahren haben, will ich Ihnen alles erzählen. Als der Graf zu Schaumburg-Lippe und seine Frau hier in Varel waren, haben sie die Familie gedrängt, doch einmal auch zu ihnen nach Bückeburg zu kommen. *Sie* und ihre Mutter waren dermaßen darüber erfreut, daß der Graf von Aldenburg es ihnen nicht auszureden vermochte. Also wurde abgemacht, daß wir am 23. März abfahren und dort die Osterwoche verbringen. Diese Reise wird die Hochzeit nicht verzögern. Sie dürfen auch nicht schockiert sein, daß wir gerade an den Feiertagen verreisen und in Gesellschaft verkehren werden. Das heilige Abendmahl findet hier erst vierzehn Tage nach Ostern statt, und bis dahin lebt man sehr ruhig und zurückgezogen. Ich habe *ihr* vorgelesen, was Sie in Ihrem Brief schrieben über die Selbsterkenntnis, die man durch bewußtes Alleinsein und Besinnung gewinnt. Sie bat mich, Ihnen zu sagen, Sie hätten darin völlig recht; sie könne sehr gut allein sein und denke dann über alles mögliche nach; sie wolle sich um eine kontemplativere Lebensweise bemühen, damit sie nicht soviel Unterhaltung und Menschen um sich herum brauche. Ich glaube wirklich, daß sie für diese Art von Einkehr eine gewisse Veranlagung besitzt!

Soeben trat Herr de Larrey in mein Zimmer. Wir sprachen über die Geschenke, die ich ihr zugedacht habe. Nach allem, was er von ihrer Mutter erfahren hat, dürften Anzahl und Größe der Geschenke ausschlaggebend sein für die Gunst, die mir erwiesen wird. Ich muß gestehen, daß meine Ausgaben ohnehin schon sehr hoch sind, aber ich muß das Geld als Kapital betrachten, das ich in ihr Leben investiere; es geht entweder mit ihr verloren oder wirft hohen Gewinn ab.

Herr Schrader an Herrn Neubour

Mein Herr, Sie sagen von der jungen Gräfin: Noch nie habe ich eine junge Frau gesehen, die so anziehend, so schnell von Begriff, so «quicklebendig» ist. Ich kenne die junge Dame, ich hatte die Ehre, ihr persönlich zu begegnen. Sie macht in der Tat den Eindruck einer außergewöhnlichen Frau. Ihr Auftreten und alles, was sie tut und sagt, zeugen davon, daß sie ihren Verstand gebraucht. Das besagt eine ganze Menge. Und weil ich so denke, bitte ich Sie, ihr einiges auszurichten in meinem Namen (das heißt im Namen eines Mannes, den sie nicht kennt – denn sie wird sich kaum an mich erinnern – und dem sie wahrscheinlich nie wieder begegnen wird). Wenn ich mich in ihre Lage versetze: einziges Kind, reich, jung, liebenswert, anziehend, geistreich und so weiter und so fort, so hat sie meiner Meinung nach schon genug mit sich selbst zu tun. Bedenke ich ferner, daß sie umgeben ist von einem Vater, der vernarrt in sie ist, einer Mutter, die ebenso vernarrt in sie ist, einem Hofstaat, der sie seit dem Tag ihrer Geburt umschmeichelt und verhätschelt, von Freunden, die sie beweihräuchern, und einem Verehrer, der sie ständig mit Lobeshymnen und Beweisen seiner Anbetung überhäuft... kurzum, wenn ich sie mir in diesem Licht besehe, so finde ich, daß sie mehr Vorrechte und günstigere Umstände genießt als zehn andere junge Mädchen ihres Alters. Deshalb drohen ihr auch zehnmal mehr Fallstricke, denen sie kaum ausweichen kann. Das sagt mir mein nüchterner Verstand. Es geht in erster Linie um sie. Mein Herr, Sie haben außerdem etwas über den Charakter gesagt, den Sie ihr zuschreiben, und daraus geht allzudeutlich hervor, was der eigentliche Grund für das viele Lob ist, mit dem man sie verwöhnt. Und selbst wenn Sie diese Bemerkung nicht gemacht hätten, wäre ich mir sicher, daß ebendiese Eigenschaft, für die man sie seit ihrer frühesten Jugend mit Lob überhäuft (außer ihren Eltern, die anderer Meinung sind) und die man ihr stets als höchstes Gut auf Erden gepriesen hat; daß die «Lebendigkeit», die man so sehr an ihr bewundert, die sie von den übrigen Deutschen unterscheidet und sie gleichsam mit den Franzosen auf eine Stufe stellt, im Grunde ein Fehler ist, der über viele andere Qualitäten, die sie besitzt, einen Schatten wirft. Es ist mehr als ein Fehler, es ist eine Untugend, die im menschlichen Leben großes Elend verursachen kann, bei Männern wie bei Frauen, bei Gräfinnen nicht minder als bei Bauernmädchen. Ich weiß, wie man im allgemeinen über diese verführerische «Lebendigkeit» zu urteilen pflegt, ich kenne die hübschen Theorien, die die französischen Emigranten unter uns verkünden. Es sind hervorragende Leute, die durch ihre Tüchtigkeit und ihre Talente viel Gutes in unsere deutschen Lande gebracht haben. Doch was die Bildung des Gemüts betrifft, sind sie keine guten Lehrmeister. Dazu braucht es etwas anderes als nur Temperament, Courage und die Gabe, sich in den Salons bewegen zu können. Die großen Genies unter ihnen, denen wir Deutsche, Holländer und andere blindlings wie eine Herde Schafe folgen, haben ebenfalls dazu beigetragen, eine falsche Auffassung über jene «Lebendigkeit» zu verbreiten. Sie führen das Wort ständig im Munde und tragen ihre «vivacité» zur Schau wie den Gipfel menschlicher Vollkommenheit, während sie in Wirklichkeit nur Schaum, äußere Schale, ein flüchtiger Schatten ist! Wie haben diese Leute Den Haag verdorben! Gibt es einen Ort auf der Welt, wo man mehr über «esprit» und «vivacité» reden hört? Es ist lächerlich! Es gibt in der Tat nichts Amüsanteres, als wenn man sieht, wie Menschen, die mit einem Talent für das Bedeutsame und Ernste erschaffen wurden, sich leicht wie Schmetterlinge gebärden wollen und mit südlicher Schlagfertigkeit reagieren. Wie viele dieser aus Frankreich stammenden Personen, die sich gelehrt und geistvoll nennen, haben die Welt tatsächlich klüger gemacht? Es ist unbedingt notwendig, besagte junge Dame, die in Kürze nach Den Haag übersiedelt, über diese Dinge aufzuklären. Mit den Idealen, die man ihr hier anerzogen hat, und durch die Komplimente und Schmeicheleien, mit denen man sie dort empfangen wird und die ihr den Kopf verdrehen werden, gerät sie unweigerlich in die Gefahr, daß sie vom Strom mitgerissen wird und in den Chor der Lobgesänge auf «esprit» und «vivacité» mit einstimmt. Die französische «vivacité» gilt auch in Frankreich selbst (genauer gesagt, in Paris, das durch den Hof und das allgemeine geistige Klima beeinflußt und verfeinert ist) nicht uneingeschränkt als gute Eigenschaft. Wird sie aber nach Holland, Deutschland oder in andere nördliche Gegenden verpflanzt und mit den schwerfälligen Elementen des jeweiligen Volkscharakters vermischt, so ist diese gekünstelte «Lebendigkeit» einfach unerträglich. Ein Franzose ist in Hochform, wenn er über seine «vivacité» hinauswächst, und in dem Maße liebenswert, wie er diese Eigenschaft beherrscht. Nehmen Sie zum Beispiel Madame de Sévigné. Nicht in allem ist sie für mich ein Vorbild, denn ich weiß, daß sie in ihren Briefen oft wie ein kopfloses Huhn argumentiert, aber Natürlichkeit, Bescheidenheit, Güte, kurzum alle Eigenschaften, die das Gegenteil jener affektierten «Lebendigkeit» sind, die hat sie sehr wohl besessen! Bei Männern ist die sogenannte «vivacité» ein Charakterfehler, bei Frauen ist sie unerträglich. Und für eine Dame von Rang ist sie der Gipfel der Lächerlichkeit und außerordentlich schädlich, wenn ihr Ehegatte ein öffentliches Amt bekleidet mit der Verpflichtung, auf andere Personen des Staates, in dem er lebt, Rücksicht zu nehmen und ihnen Gefälligkeiten zu erweisen. Und dies um so mehr, wenn der Staat eine Republik ist. Die Bedeutsamkeit einer Dame von hohem Stand zeigt sich gerade darin, daß sie kraft ihrer Position und Bildung das Gute, Würdige und Liebenswerte leichter als Menschen niederer Herkunft in die Praxis umzusetzen vermag. Sie darf sich nicht zu scharfsinnigen Bemerkungen hinreißen lassen, die ihren Witz und ihre Kenntnisse verraten, sie soll nicht das große Wort führen und in Gesellschaft glänzen, kurzum, sie muß auf viele Dinge verzichten, mit denen sich Menschen gewöhnlich brüsten. Ihre vornehme Gesinnung drückt sich darin aus, daß sie diese Rolle anderen überläßt, die törichterweise danach streben. Eine Dame sollte sich spontan entgegenkommend verhalten, den Menschen Gutes erweisen, ihre Aufmerksamkeit verdienstvollen Personen widmen und sich durch ausgeglichenes, schlichtes und vernünftiges Benehmen auszeichnen.

In den Tagen vor der Hochzeit, die Lottchen und Albrecht Wolfgang in Varel verbringen, empfindet er gegenüber Charlotte Sophie dieselbe Gereiztheit und Verwirrung wie einige Monate zuvor. Jungfräulich, aber nicht unberührt; von ihm selbst wachgeküßt und nicht gewillt, sich in die körperliche Liebe durch Willem Bentinck einweihen zu lassen (der in Albrecht Wolfgangs Augen ein braver, grundsolider, respektabler und hochintelligenter Mann, aber keineswegs ein Liebhaber ist), versetzt diese Braut, die er vom Kind zur jungen Frau hat heranreifen sehen, sein Blut in Wallung. Eigentlich müßte für sie beide das jus primae noctis gelten! In ihrer Gegenwart verspürt er eine unbezwingbare Lust, sie zu quälen, ein Gefühl, mit dem sich Ärger und eine sonderbare Neigung zur Selbstquälerei vermischen. Am Abend vor der Trauung gelingt es ihm, mit der nervösen, betrübten, aufsässigen Charlotte Sophie ein paar Worte unter vier Augen zu wechseln. Halb im Scherz, halb im Ernst entschlüpft ihm gegen seinen Willen die Bemerkung: «Ich schicke dir eine Kutsche mit zehn Pferden, um dich zu entführen und zu meiner Mutter nach Stadthagen zu bringen. Wir könnten deinen Eltern sagen, wir wären uns begegnet und hätten einander ‹gefunden›, bevor ich Lottchen und du Bentinck kanntest. Lottchen tut alles, was ich will, und Bentinck ist vernünftig genug, um das zu begreifen.»

Am 1. Juni 1733 vermählt sich Willem Bentinck mit Charlotte Sophie von Aldenburg. Die Einsegnung der Ehe findet in der alten Kirche von Varel, in der Nähe des Schlosses, statt. Als das Paar sein Jawort spricht, steht es auf der Grabplatte über dem Gewölbe, in dem drei Generationen derer von Aldenburg ihre letzte Ruhestätte gefunden haben. Auch Elisabeth von Ungnad ruht dort unten, die Stammutter des Geschlechts dank ihres Mutes, das eigene Versprechen höher zu bewerten als eine Zeremonie. Im großen Saal des Schlosses, im Beisein von Notaren, Beamten und den Honoratioren von Varel, unterzeichnen Willem und Charlotte Sophie, deren Eltern, seine Mutter, der Graf zu Schaumburg-Lippe sowie die Herren von Wedel und von Schütz die Heiratsurkunde.

Charlotte Sophie von Aldenburg (Jahre später)

Ich liebte meine Heimat leidenschaftlich und konnte mir einfach nicht vorstellen, daß ich irgendwo anders glücklich sein könnte. Weit davon entfernt, auch nur einen Funken Zuneigung für Herrn Bentinck zu fühlen, konnte ich mich nur mit größter Mühe einer ausgesprochenen Antipathie gegen ihn erwehren. Er wußte das, bevor wir heirateten. Ich habe alles versucht, was ein junges Mädchen in meinem Alter, das in ehrfürchtigem Gehorsam gegenüber seinen Eltern aufgewachsen ist, tun kann, um einer Ehe zu entkommen, vor der ich Todesangst hatte. Doch sachliche Überlegungen trugen den Sieg davon. Ich verlor dabei meine Gesundheit und meine Gemütsruhe.

Bittschrift von Albrecht Wolfgang zu Schaumburg-Lippe an die Generalstaaten der Vereinigten Niederlande

Den Erhabenen Herren der Generalstaaten der Vereinigten Niederlande tut Albrecht Graf zu Schaumburg-Lippe und Oberst eines Infanterieregiments im Dienst dieser Lande mit der schuldigen Hochachtung kund, daß der Supplikant sich genötigt sieht, einen wichtigen Prozeß vor den Kaiserlichen Gerichtshof zu Wien zu sustinieren in Sachen der Erbschaft Lippe Brake, welche ihm wider Recht und Billigkeit durch den Grafen von Lippe-Detmold vorenthalten wird. Vor etwa einem Jahr hat sich der Supplikant die Freiheit genommen, sich an Eure Erhabenheit zu wenden mit einem Gesuch, welches Ew. E. ihm, dem Supplikanten, großmütigst bewilligt haben, und zwar um ein Empfehlungsschreiben an den Gesandten von Ew. E. in Wien des Inhalts, dem Supplikanten in genannter

Sache baldigst Recht widerfahren zu lassen. Die Fürsprache von Ew. E. hatte denn auch zur Folge, daß der vom Supplikanten anhängig gemachte Prozeß bis kurz vor den Urteilsspruch vorangetrieben wurde. Da der Supplikant neuerliche Empfehlungsbriefe für den weiteren Verlauf dieser für ihn sehr wichtigen Angelegenheit als höchst dienlich erachtet, nimmt er abermals seine Zuflucht zu Ew. E. mit der untertänigsten Bitte, Ew. E. möge genannten Prozeß dem Gesandten in Wien aufs dringlichste empfehlen, damit er seinen Einfluß, wo dies erforderlich, geltend mache.

Anton von Aldenburg an den Prinzen von Oranien

Varel, 30. Juni 1733

Monseigneur, darf ich mir die Ehre erlauben, die Aufmerksamkeit Eurer Hoheit für eine Angelegenheit zu erbitten, die den Grafen zu Schaumburg-Lippe betrifft. Ich weiß, daß Eure Hoheit ihm wohlwollend und freundlich gesinnt sind, was mich hoffen läßt, daß Eure Hoheit mir erlauben, offen in meiner gewohnten direkten Art zu sagen, was ich denke. Der verstorbene König von England, Vater des derzeitigen Königs, der die Aufsicht über die Erziehung des Grafen zu Schaumburg-Lippe innehatte, hat zu Lebzeiten für ihn den Kauf des Regiments Friesland geregelt. Der König starb, als die Verhandlungen gerade beendet waren, mit der Folge, daß der Graf zu Schaumburg-Lippe nun selbst den Kaufpreis entrichten muß, obwohl Seine Majestät die Absicht hatte, ihm das Regiment als Geschenk zu überlassen. Der Vater des Grafen ist 1728, etwa ein Jahr nach dem König, verstorben, wodurch die Umstände sich nicht wesentlich änderten. Der Graf hat ansehnliche Besitztümer und Einkünfte geerbt, zugleich aber ein solches Chaos in der Verwaltung und den Finanzen von Bückeburg angetroffen, daß er meiner Ansicht nach zehn bis zwölf Jahre brauchen wird, um das, was sein Vater vernachlässigt und in Verworrenheit hinterlassen hat, wieder in Ordnung zu bringen. Da der Graf zu Schaumburg-Lippe mir die

Ehre erweist, mir seine Freundschaft und sein Vertrauen zu schenken, drängen seine Mutter, seine Beamten und Untertanen mich dazu, ihn zu überreden, daß er den Kriegsdienst quittiert und das Regiment verkauft. Lange habe ich mich geweigert, mich mit der Sache zu bemühen. Schließlich hat man jedoch so viele triftige Argumente an mich herangetragen, daß ich glaube, meinem guten Freund raten zu müssen, den Wünschen der genannten Personen entgegenzukommen. Die Argumente, die mich überzeugt haben, sind folgende:

1. Es ist seine oberste Pflicht, für die Erziehung seiner Kinder, für seine Untergebenen und für seine häuslichen Angelegenheiten zu sorgen.

2. Seine Anwesenheit in Bückeburg ist absolut erforderlich; wenn er den größten Teil seiner Zeit außer Haus verbringt, bleibt das Chaos in der Verwaltung seines Landes bestehen.

3. Seine Gesundheit ist zu sehr angegriffen, als daß man ihm raten könnte, sich dem Kriegsdienst zu widmen, denn dazu braucht man eine eiserne Konstitution. So weit mir bekannt ist, hat der Graf noch nie an einem Feldzug teilgenommen.

4. Nach Rücksprache mit seinen Beamten sehe ich als erwiesen an, daß die Einkünfte, die er als Kommandant eines Regiments an Sold und Beihilfen zu erwarten hat, in keinem Verhältnis stehen zu der Summe, die er in Bückeburg verliert, wenn er seine Geschäfte vernachlässigt.

5. Die Reisen, die er zu seinem Regiment, seiner Garnison, nach Den Haag und anderen Orten, wohin der Dienst ihn ruft, unternehmen müßte, würden ihm Kosten auferlegen, die er angesichts des jugendlichen Alters seiner Söhne nicht verantworten kann.

Und schließlich: Da das Geld, das er bislang für das Regiment ausgegeben hat, eigentlich seinem jüngeren Sohn gehört, würde ich es begrüßen, wenn er das Kapital durch Verkauf des Regiments sicherstellt.

Diese und noch viele andere Argumente, die ich hier nicht aufzähle, um die Geduld Eurer Hoheit nicht zu mißbrauchen, haben mich zu dem Entschluß geführt, dem Grafen zu Schaumburg-Lippe dringend anzuraten, er möge den Dienst quittieren. Ich habe mir größte Mühe gegeben, doch sooft ich glaubte, meine Argumente hätten ihn überzeugt, mußte ich zu meinem Bedauern feststellen, daß er sich weiterhin in einem heftigen inneren Zwiespalt befindet. Er sieht die Stichhaltigkeit meiner Gründe zwar ein, doch Glanz und Glorie des Kriegswesens siegen über die Vernunft. Einmal versicherte er mir, er könne niemanden finden, der ihm für sein Regiment geben will, was es wert ist; ein andermal glaubte er Anzeichen zu erkennen, daß es zum Bruch der Friedensverträge und zur Kriegserklärung kommen könnte. Er will nicht aus dem Dienst scheiden, wenn er dadurch seinen guten Ruf aufs Spiel setzt. Mit einem Wort, sein Hang zum Militärwesen liefert ihm tausend Vorwände, um die Durchführung jener bitter notwendigen Maßnahme immer wieder aufzuschieben. Ich gebe mich der Hoffnung hin, Monseigneur, daß Eure Hoheit meine Gedankengänge als begründet ansehen, und spreche die Erwartung aus, daß es Eurer Hoheit belieben möge, nicht zu protestieren, wenn der Graf zu Schaumburg-Lippe sein Entlassungsgesuch einreicht. Gemeinsam mit ihm überlege ich und ziehe Erkundigungen ein nach einem würdigen Nachfolger, der Eurer Hoheit und den Provinzialräten von Friesland zu gegebener Zeit vorgestellt werden soll.

Willem Bentinck an Albrecht Wolfgang zu Schaumburg-Lippe

Sorghvliet, 1. August 1733

Was sagen Sie, oder besser, was denken Sie von mir, mein werter Freund, da ich Ihnen mehr als einen Monat kein Lebenszeichen geschickt habe? Ich erkläre auf Ehrenwort, daß es nicht meine Schuld ist; sooft ich die Feder zur Hand nahm und Ihnen schreiben wollte, kam etwas dazwischen, das keinen Aufschub duldete. Doch falls etwas geschehen wäre, das Sie unbedingt wissen müßten, wäre ich lieber aus dem Bett aufgestanden, als Sie im ungewissen zu lassen.

Willem hat das Papier auf dem Tisch liegenlassen, ohne es zu falten und zu versiegeln. Charlotte Sophie wirft später, mehr oder weniger zufällig, einen Blick darauf. Sie nimmt die feinste, am schärfsten zugeschnittene Feder aus dem Vorrat neben dem Tintenfaß und zeichnet ihre verschlungenen Initialen C.S. (winzig klein, auf den ersten Blick wie ein kleiner Klecks oder Fliegendreck) über das Wort «Bett» in Willems Brief.

Lady Portland an Wilhelmine Marie von Aldenburg von Hessen-Homburg

Sorghvliet, 7. August 1733

Es geht ihr gut, das Klima dieses Landes bekommt ihr, denn sie strotzt vor Gesundheit. Ich weiß nicht, Madame, ob Sie Wert darauf legen, intime Einzelheiten zu erfahren; vielleicht halten Sie es für indiskret, wenn ich das sage, aber ich merke noch keinerlei Anzeichen von «gesegneten Umständen». Wir dürfen nur hoffen, daß es, wenn es einmal soweit ist, ohne unglückliche Zwischenfälle verläuft; die Gefahr besteht wegen ihrer großen Rastlosigkeit und Überempfindlichkeit. Sie kennen die Leute, mit denen wir hier verkehren, und wissen selbst, daß man sich keine bessere Gesellschaft ausdenken kann. Ich glaube, daß Ihre (und meine) liebe Tochter das Glück hat, von Anfang an in einen Kreis von Menschen zu geraten, die es sich als Vergnügen anrechnen, ihr zu Diensten zu sein und ihr nach allen Kräften zu helfen.

Charlotte Sophie Bentinck-von Aldenburg
an Albrecht Wolfgang zu Schaumburg-Lippe

Sorghvliet, 16. August 1733

Ich hoffe, daß Sie während des Aufenthalts in Ihrem Landhaus Hagenburg mehr Zerstreuung und Vergnügen finden, als wir hier zu bieten haben. Da ich gegenwärtig recht philosophisch gestimmt bin, finde ich immer wieder einen Anlaß, mich auf die Eitelkeiten dieser Welt zu besinnen. Sie würden sich in Den Haag wohl köstlich amüsieren, während es mich rasend macht, hier leben zu müssen. Bückeburg gehört zu den Orten, wo ich am liebsten wäre, weil ich nicht dort sein darf. Enfin, wir haben beide kein Glück.

Die verwitwete Gräfin zu Schaumburg-Lippe an eine Freundin

Stadthagen, 14. November 1733

Im vergangenen Sommer hat meine Schwester längere Zeit bei mir logiert. Gott hat sie mir als Beistand geschickt, als ich mir über den Gesundheitszustand meines ältesten Sohnes ernsthaft Sorgen machte. Kurz darauf erhielt er Order, sich zu seinem Regiment zu begeben. Meine Schwester ist bis Ende September bei mir geblieben. Während dieser Monate hatte ich kaum Zeit für mich selber, da mein lieber Sohn befohlen hatte, in seiner Abwesenheit alle anfallenden Entscheidungen und Genehmigungen *mir* vorzulegen. Am 24. Oktober sind mein Sohn und seine Gemahlin gesund und wohlbehalten aus Namur nach Stadthagen zurückgekehrt. Angesichts der drohenden Kriegsgefahr fürchte ich, daß man ihn bald wieder zu seinem Regiment rufen wird. Die Neutralität der Holländer hat freilich bislang alle militärischen Aktivitäten unsererseits verhindert, doch wird das wohl leider nicht lange anhalten, da Frankreich sich anschickt, unseren Kaiser an allen Fronten anzugreifen.

Charlotte Sophie langweilt sich in Den Haag. In den Briefen an ihre Eltern beklagt sie sich darüber, daß es für Frauen, die nicht dem engsten Kreis der Diplomaten angehören, außer Visiten zu machen, Karten zu spielen und Dutzende von Romanen zu lesen, nicht viel zu tun gibt. Die einzige Frau, mit der sie ungezwungen reden kann, ist Madame de St. Auban, die Schwester des Grafen von Wassenaer van Obdam. Willem hat viele Beziehungen zur obersten Gesellschaft; nach einigem Zögern nimmt er Einladungen zu mehreren Bällen an und besucht mit seiner Frau die Komödie. Schließlich lädt er die Schwiegereltern zu einem Besuch ein. Anton von Aldenburg läßt sich das nicht zweimal sagen; er kann sich nichts Angenehmeres vorstellen als einen Winter in Den Haag, im komfortablen Haus seines Schwiegersohns am Lange Voorhout. Als er Anfang Dezember mit Wilhelmine Marie dort eintrifft, wartet eine große Überraschung auf sie.

Willem Bentinck an seine Mutter Lady Portland

Den Haag, 18. Dezember 1733

Da ich annehme, daß Sie seit meinem letzten Brief, in dem ich Ihnen von der Schwangerschaft meiner Frau berichtet habe, mit jeder Post Nachricht erhalten möchten, wie es ihr geht, verspreche ich Ihnen, regelmäßig zu schreiben! Wenn ich die Stadt verlassen muß, werde ich Herrn de Larrey beauftragen, Ihnen die Neuigkeiten mitzuteilen. Es geht ihr Gott sei Dank ausgezeichnet, sie leidet nicht mehr an erhöhter Temperatur (die übrigens in ihrem Zustand eine natürliche Erscheinung und kein echtes Fieber ist). Dr. Schwencke hat ihr Diät verschrieben und sagt, sie müsse sich schonen, was sie auch pünktlich befolgt. Graf von Aldenburg und seine Frau sind von Den Haag und unserem Haus entzückt. Wenn meine Frau nichts Besseres zu tun hat, bekommt sie Heimweh nach Varel, aber darauf lasse ich mich nicht ein. Zur Zeit ist das nicht nötig, denn seit ihr Vater hier ist, äußert er lauthals seinen Widerwillen gegen Varel im Winter. Herr de Larrey hat meine Schwiegereltern begleitet, seine Anwesenheit trägt viel zur angenehmen Atmosphäre in unserem Hause bei.

Anton von Aldenburg an Albrecht Wolfgang zu Schaumburg-Lippe

Den Haag, 22. Januar 1734

Herr Bentinck hat Ihre Briefe und Papiere erhalten; er hat dem Grafen von Wassenaer van Obdam, dem Kanzleivorsteher Fagel und mir die für uns bestimmten Schreiben übergeben. Das an den Ratspensionär adressierte Schriftstück wird er Seiner Exzellenz überreichen, sobald er in der Versammlung der Holländischen Ritterschaft Gelegenheit findet, sich ihm persönlich zu nähern.

Der Graf zu Schaumburg-Lippe behält sein Regiment (er rechnet sogar mit Beförderung in der staatlichen Truppenhierarchie) und läßt sein Stammschloß Bückeburg restaurieren; wenn er den Prozeß gegen Lippe-Detmold gewinnt, ist er ein reicher Mann! Ein Schicksalsschlag ganz anderer Art dämpft zeitweilig seinen Optimismus.

Willem Bentinck an Albrecht Wolfgang zu Schaumburg-Lippe

19. März 1734

Ich hoffe, Sie kennen mich nun so gut, mein werter und hochgeachteter Freund, daß ich Ihnen meine Anteilnahme an Ihrem Verlust nicht des langen und breiten beteuern muß; meine Gedanken gelten vor allem Ihrer Frau, der Prinzessin, und ihrem großen Kummer über das totgeborene Kind. Ich will ihr jetzt nicht mit einem Brief zur Last fallen und ersuche Sie, ihr meine ehrerbietigsten Grüße zu übermitteln.

Die kalten Monate gehen rasch vorbei, vor Ostern sind Anton und Wilhelmine Marie wieder daheim in Varel. Unterdessen hat Charlotte Sophie einen Entschluß gefaßt: Sie will ihr Kind in ihrem Elternhaus und nirgends sonst zur Welt bringen. Willem wagt nicht, sich ihrem Wunsch zu widersetzen, aus Angst vor schädlichen Aufregungen. Er schont sie in jeder Hinsicht und legt eine unerschöpfliche Geduld an den Tag, wenn sie (was häufig vorkommt) an Depressionen und schlechter Laune leidet. Die Schwangerschaft sieht man ihr auch im fünften Monat noch nicht an; sie ist mager geworden und blasser als sonst. Der Arzt Schwencke verschreibt ihr immer wieder neue stärkende und beruhigende Mittel. Er bezweifelt, daß sie das Kind austragen kann. Auf seinen Rat haben sich die von Aldenburgs rechtzeitig des Beistands des berühmten Dr. Hugo aus Hannover versichert, der Charlotte Sophie vor Jahren wegen ihrer Rückenbeschwerden behandelt hat.

In den ersten Maitagen verläßt sie Den Haag, allein, Willem kann vorläufig nicht weg. Sie reist zu Schiff nach Utrecht, von dort aus geht es mit der Kutsche in kurzen Tagereisen weiter nach Varel. Den ersten längeren Aufenthalt hat sie auf Het Loo in Geldern, einem Landgut des Prinzen von Oranien. Der Prinz ist ein alter Bekannter ihres Vaters, die Prinzessin Anna aus dem Hause Hannover wurde von Willem Bentincks Mutter erzogen. Anna, häßlich, aber mit scharfem Verstand, mag Willem nicht sonderlich, sieht aber ein, daß sie und ihr Mann ihn brauchen, weil sie durch ihn Einfluß auf die Holländische Ritterschaft erhoffen. Zu den eifrigsten Befürwortern der wachsenden Macht Oraniens innerhalb der Republik zählt der englische Gesandte in Den Haag, Horatio Walpole. Mehr als einmal hat er Willem Bentinck auf eine oranienfreundliche Taktik angesprochen. Das Thema erfordert behutsames Vorgehen; einerseits kann man bei Willem Loyalität erwarten gegenüber dem Fürstenhaus, in dessen Gunst sein Vater gestanden hatte, andererseits muß man mit den ambivalenten Gefühlen des Sohnes rechnen hinsichtlich der immer wieder (vor allem von Feinden) ausgestreuten Gerüchte über die angeblich mehr als freundschaftliche Beziehung zwischen dem königlichen Statthalter und seinem Günstling Hans Willem Bentinck. Für Horatio Walpole, der sich seine Sporen in der Diplomatie verdient hat, ist Sondieren und geschicktes Taktieren eine wohlvertraute Aufgabe. Er ist ein schlauer Fuchs und zu gleicher Zeit ein jovialer, aufmerksamer Freund, dessen unholländischer, mit Zynismus gewürzter Humor sogar Charlotte Sophies Schwermut vertreibt, wenn er bei ihr zu Gast ist. Der Prinz und die Prinzessin von Oranien haben die junge Frau Bentinck eingeladen, auf ihrer Reise von Den Haag nach Varel eine Ruhepause auf Het Loo einzulegen, damit man sich kennenlernt.

Willem Bentinck an seine Frau Charlotte Sophie

3. Mai 1734

Soeben habe ich mit großer Freude Ihren Brief aus Het Loo erhalten, aber wirklich beruhigt werde ich erst sein, sobald ich weiß, daß Sie gut und wohlbehalten in Varel angekommen sind. So ist das nun einmal; wenn man wahrhaft liebt, sind die Sorgen manchmal größer als die Freuden, aber jeder Augenblick der Freude ist wiederum die denkbar größte Belohnung für die ausgestandenen Ängste! Im Augenblick überwiegt bei mir das erstere, doch wenn ich Sie wiedersehe, rechne ich auf letzteres! Ich verspreche Ihnen, die hier noch anfallenden Arbeiten so rasch wie möglich zu erledigen und Ihnen nachzukommen. Sie können sich nicht vorstellen, wie mir das alles zusetzt und wie sehr ich Sie vermisse. Ich habe längst nicht genug von Ihrer Gesellschaft und werde nie genug davon bekommen, wenn Sie nur mit etwas mehr Vernunft und Intelligenz zu Werke gehen und den Eingebungen Ihres guten Herzens folgen wollten. Heute morgen habe ich mit Madame de St. Auban gesprochen, die Ihnen morgen schreiben will, so daß ich nichts weiteres darüber sage. Wir haben viel von Ihnen gesprochen. Ich werde Ihre Bestellungen, was den Tee, die Bücher etc. betrifft, genauestens ausführen; ich stehe in allen Dingen Ihren Wünschen zur Verfügung. Aus

England habe ich einen Brief voll freundschaftlicher Gefühle für Sie empfangen. Sorghvliet wird mit jedem Tag schöner. Wenn Sie hier wären, bliebe mir nichts mehr zu wünschen übrig. Doch darauf will ich jetzt nicht eingehen. Sie kennen mich gut genug und wissen, wie ich es meine. Ihr Freund Walpole kommt morgen zum Diner. Ich wollte, ich könnte Ihnen für jedes Gelächter der Anwesenden ein Goldstück geben, damit könnten Sie allen armen Bauern in Varel die Sorgen vertreiben. Was das Lachen anbelangt: Seit Sie von hier weg sind, habe ich noch kein einziges Mal von Herzen gelacht, und wie es aussieht, wird es dabei bleiben, bis ich wieder bei Ihnen bin. Adieu, ma chère Madame, halten Sie sich gut; wenn Sie auch nur das Geringste für mich empfinden, so geben Sie gut auf sich acht!

Willem werden die Tage lang. Er besucht den Jahrmarkt in Den Haag, nicht der amüsanteste Zeitvertreib, aber Charlotte Sophie hätte es dort gefallen; er muß ständig an sie denken. Sie müßte jetzt neben ihm, an seinem Arm, zwischen den Buden, unter den Bäumen am Vijverberg wandeln; gemeinsam hätten sie über die besondere Attraktion der Kirmes gelacht, einen achtjährigen Zwerg, zwei Fuß und einen halben Daumen groß, nach neuester französischer Mode gekleidet, der mit unverfälschtem Pariser Akzent lustige Reden hält. Auf Sorghvliet ist es still, der Garten steht in voller Blüte, aber Willem genießt ihn nicht halb so sehr wie in früheren Jahren. Die Möbelschreiner haben das neue, mit rotem Stoff bezogene Himmelbett geliefert, das Willem bestellt hat, aber er bringt es nicht über sich, allein darin zu schlafen. Mit anderen Herren der Holländischen Ritterschaft begibt er sich nach Amsterdam, um sich von dem Prinzen und der Prinzessin von Oranien zu verabschieden, die nach Friesland übersiedeln. Die Jacht liegt am Singel vor Anker. Als sie an Bord gehen, fällt einer von Willems Kollegen ins Wasser, trotzdem macht der Mann von Welt seine Aufwartung beim Prinzen, als sei nichts geschehen – während ihm das Wasser aus den Hosenbeinen über die Schuhe läuft. In der Hoffnung, Charlotte Sophie in der

Ferne ein Lächeln zu entlocken, füllt Willem seine Briefe mit dieser und anderen lustigen Szenen.

Willem Bentinck an seine Frau Charlotte Sophie

11. Mai 1734

Gestern habe ich Ihren Brief aus Varel erhalten, ma chère Madame. Mit großer Freude vernehme ich, daß Sie bei guter Gesundheit dort eingetroffen sind. Ich kann Ihnen nicht sagen, welche Sorgen ich mir wegen Ihrer Reise gemacht habe und wie erleichtert ich bin, seit ich Ihren Bericht habe. Ich ersuche Sie dringend, sich auch weiterhin in acht zu nehmen, ich werde Ihnen mein Leben lang dafür dankbar sein. Es freut mich sehr, daß Sie meine freundschaftlichen Gefühle nun endlich erwidern, denn unter meiner unerwiderten Zuneigung für Sie habe ich bitter gelitten, und es wird Zeit, daß ich endlich einmal auch diesen Genuß kosten darf. Ihnen fehlt nur noch ein wenig Besonnenheit, aber da sehe ich mit den besten Erwartungen in die Zukunft. Ich glaube fest daran, daß mein sehnlichster Wunsch in Erfüllung geht: daß Sie mich lieben. Ich versichere Ihnen, mein ganzes Lebensglück liegt in Ihren Händen.

11. Mai 1734

Mein Stallknecht hat das Glück, Ihnen diesen Brief persönlich auszuhändigen. Ich beneide ihn darum, der arme Tropf dürfte zum ersten Mal in seinem Leben jemandes Eifersucht erwecken. Ich gebe ihm ein kleines Geschenk von der Kirmes für Sie mit: ein Etui mit einem Schwämmchen für Duftstoffe. Ich weiß, Sie mögen solche Dinge. Bitte, tränken Sie es mit Moschus und denken Sie an mich, wenn Sie den Duft einatmen. Adieu, machen Sie es gut und haben Sie mich ein ganz klein wenig lieb – und achten Sie vor allem gut auf sich.

15. Mai 1734

Es bedrückt mich sehr, wenn etwas dazwischenkommt und ich keine Nachricht von Ihnen erhalte, besonders, wenn dieses «etwas» bedeutet, daß Sie sich nicht wohl fühlen. Ich habe den Eindruck, daß meine Briefe deutlich genug sind, und wundere mich, daß Sie sie nicht verstehen; offensichtlich hatten Sie Kopfschmerzen, als Sie meine «dunkle Sprache» lasen. Ich wünschte, ich wäre nicht hier, sondern bei Ihnen. Könnte ich mir mit dem Gedanken schmeicheln, daß auch Sie sich ein wenig nach mir sehnen, wäre meine Ungeduld doppelt so groß. Adieu, ich beschwöre Sie, lieben Sie mich, denn ich liebe Sie mit Herz und Seele und bin immerzu der Ihre.

P. S. Ich weiß zum Kuckuck nicht, wo Sie Ihr Spazierstöckchen gelassen haben; niemand kann es finden, weder hier auf Sorghvliet noch in Den Haag. Dem Gepäck, das gestern an Sie abgegangen ist, habe ich eine englische Bibel und ein englisches Wörterbuch beigelegt. Die Bibel habe ich aus der englischen Kirche gestohlen, um die Kosten für den Kauf einer neuen zu sparen. Der Amsterdamer Kuchen steckt zwischen den Büchern.

In Varel hat Charlotte Sophie nur *einen* Wunsch: das Ehepaar zu Schaumburg-Lippe möge ihre Einladung annehmen und den Sommer bei ihr verbringen. Aber Lip kann nicht aus Bückeburg fort. Wochenlang ist Charlotte Sophie verstimmt; Willems Briefe, die sie im ersten Anflug von Euphorie nach der Heimkehr in ihr Elternhaus milde gestimmt haben, ärgern sie jetzt nur. Sie kann den Gedanken nicht ertragen, daß er sie als seinen kostbarsten Besitz betrachtet, weil sie von ihm schwanger ist. Mit zärtlichen Worten greift er gleichsam aus der Ferne nach ihr, um sie festzuhalten. In ihrem Schreiben an Lottchen beklagt sie sich über die lächerliche und störende, ja spießbürgerliche Wichtigtuerei ihres Gatten und über die Umstände, die Lip hindern, sich für die Sommermonate freizunehmen. Lottchen meldet, sie hätten vor, Varel im September zu besuchen.

Charlotte (Lottchen) zu Schaumburg-Lippe von Nassau-Siegen an Charlotte Sophie Bentinck-von Aldenburg

Juni 1734

Ich bin sehr zufrieden mit mir, daß ich Sie für die Dauer von zweimal vierundzwanzig Stunden erheitert und Ihren gräßlichen Schwermutsanfall vertrieben habe. Ich hoffe, daß Sie sich Ihrer jetzigen guten Stimmung erfreuen und solches Behagen daran finden, daß von Rückfällen nicht mehr die Rede sein kann. An Ihrer Stelle würde ich es mir zur festen Regel machen, alles amüsant zu finden, sogar den Unsinn, den man über mich verzapft. Ich würde die Menschen nehmen, wie sie sind, Mitleid für diejenigen empfinden, die schwere Charakterfehler haben, und alle verdienstvollen Mitmenschen schätzen. Ich würde alles tun, um Seelenruhe und innere Zufriedenheit zu erlangen. Was die Seelenruhe betrifft, so nehme ich mir die Freiheit, zu unterstellen, daß Ihnen im Grunde nur an einem Lebenszeichen von meiner Ehehälfte gelegen ist, die zugleich meine bessere Hälfte ist.

P. S. Wenn ich mich nicht irre, so schulde ich Ihnen noch hundertundfünf Gulden, die ich von Ihnen geborgt habe.

Willem Bentinck an Albrecht Wolfgang zu Schaumburg-Lippe

16. Juli 1734

Aus demselben Grund, warum Sie mir noch nicht geschrieben haben, habe ich Ihnen noch nicht geantwortet. Ich habe nämlich nichts zu erzählen außer dem, was Sie ohnehin längst wissen: daß ich Sie achte und schätze wie keinen anderen Menschen und mich glücklich preise, in Ihnen einen Freund gefunden zu haben, der sich über die wesentlichen Dinge subtile Gedanken macht. Unter «subtil» verstehe ich die Art, wie ich selber argumentiere, nachdem ich mich gründlich in eine Sache vertieft habe. Ehrlich gesagt, meine ich, daß alle so denken müßten. Es bestürzt mich immer wieder aufs neue, daß es so wenig Menschen gibt, die logisch folgern können und keine Vorurteile haben oder doch den aufrichtigen Wunsch, sich ihrer zu entledigen. Sooft ich solchen Menschen begegne, respektiere und achte ich sie für den Rest meines Lebens, als hingen meine Ehre und mein Glück von ihnen ab. Ich bin überzeugt, daß diese Einstellung (klares Denken ohne Vorurteile, gepaart mit ein wenig Geduld und Hingabe) zum *Guten* führt in dem Sinne, wie Gott unmittelbar nach der Schöpfung sagte, was er gemacht habe, sei «gut»; das will heißen, es erfüllt den Zweck, zu dem es gemacht wurde. Sie können diesen Gedanken nach Belieben weiter ausspinnen und werden einsehen, daß ich recht daran tue, der oben beschriebenen Einstellung so hohen Wert beizumessen. Sie werden außerdem einsehen, daß es nur von Ihnen und Ihrem guten Willen abhängt, Albrecht Wolfgang, ob *Sie* «gut» sind. Ich mag Moralpredigten, man schlummert so angenehm dabei ein, nicht wahr? Was Ihre Uhr betrifft, so habe ich sie mit Monogramm, aber ohne Krone bestellt, ich finde das geschmackvoller, mehr *genteel* als mit Krone. Sie haben aber genügend Zeit, zu sagen, ob Sie es lieber anders haben wollen, dann gebe ich dem Uhrmacher Bescheid. Adieu, leben Sie wohl und achten Sie darauf, daß Sie keine Blasen- und Nierensteine mehr produzieren; die Pfade in Ihrem Park können Sie auch mit anderen Kieselsorten bestreuen!

P. S. Ich kann im Augenblick unmöglich nach Bückeburg kommen. Wenn alle Menschen weise wären, würde ich es gern tun, aber da dem nicht so ist, muß ich davon absehen.

Im Laufe des Juli begibt sich Willem nach Varel zu seiner Frau. Nach den Berechnungen ist die Entbindung Ende August zu erwarten. Die Stimmung in Varel ist mehr gedrückt als festlich. Während eines Besuchs des dänischen Königs im Frühjahr hat Anton von Aldenburg den Ehekontrakt bestätigen lassen. Er händigt das Dokument Willem aus, der jetzt zeitlebens den Nießbrauch der Aldenburgischen Besitzungen innehat für den Fall, daß seine Frau und sein Kind vor ihm sterben sollten. («Was Gott verhüten möge!» sagt Willem mehrmals während dieser Julitage, da die als gefährlich angesehene Entbindung näher rückt.) Bezüglich Doorwerth sind noch keine definitiven Regelungen getroffen, obwohl Anton von Aldenburg nach der Eheschließung seiner Tochter seine Rechtsberater in dieser Frage mehrmals konsultiert hat. Willems Drängen, auch diese Angelegenheit zu bereinigen, macht entschieden keinen guten Eindruck. Auch de Larrey, der auf Willems Ersuchen den Grafen zum Handeln anspornt, erreicht nichts bei ihm. Willem merkt, wie unschlüssig und gereizt sein Schwiegervater ist, und geht ihm tunlichst aus dem Weg. Der Mißklang stört ihn um so mehr, als die beiden Männer sich eigentlich gern mögen. Die allgemeine Spannung und der Müßiggang haben einen schlechten Einfluß auf Charlotte Sophie. Ihre Stimmung schwankt zwischen Ausgelassenheit und Trübsinn, doch Willem nimmt alles hin in dem Glauben, es gehöre zu ihrem Zustand. Am 6. August trifft Doktor Hugo aus Hannover ein, den man lange vor dem Termin einbestellt hat, um auf alles vorbereitet zu sein. Dr. Hugo verordnet ein paar Aderlässe, die Charlotte Sophie sich nicht ohne heftigen Protest gefallen läßt. «Ich kann nicht glauben, daß Sie schwanger sind», sagt der Arzt scherzend angesichts ihres energischen Widerstandes.

Willem Bentinck an Albrecht Wolfgang zu Schaumburg-Lippe

Varel, 10. August 1734

Wir sind alle sehr erfreut, ohne Ausnahme und unter allen Umständen, Sie in Varel begrüßen zu dürfen. Doch Graf von Aldenburg, dessen Augapfel Sie sind, möchte auf gar keinen Fall, daß Ihnen hier etwas zustößt. Doktor Hugo, der zur Zeit hier bei uns ist, sagt, er habe Ihnen große Anstrengungen verboten; regelmäßige leichte körperliche Betätigung dagegen sei erlaubt. Graf von Aldenburg bittet mich daher, Ihnen mitzuteilen, daß er Sie gern in der Jagdsaison bei sich zu Gast sähe, unter der Bedingung, daß Sie beim Jagen seinen Anweisungen folgen und Ihr Pferd nicht traben lassen. Wenn Sie nicht die Kraft haben, den Entschluß zu fassen (und sich daran zu halten), daß Sie unter keinen Umständen mit der Meute reiten, ersucht er Sie, lieber zu Hause zu bleiben.

Charlotte (Lottchen) zu Schaumburg-Lippe von Nassau-Siegen an Charlotte Sophie Bentinck-von Aldenburg

16. August 1734

Was ist das wieder für eine Überempfindlichkeit und Zimperlichkeit! In Ihren Umständen tut ein Aderlaß doch nur gut! Und was die Bemerkung von Hugo betrifft, so quatscht er dummes Zeug. Mein Ehegatte erträgt Ihre (neuerliche) Wut über unser Ausbleiben mit männlichem Mut. Er muß eine sehr hohe Meinung von seinen Verdiensten haben, wenn er überzeugt ist, daß Ihre mißmutige Stimmung dahinschmilzt wie Schnee in der Sonne, sobald er sich bei Ihnen blicken läßt, und daß nur er über die Mittel verfügt, Sie zu beruhigen! Ich kümmere mich nicht weiter darum, ich bin viel zu froh, daß der Sturm nicht über meinem Kopf losgebrochen ist!

Anton von Aldenburg an Albrecht Wolfgang zu Schaumburg-Lippe

Varel, 15. August 1734

Da es nun Gott gefallen hat, uns einen männlichen Erben zu schenken (er wurde heute abend um halb neun geboren), will und kann ich mir die Freude nicht versagen, Ihnen dies persönlich mitzuteilen. Ich weiß, daß Sie mit Ihren Dankgebeten in die unseren einstimmen und Gottes Namen segnen für den Beistand und die Hilfe, die er uns gewährt hat. Meine Tochter hat schwere Stunden erleiden müssen, doch jetzt geht es ihr den Umständen gemäß so gut wie möglich. Von sechs Uhr morgens bis neun Uhr abends waren wir alle ununterbrochen auf den Beinen und haben große Ängste ausgestanden. Das Kind, sagt man, ist gesund und kräftig. Wir sind sehr dankbar für die Anwesenheit von Dr. Hugo, der immer wieder herauskam und uns beruhigte.

Der Knabe wird in der Kirche zu Varel getauft und erhält die Namen Chrétien Frédéric Antoine.

Thomas de Larrey an Lady Portland

Varel, 24. August 1734

Madame, gestatten Sie mir, Ihnen Glück zu wünschen zu der Geburt eines Enkels. Mutter und Kind geht es gut, Frau Bentinck fühlt sich sogar besser als die meisten Frauen unmittelbar nach einer Entbindung. Im Augenblick ist sie ruhig und folgsam, wie wir alle zugeben müssen. Die Anwesenheit von Dr. Hugo war genaugenommen nicht unbedingt erforderlich, alles lief wie am Schnürchen. Dr. Hugo ist ein Mann von Welt, sehr scharfsinnig, mit solidem Urteil und sicher in seiner Diagnose; Herr Bentinck hat seine Gesellschaft sehr genossen. Da die Geburt eines Erben den Besitz der Aldenburgischen Güter für Herrn Bentinck und seine Nachkommen sicherstellt, ist es nicht mehr so dringend notwendig, den Konflikt in Sachen Doorwerth zwischen dem Grafen von Aldenburg und dem Enkelsohn von Baron Gyldenlöve binnen kurzem zu bereinigen.

Lottchen schickt ein Gratulationsschreiben an «Madame la comtesse de Bentinck, Mutter eines Sohnes, den sie unlängst im gelben Zimmer zu Varel, auf der Chaise-longue vor ihrem Bett zur Welt gebracht hat». Der Ordnung halber teilt sie mit, sie habe Charlotte Sophies Auftrag ausgeführt und ihrem Ehemann einen Rippenstoß gegeben.

Willem Bentinck an Albrecht Wolfgang zu Schaumburg-Lippe

Varel, 26. August 1734

Gott sei gedankt verläuft hier alles nach Wunsch; die Freude, die man an den Gesichtern des Grafen und der Prinzessin von Aldenburg ablesen kann, erhöht die meine um so mehr! Ich weiß, daß auch Sie unser Glück teilen, und zwar genauso aufrichtig und innig, wie ich es tun würde, wenn es sich um *Ihr* Glück handelte. Und das will viel sagen.

Charlotte Sophie Bentinck-von Aldenburg
an Albrecht Wolfgang zu Schaumburg-Lippe

Varel, 16. Oktober 1734

O hätten Sie können schauen,
wie verzweifelt ich war, wie voll Trauer,
als Sie die schlimme Nachricht uns schrieben,
daß Sie Ihr Kommen schon wieder verschieben!
Welch ein Zorn, welche Sturmflut von Wüten und Toben,
Götter, Menschen verfluchend, hat hier sich erhoben!
Usw. usf.

Sie haben mir in hochtrabenden Worten mitgeteilt, mein Herr, der Tod Ihres Neffen in Detmold habe Ihnen die einzige Gelegenheit genommen, mir Ihre sogenannte Ergebenheit und alle anderen rühmlichen Gefühle, die Sie, wie Sie behaupten, mir gegenüber empfinden, durch Taten zu beweisen. Bitte seien Sie unbesorgt. Sie sind noch nicht am Ende Ihrer Möglichkeiten, mein Herr, ich werde Ihnen noch genügend Gelegenheiten verschaffen, mich zu überzeugen; und sollten Sie daran zweifeln, beginne ich sofort mit der inständigen Bitte, uns bald in Den Haag mit Ihrer Anwesenheit zu beehren. So, jetzt können Sie anstandshalber keinen Rückzieher mehr machen! Sie müssen zuerst Ihre Folgsamkeit beweisen und meiner flehentlichen Bitte nachgeben. Hier müßte ich eigentlich aufhören und als Postskriptum darunter schreiben, *mein Mann läßt sagen*, es sei ihm nicht möglich, seine Aufwartung bei Ihnen in Bükkeburg zu machen. Doch da mir das Thema zu sehr am Herzen liegt, um es en passant zu erwähnen, baue ich diese Mitteilung doch lieber in meinen Brief ein und füge in seinem Namen hinzu, wie sehr er bedauert, daß er nicht kommen kann. Unnötig zu sagen, daß ich es mindestens doppelt so sehr bedaure.

Willem Bentinck an Albrecht Wolfgang zu Schaumburg-Lippe

Varel, 16. Oktober 1734

Ich bedaure zutiefst, daß ich Ihre freundliche Einladung nicht annehmen kann, und gäbe viel darum, wenn ich Ihnen zu Diensten sein könnte. Ganz abgesehen von der Tatsache, daß mir der Aufenthalt in Bückeburg sehr gut gefällt und daß die Vergnügungen, die Sie mir versprechen, mir außerordentlich zusagen, ja geradezu eine Leidenschaft von mir sind. Aber ich habe wirklich keine Zeit. Ich habe meine Rückkehr nach Holland für Montag nächster Woche angesagt. Ich war schon viel zu lange fort, und Sie sind ein zu guter Freund, als daß Sie mich überreden wollten, dem Ort, an den die Pflicht mich ruft, noch länger fernzubleiben.

Charlotte Sophie Bentinck-von Aldenburg
an Albrecht Wolfgang zu Schaumburg-Lippe

Varel, 21. Oktober 1734

Wir sind also wieder gute Freunde. Warten Sie, das ist nur eine Atempause, damit wir gleich wieder mit frischem Mut eine neue «brouille» anfangen! Wissen Sie, daß es sehr schlecht und ungehörig ist, das Unglück eines anderen zu verspotten? Was sollen die wiederholten freundlichen Einladungen nach Bückeburg, da Sie ohnehin wissen, daß ich nicht kommen kann? Sie wollten mich mit dieser listigen Aufforderung bloß verwirren, nicht wahr? Wenn ich mein eigener Herr wäre, meinen Sie, ich würde auch nur einen Augenblick zögern? Niemand weiß das besser als Sie, falls Sie die unerquickliche Szene bei unserer letzten Begegnung nicht vergessen haben, am Abend vor meiner Hochzeit, als Sie mir vorschlugen, nach Bückeburg mitzukommen. Sehen Sie, deswegen hasse ich Sie noch immer, denn ich nahm Ihr Angebot ernst, aber Sie hielten mich nur zum Narren; ich hätte Sie damals ohrfeigen können! Doch Sie versäumen nichts, wenn Sie noch etwas Geduld haben; ich werde es Ihnen noch heimzahlen! Sie dürfen nur vorher nichts von meiner Absicht ahnen, denn sonst könnten Sie mir entwischen, und ich will mich um jeden Preis rächen. Zuallererst rate ich Ihnen, genesen Sie rasch von Ihrer Erkältung. Wenn Sie sich dann wieder wohl fühlen, werde ich Sie tüchtig ärgern! Nächste Woche fahren wir nach Aurich in Ostfriesland zu Besuch.

P.S. Gestern auf der Jagd ist allerhand passiert. Ein Rothirsch wurde überwältigt, während er gemächlich äste. Die Jäger sagen, man habe noch nie so ein bösartiges Tier erlebt. Einer der Jäger hat samt Pferd einen Purzelbaum gemacht, ohne sich zu verletzen. Ein anderer ist böse gestürzt, aber sonst mit dem Schrecken davongekommen. Als mein Ehegatte sich in den Sattel schwang, flog er über das Pferd hinaus und fiel auf der anderen Seite auf die Nase. Alle schämten sich zu Tode und bedrohten mich mit dem Bannfluch, falls ich Ihnen ein Sterbenswörtchen davon sage. Doch um einer Frau den Mund zu stopfen, gibt es nur ein Mittel...

Varel, 5. November 1734

Sie vergelten so großmütig Böses mit Gutem, daß ich meinen gerechten Zorn ins Feld führen muß, um mich gegen Sie zu wappnen. Ich sehe ein, daß ich nachgeben muß. Ich glaubte tatsächlich, daß auch Sie Ihren Teil zu der Moralpredigt beigetragen haben, die ich mir anhören mußte, doch das tat meiner Verehrung für Sie keinen Abbruch. Das Ganze strotzte von so viel «gesundem Menschenverstand» und «reiner Vernunft», daß es meiner Meinung nach nicht einem einzigen Gehirn entsprungen sein kann. Es freut mich sehr, daß ich mich geirrt habe. Sie haben recht, wenn Sie meinen, das eine oder andere sei sehr schwierig; meiner Ansicht nach ist es so schwierig, daß Sie lieber ganz darüber schweigen sollten, sogar in Den Haag. Das will nicht heißen, daß ich es nicht wunderbar finde, Sie dort empfangen zu dürfen, und daß ich nicht alles in Bewegung setzen werde, um Ihnen den Aufenthalt bei uns so angenehm wie möglich zu gestalten. Ihre Frau, Madame die Prinzessin, möge mir die Gunst erweisen, Sie zum Kommen zu überreden...

Willem Bentinck an seine Frau Charlotte Sophie

Den Haag, 30. Oktober 1734

Ich bin mir sicher, daß Sie künftig zufrieden sein werden mit meiner Haltung und den Gefühlen, die ich Ihnen entgegenbringe. Ich habe reichlich Zeit gehabt, mich auf diesen Brief vorzubereiten, und weiß, was ich sagen will, denn ich habe auf dem Rückweg während der ganzen Reise an nichts anderes als an Sie gedacht. Auf den schlechten Wegen und in der rumpelnden Kutsche konnte ich nicht lesen. Seien Sie überzeugt, was immer geschehen ist oder noch geschehen wird, daß ich immer mein möglichstes tun werde, um Ihnen den Ernst und die Wahrhaftigkeit meiner Gefühle zu beweisen.

4. November 1734

Bei meiner Heimkehr fand ich den Keller voller Glasscherben von Champagnerflaschen, die zersprungen waren. Ich bedaure das sehr, ich hatte es mir so schön vorgestellt, mit Ihnen am Kaminfeuer ein gutes Glas zu trinken.

6. November 1734

Sie hätten mit Ihrem Schreiben lieber noch einen Tag warten sollen. Aus Ihrem Brief geht hervor, daß der Ausflug nach Aurich Sie in üble Laune versetzt hat. Außerdem schreiben Sie, Sie fühlten sich nicht wohl. Ich hätte nur zu gern erfahren, ob Sie sich am nächsten Tag wieder ein wenig erholt haben. Man ist hier eifrig damit beschäftigt, Ihre «Puderkammer» einzurichten, wie ich hoffe, in Ihrem Sinn. Es soll nicht an mir liegen, wenn das Ganze hier, mich selbst eingeschlossen, Ihnen nicht gefällt. Ich finde es sehr ärgerlich, daß Sie Ihre Abreise von Varel wieder ein paar Tage aufgeschoben haben. Die Jahreszeit ist weit fortgeschritten, die Tage werden kürzer, und ich fürchte, das Kind könnte darunter leiden. Ganz zu schweigen von meiner Sehnsucht, Sie wiederzusehen.

10. November 1734

Ja, es kommt ein kleiner Ofen in Ihr Boudoir, wenn es sich machen läßt, ohne das Haus in Brand zu setzen. Der kristallene Kronleuchter wird im Gästezimmer für Ihre Mutter aufgehängt; ich bitte Sie, übermitteln Sie ihr meine ergebensten Grüße. Die Korbwiege steht noch beim Reeder in Amsterdam, wegen des starken Nordost kann das Schiff nach Varel derzeit nicht auslaufen. Ich bezweifle, daß Sie alles noch rechtzeitig erhalten. Besorgen Sie lieber eine neue Wiege in Bremen. Adieu, kommen Sie bald und trösten Sie mich für Ihre lange Abwesenheit. Doch kommen Sie so zurück, wie ich Sie mir wünsche – dann werden auch Sie mich nach Ihren Wünschen finden.

Anton von Aldenburg und seine Frau haben beschlossen, den Winter in Den Haag zu verbringen. Was läge näher, als gemeinsam mit Tochter und Enkelkind dorthin zu fahren? Nach ihrer Rückkehr aus Aurich (wo sie der fürstlichen Familie einen Höflichkeitsbesuch abgestattet haben) beginnen sie mit den Vorbereitungen. Die Ankunft eines hohen Beamten des Grafen zu Schaumburg-Lippe, der sich bei Anton Rat für die Finanzverwaltung in Bückeburg einholen will, verzögert nochmals die Abreise. Dank der Bemühungen des kompetenten Anwalts Schrader hat der kaiserliche Gerichtshof in Wien entschieden, daß Albrecht Wolfgangs Anspruch auf die Hälfte der Grafschaft Brake berechtigt ist, doch der Prozeß gegen Detmold über die Regelung der Schadensvergütung dauert noch an. Der Graf zu Schaumburg-Lippe glaubt, die ihm zustehenden Einkünfte umgehend fordern zu können. Anton freut sich für seinen Freund, ist aber alles andere als erleichtert. In einem Glückwunschbrief schreibt er: «Denken Sie an das feierliche Versprechen, das Sie mir gegeben haben, daß Sie nämlich, wenn Sie Ihren Prozeß gewinnen, sich nicht verleiten lassen, auf größerem Fuße zu leben und mehr auszugeben als vorher. Bezahlen Sie zuerst Ihre Schulden! Ihre Freigebigkeit, Ihre Neigung, Unkosten zu machen, Geld für unwichtig zu halten und wie ein Fürst zu verschwenden, lassen mich aus Angst vor der Zukunft erzittern. Und die Einstellung Ihrer Frau auf diesem Gebiet beruhigt mich keineswegs, sondern macht mir zusätzliche Sorgen...» Die Angelegenheit beschäftigt Anton Tag und Nacht. Er redet Albrecht Wolfgang dringend zu, Schrader auch diesmal zu konsultieren. Zu guter Letzt entschließt er sich, selbst nach Bückeburg zu gehen, bevor er sich zum Überwintern nach Den Haag begibt. Ende November ist die Familie reisefertig; eine Kutschenkolonne zieht durch das winterlich kalte Westfalen, darin Anton, seine Frau und seine Tochter, der Säugling, die Amme, ein Kindermädchen und Madame Gramberg, die Frau des Amtsrates in Varel, die als Gesellschaftsdame mitkommt, ferner de Larrey, Kammerfrauen und Diener, Kutscher und Pferdeknechte sowie eine Unzahl von Koffern. Wilhelmine Marie und Charlotte Sophie fahren nach Doorwerth weiter. Ein Eilbote meldet Willem Bentinck, daß er Frau und Kind dort abholen kann. Die Prinzessin von Aldenburg zieht es vor, in Gesellschaft von de Larrey (der hier geschäftliche Dinge zu erledigen hat) auf dem Schloß im Gelderland zu warten, bis ihr Mann aus Bückeburg nachkommt.

Willem Bentinck an seine Frau Charlotte Sophie

Alle meine Wünsche werden sich erfüllen! Bald werde ich Sie wiedersehen! In ein paar Minuten mache ich mich auf den Weg. Morgen früh reise ich aus Utrecht ab. Ich weiß noch nicht, wie ich zu Ihnen komme, denn ich habe keine Pferde für unterwegs bestellt. Ihr Vater hat mir nicht mitgeteilt, ob er mir welche entgegenschikken kann. Wie dem auch sei, ich komme! Ich werde wieder bei Ihnen sein! Ich bin nicht nur äußerlich glücklich, wie ein Messekelch außen versilbert ist, sondern durch und durch, sozusagen wie aus massivem Silber. Noch einmal, ich freue mich sehr, Sie wiederzusehen, guten Tag, sage ich Ihnen, willkommen!

Albrecht Wolfgang zu Schaumburg-Lippe an Anton von Aldenburg

Bückeburg, 7. Mai 1735

Herr Schrader wird mich verlassen. Er hat mich um Entschuldigung gebeten, denn man hatte ihn verpflichtet, über die anstehenden Ereignisse zu schweigen. Der König von Schweden hat ihn zum Hofrat und zum Beamten der Gerichtskanzlei in Wolfenbüttel ernannt, was für ihn eine großartige Beförderung ist. Ich habe den König um eine entsprechende Stellungnahme gebeten, damit «man» nicht glaube, er habe mir seine Gunst entzogen, indem er mir Schrader weggenommen hat. Enfin, liebster Onkel, ich hoffe, daß Gott, der mir seinerzeit durch Ihre Vermittlung Schrader zugeführt hat, mir fortan ohne den Rat und den Beistand Schraders entscheiden hilft, was das Beste für mein irdisches und ewiges Heil ist...

Charlotte Sophie Bentinck-von Aldenburg an ihre Mutter Wilhelmine Marie von Aldenburg

Sorghvliet, 22. August 1735

Heute kann ich mit Recht behaupten, daß ich gewissermaßen der ganzen Menschheit schreibe, zuerst Ihnen, dann meinem Vater, nach Bückeburg, nach Doorwerth und nach England. Sie werden zugeben, das reicht für einen Tag, an dem auch noch Besuche gemacht und empfangen werden müssen! Mein Gatte ist gestern nach dem Mittagessen ins Gelderland gereist. Er hat in Utrecht übernachtet und gedenkt heute in Doorwerth anzukommen. Madame de St. Auban logiert bei mir, gemeinsam betreuen wir Antoine. Mylord Lovelace ist der Dritte im Bunde, nur bis morgen, dann geht er wieder zurück nach England. Der Mann ist ein sonderbarer Kauz! Die Sanftmut und Gefälligkeit in Person, mit allem zufrieden und überhaupt nicht förmlich. Er paßt sich jeder Gesellschaft an, man kann ihn gehen und stehen lassen und bei Tisch plazieren, wie man will; seine hervorstechendste Charaktereigenschaft ist ein ausgeprägter, steter Gleichmut. Diese Haltung kann in manchen Fällen günstig sein, bekommt bei ihm aber etwas Negatives, weil er sie immer und allem gegenüber an den Tag legt, sogar die Religion tut er lakonisch ab. Er verteidigt den Glauben an Gott, ohne seinen eigenen Standpunkt zu erwähnen, und sagt im gleichen Atemzug, er habe dieselbe Achtung für einen Menschen, der Gottes Gebote befolgt, wie für einen, der sich nach rein weltlichen Maximen korrekt verhält, und was letzteres anbelangt, so denkt er sehr großzügig. Wenn er heiratet, will er bei seiner Wahl den Rat seiner Freunde beherzigen, mag er nun seine zukünftige Frau lieben oder nicht, denn man kann mit der einen Frau so gut leben wie mit einer anderen. Wenn er Geld hat, gibt er es aus, wenn er keines hat, weiß er es sich zu verschaffen; er spricht immer im selben gelassenen Ton und tut alles würdig und gemessen. Mein Herr Sohn bekommt, glaube ich, seinen ersten Bakkenzahn, das Zahnfleisch an der einen Seite ist arg geschwollen. Er ist ein bißchen quengelig, aber sonst geht es ihm ausgezeichnet, er verliert kaum Gewicht. Im Augenblick ist er draußen im Garten; er steckt das Köpfchen durchs Fenster, während ich hier drin sitze und schreibe, und sagt: «Mama, Tag, Mama!» Er kann alle Menschen gut leiden. An jedem Posttag tut es mir leid, daß ich Ihnen nichts Interessantes melden kann. Wahrscheinlich gibt es Neuigkeiten genug, nur kommen sie mir nicht zu Ohren, denn außer zur Kirche komme ich nicht in die Stadt. Nach dem Beten drehe ich sonntags Däumchen und sehe zu, wie mein Leben vorbeigeht. Am Samstag vergangener Woche haben wir ein ohrenbetäubendes Konzert besucht. Es dauerte von fünf Uhr nachmittags bis zehn Uhr abends. Zwei italienische Sänger produzierten Töne, die durch Mark und Bein gingen. Man sagt (womit die Kenner gemeint sind), es sei gut, wenn nicht außergewöhnlich gut gewesen; ich selbst fand es gräßlich. Im Augenblick ist das jüngste Töchterchen der Madame de St. Auban bei mir, ein richtiges Plappermäulchen. Es ist ein niedliches kleines Mädchen, ein schlaues Teufelchen, ein ungezogenes Äffchen; wir necken sie, soviel ihre Mutter es zuläßt, nur um zu sehen, was sie dann tut und sagt. Vor mir fürchtet sie sich wie vor einem Buhmann und gibt mir nur aus diplomatischen Erwägungen ein Küßchen, doch sobald sie meinen Mann sieht, beginnt sie am ganzen Leib zu zittern. Wir haben viel Spaß mit der Kleinen. Ich hoffe, daß ich Doortje noch eine Weile behalten kann, bis ich ein anderes Kindermädchen finde. Ich hasse jeden Personalwechsel. Es gibt einen neuen Einakter von Marivaux, ganz hübsch und originell. Das Stück ist zu umfangreich für einen Brief, sonst würde ich es Ihnen schicken. Es heißt *La mère confidente*. Dr. Schwencke bemüht sich nach Kräften, daß ich mich besser fühle. Er läßt mich alles mögliche schlucken, mit Erfolg, wie ich hoffe, obwohl seine Heilmethode keineswegs sanft ist. Mein treuer Benjamin kommt herein und sagt, es sei Zeit, die Briefe zur Post zu bringen, also höre ich auf. Ich muß noch an Vater und nach Bückeburg schreiben. Ich knie demütig zu Ihren Füßen.

Im Jahr 1735 beschließt Albrecht Wolfgang zu Schaumburg-Lippe, seine beiden Söhne Georg und Wilhelm, dreizehn und elf Jahre alt, unter der Aufsicht eines Erziehers nach Genf zu schicken. Dort, unter dem wachen Auge des Pädagogen Necker, der seinerzeit auch Albrecht Wolfgangs Erziehung geleitet hat, haben die Jungen eine bessere Chance, sich eine fundierte Bildung anzueignen, als in dem kleinstädtischen Bückeburg. Am Vorabend ihrer Abreise erstellt Albrecht Wolfgang mit Hilfe des Hofgeistlichen Johann Heinrich Meister eine Liste von klugen Ratschlägen und Vorschriften, die die Söhne beherzigen sollen. «Gott hat euch durch eure Stiefmutter dieselbe sorgende Liebe geschenkt, die ihr von eurer frühverstorbenen Mutter erwarten durftet, wodurch Er euer Leid wie auch das meine gemildert hat. Ihr müßt eurer zweiten Mutter die schuldige Gehorsamkeit und Achtung erweisen für die große, aufrichtige Zuneigung, die sie für euch beide empfindet, und ihr euer Vertrauen schenken. Gedenkt auch meiner mit der gleichen brüderlichen Liebe, die ich bislang in eurem Herzen gefunden habe. Fortan kein kindisches Benehmen mehr, keine albernen Neckereien, Grillen und Launen, kein Trotz, und vor allem kein heimliches Beleidigtsein. Seid bescheiden; alle Menschen stammen von Adam ab, und ein ‹einfacher› Mann steht Jesus Christus vielleicht näher und bekommt im Himmel einen höheren Platz als ihr. Behandelt eure Untergebenen mit herzlicher Freundlichkeit, doch ohne allzu vertraut zu werden; bedenkt, daß ich sie zu eurem Dienst bestellt habe, weil Gott mir die Macht dazu verliehen hat. Wenn Er sie als Diener zur Welt kommen ließ, so gab Er ihnen eine Seele wie euch und hat auch sie nach Seinem Ebenbild geschaffen. Wenn ihr nicht aufpaßt, können sie es eines Tages zu mehr bringen als ihr.» Albrecht Wolfgang unterzeichnete das Schreiben mit «euer euch zärtlich liebender Vater und treuer Freund».

Auch den Lehrer versieht er mit ausführlichen Instruktionen. Der ältere Sohn, sein Nachfolger, soll deutsches Zivilrecht, Geschichte, Philosophie, Naturwissenschaften und Mathematik sowie die Theorie der Militärkunde studieren. Pflichtlektüre sind die Werke von

Polybius, Caesar, die *Feldzüge* von Turenne und «Das Leben der großen Männer». Er soll sich in Sprachen üben, seine Muttersprache perfekt beherrschen und des Lateins kundig sein. Für den jüngeren Sohn Wilhelm ist ungefähr derselbe Lehrstoff vorgesehen, nur soll er außerdem noch die englischen Gesetze und Gebräuche studieren, denn er ist in England geboren, und es besteht die Aussicht, daß er dort später einen neuen Zweig des Hauses Schaumburg-Lippe gründet. «Beide sollen sich beizeiten einen guten Schreibstil angewöhnen; sie müssen lernen, sich in gebildeter Weise einfach, aber kurz, doch ohne undeutlich zu werden, in Briefen auszudrükken. Zur Übung sollen sie kleine Aufsätze über ihre täglichen Erlebnisse schreiben und als Vorbilder dazu Madame de Sévigné und Fontenelle wählen. Sie sollen angehalten werden, logisch zu denken; denn nur wer klar denkt, kann sich verständlich ausdrücken.»

Die Jungen sollen auf Sauberkeit und Ordnung achten, ihre Bücher, Hefte und andere Habseligkeiten nach Gebrauch aufräumen, auf die Reinlichkeit von Körper und Kleidung achten und vor allem ihre Zähne pflegen. Zum Glück sind beide gesund, haben aber eine Neigung zum Naschen und gierigen Essen; sie dürfen sich nicht auf alle Leckereien stürzen, die man ihnen anbietet. Aufrechter Gang und elegantes Grüßen sind Grundvoraussetzungen. Sie dürfen reiten, fechten, tanzen und Ball spielen, doch vor Exzessen wird gewarnt. Wenn sie schwimmen könnten, wäre dies nicht schlecht, doch rät der Vater in Hinblick auf mögliche Erkältungen davon ab. Was die Entspannung betrifft, so werden ihnen nur geschmackvolle und geschmacksbildende Vergnügungen zugestanden: Musik, Zeichnen, Pflanzenkunde, Gartenarbeit, Schach und Kartenspiel, aber nicht um Geld. Für Kost und Logis hat der Rechnungshof zu Bückeburg ihnen monatlich hundert Dukaten zugestanden, über die ihr Erzieher jedes halbe Jahr Rechenschaft ablegen muß. Für ihre kleineren Ausgaben bekommen die Knaben zwei Goldstücke Taschengeld.

«Noch ein letztes Wort», schließt Albrecht Wolfgang seine Ermahnungen. «Ich bin gut befreundet mit Herrn von Donop, der für die Erziehung des jungen Prinzen von Hessen verantwortlich ist und der die seltene Gabe besitzt, einen zukünftigen Fürsten zu bilden. Mit niemals nachlassender Sorgfalt konzentriert er sich auf seine Aufgabe in einer Weise, die allgemein Bewunderung erregt. Auch ihr kennt ihn gut, fragt ihn um Rat, wenn ihr ihn braucht; seine Freundschaft zu mir läßt mich hoffen, daß er mitwirkt am großen Ziel, das wir uns gesetzt haben: an der Erziehung meiner Söhne.»

Willem Bentinck an Albrecht Wolfgang zu Schaumburg-Lippe

Doorwerth, 9. September 1735

Diesen Herbst gehe ich nicht nach Varel, dessen können Sie gewiß sein. Ich habe dies mit aller Entschiedenheit dem Grafen von Aldenburg mitgeteilt. Ich kann nicht ständig meine Pflichten hier in Holland vernachlässigen und durch wiederholtes langes Fernbleiben meiner Laufbahn schaden. Ebensowenig kann ich meine Familie in England vor den Kopf stoßen, indem ich so oft nach Deutschland reise und ihnen dann erzähle, ich hätte keine Zeit, sie zu besuchen. Habe ich recht oder nicht?

Charlotte Sophie Bentinck-von Aldenburg an Albrecht Wolfgang zu Schaumburg-Lippe

Den Haag, 16. November 1735

Obwohl es nicht sonderlich geschickt von Ihnen ist, Ihren Bekannten, den Grafen von Hartwig, *meiner* Gunst zu empfehlen, können Sie sicher sein, daß es nicht an meinem guten Willen liegt, wenn es mir nicht gelingt, ihm hier einen angenehmen Aufenthalt zu verschaffen. Begreifen Sie denn nicht, mein Herr, mit welcher Sorge Sie mich belasten, wenn ich diesen jungen Menschen in die Vergnügungen von Den Haag einführen soll? Bedenken Sie doch: Eine Frau, die seit fünf Monaten keinen Schritt aus dem Haus getan hat, außer in die Kirche, die an ihrem einzigen festen Besuchstag alle Hände voll zu tun hat, um die vier bis fünf einfältigen Damen, die zu ihr kommen, zu amüsieren; die nicht nur einen Monat in ständiger Sorge um ihr krankes Kind verbracht hat, sondern auch an Kopfschmerzen leidet und oft in Ohnmacht fällt – wirklich angenehme Aussichten für einen jugendlichen Fremden! Ich bin ihm erst einmal während eines großen Diners begegnet. Man hatte ihn am Tisch zwischen Frau van Welderen und Mylady Albemarle gesetzt. Die beiden Damen hielten es für unter ihrer Würde, mit dem «Ausländer» zu reden; den ganzen Mittag über sprach niemand ein Wort mit ihm. Die Entrüstung (oder wenn Ihnen das lieber ist, eine Art Vorgefühl) ließen mich ob der unverschämten Behandlung seine Partei ergreifen. Ich fing mit beiden Damen einen Streit an und unterhielt mich nach der Mahlzeit mit dem jungen Mann in unserer Muttersprache. Die übrige Gesellschaft lachte mich weidlich aus und nannte mich eine «Kämpferin gegen das Unrecht». Mein guter Genius half mir, mich über den ganzen Klatsch nicht aufzuregen.

Ihre freundliche Anteilnahme an der Krankheit meines Söhnchens erfreut mich, wundert mich aber nicht. Ich weiß, wie sehr Sie meiner ganzen Familie zugetan sind. Obwohl meine Unruhe nachgelassen hat seit der Zeit, als er in Lebensgefahr schwebte, bin ich noch nicht aller Sorgen enthoben. Das arme Kind siecht zusehends dahin. Selbst Doktor Schwencke sieht nicht sehr optimistisch in die Zukunft. Also glaube ich, am vernünftigsten ist es, wenn ich mich auf das Schlimmste gefaßt mache. Da ich ohnehin seit geraumer Zeit gewohnt bin, alles über mich ergehen zu lassen, sehe ich auf diese Weise dem Unabwendbaren gelassen ins Auge. Was mich außerdem oft betrübt, ist die Unmöglichkeit, den Menschen nützlich zu sein, die ich über alles schätze. Was ist ein armseliges Wesen wie ich doch für ein unnützes Möbel in der Gesellschaft! Im Grunde bleibt mir nichts anderes übrig, als mich auf den Weg ins Jenseits vorzubereiten. Das ist der größte Dienst, den ich *dieser* Welt erweisen kann.

Thomas de Larrey an Lady Portland

Varel, 25. November 1735

Sehr lange habe ich Ihnen nicht geschrieben, Madame. Ich bin mit Herrn Bentinck nach Celle gereist, um mit befugten Personen über den Status von Kniphausen zu sprechen. Es handelt sich um eine schwierige Angelegenheit, aus einer Vielzahl von Gründen, die zu kompliziert sind, um sie hier einzeln zu erläutern. Als Endergebnis kommt dabei heraus, daß wir alles daran setzen, Kniphausen in einen der sogenannten Reichskreise des Deutschen Kaiserreiches aufnehmen zu lassen; infolgedessen hätten wir Sitz und Stimmrecht sowohl bei den Beratungen des Reichskreises (in Frage käme Westfalen) als auch im Reichstag zu Regensburg. Graf von Aldenburg möchte gern einen Teil des Winters wieder in Den Haag verbringen, doch vor Januar wird wohl nichts aus der Reise werden. Die Gesundheit des Grafen läßt seit einiger Zeit zu wünschen übrig. Er ist stark erkältet und leidet an Atemnot. Ihr Enkelsohn in Den Haag war ebenfalls krank, ist aber zum Glück wiederhergestellt. Ich wünsche Ihrem Herrn Sohn, er könnte sich bezüglich seiner Familie sicherer fühlen. Ich will deutlich sein: Es wäre gut, wenn er noch weitere Kinder bekäme.

Willem Bentinck an seine Mutter Lady Portland

Den Haag, 10. Januar 1736

Ihrem letzten Brief entnehme ich, daß Sie meinen, ich verbrächte zuviel Zeit mit der Familie von Aldenburg, was wohl auch den Tatsachen entspricht. Doch das ist etwas, was sich nicht voraussehen ließ. Ich weiß kein anderes Mittel, um die Frau, mit der ich leben muß, dazu zu bringen, sich mir gegenüber freundlich zu benehmen, und muß selber Dinge tun, die ihr gefallen. Wenn das nicht hilft, gibt es nichts mehr, was helfen kann. Ich sehe mich allmählich dazu gezwungen, die Sache anders anzupacken und gewisse Listen anzuwenden, was mir schrecklich widerstrebt, da es ja immer eine Form des Betrugs ist; außerdem mindert es meinen Respekt vor derjenigen, derenthalben ich zur List greifen muß, und darunter leidet wiederum meine Zuneigung für sie. Der Graf von Aldenburg kommt gegen Ende des Monats in Begleitung von de Larrey nach Den Haag. Ich werde letzteren zu Rate ziehen, was ich tun soll. Seit er sich mit meinen Angelegenheiten beschäftigt und notgedrungen Maßnahmen ergreifen muß, hat er gelernt, mit dem Grafen von Aldenburg umzugehen. Ganz unter uns gesagt: Ich habe oft de Larreys Ruhe und Umsicht bewundert, auch seine Uneigennützigkeit, die er meiner Ansicht nach manchmal zu weit treibt. Seine finanziellen Umstände sind noch die gleichen wie vor ein paar Jahren, obwohl *er* derjenige ist, auf den sich der Graf von Aldenburg ganz und gar verläßt, er kann einfach nicht ohne ihn auskommen. Was unsere geplante Reise nach England betrifft, so will ich sie gar nicht erwähnen und bemühe mich, nicht einmal mehr daran zu denken. Sie können sich nicht vorstellen, wie ich mich darauf gefreut hatte und wie erbost ich bin, sie immer wieder aus läppischen und unsinnigen Gründen aufschieben zu müssen. Ich hoffe, daß wir nächstes Jahr noch alle gesund und wohlauf sind, und verspreche Ihnen, daß ich dann, wenn nichts dazwischenkommt (ich meine etwas, was Sie und ich als triftigen Grund anerkennen), die Überfahrt machen werde. Mein kleiner Bub ist Gott sei Dank gesund; gestern hat er ohne jede Spur von Unbehagen zwei Backenzähne bekommen. Er ist jeden Tag draußen. Es steht tatsächlich ein Ofen in seinem Zimmer, aber bitte, seien Sie unbesorgt. Ich passe selbst auf und kontrolliere fast jeden Tag, ob keine Brandgefahr besteht.

Im März 1736 reisen Anton und Wilhelmine Marie von Aldenburg nach einem kurzen Besuch in Doorwerth nach Den Haag. Sie sind betroffen über die gedrückte Stimmung im Hause Bentinck. Der kleine Antoine sieht blaß und schlecht aus, Charlotte Sophie ist äußerst nervös und leidet an heftigen Kopfschmerzen. Wie versprochen, berichtet Anton in einem Brief an Albrecht Wolfgang nach Bückeburg. Über eine positive Entwicklung seiner Sache bei den Generalstaaten kann er leider nichts melden. «Charlotte Sophie war in Leiden, um wegen ihres Gesundheitszustandes den berühmten Arzt Boerhaave zu konsultieren. Ich habe ihr gesagt, sie müsse innerlich ruhiger werden und brauche mehr körperliche Bewegung. Sie sollte früh zu Bett gehen und früh aufstehen. Eine Brunnenkur in Spa würde ihr guttun. Was mich betrifft, so habe ich ständig Schmerzen in der Brust. Meine Frau will, daß ich nach Aachen gehe.»

Es wird so viel von der heilenden Wirkung der inneren und äußeren Anwendung des Mineralbrunnens geredet, daß Willem Bentinck, der nie so recht daran glauben wollte, schließlich nachgibt und verspricht, seine Frau im Laufe des Sommers zu einer Badekur nach Spa zu schicken. Bei dieser Aussicht lebt Charlotte Sophie ein wenig auf; sie weiß, daß ihre Eltern vorhaben, nach Bückeburg zu gehen, wer weiß, vielleicht können Willem und sie die beiden diesmal (vor oder nach der Kur) dorthin begleiten. Sie entschließt sich, ihre Mutter und Lottchen zu diesem Zweck einzuschalten, denn sie zweifelt nicht daran, daß es Mühe kosten wird, Willem zu dem Abstecher zu überreden. Mitte März kommt eine Unglücksbotschaft aus London: Willems Schwester Elisabeth, die Gemahlin von Lord Egerton, ist plötzlich gestorben. Zum erstenmal seit vielen Monaten läßt Charlotte Sophie spontanes Mitgefühl für ihren Mann erkennen.

Anton von Aldenburg an Albrecht Wolfgang zu Schaumburg-Lippe

Den Haag, 24. März 1736

Die beiden Herren Bentinck sind Samstag morgen nach London abgereist. Um halb zwei haben sie sich in Hellevoetsluis eingeschifft, ich glaube, daß sie am Sonntag Harwich erreicht haben. Sie sind mit dem Postschiff gefahren. Meine Tochter wollte sie mit aller

Gewalt begleiten, was meine Frau und Bentinck befürworteten. Ich war als einziger von Anfang an dagegen, doch schließlich erhielt ich Unterstützung und habe meine Auffassung durchgesetzt. Der Gesundheitszustand meiner Tochter und die tiefe Trauer der Gräfin von Portland schienen mir Grund genug, um ihr von der Reise abzuraten. Hätte ich zugestimmt, so hätte ich es wahrscheinlich zu verantworten, falls meine Tochter sich dort unmöglich benommen hätte – zur Besorgnis und Entrüstung meiner Frau.

Anton nimmt sich vor, Willems Abwesenheit zu nutzen, um mit seiner Tochter ein ernstes Wort zu reden. Was er in Den Haag sieht und hört, gefällt ihm überhaupt nicht. Charlotte Sophie vernachlässigt ihre Pflichten im großen Haushalt am Lange Voorhout. Sie liegt morgens lange im Bett, schenkt ihrer Kleidung und anderen (in Antons Augen eitlen) Dingen übertriebene Aufmerksamkeit und empfängt schon vor dem Mittagessen Besuch, auch Herren aus ihrem Bekanntenkreis, was ihre auf Förmlichkeit bedachten Eltern in höchstem Maße mißbilligen. Sie kümmert sich kaum um ihr Kind und geniert sich offensichtlich, daß der kleine Junge so schlaff und lustlos mit einem krummen Rücken herumläuft. Wilhelmine Marie greift auf ihre Art ein und befiehlt seinen Pflegerinnen, ihn warm einzupacken und ihm ein Stützkorsett anzuziehen. Richtig wohl fühlt sich der kleine Antoine in der Gesellschaft seines Großvaters; er darf mit ihm in der Kutsche ausfahren oder am Kaminfeuer auf Antons Knien sitzen. Doch Anton beschäftigt noch anderes. Er hat bemerkt, daß die Bentincks Schulden haben und viel zuviel Geld ausgeben. Das Personal wird nicht genügend kontrolliert. Es muß etwas geschehen, nicht zuletzt weil ein finanzieller Zusammenbruch auch ihn in Mitleidenschaft ziehen würde. Trotz der Tatsache, daß er der jungen Familie nicht helfen kann, weil er die Mittel dazu nicht besitzt, muß der Schein nach außen hin unbedingt gewahrt werden, und zwar in Willems wie in seinem eigenen Interesse. Nach langem Suchen hat Anton in den Niederlanden einen Geldgeber gefunden, der bereit ist, ihm eine hohe Summe zu leihen, wenn Willem Bentinck mit seinem wohlklingenden Namen und den guten Beziehungen Bürgschaft dafür leistet. Die ganze Sache steht und fällt mit Willems Kredit. Zusammen mit de Larrey beugt sich Anton von Aldenburg über Rechnungen und Haushaltsbücher. Etliche Diener müssen entlassen werden. Anton plant, aus der eigenen Dienerschaft einen gewissen Weisbrod, dem er vertraut, nach Den Haag kommen zu lassen und ihm im Bentinckschen Haushalt den Posten des Hofmeisters anzubieten.

Willem Bentinck an seine Frau Charlotte Sophie

Bulstrode Park, 7. April 1736

Ich habe ein Reitpferd für Sie ausgesucht, ein sehr schönes, sanftmütiges, starkes Tier. Es ist noch ein wenig schreckhaft auf der Straße, aber keineswegs unberechenbar; ich hoffe, das vergeht, wenn es sich an die Wege und Karren, an die Mühlen und Brücken in Holland gewöhnt hat. Es kostet Sie nichts, denn mein Schwager Hereford, der wußte, daß ich ein Pferd für Sie suche, hat mich gebeten, das Tier als Geschenk für Sie anzunehmen. Meine Schwester hat es ein paarmal geritten, es ist also gewohnt, eine Frau auf dem Rücken zu tragen. Ich schenke Ihnen dazu Sattel und Zaumzeug, die ich hier für Sie anfertigen lasse. Ich bin Ihnen dankbar für Ihre wiederholt geäußerte Bereitwilligkeit, mir nach England nachzukommen. Ich würde Sie mit Freuden erwarten, wenn ich nicht daran dächte, in etwa zehn Tagen nach Holland zurückzukehren. Mein Bruder Charles reist schon nächsten Samstag ab. Alle bedauern sehr, daß Sie nicht kommen können, aber das läßt sich nicht ändern. Würden Sie bitte in meinem Namen die Herren Tenhoven und Assendelft von der Holländischen Ritterschaft zum Tee bitten und mich entschuldigen, daß ich ihnen nicht geschrieben habe. Ich habe einer Sitzung des englischen Oberhauses beigewohnt. Einzeln sind die Politiker allesamt ehrbare Leute, doch als Kollegium sind sie, wie überall auf der Welt, keinen Schuß Pulver wert. Ich erlaube Ihnen, meine gesamte Post zu lesen, unter einer Bedingung: Denken Sie nach dem Lesen kurz darüber nach, ob nichts darin steht, was man besser verschweigen sollte.

Charlotte Sophie Bentinck-von Aldenburg an ihren Mann Willem Bentinck

Den Haag, 10. April 1736

Hören Sie gut zu, ich habe nur wenige Dinge zu sagen, aber diese sind wichtig. 1. Charles ist wohlbehalten angekommen. 2. Ich gehe auf eigenes Risiko nach Sorghvliet. Was meine Bestellungen betrifft: Bringen Sie mir für mein gutes Geld ein Dutzend Stahlkügelchen für ein Korsett mit. Außerdem ein Paar Schuhschnallen, vergoldet, großes Format, denn kleine kann ich nicht ausstehen; also nicht aus reinem Gold, sondern aus vergoldetem Silber. Ferner zwei Dutzend weiße Handschuhe bester Qualität, etwas größer als die schwarzen, die Sie mir geschickt haben. Und einen schwarzweißen Fächer für die Halbtrauer. Ich bemühe mich, die Zeit aufzubringen, um an Ihre Mutter und an Lord Egerton zu schreiben. Bonjour.

Thomas de Larrey an Lady Portland

Den Haag, 13. April 1736

Der Graf von Aldenburg und ich haben erneut den Haushalt und die finanziellen Verhältnisse des Herrn Bentinck einer Prüfung unterzogen. Man wird sehr sparen müssen. Dennoch braucht Herr Bentinck dreitausend Gulden zusätzlich im Jahr, um ohne Schulden leben zu können. Der Graf von Aldenburg will versuchen, ein- bis zweitausend Gulden extra zu geben, doch angesichts der Lage bei uns in Varel und der vielen Reisen, die wir machen müssen, befürchte ich, daß er dadurch selber in Schwierigkeiten gerät. Herr

Bentinck kann nicht auf kleinerem Fuße leben, das würde seinem Ansehen in Den Haag schaden. Man würde von seinen früheren Unvorsichtigkeiten und seinem derzeitigen Geldmangel erfahren, zwei Dinge, die ich unbedingt vermeiden will. Sie kennen die Mentalität der Leute hier in Holland, man zählt nur in dem Maße, wie man nicht auf andere Menschen angewiesen und für andere unentbehrlich ist. Es könnte eine große Verwirrung entstehen wegen der Vorstellungen, die man sich hier über das Vermögen des Grafen von Aldenburg macht; niemand würde begreifen, warum er seine Tochter nach ihrer Heirat in derart ärmlichen Verhältnissen leben läßt. Ich wiederhole, Herr Bentinck würde in ein sonderbares Licht geraten, ja wegen seiner unvorsichtigen und unsachlichen Handlungen eine komische Figur abgeben. Wir haben das Personal verringert und drei Bediente entlassen. All diese Angelegenheiten beschäftigen mich unablässig und bereiten mir große Sorgen.

In Den Haag ist unterdessen bekannt geworden, daß der Prinz von Wales sich in Kürze mit einer Prinzessin von Gotha vermählen wird. Wie man sagt, hat sich ein ganzes Heer von deutschen Fürsten und Adligen auf den Weg nach England gemacht, um das große Ereignis im Hause Hannover mitzufeiern. Charlotte Sophie kann sich nicht vorstellen, daß der Graf zu Schaumburg-Lippe, der lange in London gewohnt und am dortigen Hof viele Freunde hat, nicht mit von der Partie ist. Impulsiv entschließt sie sich, ebenfalls zu reisen, mag ihr Vater das gutheißen oder nicht. Sie läßt Willems Freund Horatio Walpole, der noch als Vertreter der englischen Regierung in Den Haag weilt, eine Botschaft zukommen: Ob er umgehend für ihre Überfahrt sorgen kann? In Eile, ohne Erklärung, kündigt sie Willem ihre Ankunft an. Walpole ist ihr gern behilflich, doch bevor er ihr einen Platz auf einem der vielen Schiffe nach England besorgen kann, erfährt Charlotte Sophie aus dem Briefwechsel zwischen ihren Eltern und Bückeburg, daß Albrecht Wolfgang und Lottchen zu Hause bleiben und den geplanten Besuch der beiden

Aldenburgs erwarten. Von einem Augenblick auf den anderen vergeht Charlotte Sophie die Lust, nach England zu fahren. Außerdem ist sie beleidigt, weil Willem ihr ein Pferd mitbringen will, das ihn nichts gekostet hat und das schon andere geritten haben.

Willem Bentinck an seine Frau Charlotte Sophie

Bulstrode Park, 22. April 1736

Ich weiß nicht, ob Sie meinen vorigen Brief erhalten haben und was Sie zu tun gedenken. Ich muß gestehen, dieser Zustand der Ungewißheit irritiert mich unsäglich. Was Sie, mich selbst und meine Familie hier betrifft, so hätte ich Ihrer Ankunft sofort mit Freuden zugestimmt; verlegen und besorgt macht mich nur die Tatsache, daß Ihr Vater beunruhigt sein wird, weil Sie die Fahrt übers Meer ganz allein unternehmen, obwohl ich überzeugt bin, daß sie wesentlich weniger gefährlich ist als die Reise über Land nach Bückeburg. Treffen Sie rasch Ihre Entscheidung und schicken Sie mir Nachricht, damit meine Mutter nicht vergeblich auf Ihr Kommen wartet. Ich würde jemanden nach Gravesend oder Greenwich schikken, um Sie abzuholen. Dies alles macht mich so verstört, daß ich kaum weiß, was ich schreibe; obwohl ich mich brennend danach sehne, Sie zu sehen, wäre es mir lieber, Sie kämen nicht, als diese Ungewißheit, ob ich Sie nun erwarten darf oder nicht.

Charlotte Sophie Bentinck-von Aldenburg an Albrecht Wolfgang zu Schaumburg-Lippe

Den Haag, 24. April 1736

Vor einigen Tagen hat einer unserer Freunde (ein Abgeordneter der Generalstaaten) mich besucht. Er sagte, daß Sie aller Wahrscheinlichkeit nach schon von der neuen Resolution erfahren haben, daß nämlich die hohen Offiziere im Mai keinen Urlaub bekommen.

Falls ich Ihnen zur Sicherheit eine Abschrift der Resolution schikken soll, will er sie mir verschaffen. Er fügte hinzu, wenn Ihre Verwaltungsangelegenheiten in Bückeburg es Ihnen nicht gestatten, in die Niederlande zu reisen, so werde er dafür sorgen, daß Sie trotzdem Urlaub erhalten, ohne daß Sie sich selber darum bemühen müssen. Es handelt sich um einen Mann, mit dem wir so gut befreundet sind, daß Sie sein Angebot ohne weiteres annehmen dürfen; es ist nicht einmal nötig, daß Sie sich die Mühe machen, ihm selber zu schreiben. Es genügt, wenn Sie mir mit «ja» oder «nein» antworten, das übrige geht dann schon in Ordnung. Ich bin Ihnen für die liebenswürdige Einladung in Ihrem Brief an meinen Vater unendlich dankbar. Mit größtem Vergnügen hätte ich Ihren Vorschlag angenommen, meinen Vater nach Bückeburg zu begleiten, doch leider hat mein unglückliches Gestirn es anders beschlossen.

Willem Bentinck an seine Frau Charlotte Sophie

Bulstrode Park, 30. April 1736

Letzten Sonntag habe ich meinen Kutscher nach London geschickt in der festen Überzeugung, daß Sie meinen Brief vom vergangenen Dienstag erhalten haben, bevor die Prinzessin von Gotha in Den Haag eingetroffen ist, und daß Sie sich mit ihr eingeschifft haben. Der Mann hat gewartet, bis die Prinzessin an Land gegangen ist, und ist dann nach Greenwich weitergefahren, um zu sehen, wo Sie bleiben. Er hat dort bis vorgestern auf die Ankunft der letzten Jacht aus Holland gewartet und ist gestern zurückgekehrt mit der Nachricht, Sie seien nicht mitgekommen. Ich habe mit meinen Wünschen so wenig Glück, daß ich mir nie wieder etwas wünschen werde. Die kleinen unwichtigen Wünsche gehen in Erfüllung, aber die echten Herzenswünsche bleiben mir versagt.

Willem bedauert, daß Charlotte Sophie nicht gekommen ist, um gemeinsam mit ihm die Einkäufe zu machen, die sie ihm aufgetragen hat. Seiner Mutter geht es weniger gut. Tief erschüttert durch den Verlust ihrer Tochter Elisabeth, hatte sie sich auf den Trost von Charlotte Sophies Anwesenheit gefreut. Willem verspricht seiner Frau, sie auf der Reise nach Spa zu begleiten, worum sie ihn so oft gebeten hat. Danach könne man eventuell einen Abstecher nach Varel machen. Er erkundigt sich, wann ihr Vater aus Bückeburg nach Den Haag kommt, damit er sich danach richten kann. Willem hat der Prinzenhochzeit in London beigewohnt, und um Charlotte Sophie eine Freude zu machen, beschreibt er das Brautkleid der Prinzessin von Gotha, insbesondere den «bonnet», einen Kopfputz aus schneeweißen Spitzen, geschmückt mit einer großen weißen Straußenfeder.

«Heute begegnete ich auf der Straße einem kleinen Jungen, der Antoine ähnlich sah. Ich hoffe, es geht ihm gut. Möchten Sie, daß ich für das Geld, das ich Ihnen noch schulde, ein Reitpferd und einen guten Sattel für Sie erstehe? Zu jeder anderen Zeit würde ich es Ihnen schenken, aber ich schwöre Ihnen, ich bin vollkommen pleite; wenn meine Mutter mir nicht ein wenig Geld gegeben hätte, stünde ich buchstäblich ohne einen Heller in der Tasche da.»

Willem Bentinck an seine Frau Charlotte Sophie

3. Mai 1736

Wenn es hier noch etwas gibt, womit ich Ihnen eine Freude machen kann, schreiben Sie es mir. Ich bin Ihnen so dankbar für Ihr verständnisvolles Verhalten, als die Nachricht von dem traurigen Todesfall in meiner Familie kam, daß ich gar nicht weiß, wie ich mich erkenntlich zeigen soll. Wissen Sie schon Neues aus Bückeburg und über die Pläne Ihrer Eltern?

Aus den Notizen von Anton von Aldenburg «für ein Gespräch mit meiner Tochter»

Zu Beginn: introitus ad captandam benevolentiam, um ihre Aufmerksamkeit zu gewinnen. Und dann:

1. Über ihre Pflichten gegenüber Gott. Nachlässigkeit auf diesem wichtigen Gebiet ist der Quell ihres ganzen Elends und beraubt sie der einzig wahren Seelenruhe, die ein rechtschaffener Mensch in diesem Leben besitzen kann. Ihr den Rat geben, in Ruhe über alles nachzudenken, dies zum Prinzip zu erheben und sich bewußt Zeit dazu zu nehmen, damit sie sich ganz in den Gedanken vertieft und sich durch nichts ablenken läßt.

2. Über ihre Lebensweise. Versuchen, ihr Zucht und Ordnung beizubringen; sie auf die bösen Folgen der Nachlässigkeit für ihre Gesundheit, Lebensfreude und die Gesellschaft hinweisen.

Zur Wahl ihres Umgangs. Sie sollte nicht mit Menschen umgehen, deren Betragen nicht tadellos und über jedem Verdacht erhaben ist; auf vertraulichem Fuße sollte sie nur mit denjenigen verkehren, die fest im Glauben stehen, ihren Verstand gebrauchen und einen makellosen Ruf haben. Sie muß die öffentliche Meinung respektieren. Kein trautes Beisammensein mit Männern oder jungen Burschen; sie darf sie *niemals* vormittags empfangen und auch zu den Besuchsstunden niemals allein.

3. Sie muß sich vor einem dezidierten Umgangston und Auftreten hüten. Das gehört sich nicht, und für eine junge Frau schon gar nicht.

4. Sie muß ihre Heftigkeit bezähmen, denn diese hat einen ungünstigen Einfluß auf ihr Leben, auf Körper und Seele. Sie soll Diskussionen meiden, nie auf Kosten der Wahrheit eine üble Sache verteidigen und niemals ihre Vernunft und ihren guten Namen der sogenannten Geistigkeit und Lebendigkeit opfern.

5. Sie darf nicht leichtfertig über ihre Nächsten urteilen und sollte, wenn es um den guten Ruf anderer geht, vorsichtig sein. Keine übertriebenen Scherze und Neckereien! Vor allem nicht,

wenn jemand keinen Spaß versteht. Mit einem Wort: sie soll nicht so viel reden und lieber nachdenken, bevor sie den Mund aufmacht; sie soll sich Rechenschaft darüber ablegen, was sie gesagt hat und insbesondere, was sie eigentlich hätte sagen müssen. Sie darf keine verletzenden Dinge ausplappern, nicht einmal zum Spaß, und auf gar keinen Fall in der Öffentlichkeit über Menschen, auf die sie Rücksicht nehmen muß. Wenn sie es dennoch tut, schadet sie nur sich selbst. Sie darf auch keine «Geständnisse» provozieren oder andere im Zorn Dinge sagen lassen, die sie gar nicht so meinen. Sie muß ihren Aufwand den Einkünften anpassen und Ordnung in ihren Finanzen schaffen; sie darf nicht mehr als das Nötige ausgeben und muß rechtzeitig Situationen erkennen, die zur Verschwendung verleiten. Die Komödie und andere Vergnügen sollen ihr als Entspannung dienen, damit sie ihre Pflichten besser erfüllen kann, doch dürfen sie nicht ihre gesamte Zeit und Aufmerksamkeit beanspruchen, da sie sonst nicht imstande ist, die wirklich wichtigen Aufgaben des Lebens gebührendermaßen zu bewältigen.

Anton von Aldenburg an seine Tochter Charlotte Sophie, in einem «Billett»

Noch dieses: Ich beschwöre Sie, kommen Sie Ihren ehelichen Pflichten nach gegenüber Ihrem Gatten, der Sie innig liebt. Sie stehen am Rande eines Abgrunds. Wenn Ihr Mann anderweitig Trost sucht, haben Sie sich das selber vorzuwerfen.

Charlotte Sophie Bentinck-von Aldenburg an ihren Vater Anton von Aldenburg, in einem «Billett»

Meine Leidenschaftlichkeit hat mich hingerissen – ich fürchte, es wird mir arg schwerfallen, mich zu bessern, aber ich will es mit allen Kräften versuchen.

Trotz aller guten Vorsätze kommt es vor der Reise der von Aldenburgs nach Bückeburg zu heftigen Szenen. Charlotte Sophie hat insgeheim damit gerechnet, ihre Eltern zu begleiten. Die Briefe von Lottchen und Albrecht Wolfgang enthalten eine unmißverständliche Einladung. Doch diesmal helfen weder ihr Flehen noch die guten Worte, die Wilhelmine Marie für sie einlegt. Anton ist gutherzig, aber nicht naiv; es fällt ihm nicht ein, seine Tochter ohne ihren Mann nach Bückeburg mitzunehmen. Am 3. Mai schreibt er an Albrecht Wolfgang: «Sie kann ihr Kind nicht allein lassen.» Mit derselben Post schickt Wilhelmine Marie einen ihrer langen Plauderbriefe an Lottchen; bevor der Umschlag versiegelt wird, kritzelt Charlotte Sophie in fliegender Eile eine Nachricht auf einen Fetzen Papier: «Ich bin der Verzweiflung nahe, weil ich dem Grafen zu Schaumburg-Lippe nicht selber schreiben kann. Hier herrscht ein solches Chaos, daß es mir nicht möglich ist, mich ruhig zum Schreiben hinzusetzen oder jemanden zu bitten, es an meiner Stelle zu tun. Hiermit erkläre ich schlicht und einfach, daß ich im Begriff stehe, zu Taten überzugehen, *und bereit dazu bin*, sobald ich diesbezüglich weitere Nachrichten erhalten habe. Ich bitte Sie tausendmal um Vergebung, daß ich diesen Zettel schreibe, aber der kritische Augenblick ist angebrochen, und guter Rat ist hier teuer.»

Anton und Wilhelmine Marie logieren bis Ende Mai in Bückeburg. Dann bringt Anton seine Frau nach Aachen und geht selber nach Den Haag. Er will die Kur mit dem heilkräftigen Quellwasser so rasch wie möglich anfangen, möchte aber vorher mit seinem Schwiegersohn sprechen, den man am 5. oder 6. Juni aus England zurückerwartet.

Willem Bentinck an seine Mutter Lady Portland

Den Haag, 12. Juni 1736

Mit der vorigen Post habe ich Ihnen nicht geschrieben, aber Sie werden mit Freuden hören, daß ich in Den Haag gut angekommen bin. Wir konnten den Hafen von Harwich erst um zehn Uhr verlassen, nachdem die Flut uns zu Hilfe kam, denn es war sehr wenig Wind. Am Donnerstag morgen um acht Uhr, als wir etwa zweiundzwanzig Meilen vor der englischen Küste lagen, flaute der Wind völlig ab. Kein Hauch regte sich, bis gegen Abend eine schwache Brise aus Osten aufkam. Am folgenden Morgen frischte sie auf, gegen acht Uhr sahen wir Land, und mit auflaufender Flut konnten wir genau um ein Uhr in Hellevoetsluis an Land gehen. Meine Frau und Madame de St. Auban hatten seit Donnerstag morgen bei Maasland auf mich gewartet. Kurz vor Den Briel kam mir ihre Jacht auf dem Fluß entgegen, und zusammen fuhren wir nach Den Haag, wo ich den Grafen von Aldenburg vorfand. Am Samstag morgen führten wir ein geschäftliches Gespräch. Außer den rückständigen Mitgiftszahlungen hat er mir zehntausend Gulden gegeben. Am Sonntag nach dem Abendessen ist er mit der Jacht nach Utrecht und will von dort aus nach Aachen weiter. Ich habe mit Bruder Charles und meinem Bilanzprüfer alles Weitere geregelt; meinem neuen Hofmeister Weisbrod habe ich eine Summe ausgehändigt, damit er die Rechnungen der Lieferanten bezahlen kann. Ich gelobe Ihnen hiermit Besserung, von nun an werde ich jeden Cent, den ich ausgebe, sofort aufschreiben. Der Graf von Aldenburg wollte dem Bilanzprüfer, einem Mann namens van Rielle, hundert Dukaten für seine Hilfe schenken! Doch van Rielle weigerte sich, den Betrag anzunehmen, was gewiß nicht typisch «holländisch» ist.

Meiner Frau geht es gut, besser als vor meiner Abreise. Wie ich meine, hat mein kleiner Junge große Fortschritte gemacht, er sieht gesund und kräftig aus und ist immer munter. Der Tag unserer Abreise nach Spa steht noch nicht fest, aber ich denke, es dürfte Ende des Monats sein.

Spa, 19. Juli 1736

Vorgestern sind wir bei guter Gesundheit hier angekommen. Am Freitag vor zehn Tagen haben wir Den Haag verlassen und erreichten noch am selben Abend Breda. Am Samstag vormittag wohnten wir der Inspektion der Truppen bei und fuhren dann nach Antwerpen, wo wir am Sonntag alle Sehenswürdigkeiten besichtigten, wie Fremde das zu tun pflegen. Am Montag reisten wir nach Brüssel, wo wir einen Brief des Grafen von Aldenburg vorfanden, worin er meldete, daß er und seine Frau am nächsten Tag eintreffen würden. In Brüssel habe ich viele alte Bekannte getroffen, deshalb sind wir einen Tag länger geblieben. Am Freitag fuhren wir gemeinsam mit den Eltern meiner Frau nach Namur. Sie hatten dort im Grunde nichts zu suchen und machten den großen Umweg nur aus Gefälligkeit und Interesse für uns. Wir wohnten im Schloß beim Garnisonskommandanten und blieben Samstag und Sonntag dort. Am Montag nahmen wir Abschied, der Graf und seine Frau reisten über Brüssel, Antwerpen, Breda und 's-Hertogenbosch (auf dem kürzesten Weg) nach Varel, wir mieteten ein Schiff und fuhren auf der Maas nach Lüttich. Die Maasufer während der Fahrt gehören zum Schönsten, was ich jemals gesehen habe. Wir übernachteten in Lüttich und kamen am Donnerstag abend hier an. Das Wetter ist regnerisch; ich fürchtete schon, wir seien zu spät in der Saison, doch die Leute sagten, das sei nicht schlimm. Täglich kommen neue Gäste, die vornehmsten sind Engländer. Meine Frau ist guter Laune und beginnt morgen ihre Kur. Als ich Den Haag verließ, hatte ich etwas Halsschmerzen, aber die Heiserkeit ist durch die Luftveränderung und Bewegung völlig verschwunden; ich habe mich während der ganzen Reise wohl gefühlt. Für die Bäder in Seltzer-Wasser habe ich Plätze bestellt, die Kur findet unter der Aufsicht eines Arztes statt.

Die Freude ist von nur kurzer Dauer. Eine Woche nach der Ankunft in Spa stellt sich heraus, daß Charlotte Sophie sich mit Pocken angesteckt hat. Sie ist schwer krank. Verzweifelt schickt Willem einen

Eilboten nach Den Haag und läßt Doktor Schwencke kommen. Dieser nennt den Zustand besorgniserregend, vor allem wegen der heftigen Aufregung der Patientin. Um ihr die nötige Ruhe zu verschaffen, verschreibt er ihr Opium.

Albrecht Wolfgang zu Schaumburg-Lippe an Willem Bentinck

Bückeburg, 13. August 1736

Erst die Briefe, die wir heute aus Varel erhielten, erklären Ihren kurzen Bericht, der mit der vorigen Post kam. Sie schreiben darin: Es ist der dritte Tag, sie kann nicht schreiben, sie ist medizinisch gut versorgt, alles verläuft nach Wunsch. In der Annahme, Sie erwähnten in den ersten Zeilen Ihres Briefes die Brunnenkur, schenkten wir den folgenden nicht genug Aufmerksamkeit; und obwohl mich beim Lesen einiger Ausdrücke am Schluß des Briefes eine gewisse Besorgnis befiel, unterdrückte ich diese in der Annahme, wenn etwas Außergewöhnliches geschehen wäre, hätten Sie das sicherlich geschrieben. Heut verstehen wir endlich Ihre berechtigte Furcht und teilen sie von ganzem Herzen! Ich flehe Sie an, schicken Sie mir an jedem Posttag nur ein Wort, notfalls durch einen Diener, wenn Sie selbst nicht schreiben können. Die Ungewißheit ist unerträglich, denn heute haben wir keinen Brief von Ihnen bekommen. Bedenken Sie die Verzögerung, wenn wir die wichtigen Neuigkeiten erst auf dem Umweg über Varel erfahren, und zürnen Sie uns nicht wegen unserer Bitte! Ich bete zu Gott aus tiefstem Herzen, daß die schreckliche Krankheit günstig verlaufen möge und daß danach eine Periode bleibender Gesundheit für Ihre Frau anbricht. Es hat mich gewundert, daß sie den ganzen vergangenen Winter krank war. Jetzt versetzt mich Ihr Schweigen in tödliche Unruhe, gebe Gott, daß es nur die Angst ist, die mir einen Streich spielt. Nun ist wohl nicht mehr daran zu denken, daß wir Sie beide im kommenden Herbst in Varel treffen. Sie können sich vorstellen, wie meiner Frau zumute ist, welchen Schock, welche Besorgnis um ihre geliebte Freundin die Nachricht in ihr ausgelöst hat. Sie trägt mir auf, kommen Sie nach Bückeburg und erholen Sie sich in der reinen Luft, bevor Sie nach Varel oder Den Haag weiterfahren. Ihre Frau kann weder zu ihrem Vater noch zu ihrem Söhnchen, solange sie nicht völlig genesen ist. Wir haben vor, am 1. oder 2. September nach Varel auf die Jagd zu gehen. Jetzt ist Mitte August. Wenn Gott unsere Bitten erhört, kann die arme Kranke in drei oder vier Wochen die Reise antreten. Das ist genau der Zeitpunkt, an dem ich wieder in Bückeburg bin; ich werde auf jeden Fall dort sein, wenn ich Sie dort beide als Gäste begrüßen darf! Sagen Sie ja zu meinem Vorschlag, er ist das einzige Mittel, uns ein wenig für den Kummer zu entschädigen, den wir unter diesen traurigen Umständen mit Ihnen teilen!

Anton von Aldenburg an Albrecht Wolfgang zu Schaumburg-Lippe

Varel, 14. August 1736

Bedarf es noch meiner Bitte, Ihre Dankgebete den unseren hinzuzufügen, da Gott nun so gnädig war, die einzige Tochter, die Er uns geschenkt hat, am Leben zu erhalten? Heute vor acht Tagen hörten wir, in welchem besorgniserregenden Zustand sie sich befand. Sie können sich unsere Aufregung und Angst vorstellen. Die Pocken sind an sich schon eine schwere Krankheit, bei der man für das Leben des Patienten fürchten muß. Hinzu kam in diesem Fall noch die schon vorher angegriffene Gesundheit unserer Tochter, die außergewöhnliche Hitze der vergangenen Wochen und die Tatsache, daß sie in dem abgelegenen Kurort Spa keine erstklassige medizinische Hilfe erwarten kann. Denken Sie sich dazu noch ihr heißblütiges Temperament und ihre überempfindlichen Nerven: alles triftige Gründe zur Besorgnis! Gestern morgen um sieben brachte ein Diener Bentincks die gute Nachricht, daß die Krise (am zehnten Tag) vorbei war und alles den Umständen entsprechend glimpflich ausgegangen ist. Bentinck hat sich meiner Tochter und uns gegenüber so anerkennenswert verhalten, wie es seinem Charakter entspricht.

Sie kennen ihn. Seine Handlungsweise hätte unseren größten Respekt und unsere ganze Zuneigung verdient, wenn er sie nicht schon längst besessen hätte. Gott hat ihn in Spa Freunde und Beistand finden lassen, als befände er sich zu Hause im engsten Familienkreis.

Albrecht Wolfgang zu Schaumburg-Lippe an Willem Bentinck

Bückeburg, 20. August 1736

Nichts wäre im Augenblick so unangebracht, wie Ihnen des langen und breiten zu versichern, wie innig dankbar ich Gott dafür bin, daß wir unsere arme Kranke behalten durften; nie war mein Gefühl der Freude so aufrichtig, so rein! Ich bin Ihnen sehr, sehr verbunden für Ihre Aufmerksamkeit, uns einen kurzen Bericht zu schicken. Bieten Sie Ihre ganze Überredungskraft auf und halten Sie sie an, vorsichtig zu sein. Ihre Gesundheit liegt in ihren eigenen Händen. Die kommenden Wochen entscheiden über ihre Konstitution für den Rest ihres Lebens.

Thomas de Larrey an Lady Portland

Varel, 24. August 1736

Ich beglückwünsche Sie zur Genesung von Frau Bentinck. Ich erlebe alle Freuden und Leiden der Familie aus ganzem Herzen mit; bei einem so ergreifenden Krankheitsfall wie dem von Madame Bentinck bedrückte mich besonders der Gedanke an Sie, an die Kranke, an ihre Eltern, an Herrn Bentinck und auch an mich selbst. Zum Glück geht es ihr nun wieder gut, wir erhalten sehr zuversichtliche Briefe aus Spa. Herr Bentinck ist gesund trotz aller Sorgen und Anstrengungen, die er durchmachen mußte; durch sein Verhalten in diesen schweren Tagen hat er den Grafen von Aldenburg und seine Gemahlin mehr denn je für sich gewonnen. In Varel haben wir wieder Gäste, unter anderem den alten Herrn von Wedel mit Familie; wir erwarten täglich den Grafen zu Schaumburg-Lippe und seine Frau. Leider werden Herr und Frau Bentinck diesmal nicht dabeisein. Nur zu gern hätte ich sie wiedergesehen, bevor Graf von Aldenburg und ich Anfang November nach Dänemark reisen. Ich habe Ihrem Sohn geschrieben (der mich wegen einer eventuellen Reise nach Varel um Rat gebeten hat), es sei meiner Ansicht nach am vernünftigsten, wenn sie jetzt noch nicht kämen, um dem Grafen von Aldenburg eine heftige Gemütsbewegung zu ersparen. Er wäre tief bestürzt, wenn er seine Tochter jetzt sähe, die, wie man sagt, noch sehr von den Pocken entstellt ist und eine feuerrote Haut hat. Ich habe mit der Prinzessin von Aldenburg darüber gesprochen, die meine Meinung teilt. Ich denke, daß man meinen Rat beherzigen wird, außer wenn der Graf selber auf ihrem Kommen besteht; ich glaube aber nicht, daß er das tun wird.

Tief bewegt von der Krankheit ihrer Schwiegertochter und den Sorgen ihres Sohnes, erbietet sich Lady Portland, nach Holland zu kommen und, solange das junge Paar es wünscht, den Haushalt in Den Haag zu führen. Es sind nicht nur die langsame Genesung und die (vorübergehende) Entstellung, die Charlotte Sophie in diesen Wochen absolut unzugänglich machen. Sie tobt vor Enttäuschung, daß der Besuch in Varel wieder nicht stattfinden kann; nicht einmal der Gedanke, daß «Lip» sie jetzt mit ihrem pockennarbigen, rotgeschwollenen Gesicht sehen würde, schreckt sie ab. Willem will seiner Mutter die unberechenbaren Launen seiner jähzornigen, nervösen Frau nicht zumuten und schreibt einen Brief nach England mit der dringenden Bitte, vorläufig nicht zu kommen.

Willem Bentinck an seine Mutter Lady Portland

Sorghvliet, 14. September 1736

Die Reise nach Varel ist abgesagt, worüber ich sehr froh bin, denn nach der langen, erzwungenen Abwesenheit kann ich nicht nochmals wochenlang von hier fort. Ich habe vor, Sie zu Weihnachten in England zu besuchen. Die Leute hier kritisieren mich weniger wegen meiner vielen Reisen, wenn ich zwischendurch längere Zeit auf meinem Posten bin. Die Prinzessin von Aldenburg wünscht, daß wir nach Varel kommen, nachdem sie und ihr Mann aus Dänemark zurückgekehrt sind, aber ich habe nichts versprochen und werde das auch nicht tun.

Willem teilt seiner Mutter mit, daß die Friedensverhandlungen mit Frankreich und Spanien so langsam und mühselig vorangehen, daß man (voraussichtlich) in absehbarer Zeit einen Kongreß einberufen wird. Bereits im vergangenen Winter hat Willem seine Dienste angeboten für den Fall, daß die Beratungen im Ausland stattfinden. Bei Konferenzen, die in Holland abgehalten werden, fällt die Aufgabe des Wortführers einem ständigen Abgeordneten der Generalstaaten zu. Wenn die Holländische Ritterschaft einen Mann aus den eigenen Reihen benennt, steht dieser auf der Rangliste an oberster Stelle. Weil Gelderland als erste Provinz der Republik auch als erste wählen darf (selbstverständlich unter den Adligen Gelderlands), sieht Willem für sich keine Chance. Vor einiger Zeit stand er in der engeren Auswahl für den Posten des Direktors der Vereinigten Ostindischen Kompanie, doch leider wurde ihm ein anderer vorgezogen. «Bislang hat man mich noch nie in eine Kommission gewählt. Die Herren glauben nur zu gern an die Unfähigkeit eines Kandidaten; wenn sie könnten, würden sie mir einen unwichtigen Posten zuschieben.»

Um eine repräsentative Aufgabe zu übernehmen, braucht Willem größere Barmittel. Von dem Betrag, den Charlotte Sophies Vater ihm so großzügig versprochen hat, hat er bislang noch keinen Cent erhalten. Er bittet deshalb seine Mutter, sie möge in einem Brief an den Grafen von Aldenburg in der ihr eigenen taktvollen Art das Problem zur Sprache bringen; auch Charlotte Sophie wird angehalten, in einem Schreiben an ihr Elternhaus seine Sache zu befürworten.

Thomas de Larrey an Lady Portland

Varel, 21. September 1736

Der Gesundheitszustand des Grafen von Aldenburg hat sich seit der Kur im vergangenen Sommer in Aachen zum Besseren gewendet. Auch die Jagd bekommt ihm gut. Wir haben hier im Augenblick viele Gäste, darunter den Grafen zu Schaumburg-Lippe mit Frau und Bruder, die Familien von Wedel und von Stöcken. Die Reise nach Kopenhagen ist jetzt definitiv auf Mitte November festgesetzt worden. Madame, ich habe mir in der Nähe Varels ein kleines Landgut gekauft. Der Graf von Aldenburg hat mir für den Kauf zweitausend Dukaten geschenkt und mir zusätzlich fünftausend geliehen; ich hoffe meine Schulden innerhalb von zehn bis zwölf Jahren zurückzuzahlen. So kann ich mir auf die Dauer einen bescheidenen Familienbesitz erwerben.

30. Oktober 1736

Ich habe beim Grafen von Aldenburg keine Spur von Widerstand entdecken können, was die geplante Reise Ihres Herrn Sohnes und seiner Frau nach England anbelangt. Er meint, der kommende Winter sei die beste Zeit für ein solches Unternehmen, und er versteht vollkommen, wie sehr Sie die Gesellschaft Ihrer Kinder genießen werden. Er ist aufs höchste entzückt, daß Frau Bentinck nun endlich Ihre übrige Familie kennenlernen will, und hofft, daß sie deren Freundschaft gewinnt; mit einem Wort, er ist ganz und gar einverstanden, soweit es die Reise von Herrn und Frau Bentinck betrifft. Er macht sich jedoch Sorgen um den kleinen Antoine. Er fürchtet sich ganz allgemein vor dem Meer, er steht tausend Ängste aus um dieses Kind, das er als einzige Hoffnung seines Geschlechts betrachtet. Kurzum, er meint, Antoine müsse in Den Haag bleiben.

Willem Bentinck an seine Mutter Lady Portland

Den Haag, 20. November 1736

Ich habe soeben aus Varel einen Brief mit einer befremdenden Nachricht erhalten. Der Graf von Aldenburg war schon zwei Tage nach Kopenhagen unterwegs, als er plötzlich umkehrte. In Kopenhagen hatte man das gemietete Haus für ihn hergerichtet, die Bedienten mit dem Gepäck waren schon eingetroffen. Jetzt muß alles rückgängig gemacht werden. Offensichtlich war er nicht so schwer erkrankt, daß er die vierzig Meilen nach Varel nicht nochmals zurücklegen konnte. Ich verstehe das Ganze nicht und neige dazu, es einem Anflug von Schwermut zuzuschreiben. Allein die Vorbereitungen zu der Reise haben drei- bis viertausend Kronen gekostet. Von meiner Englandreise mit Frau und Kind wage ich ihm gar nicht zu schreiben. Ich bin immer noch fest entschlossen, mich im Januar auf den Weg zu machen. Bei klarem Frostwetter werden wir für die Überfahrt nicht länger als eine Nacht brauchen. Inzwischen tue ich, was ich kann (sooft ich Gelegenheit dazu finde), um seine wirklich panische Angst um Antoine zu beschwichtigen; vor seinen Briefen über dieses Thema ist mir jetzt schon bang. Was unsere Finanzen betrifft, so brauchen Sie sich keine Sorgen zu machen. Die Reise nach Spa und die Krankheit meiner Frau haben mich in der Tat einiges gekostet, doch ich hatte noch Geld übrig, so daß ich bislang nicht in Not geraten bin. Ich bemühe mich, keine Schulden zu machen, mit gutem Erfolg!

Thomas de Larrey an Lady Portland

Varel, 30. November 1736

Wir waren schon in Closter, als wir wegen eines heftigen Asthmaanfalls des Grafen von Aldenburg, der uns alle sehr erschreckt hat, umkehren mußten. Wohlbehalten in Varel angekommen, ging es ihm dann viel besser. Es wütete ein schwerer Sturm, der das Schlimmste für die Deiche befürchten ließ. Die See stand fast so hoch wie 1717. Wir glaubten schon, alles sei verloren, als es Gott gefiel, die Wellen zurückfluten zu lassen. Zwei Stunden lang strömte das Wasser in Kaskaden über die Deiche ins Land! Ich stand auf dem Dach meines Hauses, um das Schauspiel besser sehen zu können.

Am 4. Dezember meldet Willem seiner Mutter, daß die Reise nach England vorläufig nicht stattfinden kann. Ein Mitglied der Holländischen Ritterschaft, Herr van Boetzelaer, ist gestorben; für Willem ist eine Beförderung in Sicht. Im Augenblick ist er in Den Haag unabkömmlich. Seine Aufnahme in die Kammer der Generalstaaten findet am 18. Januar 1737 statt. Da der Geschäftsführer von Doorwerth, Herr van Eck, der seinerzeit bei der Abfassung des Ehevertrags geholfen hat, ebenfalls gestorben ist, kommt der unentbehrliche de Larrey für etwa zehn Tage nach Den Haag; die mit Doorwerth verbundenen Probleme sind wichtig und müssen sofort angegangen werden. Aus Varel kommt die Nachricht, daß der Graf von Aldenburg sich wieder bester Gesundheit erfreut. Er bittet Willem, bei einem berühmten Uhrmacher in England eine goldene Repetiertaschenuhr für ihn zu bestellen, mit emailliertem Zifferblatt und Schlagwerk. Das Wetter ist mehr als schlecht: Hagel, Schnee, stürmischer Wind und dann und wann ein so heftiges Gewitter, wie man es auch im Sommer selten erlebt. Charles Bentinck ist für unbestimmte Zeit in das Haus eingezogen, das die Brüder in Leiden besitzen.

Anfang Februar logiert Anton von Aldenburg, der seine Besitztümer in Gelderland inspizieren und andere geschäftliche Angelegenheiten erledigen will, auf Doorwerth. Diesmal ohne seine Frau; Wilhelmine Marie ist wegen einer schweren Erkältung zu Hause geblieben. Albrecht Wolfgang zu Schaumburg-Lippe und seine Frau Lottchen (samt Gefolge, zu dem natürlich auch Lucia de la Cour und die Kammerfrau Cordier gehören) haben sich ihrem Onkel angeschlossen. Alle brennen vor Verlangen, Charlotte Sophie wiederzusehen, die, wie es heißt, völlig genesen ist. Willem kann so kurz nach seiner Aufnahme in die Kammer der Generalstaaten nicht fort aus Den Haag, das würde einen schlechten Eindruck machen. Zudem hat er weder Zeit, Lust noch Geld, die ganze Gesellschaft nach Den Haag einzuladen. Charlotte Sophie will mit aller Gewalt nach Doorwerth. Da das Wetter milder geworden ist und die Wege wieder befahrbar sind, gibt Willem seine Einwilligung zu der Reise.

Willem Bentinck an seine Mutter Lady Portland

Den Haag, 5. Februar 1737

Der Prinz und die Prinzessin von Oranien haben einige Wochen in Den Haag verbracht. Damit verbunden will ich Ihnen einen kuriosen Vorfall berichten. Vergangenen Freitag war ich in Leiden; ich wollte Bruder Charles zum Essen einladen und schickte ihm eine kurze Nachricht, doch er antwortete, er habe selber unerwarteten Besuch bekommen, und bat mich, ihm aus dem Wirtshaus ein Gericht schicken zu lassen, da er nichts Passendes im Hause habe. Ich beschloß, ihn mitsamt seinem Gast einzuladen, und ging zu Charles, um die beiden abzuholen. Ich traf Charles in nonchalanter Kleidung an (er war gerade von einem Ausritt zurück), bei ihm war der Prinz von Oranien. Dieser war nach Leiden gekommen, um mit Boerhave zu sprechen, als es ihm einfiel, bei meinem Bruder zu dinieren. Die beiden warteten ganz fröhlich auf das bestellte Essen. Ich lud sie (mit den Herren, die den Prinzen begleiteten) zu mir nach

Hause zum Essen ein. Danach begab sich der Prinz in sein Quartier zurück. Schade, daß er bei allen seinen Unternehmungen so schlechte Ratgeber hat; es fehlt ihm gewiß nicht an Einsicht und Vernunft. Dieser Tage muß ich für die halbe Welt als Botenjunge auftreten. Der Graf von Aldenburg und der Graf zu Schaumburg-Lippe mitsamt ihren gemeinsamen Freunden haben mich gebeten, in England zwölfhundert Flaschen Zider für sie zu bestellen und geradewegs nach Bremen schicken zu lassen; außerdem wollen sie noch zweihundert Flaschen Mineralwasser aus Bristol! Bei dieser Gelegenheit werde ich eine kleine Kommissionsgebühr für mich berechnen!

Zu Willems Überraschung kehrt Charlotte Sophie früher als erwartet nach Den Haag zurück. Er weiß nicht (und bemerkt auch nicht), daß seine Frau eine Grenze überschritten hat; von diesem Augenblick an entfernt sie sich unwiderruflich von ihm. In Doorwerth ist ihr etwas widerfahren, woran sie zwar oft gedacht, das sie aber nie bewußt gesucht hat, etwas, was ohne die (überraschende und hinterhältige) Mitwirkung, ja verschwörerische *Mitschuld* Lottchens und ihrer Hofdame und Kammerfrau nie hätte passieren können. Charlotte Sophie ist noch betäubt wie nach einem Rausch oder einem aufwühlenden Traum.

Willem Bentinck an seine Mutter Lady Portland

Den Haag, 12. Februar 1737

Meine Frau wünscht sich eine kleine Hausapotheke, möglichst aus Mahagoni, die man aufklappen kann. Charles scheint so ein Ding zu besitzen; ich habe es nie gesehen, und er ist zur Zeit nicht in der Stadt. Wenn man das Kästchen aufklappt, öffnet es sich an zwei Seiten; darin findet man eine Waagschale mit Gewichten, eine Menge Schublädchen, gläserne Töpfchen und Fläschchen, die genau ineinander passen, so daß nichts verrutschen kann. Je mehr technische Raffinessen, Neuigkeiten, Geheimfächer und dergleichen darin eingearbeitet sind, desto größeren Gefallen wird es finden.

5. März 1737

Auf Ihre Frage nach dem Zustand der Deiche in Holland: Jedermann hier ist überzeugt, daß man diese nicht auf in den Boden gerammten Pfählen, sondern über schief gestapelten, großen Steinblöcken anlegen müsse. Meine Frau hat Scharlachfieber. Dem Grafen von Aldenburg habe ich geschrieben, sie habe nur ein bißchen Ausschlag, was ja stimmt, denn Scharlach geht mit einer stark geröteten Haut einher. Ich hoffe, daß sie bald wieder gesund ist. Größere Sorgen bereitet mir die Tatsache, daß sie in den vergangenen zwei, drei Tagen mehrmals in Ohnmacht gefallen ist.

16. April 1737

In Varel ist eine Pockenepidemie ausgebrochen. Graf von Aldenburg und seine Frau sind deshalb nach Bückeburg gereist. Der Graf will Anfang Mai Doorwerth besuchen und danach nochmals zur Kur nach Aachen fahren. Eine schwere Erkältung seiner Frau macht ihm gewaltige Sorgen. Er ist ein lieber, braver Mann, aber der größte Angsthase, der mir je begegnet ist. Die Krankheit im vorigen Sommer hat meine Frau zur Einsicht gebracht. Die guten Vorsätze dauern an, ihr Benehmen hat sich sehr gebessert, sie ist viel ruhiger und gemessener im Auftreten als früher, ohne daß dies ihrem lebhaften Geist, den ich besonders hoch schätze, Abbruch getan hätte. Ich tue alles, um sie zu erheitern und ihre Gedanken in gute Bahnen zu lenken. Ich habe allen Grund, mit dem günstigen Ergebnis des vergangenen halben Jahres zufrieden zu sein. Freilich ist sie noch nicht ganz so, wie sie sein sollte (aber gilt dies nicht mehr oder minder für uns alle?), und so setze ich hohe Erwartungen in die

Zukunft, nämlich, daß ihr Verhalten mir gegenüber sich immer mehr meinen Wünschen nähert. Diese Hoffnung macht mich glücklich und beruhigt mich. Meinem kleinen Jungen geht es sehr gut; er ist ein strammes Kerlchen, spielt täglich vier bis fünf Stunden im Freien, auf Sorghvliet oder in Het Voorhout (je nachdem, wo wir gerade sind, und kann schon ohne Hilfe die Treppen hinauf- und hinuntergehen.

Willem Bentinck an Albrecht Wolfgang zu Schaumburg-Lippe

Den Haag, 8. März 1737

In Eile: Ihr Regiment geht nach Venlo. Diese Nachricht habe ich namens der Generalstaaten erhalten.

Albrecht Wolfgang zu Schaumburg-Lippe an Willem Bentinck

Bückeburg, 11. März 1737

Ich war gerade im Begriff, Ihnen für die Fürsprache, mit der Sie mich beehrt haben, ergebenst zu danken, als ich Ihre Mitteilung vom achten des Monats erhielt. Nehmen Sie deshalb alle Beweise der Erkenntlichkeit entgegen, die ich mir ausdenken kann, und seien Sie überzeugt, was ich in Worten zu fassen versuche, ist nur ein schwacher Widerschein meiner Gefühle. Es käme einer Beleidigung gleich, wollte ich mich noch länger bei diesem Thema aufhalten. Ich soll also nicht nach Arnhem? Sagen Sie mir bitte, haben Sie den Eindruck, daß man daran noch etwas ändern kann? Wenn es sich nur einigermaßen machen läßt, werde ich im Mai auf meinem Posten sein.

Charlotte Sophie Bentinck-von Aldenburg an Albrecht Wolfgang zu Schaumburg-Lippe

Den Haag, 21. April 1737

Wenn mich jemals das Lesen eines Briefes zutiefst bewegt hat, dann diesmal, als ich Ihr Schreiben erhielt. Mit Freude habe ich festgestellt, daß Sie aufrichtig bereuen, was Sie mir angetan haben. Ich muß gestehen, ich war sehr schockiert, überließ aber die Strafe Ihrem eigenen Schuldgefühl. Ich glaubte sogar, Ihre Verwirrung zu steigern, indem ich Ihnen nicht den geringsten Vorwurf machte. Doch jetzt, da ich merke, wie sehr es Sie reut, verzeihe ich Ihnen aus tiefstem Herzen, unter der Bedingung, daß Sie Ihr Verhalten in Zukunft ändern, so wie ich künftig eine andere Vertraute wählen werde als meine Cousine Lottchen. Sie erwarteten vielleicht einen Brief voll Drohungen und wilder Anschuldigungen, doch ich bin der Meinung, daß ich Sie durch Milde besser zur Einkehr bewegen kann. Ich bin von Ihrer Herzensgüte und der Aufrichtigkeit Ihrer Gefühle überzeugt und zweifle nicht daran, daß Sie sich bemühen werden, das Unrecht, das Sie mir angetan haben, wiedergutzumachen. Ich verspreche Ihnen sogar, daß ich Ihr freundschaftliches Verhältnis mit meinem Mann nicht zerstören und Ihnen für das Geschehene niemals einen Vorwurf machen werde, kurzum, daß ich (obwohl ich durchaus dazu imstande wäre) Ihrer Ehre und Ihrem Ruf niemals Schaden zufügen werde. Ich wage jede Wette, daß Sie jetzt starr vor Erstaunen sind über die Art und Weise, wie ich Ihre Taten hinnehme. Vielleicht folgern Sie daraus, ich hätte wenig Ehrgefühl und sei wenig empfindlich gegenüber Kränkungen; das wäre verständlich, wie ich selber zugeben muß. Doch hatten Sie Ihrerseits die Güte, mich nicht zu verurteilen, als ich nach Ihren eigenen Prinzipien handelte. Um die Wahrheit zu sagen: Wenn ich mich so «hündisch» unterwerfe, dann aus reiner Bequemlichkeit. Diese charmante Eigenschaft, die Sie selbst im Übermaß besitzen, hat mir mächtig imponiert; ich versuche sie mir anzueignen, denn letzten Endes hat sie mir geholfen, meinen Zorn gegen Sie zu überwinden.

Willem Bentinck an seine Mutter Lady Portland

Den Haag, 30. April 1737

Graf von Aldenburg wird morgen auf Doorwerth zurückerwartet; wir werden ihn in Kürze wohl auch hier bei uns sehen. Der Graf zu Schaumburg-Lippe hat den sich seit vielen Jahren hinschleppenden Prozeß endlich gewonnen und ist dadurch in den Besitz der Vogtei Brake gelangt, einer Domäne, die fünfzigtausend Gulden jährlich einbringt, dazu kommt eine Million als Schadensvergütung für die Zeit (fast hundert Jahre!) widerrechtlicher Herrschaft des Detmolder Zweiges der Familie Lippe.

Sorghvliet, 17. Mai 1737

Meine Frau fühlt sich nicht ganz wohl; das berechtigt mich zu der freudigen Vermutung, daß sie guter Hoffnung ist, was meine Sorge erheblich mildert. Es wäre sehr gut für Antoine, wenn er einen Spielkameraden bekäme. Bei Einzelkindern kommt selten etwas Gutes heraus, je mehr Kinder in einer Familie aufwachsen, desto kleiner ist die Gefahr des Verwöhnens. De Larrey wird Ihnen von der ernsthaften Erkrankung der Madame von Schütz, der Cousine des Grafen Aldenburg, berichten. Wir haben ihr angeraten, sich in die Behandlung von Dr. Boerhaave zu begeben, doch sie will aus mancherlei Gründen nicht nach Holland reisen. Hugo und Werlhoff sind ihre Ärzte.

Charlotte Sophie Bentinck-von Aldenburg an Albrecht Wolfgang zu Schaumburg-Lippe

Sorghvliet, 2. Juni 1737

Sie haben meinen Gatten mit einem Brief beehrt, der mir richtig angst macht. Die darin enthaltene Drohung, daß Sie uns nur drei bis vier Tage Ihres Aufenthaltes in unserer Gegend schenken wollen, erscheint mir so grausam, daß ich nicht umhin kann, zu protestieren. Wie denn, beabsichtigen Sie schon nach so kurzer Zeit ein Glück zu beenden, auf das wir uns seit vielen Jahren freuen? Und wenn Sie uns endlich die Gunst erweisen, bei uns zu wohnen, müssen Sie dann wirklich schon fort, ehe wir genügend Zeit hatten, zu zeigen, wie sehr wir das Vorrecht, Ihnen Gastfreundschaft zu gewähren, zu schätzen wissen? Überdenken Sie Ihre Regierungs- und sonstigen Geschäfte, ziehen Sie Ihr Gefühl zu Rate und stellen Sie fest, inwiefern diese Ihnen gestatten, meine Bitte zu erfüllen, nämlich uns so viel von Ihrer Zeit zu schenken, wie Sie können, ohne daß Sie in Schwierigkeiten geraten oder sich langweilen... Ich habe keine Ruhe, bis ich Ihre Nachricht habe, daß Sie meinem Vorschlag zustimmen.

Willem Bentinck an seine Mutter Lady Portland

Sorghvliet, 5. Juli 1737

Mit Dank habe ich das Rezept für die Tropfen gegen die Fallsucht erhalten. Meiner Frau geht es schon viel besser, aber ich fürchte noch stets, sie könnte wieder in Ohnmacht fallen, bei der immer heftige Krämpfe auftreten. Nach einem solchen Anfall ist sie so müde, daß sie sofort das Bett aufsuchen muß. Ich hoffe, daß die Gefahr mit der voranschreitenden Schwangerschaft abnimmt; wenn nicht, so weiß ich nicht, ob sie das Kind behalten kann. Die Ärzte führen zwar Beispiele an von Frauen, die noch viel ärger an Krämpfen litten als meine Frau und die dennoch die neun Monate glücklich überstanden haben. Ich glaube übrigens nicht, daß die Tropfen, die Sie geschickt haben, gut für sie sind. Die Krankheit entspringt nämlich einer Überempfindlichkeit des Nervensystems, die von den Tropfen eher noch verstärkt als gemildert wird. Ich schicke Ihnen Heringe, sobald es hier welche gibt. Wir haben noch keine gesehen, was sehr ungewöhnlich ist, denn die Heringfischer fahren am 23. Juni aus. In anderen Jahren haben wir zu dieser Zeit reichlich Fische von bester Qualität.

Beeinflußt von Gesprächen mit seinem Schwiegervater, beschließt Willem, sich mit einer politischen Angelegenheit zu beschäftigen, die für ihn und seine künftigen Erben von Belang sein könnte. Der in Ostfriesland herrschende Fürst ist der letzte männliche Nachkomme seines Geschlechts. Er und seine Verwaltungsbeamten sind bei der Bevölkerung alles andere als beliebt. Wie de Larrey berichtet, der hin und wieder als Sachwalter von Anton von Aldenburg die ostfriesische Hauptstadt Aurich besucht, machen aufständische Lieder die Runde, wie:

Den Vürsten will wy vangen,
syn Commissie will wy hangen,
de Canselier up dat Rad,
so hebben wy Oostvriesland platt.

In den Straßen wird öffentlich bekannt, daß man in freudiger Erwartung daran denkt, nach dem Tode des Fürsten die Macht dem höchsten Anwärter auf das Gebiet, nämlich dem König von Preußen zu übertragen. Kniphausen grenzt an Ostfriesland; tatsächlich verdankt Anton von Aldenburg diesen Besitz dem besonderen Wohlwollen der ostfriesischen Fürsten, eine Gunst, die sich aus der freundschaftlichen Verbundenheit des Hauses mit Antons Großvater Anton Günther und Elisabeth von Ungnad herleitet. Ein neuer Herrscher in Ostfriesland könnte jedoch, auf Grund jahrhundertealter Dokumente, nach Belieben seinen Anspruch auf Kniphausen geltend machen. Diese Möglichkeit, die Anton von Aldenburg nie aus den Augen läßt, versetzt nicht nur ihn in Unruhe; er weiß sehr wohl, wie sehr und mit welchem Recht die Republik der Vereinigten Niederlande eine preußische «Niederlassung» nahe der eigenen Grenze an der Nordseeküste fürchtet.

Willem Bentinck teilt die Besorgnis seines Schwiegervaters und erkennt die Gefahr für die Republik. Er bespricht die Lage mit dem Ratspensionär und hat selber einen Vorschlag parat, wie man Preußen eine Alternative anbieten könnte. Der König von Preußen könnte Ostfriesland einem anderen Prätendenten, dem König von Sachsen, überlassen im Tausch gegen das Gebiet von Jülich und Berg, auf das Sachsen Anspruch erhebt. Die Generalstaaten haben für den Plan ihres frischgebackenen Mitglieds ein offenes Ohr.

Vor der Geburt des zweiten Kindes beginnt Willem über seine Verantwortung als Erzieher nachzudenken. Er erinnert sich nur zu gut an die Höhen und Tiefen in seinen eigenen Beziehungen zu den verschiedenen Lehrern und kommt zu der Überzeugung, daß Hauslehrer mit größter Sorgfalt ausgewählt werden müssen. Er zieht Erkundigungen ein; durch Vermittlung des zuverlässigen Erziehers der Söhne von Albrecht Wolfgang zu Schaumburg-Lippe setzt er sich in Verbindung mit einem jungen Mann, der aus den großbürgerlichen Kreisen der Stadt Genf stammt und den man als angehenden Gelehrten mit tadellosen Umgangsformen lobt. Obwohl Antoine noch keine drei Jahre alt und viel zu klein ist, um richtigen Unterricht zu bekommen, läßt Willem Bentinck den künftigen Erzieher zum Kennenlernen nach Den Haag kommen. Abraham Trembley macht von Anfang an einen außergewöhnlich guten Eindruck; er ist ruhig, gebildet, bescheiden, mit unverkennbar großer wissenschaftlicher Begabung. Für den jungen Mann wiegen der Park und die Orangerie von Sorghvliet, die Nähe Leidens und die Tatsache, daß der Herr des Hauses sehr an botanischen und anderen biologischen Experimenten interessiert ist und eine hervorragende Bibliothek besitzt, die weniger angenehmen Seiten einer Hauslehrerstellung mehr als auf. Seinen zukünftigen kleinen Schüler hält er für ein nettes Kerlchen, doch Charlotte Sophie gegenüber ist er sehr auf der Hut.

Abraham Trembley an Lady Portland (im Laufe des Jahres 1743)

Ich habe damals während der Schwangerschaft von Madame Bentinck im Hause gewohnt. Es war eine Hölle, in der es kein Mensch aushalten konnte. Viele Male war ich Zeuge, wie sie die Geduld von Herrn Bentinck auf die Probe gestellt hat. Er hat sie mit jeder erdenklichen Rücksicht behandelt, die eine ehrbare Ehefrau verlangen kann. Dennoch sprach sie stets böse von ihm. Etwa so: Sie gab zu, daß sie ihn gar nicht einmal wegen seiner persönlichen Eigenschaften haßte, sondern nur wegen der Tatsache, daß er ihr Ehemann war. Mehrfach hat sie offen bekannt, sie könne ihn allein aus diesem Grund niemals lieben. Mir gegenüber behauptete sie, sie hätte sogar einen Engel gehaßt, falls sie mit ihm verheiratet gewesen wäre. Unzählige Male hat sie geklagt, man habe sie gegen ihren Willen verheiratet. Oft hat sie mich buchstäblich gezwungen, über dieses Thema mit ihr zu reden, und wenn ich dann ihre Anschuldigungen mit triftigen Argumenten entkräftete, fing sie an zu weinen oder wurde wütend, so daß ich die Sache auf sich beruhen ließ.

Was sie in Wirklichkeit bedrückt, kann Charlotte Sophie keiner Menschenseele anvertrauen. Sie weiß nicht, ob das Kind, das sie erwartet, von ihrem Mann oder von Albrecht Wolfgang gezeugt wurde. Sie hofft das letztere, aber wie soll es dann weitergehen? Wenn Willem der Vater ist, bedeutet das nur eine neue Fessel, sie zu binden, wo sie nicht gebunden sein will.

Willem Bentinck an seine Mutter Lady Portland

Sorghvliet, 6. August 1737

Ich glaube, der Graf von Aldenburg beabsichtigt, den ganzen Herbst und Winter hierzubleiben, damit er nicht gezwungen ist, ausdrücklich der Marotte seiner Tochter zu widersprechen; sie will nämlich wieder in Varel niederkommen (ich habe Ihnen bislang nichts davon gesagt, weil ich mich genierte). Die Prinzessin von Aldenburg ist wie immer einer Meinung mit ihrer Tochter und stimmt ihr in diesem besonderen Fall ganz und gar zu; der Graf weiß nicht, wie er sich gegen die beiden durchsetzen soll, und sieht es lieber, wenn alle hierbleiben. Das ist wieder so ein wunderlicher und überspannter Einfall meiner Frau; mir wäre angenehmer gewesen, Sie hätten nichts davon erfahren. Graf von Aldenburg denkt genauso wie ich. Falls meine Frau Ihnen darüber schreibt, antworten Sie bitte, als könnten Sie sich nicht vorstellen, daß sie es im Ernst meint; tun Sie es ab als «Badinerie»!

Ende August verlassen die rastlosen von Aldenburgs Den Haag und machen einen Besuch in Bückeburg. De Larrey, der sich ihnen angeschlossen hat, sieht sich vor eine neue Aufgabe gestellt: neben seinem Amt als Sekretär, Ratgeber und Sachwalter muß er nun auch als Begleiter des dreizehnjährigen Prinzen von Hessen-Homburg fungieren, einem Neffen von Wilhelmine Marie, der einige Zeit auf Schloß Varel verbringen soll, damit Trembley den jungen Prinzen auf die Studienjahre in Leiden vorbereiten kann. Nach einer Woche in Bückeburg kehren Anton und Wilhelmine Marie nach Holland zurück. Es ist davon die Rede, daß der Graf zu Schaumburg-Lippe und Lottchen sie nach Den Haag begleiten, doch nach reiflicher Überlegung sieht man davon ab. In Bückeburg herrscht in diesen Wochen festliche Stimmung. Außer dem glücklichen Ausgang des Prozesses in Sachen der Vogtei Brake gibt es einen weiteren Grund zu feiern: Lottchen und die Familie ihres ersten Mannes haben sich bezüglich der Mitgift gütlich geeinigt. De Larrey nimmt an ihrer Freude teil, denn (wie er Lady Portland nach seiner Ankunft in Varel schreibt): «Ohne diese Erfolge würde es für sie in finanzieller Hinsicht betrüblich schlecht aussehen.» Wichtiger ist für Willems Mutter die Nachricht, daß die Aufnahme von Kniphausen in den Reichskreis Westfalen beschlossene Sache ist.

«Der Besitz schöner Landgüter in Deutschland ist nun einmal mit Problemen verbunden», stellt de Larrey philosophisch fest.

Anton von Aldenburg an Albrecht Wolfgang zu Schaumburg-Lippe

Den Haag, 20. August 1737

Was Ihre Beförderung betrifft, so glaube ich, daß im Augenblick hier manches stagniert. Einige Herren der Generalstaaten wollen Ihnen persönlich schreiben. Bentinck sagt, er habe zur Zeit nichts Wichtiges zu melden, was Ihnen dienlich oder angenehm sein könnte. Von anderen höre ich dasselbe. Kurzum, Ihre Freunde (besser gesagt, Ihre guten Freunde) tun, was sie können, um Ihnen behilflich zu sein. Es heißt nun abwarten, bis das eine oder andere gelingt. Ihre Anwesenheit hält man noch nicht für erforderlich.

Willem Bentinck an seine Mutter Lady Portland

Sorghvliet, 30. August 1737

Ich glaube allmählich, daß der Plan meiner Frau, in Varel zu entbinden, endgültig vom Tisch ist und daß Graf von Aldenburg bis nach dem großen Ereignis hierzubleiben gedenkt. Ich fürchte, Sie werden mir in dieser ganzen Angelegenheit Laxheit vorwerfen. Doch wenn Sie die Situation gründlich untersuchen könnten, würden Sie mir sicherlich darin zustimmen, daß es am besten ist, so sanft und vorsichtig wie möglich vorzugehen – vor allem da wir es mit einer so wenig intelligenten und charakterfesten Persönlichkeit wie der Prinzessin von Aldenburg zu tun haben, die alles vom Standpunkt ihrer Tochter aus betrachtet, und einem Mann wie dem Grafen, der zwar von den besten Absichten beseelt, aber den beiden Frauen in keiner Weise gewachsen ist. Wenn ich nicht mit unerschütterlicher Gelassenheit auftrete, bekomme ich es mit allen dreien zu tun. Wie dem auch sei, ich weiß nie von vornherein, welche Wirkung mein Verhalten auslösen wird, und scheue mich deshalb, etwas im voraus zu sagen oder zu schreiben, denn was immer ich behaupte, kann umgehend durch Tatsachen widerlegt werden. Ich gebe lieber in vielen Dingen nach, als eine Sache auf die Spitze zu treiben oder eine Szene heraufzubeschwören, auch wenn dabei manches geschieht, was ich überhaupt nicht billige.

Charlotte Sophie Bentinck-von Aldenburg an Albrecht Wolfgang zu Schaumburg-Lippe

Den Haag, 13. September 1737

Ich habe bislang gehofft, Sie mündlich um etwas bitten zu können, was ich jetzt schriftlich tun muß. Es sieht ganz so aus, als könnte ich dieses Jahr nicht nach Varel kommen. Wenn Sie im Laufe des Sommers bei uns zu Gast gewesen wären, hätten Sie mir (wie ich mir zumindest vorstelle) gewiß nicht die Gunst abgeschlagen, dem Sohn, den ich demnächst auf Ehre und Gewissen abzuliefern habe, Ihren Vornamen zu geben und Ihre Anwesenheit bei seiner Taufe zu versprechen. Da ich aber aller Wahrscheinlichkeit nach zum Hierbleiben verdammt bin, flehe ich Sie an, erhören Sie meine Bitte und werden Sie der Pate des Geschöpfchens, das in Kürze zur Welt kommen wird.

Albrecht Wolfgang zu Schaumburg-Lippe an Charlotte Sophie Bentinck-von Aldenburg

Bückeburg, 16. September 1737

Der Brief, den Sie die Güte hatten mir zu schreiben, ruft in mir so viele und widersprüchliche Gefühle hervor, daß ich mich in der denkbar größten Verlegenheit befinde; ich weiß nicht, wie ich Ihnen erklären soll, was in mir vorgeht. Seien Sie überzeugt, daß meine Verwirrung nur der Flut dieser Empfindungen entspringt. Ich bin (wie es mir geziemt) überwältigt von der Ehre, die Sie mir erweisen, indem Sie meinen Vornamen dem Sohn geben wollen, den Sie (um Ihre Worte zu zitieren) «demnächst auf Ehre und Gewissen abzuliefern haben». Ich wünsche ihm von ganzem Herzen einen leichten und glücklichen Eintritt in diese Welt, es ist mir eine große Ehre, sein Pate zu werden. Aber wenn es nun ein Mädchen wird, Madame? Lassen Sie es dann nicht taufen?

Willem Bentinck an seine Mutter Lady Portland

Den Haag, 1. Oktober 1737

Meine Frau fühlt sich noch immer wohl, meiner Ansicht nach geht es ihr täglich besser. Vor Ungeduld, von ihrer Last befreit zu werden, bildet sie sich ein, sie sei weiter fortgeschritten, als es tatsächlich möglich ist. Ich persönlich glaube, daß ihre Stunde etwa Mitte Januar kommen wird.

Anton von Aldenburg an Albrecht Wolfgang zu Schaumburg-Lippe

Den Haag, 11. Oktober 1737

Es freut mich sehr, daß Sie mit der Jagd in Varel und mit meinem Jäger Anton Oberländer zufrieden waren; *ich* bin zufrieden, wenn die körperliche Bewegung Ihrer Gesundheit gutgetan hat, was ich von Herzen wünsche. Meiner Frau geht es recht gut. Bentinck und sein Söhnchen sind, was man «fettleibig» zu nennen pflegt. Der Kleine hat ein bißchen Ausschlag, leidet aber kaum darunter. Meine Tochter fühlt sich gar nicht wohl, bald hat sie Kopfschmerzen, bald Zahn- oder Halsschmerzen, mit einem Wort, sie ist eigentlich ununterbrochen krank.

Thomas de Larrey an Lady Portland

Den Haag, 6. Dezember 1737

Madame Bentinck wird diesmal in Den Haag entbinden, hat aber aus Varel die Hebamme kommen lassen, die ihr letztes Mal geholfen hat. Da Madame Wert darauf legt, in ihrer schweren Stunde meine Frau bei sich zu haben, hat diese mich nach Den Haag begleitet. Ich darf Ihnen noch berichten, daß der Bruder meiner Frau, Herr Weltzin, wie sein Vater in Diensten der Kammer von Varel steht. Außerdem hatte ich das Vergnügen, Herrn Trembley mit dem jungen Prinzen von Homburg bekannt zu machen, der zur Zeit in Varel weilt. Wie ich annehme, Madame, ist Ihnen bekannt, daß Herr Bentinck im Laufe des Frühjahrs Trembley als Erzieher für seinen Sohn angestellt hat; für eine kurze Übergangszeit überläßt er Trembley dem Prinzen. Für Trembley eine gute Vorübung zur Erziehung des lieben kleinen Antoine. Trembley ist ein hochbegabter junger Mann, sehr anständig und ehrlich; sein einziger Fehler ist, daß er sich ein wenig ungeschickt benimmt, doch das läßt sich für einen Mann mit seiner Intelligenz leicht korrigieren. Es freut mich sehr, Ihnen eine angenehme Nachricht melden zu können, was die Stimmung hier im Hause zwischen Herrn und Frau Bentinck betrifft. Für mich war dies immer der entscheidende Punkt; wenn die Stimmung in Ordnung ist, findet das übrige sich von selbst. Ich will gestehen, daß ich auf Grund meiner innigen Verbundenheit mit der Familie, in deren Diensten ich stehe, gern häufiger eine solch liebevolle Atmosphäre im Haus erleben möchte; jedenfalls ist sie jetzt sehr viel besser als früher, und wir dürfen nicht unzufrieden sein. Die Art, wie sich Herr Bentinck bei seiner Aufnahme in die Kammer der Generalstaaten verhalten hat, findet allgemein Anerkennung. Er benimmt sich tadellos, er steht mit seinen Kollegen auf freundschaftlichem Fuße und lädt sie zum Diner ein, mit einem Wort, er unterläßt nichts, um sich Ansehen und Vertrauen zu erwerben.

Willem Bentinck an seine Mutter Lady Portland

Den Haag, 7. Dezember 1737

Meine Überzeugung wächst von Tag zu Tag, daß Menschen mit einem unglücklichen Familienleben sich überall unwohl fühlen und daß man deshalb nie genug tun kann, um die Eintracht im Haus zu bewahren. Meine Frau ist derzeit in hervorragender Verfassung, hat aber so zugenommen, daß sie glaubt, Zwillinge zu tragen. Antoine ist sehr neugierig und stellt die verrücktesten Fragen; manchmal weiß ich nicht, was ich antworten soll. Er kennt alle Buchstaben des Alphabets, kann aber noch nicht richtig lesen.

31. Dezember 1737

Am Sonntag wurde meine Frau von einem Sohn entbunden; ihr und dem Kind geht es Gott sei Dank sehr gut. Am Samstag abend hatten wir Herrn 's-Gravesande zum Essen da. Meine Frau war sehr fröhlich, obwohl sie schon den ganzen Tag gelegentlich leichte Schmerzen verspürt hatte; Charles, der nach Tisch mit ihr Karten spielte, ließ zum Spaß die Hebamme kommen.

Um halb zwölf bat sie unsere Gäste, das Zimmer zu verlassen, denn ihr war etwas passiert, so daß sie in Anwesenheit von Fremden nicht vom Sessel aufstehen konnte. Als die anderen gegangen waren, brachten wir sie mit Mühe auf ihr Schlafzimmer. Bis um drei Uhr kamen die Wehen mit Zwischenpausen, doch dann ging es voran, und um Viertel vor vier war sie glücklich entbunden. Niemand hatte eine so schnelle Geburt erwartet. Zwischen zwei und drei Uhr nachts hatte sie einen Knecht nach Sorghvliet geschickt, um Cornelia, die Gärtnersfrau, holen zu lassen. Meine Frau wollte keine andere Hilfe, nur sie, die Hebamme und zwei Dienstmädchen hier vom Hause. Ihre Mutter kam erst hinzu, als alles schon vorüber war. Das mag vielleicht sonderbar anmuten, doch wenn man es recht bedenkt, ist es vernünftiger, in solchen Augenblicken nur diejenigen um sich zu haben, die sich wirklich nützlich machen. Meine Frau ist außer sich vor Freude über das Kind, weitaus mehr als bei der Geburt Antoines. Sie läßt nicht zu, daß das Baby aus dem Zimmer oder weiter weg vom Bett als bis zum Kamin getragen wird. Vernünftigen Gründen ist sie nicht zugänglich; es wäre für sie schrecklich, wenn dem Kind etwas passieren sollte, bevor sie selbst ganz genesen ist. Sie sagt, das Weinen des Kindes störe sie nicht, und das war bislang auch nicht der Fall, denn seit der Entbindung schläft sie mindestens fünfzehn Stunden am Tag. Sie behauptet, sie fühle sich so wohl, daß sie mit Vergnügen eine Partie Kegel spielen könnte. Heute ist der dritte Tag, sie hat kaum noch Fieber. Kurz gesagt, ich betrachte es als den größten Segen, der mir jemals zuteil wurde. Sie wissen, was es bedeutet, wenn man jemanden liebt, und können beurteilen, wie froh ich bin. Wirklich, eine Frau in den letzten Tagen der Schwangerschaft, in Angst vor der Geburt und zugleich voll Zärtlichkeit für das noch ungeborene kleine Wesen, das gehört zu den bewegendsten Dingen, die ich jemals erlebt habe. Noch nie war ich mir dessen so bewußt. Meine wichtigste Aufgabe ist jetzt, dafür zu sorgen, daß meine Frau sich ruhig verhält; kein leichtes Unterfangen! Sie bekommt noch keinen Besuch und fragt, wenn sie wach ist, ständig nach dem Kind.

Für kurze Zeit sieht es so aus, als gehörten Willems Probleme der Vergangenheit an und einem normalen Familienleben stünde (endlich!) nichts mehr im Wege. Sein jüngster Sohn wird in der Wallonischen Kirche in Den Haag getauft. Der Graf zu Schaumburg-Lippe ist verhindert, der Feierlichkeit beizuwohnen, und läßt sich in seiner Eigenschaft als Pate durch den Bruder des Grafen von Wassenaer van Obdam vertreten. Das Kind erhält die Namen Albert Jean.

Um seiner Frau, die das Wochenbett verlassen hat, zu gefallen, läßt sich Willem Perücken nach der letzten Mode anfertigen: eine, bei der das Haar hinten von einer schwarzen Satinschleife zusammengefaßt wird, und eine, bei der es sich an beiden Seiten einwärts rollt. Zum erstenmal fühlt er sich wirklich als Herr und Meister im eigenen Haus, als pater familias. Charlotte Sophie und dem Säugling geht es ausgezeichnet, und dabei soll es bleiben. Ammengeschwätz duldet er nicht unter seinem Dach. Mit voller Überzeugung steht er hinter Doktor Schwencke und dessen auf langjährigen Studien fußenden Kenntnissen. Obwohl Charlotte Sophie geneigt wäre, auf die Ratschläge der Hebamme und anderer junger Mütter in ihrer Umgebung zu hören, wenn es um Trink- und Verdauungsstörungen des Kindes geht, befiehlt Willem, die Anweisungen des Arztes streng zu befolgen. Der Doktor kommt täglich ins Haus, da er auch Anton von Aldenburg behandelt, der mit seinem geschwollenen, entzündeten Bein kaum noch laufen kann. Willem verbringt einen großen Teil seiner Zeit damit, seinen Schwiegervater, der das Stillsitzen leid ist, zu unterhalten. Zum Gespött von Charlotte Sophie kommen scharenweise Damen zu Besuch, «alte Weiber», die ihren Vater (wie er freundlicherweise erklärt) sogar amüsieren. Selbstverständlich muß Willem jeden Tag von elf bis zwölf in die Kammer der Generalstaaten, wo sein Ansehen ständig steigt. Außerdem trägt sich sein Bruder Charles Bentinck mit Heiratsplänen, worüber Willem sich von Herzen freut; manchmal hat er befürchtet, sein Bruder könne wegen seines verschlossenen Wesens zu lebenslanger Einsamkeit verurteilt sein. Wer Charles' Zuneigung gewinnt, besitzt sie für immer, aber sie ist nicht leicht zu gewinnen; «nicht, weil Charles ‹sonderbar› wäre», wie Willem unlängst seiner Mutter geschrieben hat, «sondern weil er ein scharfes Urteil und einen sehr verfeinerten Geschmack besitzt. Jemand, den er nicht mag, wird niemals Einfluß auf ihn erlangen.» Charles' Auserwählte ist englischer Abstammung und heißt Margaret Cadogan.

Wie Willem seiner Mutter schreibt, sieht er mit Wohlgefallen, wie Antoine zu einem richtigen Jungen heranwächst; er zupft die Besucher am Ärmel und zeigt, wie schön er sich verneigen kann. Vom frühen Morgen bis zur Schlafenszeit ist das Kind eifrig mit Basteln und Spielen beschäftigt. Mehrmals täglich beugt sich Willem über die Wiege des kleinen Albert Jean und sieht gerührt auf das kleine Wesen hinab, das noch so viele Gefahren überstehen muß, bevor es ein erwachsener Mann ist.

Charlotte Sophie Bentinck-von Aldenburg an Albrecht Wolfgang zu Schaumburg-Lippe

Den Haag, 21. Januar 1738

Es ist mir ein Bedürfnis, Ihnen untertänigst für die Ehre zu danken, die Sie meinem Söhnchen erwiesen haben durch die Erlaubnis, Ihren Vornamen zu tragen. Nichts auf der Welt liegt mir mehr am Herzen als die wichtigen Belange meiner Kinder; und dazu gehört in meinen Augen die Tatsache, daß Sie sich für sie interessieren. Ich hoffe, daß Albert sich dereinst des Wohlwollens würdig erweist, das Sie seinen Eltern entgegenbringen, und daß es Sie niemals reut, ihn als Patenkind angenommen zu haben. Das arme Kind wird das Prestige seines Paten dringend brauchen als Gegengewicht zu der fanatischen Bevorzugung, die sein älterer Bruder von der übrigen Familie erfährt. Ich bin die einzige, die an dieser ungerechten Diskriminierung nicht teilnimmt, und, um die Wahrheit zu sagen, sein *Name* trägt nicht wenig zu meinem Gerechtigkeitsbedürfnis bei! Im Augenblick beschäftigt mich die angenehme (?) Aufgabe, die obligaten Wochenbettbesuche zu empfangen. Gestern hat es angefangen, zwei Tage stehen mir noch bevor. Ich kann mir nichts Langweiligeres auf der Welt denken. Ihnen und all meinen anderen guten Freunden kann ich nur das Beste wünschen, nämlich daß ein solcher Zeitvertreib Ihnen bis ans Ende Ihrer Tage erspart bleiben möge.

Willem Bentinck an seine Mutter Lady Portland

Den Haag, 11. Februar 1738

Was meine Frau betrifft, so weiß ich von keiner Entbindung und von keinem Wochenbett, die so flott verlaufen sind wie jetzt das ihre. Noch nie hat sie so gut ausgesehen, den Kindern geht es ausgezeichnet. Graf von Aldenburg freut sich wieder ein wenig des Lebens, seit der Doktor ihm erlaubt hat herumzugehen. Er ist von Natur aus sehr ungeduldig und mag überhaupt nicht stillsitzen. Ich danke

Ihnen für den Blumenkohlsamen, den Sie mir geschickt haben. Die Gärtnersfrau Cornelia und ich wollen versuchen, auf Sorghvliet eine größere Sorte zu züchten.

Lady Portland an ihren Sohn Willem Bentinck

Bulstrode Park, März 1738

Wie ich höre, denken Sie daran, diesen Sommer wieder nach Varel zu gehen. Ich hatte mich schon der Hoffnung hingegeben, Ihre Frau ließe sich dieses Jahr zu einem Besuch hier bei uns in England bewegen. Da Sie nun etwa neun Monate mit ihrer Familie verbracht haben, scheint es mir keine unberechtigte Forderung. Ich wäre höchst erfreut, Sie alle hier zu begrüßen und mancherlei Dinge von Ihnen zu erfahren, die man brieflich nicht erörtern kann. Es ist jetzt zwei Jahre her, daß ich zuletzt Ihre Gegenwart genießen durfte.

Willem Bentinck an Anton von Aldenburg

Den Haag, Ende März 1738

Die obenstehenden Zeilen aus einem Brief, den meine Mutter mir unlängst geschrieben hat, habe ich für Sie übersetzt. Ich habe ihr geantwortet, meine Frau verlange leidenschaftlich danach, Varel wiederzusehen, wo sie seit vier Jahren nicht mehr gewesen ist, und daß ich versuchen werde, im Laufe des kommenden Winters mir Zeit für eine kurze Reise nach London zu nehmen. Ich muß gestehen, die Sache bringt mich in arge Verlegenheit.

Lady Portland an ihren Sohn Willem Bentinck

Bulstrode Park, 11. April 1738

Die üblichen Lebensumstände und nicht die Böswilligkeit anderer Leute haben Ihre Frau so lange des Vergnügens beraubt, nach Varel zu gehen. Sie wird Varel auch nächstes Jahr an genau demselben Ort vorfinden, wo es jetzt liegt; dagegen ist die Wahrscheinlichkeit groß, daß ich nicht mehr dort sein werde, wo ich heute bin. Wenn das so weitergeht, kann ich niemals hoffen, Sie einmal bei mir zu sehen. Ihre Frau ist doch nicht schwanger, also besteht kein Hindernis für die Reise. Sie müssen sie überzeugen, daß es nach fünf Jahren Ehe nur recht und billig ist, endlich Ihre Familie kennenzulernen, nachdem Sie fast die gesamte Zeit mit ihren Verwandten verbracht haben.

Willem Bentinck an Anton von Aldenburg

Den Haag, 14. April 1738

Hier wiederum ein Auszug aus einem Brief meiner Mutter. Meiner Meinung nach hat sie recht. Ich könnte nur einen einzigen Einwand vorbringen, nämlich daß ich Ihnen und Ihrer Frau versprochen habe, diesen Sommer nach Varel zu gehen. Ich bin mir sicher, daß weder Sie noch die Prinzessin es mir übelnehmen, wenn ich Sie bitte, mich von meinem Versprechen zu entbinden. Ich kann meine Mutter nicht mehr mit leeren Worten abspeisen, sie hat stets so viel für mich getan! Ich habe ihr geschrieben, daß wir kommen werden. Den Genuß eines Aufenthalts in Varel müssen wir auf nächstes Jahr verschieben. Was meine Frau betrifft: Als ich mit ihr darüber sprach, hat sie keinerlei Einwand erhoben.

In Wahrheit hat Charlotte Sophie kein Wort gesagt und sich Willems Mitteilung mit abgewandtem Gesicht angehört. Noch bevor er den Satz beendet hat, steht ihr Entschluß fest: Sie wird auf jeden Fall nach Varel gehen, auch die zu Schaumburg-Lippes sind eingeladen! Willem mag seine Mutter in England besuchen, wenn er Lust dazu hat, *sie* kriegt er nicht dorthin. Sie will ihren kleinen Albert Jean seinem Patenonkel vorstellen.

Willem Bentinck an Anton von Aldenburg

Den Haag, 19. April 1738

Nach reiflicher Überlegung bin ich zu dem Schluß gelangt, daß verschiedene Staatsangelegenheiten mich diesen Sommer so lange in Den Haag festhalten, daß es sich danach nicht mehr lohnt, mit meiner Frau und den Kindern nach Varel zu fahren. Ich habe ihr vorgeschlagen, nächsten Monat mit Monsieur und Madame von Stöcken, die sich zur Zeit hier aufhalten, auf dem Landweg nach Varel zu reisen. Wenn ich kann, komme ich im Spätsommer nach. Meine Frau hat den Vorschlag angenommen.

Willem Bentinck an Albrecht Wolfgang zu Schaumburg-Lippe

Den Haag, 22. April 1738

Ich ersuche Sie, mir freundlicherweise Ihre Pläne für dieses Frühjahr mitzuteilen. Was ich davon weiß, ist mir über meine Frau (und zwar unvollständig) zu Ohren gekommen. Ich wäre nicht so kühn, mich danach zu erkundigen, bestünde dazu nicht die unbedingte Notwendigkeit in Verbindung mit meinen eigenen Plänen. Hören Sie, worum es geht. Meine Frau möchte unbedingt wieder einmal nach Varel, wo sie seit vier Jahren nicht mehr gewesen ist. Und da ich derzeit lieber nicht ins Ausland reise wegen der bei den Generalstaaten anstehenden Verhandlungen, habe ich meiner Frau vorgeschlagen, mit Herrn von Stöcken und seiner Frau nach Varel zu fahren und die Kinder mitzunehmen. Im Spätsommer kann ich dann gewissermaßen auf einen Sprung nach Varel kommen, sobald die Umstände es mir gestatten. Auf diese Weise wird niemand benachteiligt, wenn ich selbst hierbleibe. Dies ist mein Plan. Nun was das Datum betrifft. Ich möchte gern wissen, wie Sie Ihre Angelegenheiten regeln, nämlich ob Sie vorhaben, sich zu Ihrem Regiment in Venlo zu begeben, oder nicht. Und im ersteren Fall, zu welchem Zeitpunkt? Ich rechne damit, daß Sie, wenn Sie «Quartier machen», auch für ein paar Tage nach Den Haag kommen, den Unterzeichneten mit Ihrer Anwesenheit erfreuen und meinem bescheidenen Dach die Ehre gönnen, Sie gegen Zugluft zu schützen. Ich bitte Sie, geben Sie mir möglichst bald Bescheid, denn ich muß noch alles mit dem Ehepaar von Stöcken besprechen und den Grafen von Aldenburg vorwarnen, der in puncto Reisepläne sehr penibel ist.

Willem Bentinck an seine Mutter Lady Portland

Den Haag, 29. April 1738

Ich versichere Ihnen auf mein Wort, daß ich nicht nach Varel gehe, bevor ich bei Ihnen gewesen bin. Ich muß mich den größten Teil des Sommers mit Staatsangelegenheiten beschäftigen, die ich nicht vernachlässigen darf. Sobald Monsieur de Fénélon zurück ist, beginnen die Verhandlungen über die Sache Jülich und Berg; ich kann nicht genau sagen, wie lange sie dauern werden. Wir versuchen derzeit unsere Handelsverträge mit Frankreich zu erneuern; die Meinungsverschiedenheiten darüber sind beträchtlich. Auch die Probleme mit Spanien stehen augenblicklich zur Debatte. Diese drei Angelegenheiten sind so wichtig, und ihr Ausgang ist so unsicher, daß ich meinerseits keine Pläne schmieden kann, bevor ich sehe, wie sich alles entwickelt; dies ist nun einmal meine Aufgabe, seit ich in der Kommission für auswärtige Angelegenheiten sitze. Ich verspreche Ihnen, nur absolut Unvermeidliches kann mich davon abhalten, zu Ihnen zu kommen. Meine Frau hat Sie selten gesehen und sich in ihrem damaligen Alter wenig um die Vertiefung Ihrer Bekanntschaft bemüht, also kann man nicht erwarten, daß der Besuch bei Ihnen ihr so viel bedeutet wie für diejenigen, die Sie gut kennen; aus eben diesem Grund ist mir so sehr daran gelegen, daß sie mehr Kontakt mit Ihnen bekommt. Ich darf in aller Bescheidenheit behaupten, daß auch unsere übrige Familie die Mühe lohnt. Daß sie jetzt ohne mich nach Varel geht, dagegen ist wohl nichts einzuwenden; sie fährt ja zu ihren Eltern und reist in Begleitung von Menschen, die mit den von Aldenburgs auf freundschaftlichem Fuße verkehren. Grundsätzlich bin ich strikt dagegen, daß solche Perioden der Trennung häufiger vorkommen. Ich bin jedoch überzeugt, daß meine Frau, wenn sie ein bißchen mehr von der Welt gesehen hat, nicht mehr so begeistert sein wird von gewissen Leuten, wie sie es jetzt noch ist.

Willem Bentinck an Albrecht Wolfgang zu Schaumburg-Lippe

Sorghvliet, 1. Mai 1738

Ein paar Worte nur, denn ich bin in Eile; nicht um zu p..., sondern ich muß fort in die Kammer. Ich empfehle Ihnen, kommen Sie nach Den Haag und schließen Sie Bekanntschaft mit den Räten der Generalstaaten, die Sie noch nicht kennen. Ich ersuche Sie, bei mir zu Hause «Ihre Lanze aufzupflanzen», falls diese noch zu irgend etwas dient. Zu Ihrer eigenen Gemütsruhe rate ich Ihnen, die Hofdame und Kammerfrau Ihrer Frau Gemahlin irgendwo unterwegs, wo Sie mögen oder können, zurückzulassen. Ich habe gesprochen.

P. S. Mijnheer, Mijnheer, Mijnheer, Mijnheer!
Mijnheer! Mijnheer! Mijnheer! Mijnheer!
Verflixt noch mal, ich kann nicht mehr!

Sorghvliet, 20. Mai 1738

Mijnheer, Mijnheer! O mein Herr, ich bitte Sie!
Wenn Sie an die Hochmögenden Herren schreiben, schicken Sie den Brief dann über mich mit einer Abschrift, damit ich weiß, was drinsteht. Ich will ihn diese Woche dem Vorsitzenden eigenhändig überreichen, nachdem ich die Herren ein wenig vorbereitet habe. Wenn es sich um eine gewöhnliche Prozedur handelt, gibt es kaum Widerstand, und alles läuft wie am Schnürchen. Doch wenn eine Ausnahme von der Resolution gemacht werden soll, muß man fur die richtige Stimmung sorgen.

P. S. 1. Segeljachten? Ja, wirklich: Segeljachten. Man schickt solche Jachten zu rechtschaffenen Leuten, *ausschließlich* zu rechtschaffenen und anständigen Leuten. Sie bekommen auch was, aber um die Ohren! Sie scheinen wirklich zu denken, ich sei verrückt. Segeljachten für Mijnheer, es ist nicht zu fassen!

P. S. 2. Wenn ich weiß, an welchem Datum Sie abreisen, werde ich in Utrecht eine Jacht für Sie besorgen, Ihre Kutsche können Sie dort stehenlassen.

Charlotte (Lottchen) zu Schaumburg-Lippe von Nassau-Siegen an Charlotte Sophie Bentinck-von Aldenburg

Glauben Sie wirklich, ich würde auf das Vergnügen Ihrer Gegenwart verzichten, wenn Sie uns freundlicherweise einladen? Nein, ganz sicher nicht. Ich sehne mich zu sehr nach Ihnen. Selbst wenn mein Lip nicht möchte, daß ich mitkomme, würde ich ihm bald folgen. Doch dem Himmel sei gedankt, er ist alles andere als grausam und zudem daran gewöhnt, daß wir beide unzertrennlich sind. Wir kommen also zu Ihnen... sobald die Manöver in Venlo zu Ende sind.

Es sind nicht nur militärische Aufgaben und Pflichten, die den Grafen zu Schaumburg-Lippe zwingen, seine Reise nach Den Haag aufzuschieben. Er hat gehört, daß der König und der Kronprinz von Preußen zur Verhandlung über Jülich und Berg in die Niederlande reisen wollen und die Absicht haben, einige Tage bei den Oraniern auf Het Loo zu logieren. Obwohl der Besuch frühestens Ende Juli oder Anfang August stattfinden soll, hat Albrecht Wolfgang allen Betroffenen schriftlich mitgeteilt, er betrachte es als seine Ehrenpflicht, den Hoheiten aus Berlin seine Aufwartung zu machen. Er wird eingeladen, während ihres Aufenthalts auf Het Loo an einem Diner teilzunehmen. Der Graf setzt große Erwartungen in die persönliche Bekanntschaft, vor allem erhofft er sich Protektion von höchster Seite. Seit Jahren wartet Albrecht Wolfgang auf die Ernennung zum Garnisonskommandanten im Staatsdienst, doch bei Beförderungen wird er aus ihm unerklärlichen Gründen jedesmal übergangen. Die Audienzen, um die er in Den Haag gebeten hat, werden ihm mehr einbringen, wenn man dortzulande erfährt, daß er über mächtige Verbindungen verfügt. In Anbetracht der besonderen Umstände möchte er den Besuch bei den Bentincks aufschieben bis nach dem Treffen mit dem König von Preußen und dessen Sohn, dem vielversprechenden Kronprinzen Friedrich. Willem und Charlotte Sophie, die die Hintergründe seines Zögerns nicht kennen, reagieren jeder für sich mit Gereiztheit und Ungeduld. Willem begreift nicht, warum seine Frau, die mit aller Gewalt nach Varel wollte, die Gelegenheit hat verstreichen lassen, mit der Familie von Stöcken zu reisen, und Charlotte Sophie, für die «Varel» und «Lip» untrennbar miteinander verbunden sind, beginnt zu fürchten, daß auch dieser Sommer nur Enttäuschungen bringen wird. Ihre Verzweiflung ist groß, denn sie weiß Lottchen in Doorwerth, nicht weit von Venlo; der Aufschub der Sommerpläne macht ihrer Cousine nicht viel aus, denn Lip ist ja in ihrer Nähe. Charlotte Sophie überschüttet Lottchen mit Briefen, einem einzigen Schwall von Hilferufen: Das Leben ist nicht zum Aushalten, sie langweilt sich, Den Haag hängt ihr zum Halse heraus, sie ärgert sich über ihren Mann mit seinen lächerlichen Liebhabereien, jetzt will er doch tatsächlich auf Sorghvliet Blumenkohl züchten! Lottchen ermahnt sie geduldig, aber mit einem kritischen Unterton, der Charlotte Sophie nicht entgeht: «Wenn ein Mensch nicht nach festen Prinzipien handelt oder nicht genügend Charakterstärke und Mut besitzt, hilft ihm bei den Schicksalsschlägen und Enttäuschungen unseres irdischen Daseins nur der Glaube.» Nicht alle Worte sind geeignet, Charlotte Sophie zu besänftigen. Unterdessen verstreichen die Wochen.

Willem Bentinck an seine Mutter Lady Portland

Varel, 16. Juni 1738

Meine Betroffenheit und Verwirrung und die unzähligen dringenden Briefe, die ich schreiben mußte, veranlaßten mich zu der Bitte an Herrn Neubour, Ihnen in meinem Namen mitzuteilen, daß der Graf von Aldenburg am 6. Juni verschieden ist. Noch nie habe ich eine so traurige Zeit erlebt wie seit dem Sechsten dieses Monats. Mir war immer bewußt, daß Graf von Aldenburg ein guter Landesherr war, ein treuer, herzlicher Freund, ein zärtlich liebender Vater und der beste Ehegatte auf Erden, und dennoch bin ich tief bewegt durch die Art und Weise, wie all diese Menschen, die ihn im Leben umgeben haben, jetzt um ihn trauern. Am Tag vor seinem Tode fühlte er sich noch ganz wohl; nach dem Abendessen spielte er eine Partie Schach. Um zehn Uhr begab er sich auf sein Schlafzimmer und um elf lag er zu Bett. Gegen Mitternacht bekam er einen jener Erstikkungsanfälle, die ihm öfter zu schaffen machten. Seine Frau weckte die Diener und ließ den Doktor holen. Unterdessen stand der Graf von Aldenburg auf, ging ins Vorzimmer und öffnete ein Fenster, um frische Luft hereinzulassen. Danach fühlte er sich so krank, daß er zu ahnen begann, was ihm bevorstand. Der Doktor kam und befahl dem Bader, sofort einen Aderlaß bei ihm vorzunehmen, doch wollte sich keine Erleichterung einstellen. Anfangs kam noch ein wenig Blut, aber bald hörte es auf zu fließen, weil der Blutkreislauf wegen eines Pfropfens im Herzen zum Stillstand kam. Sie können sich vorstellen, wie der armen Prinzessin von Aldenburg zumute war; sie blieb bei ihm und stützte ihn, bis der Doktor sie bat hinauszugehen, damit sie nicht zu sehen brauchte, wie ihr Mann seinen letzten Atemzug tat. Er hatte einen sanften Tod; ihm blieb keine Zeit, sich vor den Schrecknissen zu fürchten, die ihm sein Leben lang so viel Angst eingejagt hatten; Gott hat ihm dies erspart. Er war ein guter Mensch und auf sein Ende gut vorbereitet. Ich bin sicher, daß niemand (Sie allein ausgenommen) mir mit mehr Herzlichkeit und Freundschaft begegnet ist als er. Keinem Menschen fühle ich mich mehr verpflichtet als ihm. Als ich daran dachte, was in den vergangenen Monaten alles geschehen ist, habe ich mir Vorwürfe gemacht. Seine Vergeßlichkeit war natürlich durch den schlechten Gesundheitszustand bedingt, was ich nicht wußte. Das wird mich lehren, in Zukunft vorsichtiger zu sein.

Sofort nach seinem Tode schickte man einen Eilboten nach Den Haag, mit einem Brief an Madame de St. Auban, um meine Frau nicht mit der Todesnachricht zu überfallen. Ein anderer Bote ging zu de Larrey, der sich in Köln aufhielt, um dort im Namen des Grafen von Aldenburg die Aufnahme von Kniphausen in den Reichskreis Westfalen voranzutreiben. Wir erhielten die Nachricht am Sonntag morgen; ich sagte sie meiner Frau erst nach dem Mittagessen. Ich sah voraus, daß sie genauso erschüttert sein würde wie ich, und fand, sie brauche die Nahrung nötiger als ich. Am Montag morgen kamen wir um acht Uhr in Amsterdam an, um zwölf Uhr fuhren wir mit dem Segelschiff der Admiralität nach Friesland weiter, wo wir am Dienstag morgen in Lemmer vor Anker gingen. Von dort aus begaben wir uns in einer gemieteten Kutsche nach Leeuwarden. Die verwitwete Prinzessin von Oranien wollte gerade zu Tisch gehen, doch als sie hörte, daß wir in der Stadt waren, schickte sie die Gerichte in die Küche zurück und lud uns so herzlich ein, mit ihr zu speisen, daß wir ihre Bitte nicht abschlagen konnten. Sie lieh uns die Jacht des Prinzen bis Groningen, von dort aus fuhren wir über Land nach Varel. Ich hatte auf den Wechselstationen frische

Pferde bestellen lassen durch den Eilboten, den wir vorausgeschickt hatten, um der Prinzessin von Aldenburg unsere Ankunft zu melden. Am Donnerstag morgen trafen wir bei Sonnenaufgang hier ein. De Larrey war schon einen Tag vorher angekommen; er war uns eine große Stütze in dem totalen Chaos, das in Varel herrschte. Ich habe immer viel Sympathie und Hochachtung für ihn empfunden, doch jetzt bewundere ich ihn geradezu als den Inbegriff von Güte, Besorgnis, Takt, klugem Urteil, Selbstlosigkeit und vor allem Geistesgegenwart. Noch nie habe ich einen Menschen so erschüttert gesehen wie ihn, als er uns begrüßte. Er war leichenblaß – und doch hatte er alles bis in die geringsten Kleinigkeiten durchdacht und geregelt. Seitdem ist er jeden Tag damit befaßt, zusammen mit der Prinzessin und meiner Frau Ordnung zu schaffen, damit alles möglichst günstig für sie beide verläuft. Sie waren überhaupt nicht darauf vorbereitet. Meine Frau hat mir unterwegs zu erkennen gegeben, daß sie fortan alles mit mir gemeinsam tun will, so wie ich sie bisher in alle meine Geschäfte einbezogen habe, und ich darf sagen, in einer Art und Weise, die jeder Kritik standhält. Meine Frau gibt das zu und meint es ernst.

Man sah sich genötigt, die Leiche vor unserer Ankunft zu beerdigen. In seiner letztwilligen Verfügung, die am Samstag verlesen wurde, hat Graf von Aldenburg jedes festliche Zeremoniell beim Trauergottesdienst strikt verboten. De Larrey hat angeraten, das Testament bald zu eröffnen, damit die Prinzessin so rasch wie möglich erfährt, unter welchen finanziellen Umständen sie ihr Leben in Varel fortsetzen kann, und um zu verhindern, daß sie aus Unwissenheit irgendwelche Fehler begeht. Sie ist tief erschüttert, trägt aber ihren Kummer mit großer Gelassenheit. Meiner Frau geht es im Augenblick wieder recht gut; unterwegs litt sie mehrmals an Ohnmachtsanwandlungen und Krämpfen. Es begann schon in Den Haag, als sie die traurige Nachricht vernahm; deshalb beschloß ich, über Friesland zu reisen, weil diese Route mehr Bequemlichkeit bietet als der Weg über Westfalen. In Varel wartete schon mein guter Freund Neubour auf uns; nachdem er die Todesnachricht erhalten hatte, war er sofort aus seinem Landhaus bei Bremen aufgebrochen, um uns seine Dienste anzubieten. Er ist ein durch und durch guter Mensch und ein herzenstreuer Freund. Ich habe einen Diener nach Den Haag geschickt, um die Kinder zu holen, denn jetzt muß ich wohl den Sommer über hierbleiben. Es gibt viel zu tun, bis ich mich über den Stand der Dinge informiert habe.

Die Unheilsbotschaft erreicht den Grafen zu Schaumburg-Lippe und seine Frau auf Doorwerth, als sie gerade die Vorbereitungen für die Reise nach Den Haag treffen, wo Albrecht Wolfgang sich zu Besprechungen angesagt hat. Lottchen soll Charlotte Sophie taktvoll beibringen, warum sie diesmal nicht nach Varel kommen können. Das Ehepaar ist anfangs zu verstört, um Pläne für die unmittelbare Zukunft zu machen. Lottchen durchlebt nochmals die schrecklichen Tage vor zehn Jahren, als sie am selben Ort um ihre Kinder trauerte, doch als sie sieht, daß ihre Trübsal den Kummer ihres Mannes verstärkt, reißt sie sich zusammen. Das Ehepaar überlegt, was zu tun ist. Der Graf kann die Verhandlungen in Den Haag nicht absagen; von Willem Bentinck ist ein eilig geschriebener Brief gekommen, mit der Mitteilung, daß sie auf Sorghvliet wohnen können. Ist es aber comme il faut, unter diesen traurigen Umständen die Einladung anzunehmen? Trauerkleidung haben sie auch nicht dabei. Lottchen sträubt sich dagegen, allein auf Doorwerth zu bleiben. Also fahren sie in der zweiten Juniwoche zusammen nach Den Haag und lassen sich im Landhaus der Bentincks nieder. Der Hofmeister Weisbrod, an den Lottchen sich noch aus ihrer Jugend bei den Pflegeeltern gut erinnert, empfängt sie mit Tränen in den Augen und versichert ihnen, sie seien jene Glücklichen, die Madame Bentinck über alles liebe.

Charlotte (Lottchen) zu Schaumburg-Lippe von Nassau-Siegen an Charlotte Sophie Bentinck-von Aldenburg

Sorghvliet, 17. Juni 1738

Wenn Sie jetzt hier wären, würde ich es sehr bedauern, Den Haag so rasch wieder verlassen zu müssen, aber da Sie es nicht sind, tröste ich mich mit dem Gedanken, daß wir Sie in (wie ich hoffe) nicht allzu langer Zeit in Varel wiedersehen. Obwohl ich zunächst vor dieser Begegnung zurückschrecke; ich gäbe einiges darum, wenn der erste Tag mit seinem traurigen Gedenken schon vorbei wäre.

Was haben Sie für allerliebste Kinder! Ich bin entzückt von dem kleinen Antoine; mir ist, als sähe ich Sie und redete mit Ihnen! Noch nie habe ich eine solche Ähnlichkeit gesehen. Ich habe ihn in seinem Zimmer aufgesucht, und nach dem Mittagessen hat er mich im ganzen Haus umhergeführt. Er ist ein liebenswürdiges Kind. Werden Sie nicht aufgebracht, weil ich den kleinen Albrecht noch nicht erwähnt habe; ich finde ihn unendlich lieb, er ist engelhaft schön. Jeden Morgen kommen die kleinen Herren zu mir, während ich mich ankleide; wir sind die allerbesten Freunde.

Willem Bentinck an seine Mutter Lady Portland

Varel, 24. Juni 1738

Die Prinzessin von Aldenburg ist von Natur aus ziemlich ausgeglichen und ihrem Schicksal ergeben; sie ist viel ruhiger, als ich erwartet hatte angesichts der innigen Liebe und Zuvorkommenheit der Ehegatten füreinander, deren ich so oft Zeuge war und die sie stets mit großer Dankbarkeit erwähnt. Zum Glück nimmt sie aus eigener Einsicht die einzig richtige Haltung an, die Glauben und gesunder Menschenverstand unter solchen Umständen vorschreiben. Meine Frau ist viel empfindlicher, sie hat unter dem Tod ihres Vaters sehr gelitten. Allmählich erholt sie sich wieder ein wenig. Seit wir hier sind, hat sie zweimal einen Ohnmachtsanfall gehabt. Ich bemühe mich, zusammen mit de Larrey die Angelegenheiten zu ordnen. Die Prinzessin ist gut versorgt, sie besitzt Varel und verfügt über zwanzigtausend Gulden im Jahr. Außerdem hat sie bei allen Entscheidungen das letzte Wort.

Sie brauchen meine Frau und mich nicht mit unseren neuen Titeln anzureden. Der «Graf», den ich annehmen mußte, gilt nur für meine Beziehungen in Deutschland, ich habe nicht vor, den Titel anderswo zu tragen. Graf von Aldenburg war derselben Meinung; ich habe ihn seinerzeit sagen hören, er messe seinem Namen keinen größeren Wert für die Zukunft bei als dem meinen, der ihm für seine Tochter und deren Kinder gut genug war.

Charlotte (Lottchen) zu Schaumburg-Lippe von Nassau-Siegen an Charlotte Bentinck-von Aldenburg

26. Juni 1738

Letzten Montag fragte die Familie van Duivenvoorde bei uns an, ob sie zum Diner kommen könnten. Herr Charles Bentinck brachte sie alle mit, die liebe Madame de St. Auban war auch dabei. Ich mag sie ebensosehr wie Sie; eine überaus liebenswerte Frau, sehr intelligent und geistreich. Ich finde, wir haben es in Den Haag außerordentlich gut getroffen, alle sind sehr zuvorkommend zu uns. Nur die Ehefrauen der Botschafter halten sich auffallend zurück. Vielleicht ist das ihre Methode, um den vornehmen Fremden, die die Stadt besuchen, nicht ihre Aufwartung machen zu müssen; wenn dem so ist, nun ja, dann werden sie nicht viele Leute kennenlernen.

Willem Bentinck an seine Mutter Lady Portland

Varel, 27. Juni 1738

Die Anfälle meiner Frau sind wieder häufiger und sehr heftig geworden. Nächste Woche erwarten wir die Kinder. Herr und Frau Gramsberg, die jetzt in Den Haag sind, werden sie begleiten.

Charlotte Sophie Bentinck-von Aldenburg an Albrecht Wolfgang zu Schaumburg-Lippe

Varel, 1. Juli 1738

Was meinen lieben verstorbenen Vater betrifft, so besitzen Sie ein Mittel, um zu beweisen, wie sehr Sie sein Angedenken in Ehren halten, und zwar indem Sie seiner Familie weiterhin die Gunst und Freundschaft schenken, mit der Sie uns zu seinen Lebzeiten überhäuft haben. Er hatte nie etwas anderes vor Augen als unser Wohl; Ihre stete Zuneigung ist das Beste, was uns widerfahren kann, es ist unser größter Trost. Ich flehe Sie an: Wenn Sie Ihre Brunnenkur beendet haben, kommen Sie mit Ihrem lieben Lottchen zu uns und erfreuen Sie das Herz meiner Mutter, die sehr nach Ihnen beiden verlangt. Sie werden von uns wie Schutzengel empfangen werden. Noch nie in meinem ganzen Leben habe ich mich so danach gesehnt, Sie zu sehen. Ich bedaure nur, daß die Diskretion mir verbietet, darauf zu dringen, daß Sie längere Zeit in einem Haus verweilen, wo Trauer und Trübseligkeit den Ton angeben. Ich zittere bei dem Gedanken, unsere Domestiken in Sorghvliet könnten Sie nicht mit der Aufmerksamkeit und Sorgfalt bedienen, die wir ihnen vor unserer Abreise aufgetragen haben. Falls dem so sein sollte, so bitte ich Sie demütig um Verzeihung. Sie sind in ein Haus gezogen, in dem alles drunter und drüber ging, es wird Ihnen an allem gefehlt haben, ich bin deswegen ganz verzweifelt. Seien Sie so gut und kommen Sie bald wieder, wenn wir imstande sind, Sie gebührend zu empfangen.

Charlotte (Lottchen) zu Schaumburg-Lippe von Nassau-Siegen an Charlotte Sophie Bentinck-von Aldenburg

Utrecht, 3. Juli 1738

Wie können wir Ihnen und Ihrem werten Gemahl gegenüber jemals unsere Schuld dafür abtragen, daß Sie uns erlaubt haben, Ihr Haus zu benutzen, als sei es unser eigenes! Unsere Erkenntlichkeit ist so groß, daß ich sie nicht in Worte fassen kann. Wir bitten Sie inständig, verfügen Sie über uns, wie es Ihnen beliebt, und schenken Sie Ihre Freundschaft auch weiterhin den beiden Menschen, die Ihnen so sehr zugetan sind. Mein Lip ist für ein paar Tage nach Breda, wo er dem Prinzen von Oranien den obligaten Besuch abstattet. Sie haben zu Louise Gramberg gesagt, Sie würden meinem Lip einen Brief schreiben, aber er hat noch keine Zeile von Ihrer hübschen weißen Hand erhalten. Mir schwant, daß Sie böse sind, weil wir nicht sofort zu Ihnen kommen. Ich erkläre Ihnen deshalb, warum mein Lip verhindert ist. Der wichtigste Grund, nicht sofort nach Varel zu fahren, ist der, daß wir jetzt nur eine Woche bleiben könnten, während wir später, wenn alle Verhandlungen abgeschlossen sind, mehrere Wochen bei Ihnen verbringen können. Seien Sie um Himmels willen vernünftig, achten Sie mehr auf Ihre Gesundheit...

Bückeburg, 5. Juli 1738

Sie entschuldigen sich und machen Anspielungen auf die Widrigkeiten, die uns während unseres Aufenthalts in Sorghvliet hätten passieren können. Aber wie ich Ihnen schon geschrieben habe, waren wir mehr als zufrieden; die Bedienten begegneten uns mit heiteren Mienen, woraus hervorging, daß sie uns mochten. Ich habe mich in Holland so wohl gefühlt, daß ich Ihnen versichere: Wenn mein Lip wieder einmal Lust bekommt, dorthin zu fahren, werde ich ihn mit Freuden begleiten, und wenn ich dann auch noch *Sie* dort antreffe, stelle ich mir die Reise viel vergnüglicher vor, als sie dieses Mal gewesen ist.

Willem Bentinck an seine Mutter Lady Portland

Varel, 5. Juli 1738

Ich muß eine Flut von Briefen beantworten. Die Familiengeschäfte befinden sich längst nicht in dem Zustand, in dem sie eigentlich sein sollten, aber mit Umsicht und klugem Vorgehen kommt alles wieder zurecht. Eine andere Sache, die mir große Sorge bereitet, ist die Gesundheit meiner Frau. Vor ein paar Tagen bekam sie einen Anfall, der schlimmer war als alles, was ich bisher erlebt habe; er unterschied sich dadurch von den vorherigen, daß er mit Schwere und Gefühllosigkeit in der ganzen linken Körperhälfte einherging. Der Doktor verordnete sofort einen Aderlaß. Seitdem geht es ihr etwas besser. Sie fürchtet sich vor weiteren Anfällen und ist deshalb bedrückt und niedergeschlagen; wir müssen die Sache ernst nehmen. Sie hat Dr. Schwencke geschrieben, was auch der hiesige Arzt getan hat. Von meiner Zuneigung und Freundschaft für sie ganz abgesehen, wäre es aus noch vielen anderen Gründen ein schrecklicher Verlust für mich, sollte Gott es gefallen, sie zu sich zu rufen. De Larrey hat eine Erhöhung seines Salärs entschieden abgelehnt, er hält das für unverantwortlich zu einem Zeitpunkt, wo wir so viele Schulden abzahlen müssen.

Charlotte (Lottchen) zu Schaumburg-Lippe von Nassau-Siegen an Charlotte Sophie Bentinck-von Aldenburg

Drängen Sie uns doch nicht so! Genügt es denn nicht, daß wir vierzehn Tage lang auf Sorghvliet zu Gast gewesen sind, sollen wir Ihnen nun auch noch in Varel die Haare vom Kopf fressen? Darauf läuft es ja hinaus! Sie dirigieren uns von hier nach dort, wie es Ihnen gerade in den Sinn kommt, was soll Ihre arme Mutter von uns denken? Sie dürfen keinesfalls Ihren Depressionen nachgeben! Was sind das nun wieder für Vapeurs, die Sie hatten? Sie schreiben, Sie wollten sterben, weil es auf dieser Erde für einen Menschen kein

Glück gibt. Besinnen Sie sich auf den Glauben, meditieren Sie in den Morgenstunden über Bibeltexte, ruhen Sie nach dem Essen, gehen Sie abends spätestens um elf Uhr zu Bett, kurzum, führen Sie ein regelmäßiges Leben. Übermitteln Sie Ihrem Herrn Gemahl meine Grüße. Leider hat er bislang mit keinem Wort reagiert auf die Briefe, die mein Mann ihm geschrieben hat. Dennoch glauben wir, daß Herr Bentinck meinen Lip mag, und ich bin sicher, daß er wohl schreiben möchte, aber keine Zeit dazu findet. Dies sind meine Überlegungen, habe ich recht?

Willem Bentinck an seine Mutter Lady Portland

Varel, 8. Juli 1738

Gestern abend um sieben Uhr sind die Kinder in ausgezeichneter Gesundheit hier angekommen. Ihre Reise verlief zügig und ohne Zwischenfälle. Zu den größten Glücksfällen in meinem Leben zähle ich die Tatsache, daß ich Freunde gefunden habe, wo ich keine gesucht habe und keine erwarten konnte. Graf von Aldenburg, Graf von Wassenaer, Herr Schrader und Herr Neubour sind dafür Beispiele sondergleichen. Ich will auch de Larrey zu ihnen rechnen, obwohl seine Freundschaft vielleicht denen, die ihn nicht so gut kennen, ein wenig verdächtig scheinen mag; ich bin jedoch überzeugt, daß ich ihn zur Kategorie der uneigennützigen Freunde rechnen darf. Alle diese Männer haben sich mir gegenüber mehr als väterliche Freunde denn als einfache Bekannte oder Angestellte verhalten. Vor kurzem haben mir Schrader, Neubour und de Larrey aus eigenem Antrieb von verschiedenen Orten geschrieben, keine Höflichkeitsbriefe, sondern um mir zu raten, wie ich in diesem oder jenem Fall, wenn er eintreten sollte, vorgehen soll.

Charlotte Sophie Bentinck-von Aldenburg an Albrecht Wolfgang zu Schaumburg-Lippe

Varel, 11. Juli 1738

Ich weiß nicht, inwiefern ich von Ihnen verlangen darf, daß Sie Ihre kostbare Zeit meiner armen Mutter schenken, die infolge der traurigen Umstände im Augenblick nicht in der Lage ist, Ihren Aufenthalt in Varel angenehm zu gestalten. Ich halte dafür (vermutlich zu Recht), daß Sie überzeugt sind, ich selbst könnte überhaupt nichts dazu beitragen, Ihnen die Langeweile zu vertreiben oder auch nur zu mindern. Die Entscheidung liegt daher bei Ihnen, ob, wann und wie lange Sie das Risiko eingehen wollen, hier bei uns zu logieren ohne die Gesellschaft meines Mannes, der in Kürze eine Reise zum Hof in Kopenhagen antritt.

Charlotte (Lottchen) zu Schaumburg-Lippe von Nassau-Siegen an Charlotte Sophie Bentinck-von Aldenburg

Bückeburg, 14. Juli 1738

Ich wage nicht zu behaupten, man habe falsch getan, als man Sie während Ihres letzten Unwohlseins zur Ader ließ. Ihren Hausarzt nehme ich in Schutz, aber mit Schwencke will ich nichts mehr zu schaffen haben; der erstere ist viel zu vorsichtig, um auch nur das geringste Risiko einzugehen, aber hören Sie auf meine Worte, wenn Schwencke Ihnen weiterhin sein scheußliches Opium verschreibt, werden Sie noch einen Schlaganfall oder eine Lähmung bekommen. Sie sagen, Sie hätten keine Macht über Ihre Empfindungen; aber Sie *müssen* sie haben, mit Gottes Beistand kann man alles, was man will. Sie müssen nicht nur das schwere Leid, das Gott Ihnen auferlegt hat, ergebungsvoll hinnehmen, sondern darüber hinaus versuchen, eine Lehre daraus zu ziehen. Überempfindlich, wie Sie sind (ja, ich kenne Sie), nehmen Sie sich viele Dinge, die im Grunde belanglos sind, zu sehr zu Herzen. Damit schaden Sie nur sich selbst;

Sie machen sich unglücklich, zerstören Ihre Gesundheit und leben in fortwährender Spannung. Ihre vertraulichen Mitteilungen sind bei uns in guten Händen. Sie wollen zu uns kommen? Ich weiß nicht, ob sich das machen läßt. Sie müssen doch verstehen, daß wir in allererster Linie verpflichtet sind, Ihre liebe Mutter zu besuchen, wie wir fest versprochen haben.

Manchmal können Sie treffsicher argumentieren, hochverehrte Cousine, doch diesmal gelingt es Ihnen nicht, mich zu überzeugen. Wenn eine Frau das Schlosserhandwerk erlernt hätte, würden Sie gewiß nicht zögern, eines Ihrer Kästchen oder Schränkchen von ihr reparieren zu lassen. Frauen sind genauso tüchtig wie Männer, wenn sie sich die Mühe geben, etwas ordentlich zu erlernen. Sie wollen einen erfahrenen Arzt konsultieren? Nun, meine Schwiegermutter hat genausoviel, wenn nicht mehr Erfahrung als mancher Arzt. Die Königin von England hatte dieselben Beschwerden, an denen Sie jetzt leiden, nämlich durch eine Senkung nach der Geburt. Sie verstehen sicher, daß man damals die besten Heilkundigen zu Rate gezogen hat. Dank ihres hervorragenden Gedächtnisses weiß meine Schwiegermutter genau, was in einem solchen Fall als heilsam und was als schädlich gilt.

Charlotte Sophie Bentinck-von Aldenburg an Albrecht Wolfgang zu Schaumburg-Lippe

Varel, 15. Juli 1738

Der Reisetermin meines Mannes steht fest, in drei Wochen fährt er nach Kopenhagen. Ich muß ihn begleiten. Der Gedanke ist mir unerträglich, daß ich Sie abermals verpassen werde wegen dieser elenden Fahrt, die mir an sich schon zuwider ist, aber unter diesen Umständen geradezu gräßlich erscheint. Ich segne Sie unzählige Male, wenn Sie mir ein wenig Hoffnung und die Vorfreude schenken, daß ich Sie bei unserer Rückkehr in Varel vorfinden werde. Allein der Gedanke daran hält mich aufrecht, bitte, schlagen Sie mir den

Wunsch nicht ab, wenn auch nur die geringste Chance für seine Erfüllung besteht. Ich bin ohnehin sehr niedergeschlagen; Sie sind viel zu gut, als daß Sie mich noch tiefer ins Elend stoßen wollten.

Willem Bentinck an seine Mutter Lady Portland

Varel, 16. Juli 1738

Antoine spielt den ganzen Tag draußen und wird immer flinker. Er hat mit allen Leuten hier Freundschaft geschlossen. Meine Frau hat keine Anfälle mehr gehabt. Wir haben die Absicht, mit de Larrey nach Kopenhagen zu reisen, um unsere Sache dem dänischen König vorzutragen. Die Bewegung und die Luftveränderung werden meiner Frau hoffentlich guttun. Ihre Mutter zeigt mehr denn je die Allüren einer Prinzessin, seit sie über so viele Vorrechte und ein hohes Einkommen verfügt. Meine Frau entwickelt sich in genau entgegengesetzter Richtung. Ich glaube, es ist ihr sehr recht, wenn wir Varel noch vor dem Winter verlassen. Die Kinder, vor allem Antoine, laufen Gefahr, von allen verwöhnt zu werden. Ich bin sehr froh, daß wir Trembley als Erzieher angestellt haben. Für die nächsten anderthalb Jahre geht er mit dem jungen Prinzen von Homburg nach Leiden, danach kommt er in unser Haus zu Antoine. Eine gute Erziehung ist meiner Ansicht nach das Allerwichtigste, was Eltern ihren Kindern geben können. Zeugung und Geburt sind reiner Zufall; man weiß nie von vornherein, wie sich die Beziehung zwischen einem selbst und einem Wesen entwickelt, das noch gar nicht existiert. Doch Fürsorge und Freundschaft geben den Eltern das Recht auf Erwiderung ihrer Gefühle. Wenn meine Kinder mich nur halb so lieben, wie ich sie liebe, so bin ich zufrieden.

22. Juli 1738

Ich habe soeben einen Brief aus Kopenhagen erhalten; der König ist entzückt von meiner Absicht, ihn zu besuchen. Da er mir aber die Reise und die Unkosten ersparen will, schlägt er vor, wir sollten uns nächstes Jahr in Holstein treffen, wenn er (wie geplant) nach Oldenburg geht. Ich bin hoch erfreut über diese Lösung.

Ich glaube nicht, daß die Prinzessin von Aldenburg noch einmal zu uns nach Den Haag kommt. Sie wird Deutschland, wo die Prinzen ein so hohes Ansehen genießen, stets jedem anderen Land vorziehen. Wegen der angegriffenen Gesundheit meiner Frau werde ich sie nach Spa oder einem anderen Kurort begleiten. Der hiesige Arzt, der sie seit ihrer Kindheit kennt, meint allerdings, eine Brunnenkur sei für sie zwar das beste Heilmittel, habe aber wenig Nutzen, da sie nun einmal nicht gewillt sei, sich an die Regeln und Vorschriften einer solchen Kur zu halten. Leider muß ich ihm recht geben; Sie können sich nicht vorstellen, wie weit ihr Eigensinn geht. Keine Überredungskunst, keine vernünftigen Worte sind dem gewachsen.

Charlotte Sophie Bentinck-von Aldenburg an Albrecht Wolfgang zu Schaumburg-Lippe

Varel, 29. Juli 1738

Sie haben viel Esprit, mein Herr, Sie können allerliebst scherzen. Obwohl sie einen tiefen Eindruck auf mich gemacht haben, konnte ich doch nicht über die Epigramme lachen, die Sie mir geschickt haben. Im Gegenteil, ich war verärgert und wollte Ihnen eigentlich böse sein wegen des flotten, spöttischen Tons, mit dem Sie Dinge behandeln, die mir am Herzen liegen. Da aber (dem Himmel sei Dank!) nun die Reise nach Kopenhagen vom Tisch ist, kann ich Ihren eleganten Stil rechtens würdigen und bin bereit, auf Ihren Witz einzugehen. Ich möchte jedoch keinen Eid darauf schwören, daß Sie mir nicht ausgerechnet jetzt eine ernsthafte Antwort geben. Das würde ganz und gar zu Ihnen passen! Wie dem auch sei! Wenn

Eure Exzellenz nur bald gesund werden, die diversen Angelegenheiten Eurer Untertanen regeln und dann hierher kommen wollten, würdet Ihr nicht nur uns einen großen Gefallen tun, sondern auch Euch selbst, denn unsere Gesellschaft ist vielleicht doch nicht so «gemein», wie Sie denken. Zuerst haben wir da Madame von Stökken; möchten Sie an ihrer Stelle lieber ein paar Prinzessinnen? Davon wimmelt es nur so in unserer Gegend. Man kann sozusagen keinen Schritt tun, ohne über eine zu stolpern. Es gibt auch jede Menge Prinzen. Oder ziehen Sie biedere Bürgersleute vor? Wir haben sie zu Dutzenden. Musikanten? Wir schwelgen in Musik! Pikante Unterhaltung? Es gibt hier nichts anderes! Dies alles wird Sie hoffentlich dazu bewegen, meinen flehentlichen Bitten Gehör zu schenken, die ich (gegen meinen Willen und trotz meiner Zahnschmerzen) an Sie richte, zur Abwechslung mal in leichtfertigem Ton, denn wie ich merke, finden Sie an ernsten Worten keinen großen Gefallen.

In den ersten Augusttagen, am Vorabend der Verhandlungen über Jülich und Berg, sind König Friedrich Wilhelm von Preußen und sein ältester Sohn Friedrich bei dem Prinzen und der Prinzessin von Oranien auf Het Loo zu Gast, einem «stattlichen Backsteingebäude, auffallend durch architektonisches Gleichmaß, mit geschmackvoll dekorierten Räumen, schönen Gärten und prächtigen Eichen- und Lindenalleen». Bei einem der festlichen Diners ist auch Wolfgang Albrecht zu Schaumburg-Lippe unter den Gästen, «Regent einer kleinen, aber ehrgeizigen Grafschaft im Wesergebiet, ein Mann mit Verbindungen zu den Niederlanden, dessen Zukunftserwartungen in den Himmel reichen und von einer üppigen Phantasie zeugen».

«Zu den Themen, die während der Mahlzeit zur Sprache kamen, gehörte auch die Freimaurerei, eine Bewegung wie eine Fata Morgana, die sich zu jener Zeit erhoben hatte, ober besser gesagt, wiedererstanden war und die sich zuerst in England, dann auch in

Deutschland und anderen europäischen Ländern manifestierte und viele Gemüter bewegte; angeblich ein Leuchten himmlischer Weisheit, in Wirklichkeit aber ein Irrlicht aus dem Morast, das über der allenthalben herrschenden geistigen Finsternis flackerte. Seine Majestät von Preußen bezeichnete dasselbe denn auch als ‹Bubenstreiche› und ‹Kinderspiel›, nicht mehr und nicht weniger. Doch der pfiffige Graf aus Bückeburg, selbst ein Freimaurer, ein Mann von etwa vierzig Jahren, der in seiner Art an Don Quichotte erinnerte, übernahm es, die Bewegung zu verteidigen; dabei war er so höflich, beredsam und geschickt, daß er den Kronprinzen, der idealistischer veranlagt war als sein Vater, in seinen Bann zog. Nach Tisch zog der Kronprinz Seine Durchlaucht, den Grafen, beiseite, setzte das Gespräch über dieses Thema fort und äußerte seine Bewunderung und innere Neigung, ja den brennenden Wunsch, zu einer solch heroischen Bruderschaft zugelassen zu werden. Nichts kam Seiner Durchlaucht mehr gelegen. So kamen sie denn unter strikter Geheimhaltung überein, daß Seine Durchlaucht mit der erforderlichen Anzahl mystischer Maurergesellen aus der Hamburger Loge sich an irgendeinem Ort einfinden und den Kronprinzen auf der Rückreise nach Berlin erwarten werde (beispielsweise in Braunschweig am Vorabend der jährlichen Kirmes), um ihn dort als Freimaurer in den Bund aufzunehmen.»

«Am elften August traf der Graf zu Schaumburg-Lippe gemäß der Abmachung mit sechs Brüdern der Hamburger Loge am Westtor in Braunschweig ein. Er nahm Kontakt mit dem durchreisenden preußischen Hof auf und vereinbarte mit dem Kronprinzen unter vier Augen ein Treffen für den Dienstagabend und die darauffolgende Nacht vom 14. auf den 15. August 1738 im Hotel Korn. So geschah es denn: Kronprinz Friedrich von Preußen und ein gewisser Kapitän Wartensleben wurden nach den Riten der Hamburger Loge aufgenommen, nachdem man einen Gast im angrenzenden Raum betrunken gemacht hatte, damit er die Feier nicht heimlich belauschen konnte.»

Willem Bentinck an seine Mutter Lady Portland

Varel, 12. August 1738

Befürchten Sie nicht, der lange Aufenthalt in Varel könnte mir bei den Generalstaaten oder anderswo schaden. Man akzeptiert die gewichtigen Gründe für meine Abwesenheit, wie Graf von Wassenaer und der Ratspensionär mir ausdrücklich versichert haben. Ich lasse Ihnen vom besten Rheinwein anno 1726 schicken.

Charlotte (Lottchen) zu Schaumburg-Lippe von Nassau-Siegen an Charlotte Sophie Bentinck-von Aldenburg

Bückeburg, 18. August 1738

Mein Lip hat schallend gelacht, als er Ihren Brief las; er wird die «zehn Pferde», von denen Sie schreiben, wunschgemäß mitbringen oder schicken. Er freut sich unbändig, daß Sie die Jagdsaison in Varel nicht abgesagt haben; was mich betrifft, so ist es mir viel lieber, daß er bei Ihnen jagt als hier bei uns. Meine Schwiegermutter ist krank; sobald es ihr wieder bessergeht, kommen wir nach Varel. Gestern haben wir draußen gegessen, Sie wissen schon, auf dem Harrl, dem Berg bei der Stadt mit den malerischen Wegen, von denen aus man eine prächtige Fernsicht hat. Mein Lip hat dort Zelte aufstellen lassen, die ganze beau monde war bei uns. Nach Tisch haben wir bis um sechs Uhr Karten gespielt, danach haben wir mit den Kutschen eine Spazierfahrt gemacht. Völlig unerwartet sahen wir mitten im Wald ein kaltes Büffet stehen. Wir stiegen eiligst aus den Kutschen, um die vielen Leckereien zu vertilgen; nachdem wir uns noch eine Weile unterhalten hatten, kehrten wir nach Hause zurück.

Willem Bentinck an seine Mutter Lady Portland

Varel, 22. August 1738

Hier im Schloß sind nur die Gemächer der Prinzessin von Aldenburg mit Trauerflor verhängt. Alle Diener, wohl dreißig an der Zahl, tragen eine schwarze Livree; das hat ein Vermögen gekostet! Meine Frau hat ein scharfes Auge für den Charakter ihrer Mutter. Ihr Widerwille gegen die deutsche «Grandeur» wächst von Tag zu Tag. In acht bis zehn Tagen kommen der Graf zu Schaumburg-Lippe und seine Frau, die eine Weile bei uns logieren werden. Auch die Familien von Wedel und von Schütz haben ihren Besuch angesagt. Zur Zeit befinde ich mich in einer schwierigen Periode. Ich brauche allen mir verfügbaren Takt und meine ganze Aufmerksamkeit, um mich so zu verhalten, daß ich es später weder bereuen noch mir Vorwürfe machen muß. Zum Glück besitze ich im Hausarzt und in de Larrey vertraute Freunde, denen ich mein Herz ausschütten kann.

Charlotte (Lottchen) zu Schaumburg-Lippe von Nassau-Siegen an Charlotte Sophie Bentinck-von Aldenburg

Bückeburg, 23. August 1738

Mein lieber Lip hat das Datum unserer Abreise nach Varel festgesetzt, und zwar von morgen an gerechnet in einer Woche, also am 3. September. Ich fürchte mich ein wenig vor dem Aufenthalt in Ihrem Hause, wo alles in Trauer ist und düsteres Schwarz trägt. Außerdem habe ich Angst, daß unsere Ehemänner sich auf der Jagd den Hals brechen, da sie auf die kluge Führung Ihres verstorbenen Vaters verzichten müssen. Meine einzige Hoffnung gründet sich auf die Korpulenz von Herrn Bentinck, die er, wie man sagt, durch ein gutes Leben erworben hat und die ihn, hoffe ich, weniger waghalsig sein läßt, als er früher war. Mein Lip ist das Jagen nicht mehr gewöhnt, er hatte zuviel zu tun, um auszureiten. Sie sollten Ihre ganze

Überredungskunst aufbringen, um ihn von Bravourstückchen abzuhalten. Er wird mir gewiß böse sein, wenn er sieht, was ich hier geschrieben habe.

Albrecht Wolfgang zu Schaumburg-Lippe an Charlotte Sophie Bentinck-von Aldenburg

Bückeburg, 28. August 1738

Sie wollen also sowohl meine «zehn Pferde» als auch mich selbst haben! Nun denn, ich muß Ihnen Folge leisten. Die Pferde kommen zuerst, und ein wenig später erscheine ich in eigener Person. Was Sie vielleicht nicht erwarten, aber bitte doch akzeptieren müssen, ist meine Meute. Zittern Sie, wenn Sie dieses Wort hören! Ich fürchte, daß Sie dem Vorbild der Einwohner von Languedoc folgen werden, die Sankt Rochus um eine Erscheinung baten unter der Bedingung, daß er seinen Vielfraß von Hund nicht mitbringe, da sie kein Brot mehr hätten. Bei Ihnen in Varel gibt es zum Glück Brot mehr als genug, also kommen vier bis fünf wilde Hundegesellen auf Sie zu, mich selbst eingeschlossen. Seien Sie so gut und nehmen Sie zur Kenntnis, daß ich der einzige bin, der nicht die Räude hat. Die anderen sind übrigens weniger räudig, als man gemeinhin glaubt. Doch jetzt im Ernst: Ich bitte Sie um Gastfreiheit für meine vier Hunde. Am 5. September werde ich die Ehre haben, Ihnen mit diesem meinem unwürdigen Mund meine Huldigung darzubringen und meine endgültigen Absichten zu erläutern...

Noch vor Ende August erhält Charlotte Sophie einen Brief von Mademoiselle Cordier, Lottchens Kammerfrau. Diese schreibt, in ihrer Ratlosigkeit habe sie sich ohne Wissen ihrer Herrin zu diesem Schritt entschlossen. Die Prinzessin zu Schaumburg-Lippe braucht dringend sechstausend Dukaten, auch diesmal für ihren alten Bekannten, den Baron von Fabrice, der ihr das Geld geliehen hat, um die Prozeßkosten für ihre Mitgift zu bezahlen. Er will die Summe in kürzester Frist wiederhaben; doch woher soll sie das Geld nehmen, da sie ja selber noch nichts bekommen hat? Es gibt auch neue Spielschulden. Die Prinzessin ist vor Nervosität außer sich; sie will die finanziellen Sorgen ihres Ehemannes nicht noch mehr vergrößern. Mademoiselle Cordier läßt sich so dezidiert über die Bedingungen aus (die Aushändigung der Summe an Herrn Gramberg, der als Vermittler fungiert, Rückzahlung im Laufe von vier oder fünf Jahren), daß es Charlotte Sophie schwerfällt, an Lottchens Unbeteiligtheit an dieser Epistel zu glauben. Es liegt auf der Hand, daß es für Albrecht Wolfgangs Frau peinlich ist, unter den gegebenen Umständen ausgerechnet Charlotte Sophie um Geld zu bitten. Hinter der verklausulierten Bitte versteckt sich eine vage Drohung, ein unangenehmer Ton, der ihr ein beklemmendes Gefühl verschafft. Am liebsten möchte Charlotte Sophie die Sache durch de Larrey hinter Willems Rücken regeln lassen, doch ihr gegenseitiges Versprechen, gemeinsam in allen Angelegenheiten zu entscheiden, hindert sie daran. Willem macht sich, so kurz nach Anton von Aldenburgs Tod, seine eigenen Gedanken über den Brief aus Bückeburg, spricht sie aber nicht aus. Er läßt sich nichts anmerken und unterdrückt seine Vermutung, daß es unvernünftig wäre, die erbetene Hilfe zu verweigern, obwohl er fürchtet, daß er sich diese Freigebigkeit eigentlich nicht erlauben kann.

Willem Bentinck an seine Mutter Lady Portland

Varel, 19. September 1738

Im Augenblick sind der Graf zu Schaumburg-Lippe und seine Frau hier bei uns. Er hat mich ersucht, Ihnen seine ehrerbietigen Grüße zu übermitteln. Er nimmt uns alle dermaßen in Beschlag, daß für anderes kaum Zeit bleibt, zumal uns die übrigen Gäste schon verlassen haben. Mein kleiner Junge gedeiht prächtig und ist durch und durch gesund.

Die verwitwete Gräfin zu Schaumburg-Lippe, die sich seit einiger Zeit nicht wohl fühlt, ist so schwer erkrankt, daß man um ihr Leben fürchtet. Unter diesen Umständen können Sohn und Schwiegertochter nicht länger in Varel bleiben und eilen nach Bückeburg zurück. Wieder hat Charlotte Sophie allen Grund, mit ihrem Schicksal zu hadern. Die Berichte aus Bückeburg, zunächst sehr besorgt, werden allmählich optimistischer. Albrecht Wolfgang hat noch einen anderen Grund zur Freude, den er vorläufig für sich behält. Der Kronprinz von Preußen hat ihm als Andenken an die Aufnahmefeier in Braunschweig einen Ring mit einem Miniaturbildnis geschenkt. Der Begleitbrief ist so herzlich, so voll von freundschaftlichem Interesse für die persönlichen Belange des Grafen, insbesondere für seine militärische Laufbahn und seine Beförderungsaussichten, daß «Lip», gerührt und geschmeichelt, dem wegen seiner Musikalität gerühmten Kronprinzen Friedrich als Huldigung einige seiner Kompositionen schickt. Der bald darauf eintreffende Dankesbrief eröffnet weitere Perspektiven für eine dauerhafte vertrauliche Beziehung: «Ihre Musik erscheint mir wohllautend und tief empfunden, doch besäße sie auch ohne dieses eine Qualität, die niemand ihr absprechen kann: Sie trägt den Stempel Ihrer Persönlichkeit. Die Ausübung der Künste und Wissenschaften schadet einem Hochgeborenen nicht, im Gegenteil, sie gereicht ihm zur Zierde. Vergessen Sie mich nicht, mein werter Graf, und seien Sie versichert, daß es mir unsägliche Freude bereitet, einen Freund von Ihren Verdiensten gewonnen zu haben.» Der Kronprinz verspricht außerdem, bei Gelegenheit eine von ihm selbst komponierte Symphonie abschreiben zu lassen, damit das Hausorchester in Bückeburg sie aufführen kann, aber «um ihr gerecht zu werden, brauchen Sie gute Violinisten».

Aus Varel kommen eindringliche Briefe von Charlotte Sophie; da es Lips Mutter nun bessergehe, möge er doch kommen und den unterbrochenen Besuch fortsetzen. Wieder macht sie eine Anspielung auf die «zehn Pferde», das Symbol der Entführung, der Freiheit. Sylvander will zu Sylvie, sein Kopf und sein Herz sind voll Musik, der Frühherbst bringt herrlich warmes Wetter. Lottchen zögert, läßt sich aber dann überreden.

Albrecht Wolfgang zu Schaumburg-Lippe an Charlotte Sophie Bentinck-von Aldenburg

Bückeburg, 7. Oktober 1738

«Eins und eins ist zwei, mal drei ist sechs, plus vier ist zehn...!» Die Großen der Erde fahren oft in einer Kutsche mit acht Pferden. Ich komme mit sechs, mit fünf, mit vier, mit drei, mit zwei, mit einem Pferd oder sogar zu Fuß, wenn es nicht anders geht, um Sie mündlich meiner Gefühle zu versichern, mit denen ich unterzeichne...

Abraham Trembley an Lady Portland (im Laufe des Jahres 1743)

Zwei Monate nach dem Tode ihres Vaters, als der Verwandte, zu dem sie eine intime Beziehung pflegt, der Graf z. S. L., in Varel weilte, benahm sie sich ihm gegenüber in einer Weise, die allenthalben Anstoß erregte. Sogar die Bauern der Umgebung sprachen darüber als von einer öffentlichen Schande. Ich hielt mich zu jener Zeit als Erzieher des jungen Prinzen von Homburg in Varel auf und war selbst Zeuge dessen, was ich berichte; ich hatte größte Mühe, meine Entrüstung zu verbergen. Genugtuung schenkte mir einzig und allein die Überzeugung, daß jene Frau im Begriff stand, ihren guten Ruf ein für allemal zu verlieren – was mir unvermeidlich und notwendig erschien.

Niemals ließ sie echte Liebe und Zärtlichkeit für ihre Kinder erkennen. Ich erinnere mich, daß sie, als Albert Jean sechs Monate alt war, erklärte, sie habe ihn lieb, könne aber Antoine nicht leiden. Als man sie nach dem Grund der mangelnden Zuneigung für ihr älteres Söhnchen fragte, sagte sie: Er hat einen gewissen Zug um den Mund, der mir nicht gefällt.

Charlotte Sophie Bentinck-von Aldenburg an Albrecht Wolfgang zu Schaumburg-Lippe

2. November 1738

Ich komme soeben von dem Maler van Dyck. Das für Sie bestimmte Porträt soll, wie er sagt, im nächsten Sommer fertig sein; ich werde dafür sorgen, daß er sein Versprechen hält! Er tut sein Bestes, um mir in Ihrem Auftrag ein menschliches Aussehen zu geben, stimmt mir aber zu, Sie müßten sich mit meiner Stirn abfinden, wie sie nun einmal ist.

5. November 1738

Meinen Dank für Ihren Beitrag zu unserer Tafel! Von morgens früh bis abends spät sehe ich nichts als Trüffeln und Schweinsköpfe. Von der letzteren Sorte haben wir schon fünf oder sechs, die, die ohnehin im Hause waren, nicht mitgerechnet. Mein Porträt, an dem Sie so interessiert sind, wird meiner Meinung nach ziemlich häßlich und sieht mir gar nicht ähnlich. Unsere Pläne für den nächsten Sommer und Herbst sind so einfach, wie es nur geht: zuerst in Den Haag unerschütterlich auf Sie zu warten und Sie dann zu überreden, möglichst lange zu bleiben. Danach müssen wir unsere Aufwartung bei Seiner dänischen Majestät machen. Den Herbst wollen wir wie in diesem Jahr in Varel verbringen. Das sind im großen und ganzen unsere Vorhaben, und wenn der gute Schwencke mir den Gefallen tut und mir das Brunnenwasser von Stadthagen verschreibt statt das von Spa, so mache ich in der Zeit zwischen «König» und «Hirschjagd» meine Kur bei Ihnen.

Varel, 11. November 1738

Der Brief, den Sie mir geschickt haben, hatte eine heilsame Wirkung, noch nie hat mir ein Tränklein so rasch geholfen! Wenn die Herren Doktoren immer solche Arzneien verschrieben, würde sich ihr Ruf erheblich bessern! Doch bei aller Freude, die der Brief mir gebracht hat, fehlte ihm doch etwas: ein paar Worte von der Hand Ihrer Gemahlin hätten mein Glück vollkommen gemacht. Ich hatte sogar kurz das Gefühl, es steckt eine finstere Bedeutung dahinter, daß sie sich zwar bequemt hat, die Adresse zu schreiben, aber nicht einen Buchstaben hinzugekritzelt hat, und sei es bloß ein: *Guten Tag, Gott schütze Sie.* Mehr verlange ich nicht. Ich fahre also krank und gekränkt nach Holland zurück. Das müßte ihr eigentlich leid tun – zumindest wenn Prinzessinnen ein Gewissen haben wie gewöhnliche Sterbliche.

Varel, 15. November 1738

Ich schicke Ihnen mein Testament, das ich zu meiner eigenen Kurzweil gemacht habe, um meinen «spleen» zu vertreiben. Es ist übrigens nach allen gesetzlichen Vorschriften verfaßt. Ein Duplikat habe ich hier beim Gericht in Varel hinterlegt. Man hat mir eine Abschrift ausgehändigt, die ich Ihnen für alle Fälle zur Aufbewahrung schicke mit der Bitte, es zu gegebener Zeit am zuständigen Ort vorzulegen. Ich habe mir größte Mühe gegeben, einen schönen, offiziellen, sehr ehrerbietigen Brief beizufügen, den ich eigenhändig mit kalligraphischen Lettern geschrieben habe. Sie denken wohl, mein Herr, damit hätten Sie Ihre Ruhe, aber in diesem Punkt irren Sie sich. So leicht werden Sie mich nicht los. Warten Sie nur! Ich schicke Ihnen nämlich auch den Entwurf des besagten Testaments, damit Sie sehen, worum es mir eigentlich geht. Ich hoffe, daß Eure Exzellenz mir Ihre Zustimmung nicht versagen. Wenn Sie das Papier gelesen haben, seien Sie so gut und werfen Sie es sofort ins Feuer, außer es überkäme Sie die Lust (angesichts der Phantasie, die aus dem fraglichen Stück spricht), einiges daraus in Reime zu fassen oder auswendig zu lernen.

Den Haag, 25. November 1738

Die ersten Tage an einem Ort wie diesem sind unerträglich. Ich habe (wie Sancho Pansa) «keine Zeit, mir den Kopf zu kratzen oder an den Nägeln zu kauen». Ich sage andauernd, wie scheußlich ich es finde, daß der herrliche Herbst in Varel wieder vorbei ist, aber die braven Leute hier sind so beschränkt, daß sie nicht begreifen können, warum sich jemand lieber in Westfalen aufhält als in diesem christlichen Land. Sie sind auf Ehre und Gewissen verpflichtet, mein Herr, so bald wie möglich hierherzukommen.

Charlotte (Lottchen) zu Schaumburg-Lippe von Nassau-Siegen an Charlotte Sophie Bentinck-von Aldenburg

Bückeburg, 27. November 1738

Sie sind jetzt wieder zu Hause in Den Haag. Ich hoffe, Sie haben Geduld und gebrauchen Ihre Vernunft. Sie müssen die Dinge nehmen, wie sie nun einmal sind, und nett zu den Menschen sein, mit denen Sie leben müssen. Denken Sie doch an Ihre Gesundheit, die Sie ruinieren, wenn Sie die Nacht zum Tage machen und sich nicht genügend schonen. Sie werden sich noch verrückt machen durch Ihren Widerwillen gegen den Ort, an dem Sie leben müssen. Was war das wieder für ein närrischer Einfall, daß Sie auf der Heimreise nach Den Haag mit aller Gewalt auf dem Kutschbock sitzen wollten! Kein Wunder, daß Ihnen zu Hause der Rücken weh tat. Ich fürchte, daß Ihnen auch der nächtliche Ritt nicht gutgetan hat, als Sie meinen Lip und mich bei unserem Aufbruch aus Varel ein Stück begleiteten. Ihre Mutter macht sich große Sorgen um Sie. Wir werden Ihnen den Kopf eines Wildschweins schicken, das wir bei Ihnen geschossen haben.

Bückeburg, 4. Dezember 1738

Mein Lip hat mich zum Geburtstag mit prächtigen Geschenken verwöhnt: eine sehr geschmackvolle Robe nach der neuesten Mode, ein Ring mit Brillanten in einer entzückenden Fassung, eine Schnupftabakdose aus weißem Bernstein, sehr schön graviert, und ein in Gold gefaßtes Riechfläschchen für das Lavendelwasser, das Sie mir versprochen haben. Ich warte ungeduldig auf Ihr Porträt. Es darf vor allem nicht zu ernst werden!

11. Dezember 1738

Mein Lip ist vom Pferd gefallen, was mir einen fürchterlichen Schrecken eingejagt hat. Schuld an dem Unfall sind ein paar neue schwarze Stiefel, die er wunderschön findet, mit denen er aber sozusagen keinen Schritt tun kann, ohne auf die Nase zu fallen. Zu Ehren meines Geburtstags hat mein Lip auf meine Bitte einen Gefangenen freigelassen, der zu Zwangsarbeit verurteilt war, und einen Unteroffizier begnadigt, der zur Strafe als gemeiner Soldat dienen mußte. Sie machen mir Vorwürfe, daß ich immer Benting statt Bentinck schreibe; ich werde das von nun an nicht mehr tun.

13. Dezember 1738

Mein Lip kann heute nicht schreiben, denn er ist krank. Zu meiner Freude und Beruhigung kann die geplante Jagd deshalb nicht stattfinden. Ihr neuester Zeitvertreib, Blut zu spucken, gefällt mir ganz und gar nicht. Sie haben sich in Varel zu viel zugemutet, Madame Reiterin. Mein Mann hat zu seiner großen Freude vernommen, daß der Wein abgeschickt wurde, und ich freue mich auf den Wandschirm, den Sie mir versprochen haben, das Schönste vom Schönen, da bin ich mir sicher.

18. Dezember 1738

Mein Lip hat sich wochenlang mit einer schweren Erkältung der Brust geplagt. Man mußte ihn zur Ader lassen, um zu verhindern, daß er die hier grassierende Rippenfellentzündung bekommt. Sie haben wieder Bemerkungen über meine Schreibfehler gemacht. Ich bin nun einmal nicht so gescheit wie Sie; Sie haben ein wenig Latein und Griechisch gelernt und eine Menge wichtige Bücher gelesen. Doch ich gelobe Besserung.

Albrecht Wolfgang zu Schaumburg-Lippe an Charlotte Sophie Bentinck-von Aldenburg

Bückeburg, 21. Dezember 1738

In einigen Wochen wollen meine Frau und ich nach Den Haag reisen. Aus Gründen, die ich Ihnen noch nicht mitteilen kann, bitte ich Sie inständig, erwarten Sie nicht, daß wir bei Ihnen wohnen. Wir werden im Gästehaus Buitenhof Quartier nehmen und hoffen Sie dort genauso oft zu sehen, wie es bei Ihnen zu Hause der Fall wäre. Werfen Sie mir nicht vor, wir hätten das lange zuvor geplant; ich kann Ihnen in diesem Augenblick nur versichern, daß unser Entschluß zwingend notwendig ist. Ich schwöre Ihnen, daß ich zu meinem größten Bedauern nicht anders handeln kann; ich muß Sie um diese Gunst bitten, was ich gewiß nicht täte, wenn es eine andere Möglichkeit gäbe. Ich hoffe, Sie haben so viel Vertrauen in meine Integrität, daß Sie mir aufs Wort glauben.

P. S. *(von Charlotte [Lottchen] zu Schaumburg-Lippe von Nassau-Siegen)*
Wenn ich Sie bitten darf, teure Cousine, prägen Sie sich gut in Ihr Gedächtnis ein, daß wir genausooft zusammensein werden, als ob wir in Ihrem Hause wohnten. Es muß Ihnen eine Ehre sein, im Interesse meines Mannes Ihren Unmut zu überwinden. Das wäre ein überzeugender Beweis Ihrer Freundschaft, an der wir genausowenig zweifeln, als wenn wir auf *Ihre* Kosten in Den Haag wohnen würden.

P. P. S. S. *(von Albrecht Wolfgang zu Schaumburg-Lippe)*

Wollen Sie die Güte haben, Ihren Gemahl davon in Kenntnis zu setzen. Am Abend unserer Ankunft in Den Haag kommen wir sehr gern zu Ihnen soupieren, aber bitte im *häuslichen* Rahmen.

Im Laufe des Dezembers hat Albrecht Wolfgang die Komposition erhalten, die ihm der Kronprinz von Preußen versprochen hat; ein Grund mehr für ihn, mit Elan den Briefwechsel fortzusetzen, der eine dauerhafte Verbindung mit einem mächtigen Mann der Zukunft verheißt. Ist er bei der Aufnahme des Kronprinzen Friedrich in die Hamburger Freimaurerloge noch mehr oder weniger als dessen geistiger «Vater» und Fürsprecher aufgetreten, so sind jetzt die Rollen vertauscht. Albrecht Wolfgang hegt eine maßlose Bewunderung für den begabten Thronfolger in Berlin, wie seine ausführlichen Briefe bezeugen, die er seit mehr als einem halben Jahr mit großer Sorgfalt schreibt. Friedrichs Antwort ist (aus Zeitmangel) meistens knapp, aber eigenhändig und in herzlichem Ton geschrieben. «Sie verstehen es, einer dahinschleppenden Korrespondenz neues Leben einzuhauchen durch Ihr vielseitiges Interesse für Dinge, von denen die meisten Personen adligen Geblüts keine blasse Ahnung haben.» Friedrich erkundigt sich wiederholt, wie es um die Aussichten des Grafen zu Schaumburg-Lippe auf Beförderung in der Militärhierarchie der Vereinigten Niederlande bestellt sei. Das überschwengliche Lob des Grafen für seine Symphonie irritiert ihn ein wenig. «Sie sind ein Mann von Geschmack, ein Kenner der Musik. Verabreichen Sie mir daher auch ein Körnchen Kritik», schreibt Friedrich im Januar 1739. «Sie wollen sich also demnächst nach Holland begeben, um dort endlich die Früchte zu pflücken, die das Glück so langsam für Sie reifen läßt?» Doch bevor Albrecht Wolfgang nach Den Haag gehen und die Gespräche mit den hochmögenden Herren aufnehmen kann, von denen er sich so viel verspricht, muß er noch einige Wochen bei seinem Regiment in Venlo verbringen. Da er diesmal *nicht* im Hause Willem Bentincks wohnen will und sich vor die Notwendigkeit gestellt sieht, zu anderen Holländern Kontakte zu knüpfen und ein großes Haus zu führen, braucht er dringend Geld. In seiner Bedrängnis bietet er (angeblich im Namen eines Freundes) dem Kronprinzen von Preußen sein Kuriositätenkabinett zum Kauf an: antike Münzen und Büsten, Miniaturen, Kostbarkeiten aus Elfenbein, Achat und seltenen Holzarten. Friedrich antwortet ziemlich zurückhaltend (denn er ist nicht dumm), er verfüge nicht über die Mittel, so kostspielige Liebhabereien zu seinem Privatvergnügen zu betreiben, doch wolle er, um dem «Freund» des Grafen zu Schaumburg-Lippe einen Gefallen zu tun, ihm eventuell vier antike Büsten abkaufen.

Charlotte Sophie Bentinck-von Aldenburg an Albrecht Wolfgang zu Schaumburg-Lippe

Den Haag, 20. Januar 1739

Ich vermute, daß Sie es noch nie zuvor mit einer so dreisten Familie wie der meinen zu tun hatten. Ich bin jedoch zu sehr in Eile, um für jedes Mitglied gesondert um Entschuldigung zu bitten. Ich bin schon überglücklich, wenn Sie mir die Nachlässigkeit verzeihen, daß ich auf Ihre interessierte Anfrage nicht reagiert habe. Ich bitte also «mit hängenden Pfoten» um Vergebung. Wenn Ihre Frau die Botschaft weitergeleitet hat, wie ich ihr aufgetragen habe, so wissen Sie jetzt, daß man beschlossen hat, Sie zum Generalmajor zu befördern. Es ist eine ausgemachte Sache, ich stehe dafür ein. Wenn Ihre Mutter, statt Sie früh zu verheiraten, Sie länger an der Universität hätte studieren lassen, so würden Sie jetzt das Zehnte Gebot vielleicht besser begreifen und wären toleranter, was seine Befolgung betrifft. Ich ersuche Sie, mir freundlicherweise mitzuteilen, ob das Gebot in Ihrer Kirche zu Bückeburg als kanonisch betrachtet wird und ob es Ihren Vorgängern gestattet war, darüber zu predigen? Die Frage beschäftigt mich schon seit langem.

Wir befinden uns derzeit in einer Reihe von Festveranstaltungen, die mir, gelinde gesagt, «zum Halse heraushängen». Die Leute halten sich für zwei Wochen Frömmigkeit schadlos, indem sie alle Hemmungen über Bord werfen; nichts als Bälle, Theatervorstellungen und Klatsch! Das sind unsere Vergnügungen! Mein «spleen» hindert mich daran, mit den anderen mitzutun, nicht aber, mich auf den Monat Februar zu freuen, der mir (endlich!) das große Vergnügen Ihres Besuchs verschafft. Schieben Sie das herrliche Ereignis nicht wieder auf, das wir und Ihre anderen Freunde mit so großer Ungeduld erwarten. Ich hoffe von ganzem Herzen, daß der Gesundheitszustand Ihrer Mutter kein Hinderungsgrund für Ihr Kommen sein wird.

Thomas de Larrey an Lady Portland

23. Januar 1739

Der verstorbene Graf von Aldenburg hat seine Finanzen in einem bedauerlichen Zustand hinterlassen. Nach seinem Tode haben wir noch Schuldverschreibungen gefunden, von denen nicht einmal *ich* wußte. Die Schulden belaufen sich auf einen Gesamtbetrag von etwa sechshunderttausend Gulden. Vorläufig begnügen wir uns mit der Feststellung, wieviel wir jährlich abbezahlen müssen. Außerdem sind da noch unübersehbare Unkosten und unnötige Ausgaben. Was uns gänzlich in die Enge treibt, ist der Ehevertrag von Madame, der Prinzessin von Aldenburg: die schlimmste Zumutung, die jemals vertraglich festgelegt wurde. Auf Grund des Vertrags sind die Erben des Grafen von Aldenburg verpflichtet, ihr das bißchen Geld, das sie in die Ehe eingebracht hat, bis zum letzten Heller zurückzuzahlen. Als Witwensitz wurde ihr das Schloß zu Varel mit sämtlichen Möbeln zuerkannt; Haus und Garten müssen auf Kosten der Erben unterhalten werden. Ferner bekommt sie das Futter für zwölf Pferde, zwölf Kühe, etliche Säcke Gerste und Roggen, sowie an Wild und Fisch, soviel sie braucht, fünfhundert Karren Torf und hundert Karren Holz. An Bargeld erhält sie jährlich sechzehntausend Gulden, außer den Zinsen, die ihr nach dem Ehevertrag zustehen, das sind noch einmal viertausend Gulden im Jahr. Dies übersteigt jedes Maß. Was uns betrifft, so besitzen wir weniger als nichts. Ihr Sohn sieht jetzt ein, daß er sich geirrt hat, als er glaubte, die Erbschaft würde seinen Sorgen mit einem Schlag ein Ende machen. Meines Erachtens gäbe es Aussicht auf Sanierung, wenn es sich lediglich um Herrn Bentinck handelte. Aber Madame Bentinck ist die eigentliche Herrin, es ist ihr Besitz. Graf von Aldenburg konnte ihr dieses Recht nicht absprechen, es steht ihr auf Grund der Fideikommiß-Regelung und der mit der Familie getroffenen Vereinbarungen zu. Sie kennen Ihre Schwiegertochter ein wenig; sie ist jung, möchte gern Aufmerksamkeit erregen, auf großem Fuße leben; also genau das Gegenteil von dem, was der gesunde Menschenverstand in einer Situation wie dieser erfordert. Wenn man sie zur Vernunft anhalten will, fühlt sie sich in ihrer Freiheit eingeschränkt und leistet Widerstand: Schließlich sei *sie* die Nachfolgerin ihres Vaters, man gefährde ihre Kreditwürdigkeit, wenn man sie wie eine Unmündige behandle. Es herrscht Uneinigkeit zwischen Herrn und Frau Bentinck, da (auf mein Anraten) Herrn Bentincks Name auf allen Papieren an erster Stelle steht und sämtliche Bescheide und Verordnungen des dänischen Königs und der Regierung in Oldenburg an ihn adressiert sind. Die Prinzessin von Aldenburg plant in Kürze eine Reise nach Preußen, um ihre Familie zu besuchen. Während ihrer Abwesenheit will sie ihre Privatgemächer im Schloß zu Varel renovieren und ausbauen lassen, was Tausende von Gulden kosten wird.

Willem Bentinck an seine Mutter Lady Portland

Den Haag, Januar 1739

Einen Brief der Prinzessin von Aldenburg an Sie schicke ich gar nicht mit, er enthält ohnehin bloß nichtssagende Komplimente. Der Trauerrand um ihr Briefpapier braucht niemanden zu beeindrukken. Ich wollte, ich könnte auf andere Weise meine Gedanken mit

Ihnen austauschen als auf dem Postweg. Albert Jean wurde abgestillt, da die Amme sich nicht wohl fühlte. Meine Frau hat hie und da ihre üblichen Migräneanfälle, aber im übrigen ist sie gesünder, als ich sie seit langer Zeit gesehen habe. Nächsten Sonntag findet die Trauung von Bruder Charles mit Lady Margaret Cadogan auf dem Landgut Raephorst statt. Der Wasserstand des Rheines ist so hoch, daß die Deiche an mehreren Stellen gebrochen sind, der Bommelerwaard und das Land nördlich von Gorkum sind überschwemmt. Die Ställe von Doorwerth sind nicht benutzbar, man steht darin bis an die Knie im Wasser.

Charlotte Sophie Bentinck-von Aldenburg an Albrecht Wolfgang zu Schaumburg-Lippe

Den Haag, 27. Januar 1739

Kommen Sie ganz unverzagt, mein Herr, und eilen Sie wie ein echter Don Quichotte Ihrer unwürdigen «Cousine» zu Hilfe, die das sehr nötig hat!

Willem Bentinck an seine Frau Charlotte Sophie

5. Februar 1739

Heute morgen haben Sie mir wegen der Briefe Vorhaltungen gemacht, die ich Ihnen zu einer Zeit geschrieben habe, als ich mich noch der Hoffnung hingab, meine Liebesbriefe könnten bei Ihnen einen gewissen Widerhall erwecken. Da meine Gefühle für Sie noch immer dieselben sind, haben mich Ihre Vorwürfe zutiefst verletzt. Als einziger Trost bleibt mir nur die Überzeugung, daß mein Verhalten Ihnen gegenüber niemals im Widerstreit zu diesen Gefühlen gestanden hat, so daß Sie keinerlei Grund haben, an ihrer Wahrhaftigkeit zu zweifeln. Ich könnte noch mehr dazu sagen, befürchte aber, Ihre gute Laune noch mehr zu verderben.

Charlotte Sophie Bentinck-von Aldenburg an Albrecht Wolfgang zu Schaumburg-Lippe

Den Haag, 6. Februar 1739

Ich bin zutiefst getroffen durch Ihre Beschuldigung, daß ich nur außergewöhnliche und seltsame Dinge mag. Schreiben Sie mir eine solche Vorliebe zu, weil ich *Sie* so hoch achte und wertschätze? Das Nahen des glücklichen Tages, an dem alle meine Wünsche erfüllt werden, und die Hoffnung, Sie bald wiederzusehen, haben mich in so gute Stimmung versetzt, daß ich Ihnen alles verzeihe. Ich behalte mir das Recht vor, jeden Tag tausendmal mit Ihnen zu streiten, wenn Sie bei uns sind! Das Klima in Den Haag ist Zwistigkeiten sehr förderlich. Wenn Sie hier mit der Mode gehen wollen, müssen Sie sich einen gehörigen Vorrat an Schikanen, Pedanterien, Pasquillen, Bosheiten und Altweibergeschwätz zulegen und vor allem sich selbst sehr wichtig nehmen; mit diesen Ingredienzen werden Sie bei unseren Gesellschaften ganz gewiß die erste Geige spielen – und der Liebling aller Frauen sein!

Albrecht Wolfgang zu Schaumburg-Lippe an Charlotte Sophie Bentinck-von Aldenburg

Bückeburg, 16. Februar 1739

Ich komme Sie holen. Am Vierundzwanzigsten werde ich in Utrecht sein, am Frachtgebäude vor dem Tor, wo die Schiffe aus Den Haag anlegen. Wenn es Gott gefällt, werde ich Sie dort treffen. Die Jacht kommt erst am Abend des Vierundzwanzigsten an. Wenn Sie es wünschen, können wir am nächsten Morgen nach Venlo abreisen.

Willem Bentinck an seine Frau Charlotte Sophie

Den Haag, 23. Februar 1739

Ich bitte Sie, bestehen Sie darauf, daß der Graf zu Schaumburg-Lippe und seine Gemahlin in meinem Haus zu Leiden logieren, wo alles für ihren Empfang bereitsteht. Ich habe sie schon in meinen Briefen darauf vorbereitet.

Sie besitzen eine so große natürliche Beredsamkeit, daß es nicht zusätzlich der meinen bedarf; dennoch bitte ich Sie, bringen Sie auch meine Argumente vor, falls die Ihren Sie im Stich lassen. Ich fahre nach Leiden, um an einige Dinge letzte Hand anzulegen, und erwarte eigentlich, daß unsere Gäste sich überreden lassen. Ich hoffe, daß Sie sicher in Utrecht angekommen sind. Den Kindern geht es gut.

Kronprinz Friedrich von Preußen an Albrecht Wolfgang zu Schaumburg-Lippe

März 1739

Ich muß Ihnen eine Mitteilung machen, die nur unter Freunden verzeihlich ist; es ist nicht in meinem Sinn, daß irgendein anderer dieses liest, denn es könnte einen falschen Eindruck erwecken. Ich verzichte auf die Büsten aus dem Kuriositätenkabinett, davon Sie mir geschrieben haben; meine Finanzen gestatten mir nicht, dergleichen Dinge anzuschaffen. Man kann schließlich auch ohne die Büsten von Sokrates und Caesar glücklich sein.

So, Sie sind also in Den Haag und, wie ich hoffe, im Begriff, mit einem neuen ehrenvollen Posten bei den Streitkräften der Republik bekleidet zu werden. Sie haben es seit langem verdient, immerhin sind Sie der älteste der Generalmajore. Nun wohl, warum sollte die Ernennung, die aus triftigen Gründen längst überfällig ist, nicht endlich Wirklichkeit werden?

Willem Bentinck an seine Mutter Lady Portland

Den Haag, Ende März 1739

Was meinen Rat bezüglich Ihres Testaments betrifft: Ich bin zwar Ihr Erbe, doch ich möchte die Nutznießung einiger Besitztümer meinen Schwestern abtreten. Als einziges hätte ich gern Ihr Landhaus in Norfolk als Reserve für den Fall, daß mir hier alles verlorenginge. Wenn ich der Post vertrauen könnte, würde ich gern offen über vieles schreiben und im selben Geist die Fragen in Ihren Briefen beantworten. Wenn ich nur die Hälfte erzähle, bleibt vieles unverständlich, und es ist unmöglich, die wirkliche Situation in einem Brief zu schildern.

Falls meine Frau und meine Kinder sterben sollten, bevor die Angelegenheiten des Hauses Aldenburg in Ordnung gebracht sind und der überwiegende Teil der Schulden, für die ich Bürgschaft leiste, bezahlt ist, und falls die Gläubiger dann über mich herfallen, hieße das, daß ich entweder Doorwerth preisgeben muß oder in Deutschland in einen sehr unangenehmen und kostspieligen Prozeß verwickelt werde. Sie hatten recht, als Sie aus meinem Schweigen den Schluß zogen, daß es mit meinen Geschäften nicht so gut vorangeht, wie ich es mir wünsche. Nichts auf der Welt ist lästiger als Unsicherheit, und meine Situation ist dermaßen unsicher, daß ich, wie ich mich auch drehe und wende, nirgendwo einen Halt finde. Meine größte Sorge ist jetzt, nichts zu tun, was andere oder ich selbst mir später vorwerfen könnten. Ich weiß nicht, ob ich immer richtig vorgehe, denn oft ergeben sich Umstände, unter denen ich niemanden um Rat bitten kann. Wenn Bruder Charles Sie aufsucht, wird er Ihnen erzählen, was ich nicht zu Papier bringen kann. Der Graf zu Schaumburg-Lippe und seine Frau sind noch immer hier.

Abraham Trembley (Jahre später an Lady Portland)

Jener entfernte Verwandte, der Graf zu Schaumburg-Lippe, ist im Laufe des damaligen Winters nach Den Haag gekommen. Madame und er haben sich in der Stadt und in Gesellschaft in einer Weise aufgeführt, die an Deutlichkeit nichts zu wünschen übrigließ, so schamlos verliebt gingen sie miteinander um. Alle Leute redeten darüber und waren sehr entrüstet. Niemand zweifelte daran, daß zwischen ihnen eine unerlaubte Beziehung bestand.

Willem Bentinck an seine Mutter Lady Portland

Den Haag, 1. Mai 1739

Charles wird jetzt bald bei Ihnen sein und kann Ihnen in einer halben Stunde mehr darüber erzählen, was in meiner Familie vorgeht, als ich in zwanzig Briefen schreiben könnte. Ich habe ihm nicht nur erlaubt, sondern ihn sogar dringend gebeten, Ihnen alles zu sagen, was ich ihm (und nur ihm allein!) anvertraut habe. Meine Frau fühlt sich seit etwa zehn Tagen nicht ganz wohl. Sie achtet so wenig auf ihre Gesundheit, daß es als ein Wunder gelten kann, daß sie überhaupt noch auf den Beinen steht; doch sie ist keiner Vernunft zugänglich und tut nur, was sie will; ich habe jede Hoffnung aufgegeben, in dieser Hinsicht jemals etwas zu erreichen. Antoine hat endlich einen Knabenanzug bekommen und sieht jetzt viel hübscher und flotter aus als im Kinderkleidchen. Er trägt goldene Manschettenknöpfe, aber an den Schuhen und am Kniebund nur Silberschnallen; die sind nicht so kostbar, wenn er mal eine zerbricht oder verliert. Er geht lieber alltäglich als festlich gekleidet, damit er besser herumtoben kann, womit ich völlig einverstanden bin. Den schönen Stock, den Sie ihm geschenkt haben, habe ich vorläufig weggeräumt, er hat sich, als er mit ihm eine tiefe Verbeugung machte, am Knauf die Stirn angeschlagen. Ich weiß wirklich nicht, was Sie ihm schicken könnten! Ich finde es sehr nett, daß Sie ihm zum Geburtstag eine kleine Aufmerksamkeit schicken wollen, aber bitte keine Kleider oder modischen Firlefanz! Ich habe in letzter Zeit die Nase so gestrichen voll von der «Mode», daß ich mich nur auf die absolut notwendigen Kleidungsstücke beschränken will. Antoine soll kein Geck werden!

Thomas de Larrey an Lady Portland

Den Haag, 11. Mai 1739

Herr Bentinck war mit allen vorgeschlagenen Sparmaßnahmen einverstanden, doch Madame denkt nicht daran, die Jagd und die vielen Bedienten in Varel abzuschaffen. Herr Bentinck und ich verstehen sehr wohl, daß man die Domestiken nicht brotlos machen kann, vor allem nicht die älteren, die im Dienst des verstorbenen Grafen von Aldenburg ergraut sind, aber diese Jagdgesellschaften müssen aufhören. Madame wehrt sich dagegen, sie will in Varel als Gastgeberin glänzen, viele Leute einladen und viel Geld ausgeben. Deshalb vereinfachen wir jetzt den Haushalt in Den Haag, ob es Madame paßt oder nicht. Sie werden von Herrn Charles vernehmen, daß Ihre Schwiegertochter nächsten Freitag mit dem Grafen zu Schaumburg-Lippe und seiner Frau nach Venlo reist und von dort aus weiter nach Bückeburg. Sie wollte zuerst ihr jüngeres Söhnchen mitnehmen, doch Herr Bentinck hat ihr das strikt untersagt; sie fährt also allein. Madame will die Reise unter allen Umständen machen, und Herr Bentinck hat triftige Gründe, damit einverstanden zu sein. Die persönlichen Umstände von Herrn Bentinck machen mir großen Kummer, ich leide mit ihm, ohne daß ich etwas zum Guten wenden könnte. Auch was mein eigenes Los betrifft, mache ich mir Sorgen. Ich brauche in diesem Brief nicht auf Einzelheiten einzugehen, da Herr Charles Ihnen alles berichten wird.

Willem Bentinck an seine Frau Charlotte Sophie

Sorghvliet, 19. Mai 1739

Ich habe mich mit den Kindern hier draußen eingerichtet. Die Herren de Larrey und Warenburg waren den ganzen Tag mit der Durchführung der Sparmaßnahmen beschäftigt, die wir getroffen haben. Hofmeister Weisbrod war anfangs ziemlich irritiert, doch als er begriffen hatte, worum es ging, beruhigte er sich und ist jetzt ganz und gar mit unserem Vorhaben einverstanden. Seine Abrechnungen wurden für korrekt befunden, es fehlt nicht ein Cent. Den Kindern geht es ausgezeichnet, sie genießen das schöne Wetter. Ich habe den Modehändler Jamar beauftragt, Ihre Perücken und Schuhe für den Transport nach Doorwerth einzupacken.

Sorghvliet, 22. Mai 1739

Es beruhigt mich, zu hören, daß Sie gut in Doorwerth angekommen sind, und ich hoffe, daß die Reise nach Venlo ebenso zügig verläuft. Den Kindern geht es gut, sie wachsen zusehends bei dem schönen Wetter, das wir jetzt haben. Ich bin heute nicht in der Stimmung, dem Grafen zu Schaumburg-Lippe zu schreiben. Ich bitte Sie, sagen Sie ihm das, und übermitteln Sie seiner Gemahlin meine ergebensten Grüße. Er macht sich Sorgen wegen der Töpfe mit den Pasteten, die er mir geschickt hat. Sobald sie hier angekommen sind, werde ich mich sofort dafür bedanken. Gênet ist mit dem erhaltenen Vorschuß durchgebrannt und hat außerdem Schulden hinterlassen. Er hat um seine Entlassung gebeten, aber nicht darauf gewartet. Wenn er Ihnen deswegen schreibt, antworten Sie ihm bitte nicht, oder lassen Sie ihm sagen, er könne seine Zeugnisse abholen, sobald er seine Schulden bezahlt hat. Sonst gibt es nichts Neues zu vermelden.

Sorghvliet, 6. Juni 1739

Ich schicke Ihnen hiermit den Brief zurück, den Sie von Gênet bekommen haben. Seine Philosophie (eine Philosophie in Anführungszeichen, wie de Larrey sagt), die Lobeshymne auf den Grafen zu Schaumburg-Lippe, die entzückten Ausrufe über die Vorzüge von Varel und schließlich das Postskriptum sind Äußerungen eines eingebildeten Pinsels, der glaubt, er könne Sie hinters Licht führen. An Ihrer Stelle würde ich ihm gar nicht antworten. Er ist mit dem Geld durchgebrannt und hat seine Schulden nicht bezahlt. Wer so etwas tut, ist ein Schuft. Danach werde ich mich fortan richten. Den Kindern geht es gut, sehr gut. Der Kleine hat in den drei Wochen, die wir jetzt hier sind, größere Fortschritte gemacht als in drei Monaten in Den Haag. Meine Mutter fragt regelmäßig nach Ihnen und bittet mich, Ihnen ihre freundlichen Grüße auszurichten.

Sorghvliet, 16. Juni 1739

Der Gesandte von Spanien und seine Frau haben mich besucht und bei mir das Frühstück eingenommen. Da ich sie nicht erwartet hatte, war ich nicht entsprechend «angezogen». Madame hat mit den Kindern gespielt. Ich lege einen Brief meiner Mutter bei sowie auch die Fransenborten, um die Sie gebeten haben. Der Diener Benjamin war so unverschämt frech, daß ich ihn stehenden Fußes entlassen habe. In meinem vorigen Schreiben vergaß ich es Ihnen zu sagen. Ich ersuche Sie, keinerlei Bitte um Verzeihung von ihm oder für ihn zu akzeptieren; eine Wiedereinstellung kommt nicht in Frage.

Sorghvliet, 19. Juni 1739

Alle Pakete sind abgeschickt; nur kandierter Ingwer war nicht zu bekommen, ich meine den bernsteinfarbenen von guter Qualität, die einfache braune Sorte taugt nichts. Ich sehe keine Möglichkeit, Ihnen das Buch *Versuch über den menschlichen Verstand* von Locke zu schicken. Sie sagen, Sie hätten Ihr Exemplar verloren, was mich um so mehr ärgert, als ich fürchte, daß Sie recht haben. Die anderen Bücher waren schon fort, als Sie mich darum baten. Das Schachbuch für Graf Friedrich konnte ich nirgends finden. Sobald es auftaucht, schicke ich es ihm.

Charlotte (Lottchen) zu Schaumburg-Lippe von Nassau-Siegen an Wilhelmine Marie von Aldenburg von Hessen-Homburg

Bückeburg, 22. Juni 1739

Die prompte Regelmäßigkeit, mit der meine Cousine, seit sie bei uns ist, an Sie, meine allerliebste Pflegemutter, schreibt, ist der Grund dafür, daß ich mir hin und wieder einen Brief erspare. Sie tut freundlicherweise, als gefiele es ihr hier sehr gut; mein Herr Gemahl erschöpft sich übrigens in Einfällen, sie so oft wie möglich zum Narren zu halten. Das gelingt ihm ausgezeichnet, nichts ist vergnüglicher anzusehen als das Gesicht meiner Cousine, wenn er sie wieder einmal überrascht hat. Sie bleibt ganz ernst und sagt zuerst gar nichts, denn sie braucht Zeit, um ihre Fassung wiederzufinden. Vergangenen Donnerstag nachmittag, auf einem Spazierritt, fragte mein Mann, ob ihr die Ausflüge ins Freie gefielen. Sie antwortete, ihr gefalle alles, was uns Vergnügen mache. Es wurden also insgeheim Vorbereitungen für einen Ausflug zum Harrl-Berg getroffen. Die ganze Gesellschaft versammelte sich in meinem Zimmer. Als wir hinuntergingen, sahen wir statt der Kutschen einen großen, mit Bögen aus grünen Zweigen und Blumen geschmückten Bauernwagen, in dem wir Platz nehmen mußten. Die Pferde trugen Laubkränze, der Kutscher und die Knechte sahen aus wie wandelnde Bäume. Es war ein sehr charmanter und überraschender Anblick. Meine Cousine setzte sich sehr feierlich und stolz in den Wagen, ohne ein Wort zu sagen. Endlich fuhren wir los, aber statt das Schloß zu verlassen, fuhren wir ständig im Kreis auf dem Vorplatz herum. Meine Cousine rief: «Wohin, zum Teufel, fahren wir?» Mein Mann antwortete ganz ernst, sie liebe doch die frische Luft im Grünen so sehr, also würden wir so lange auf dem Vorplatz herumfahren, bis sie genug davon habe. Nach ein paar ähnlichen Scherzen machten wir uns auf den Weg zum Harrl. Derweilen fragte meine Cousine besorgt, was die Untertanen meines Gatten wohl von einem so albernen Getue denken würden! Auf dem Harrl fanden wir ein kleines Lager aus fünf bis sechs Zelten. Wir nahmen das Mittagessen ein, spielten Pikett, und nachdem wir uns bis etwa halb acht die Zeit mit Spaziergängen und Herumtollen vertrieben hatten, fuhren wir nach Hause zurück, froh, endlich ausruhen zu können. Meine Cousine ging sofort auf ihr Zimmer und blieb dort bis zum Souper. Wir waren acht Personen, jeweils vier an einem Tischchen. Doch mein Lip ließ auf dem Fußboden ein Tischtuch über eine Decke breiten, auf welches Teller und Kerzen gestellt wurden. Auf jeder Seite des Tischtuchs stand ein großer Korb, darin saßen mein Lip, La Lucia und ich im Maskenkostüm mit improvisierten Schlag- und Blasinstrumenten. Dann ging ein alter Lakai meine Cousine holen. Wir hatten die Vorhänge zugezogen, so daß es im Zimmer stockfinster war. Da kommt meine Cousine, und wir fangen an, einen Höllenkrach zu machen. Der Lakai führt meine Cousine zum vierten Korb, in den sie sich setzen soll. Sie tut das mit so ernstem Gesicht, daß wir vor Lachen fast ersticken. Man gibt ihr als Musikinstrument einen Kamm, sie nimmt ihn und spielt ihren «Part» mit!

Wir planen nächste Woche unser Landhaus in Stadthagen aufzusuchen, um dort eine Mineralwasserkur zu machen. Ich hoffe, unser heilkräftiger Brunnen wird meiner Cousine guttun. Wenn das hiesige Wasser ihr nicht zuträglich ist, will sie Flaschen aus Spa kommen lassen. Wir tun, was wir können, um ihr Ablenkung zu verschaffen, und passen sehr gut auf sie auf. Vorläufig bleiben wir im Lande, denn wir sind ohnehin viel zu lange fort gewesen. Ich vermute, daß Sie meine Cousine noch hier antreffen, wenn Sie uns nach Ihrer Reise nach Homburg besuchen.

Wilhelmine Marie lacht zwar über die Geschichte, doch bleibt ein vager bitterer Nachgeschmack dabei zurück. Sie weiß nicht, was sie von dem Scherz halten soll, den Lottchen in einem früheren Brief ausführlich beschrieben hat: Wie Charlotte Sophie und sie eines Tages aufgefordert wurden, auf hohen Holzpferden (nachdem sie ihren «Harnisch» abgelegt hatten) an der Persiflage auf ein mittelalterliches Ringelstechen teilzunehmen. Danach, noch immer im Sattel, nahmen sie das Mittagsmahl ein, wobei die Herren sie bedienten. War ein solches Turnier zwischen ihrer Tochter und Pflegetochter nicht ein wenig befremdlich? Darf eine junge Frau, die sich aus Gesundheitsgründen monatelang dem eigenen Haus und Herd fernhält, sich mit solchen burlesken Spielen vergnügen?

Willem Bentinck an seine Frau Charlotte Sophie

Sorghvliet, 23. Juni 1739

Ich hatte noch keine Zeit, den Bildhauer Xavéry aufzusuchen und ihm den Auftrag für die Vorlage zu geben, die Sie auf einen Wandschirm sticken wollen. Was wollen Sie mit all diesen Dingen in Bükkeburg? «Viel Gewerbe, wenig Erbe.» Ich vermute, daß es zwischen Spanien und England zum Krieg kommt. Dem Geschwader, das sich in den amerikanischen Gewässern befindet, hat man bereits Order erteilt, alle spanischen Schiffe auf See anzuhalten.

26. Juni 1739

Ich war bei Xavéry, der im Augenblick damit beschäftigt ist, Statuen für die große Kirche zu Haarlem zu modellieren. Ich habe ihm eine Skizze vorgelegt, damit er einen Eindruck bekommt, wie der Wandschirm aussehen soll. Den Kindern geht es ausgezeichnet. Der Kleine hat zwei hübsche Zähne bekommen, ganz ohne Fieber oder andere Beschwerden, er war nur ein bißchen unruhig. Es freut mich, daß Sie nicht daran zweifeln, eines Tages Ihren «menschlichen Verstand» wiederzufinden; ich verstehe aber nicht, was Sie damit meinen, wenn Sie sagen, Sie hätten den Willen dazu verloren, jedenfalls sei Ihr «guter Wille» völlig verschwunden. Erklären Sie mir das.

30. Juni 1739

Ich hatte damit gerechnet, Ihnen heute die Zeichnung von Xavéry zu schicken, aber ich habe sie noch nicht bekommen. Walpole wird bei mir logieren. Wir werden sehen, welche Neuigkeiten er bringt, ob es Krieg oder Frieden gibt. Wenn draußen in der Welt Krieg ausbrechen sollte, so hoffe ich doch auf Frieden in meinem eigenen Haus. Den Kindern geht es hervorragend. Ich hoffe, daß das Brunnenwasser von Stadthagen Ihnen guttut, aber ich glaube nicht recht daran. Sie selber glauben es ja auch nicht.

Willem Bentinck an seine Mutter Lady Portland

Sorghvliet, 3. Juli 1739

Walpole ist hier angekommen. In Den Haag hält man den Krieg zwischen England und Spanien für unvermeidlich. Meine Frau macht eine Brunnenkur in Stadthagen, nicht weit von Bückeburg. Ich kenne die Eigenschaften dieses Wassers nicht und fürchte, daß sie im selben Zustand heimkehrt, wie sie fortgegangen ist. Ich kann Ihnen nicht sagen, ob sie die Absicht hat, vor ihrer Rückkehr nach Varel zu gehen, denn sie zieht mich nicht ins Vertrauen, wenn sie sich etwas in den Kopf gesetzt hat, von dem sie weiß, daß ich es nicht billige. Eines aber kann ich Ihnen versichern: Ich rühre mich nicht von der Stelle, solange so viele wichtige politische Angelegenheiten auf der Tagesordnung stehen. Wenn ein Varel-Plan besteht, dann ohne meine Mitwirkung; auch de Larrey ist noch nichts zu Ohren gekommen. Die Gesellschaft, in der meine Frau in Bückeburg verkehrt, hat einen denkbar schlechten Einfluß auf ihren Charakter, doch in diesem Punkt ist nicht mit ihr zu reden.

Antoine läuft jetzt ohne Mütze draußen herum, was ihm gut bekommt. Ich schicke Ihnen einen zahmen Papagei, mit dem auch Antoine gespielt hat. Geben Sie ihm Zwieback und altes Brot, ab und zu auch etwas Zucker oder eine Mandel; sorgen Sie immer für genügend Wasser und Sand in seinem Käfig. Ich hoffe, daß er Sie beim Frühstückstisch ein wenig erheitert.

Willem Bentinck an seine Frau Charlotte Sophie

Sorghvliet, 3. Juli 1739

Gestern hat Xavéry die Skizze für Ihren Wandschirm geschickt. Ich habe ein paar kleine Veränderungen daran angebracht und rechne damit, sie Ihnen mit der heutigen Post zu schicken. Darum bringe ich den Brief offen nach Den Haag. Da eine Zeichnung leicht verdirbt, wenn sie geknickt wird, habe ich Xavéry gebeten, sie mit roter Kreide zu skizzieren. Sie können den Entwurf auf ein Blatt Papier durchpausen, das Sie dann auf den Stoff heften. Den Kindern geht es ausgezeichnet. Antoine wird von Tag zu Tag flinker. Der Kleine steht schon fest auf den Beinchen, redet aber noch nicht, obwohl er alles versteht, was man ihm sagt, vorausgesetzt natürlich, man sagt ihm etwas, was er verstehen kann.

Sorghvliet, 14. Juli 1739

Ich war krank, mit Fieber und Kopfschmerzen, und habe Chinin geschluckt. Ich fühle mich noch sehr müde. Den Kindern geht es gut. Madame de St. Auban kam freundlicherweise und hat in den Tagen, als ich mich am elendsten fühlte, hier gewohnt. Das hat mir sehr gut getan, ich war ja ganz allein.

Willem Bentinck an seine Mutter Lady Portland

Sorghvliet, 17. Juli 1739

Nach meinem vorigen Brief an Sie habe ich plötzlich hohes Fieber bekommen. Schwencke hat einen Aderlaß verordnet, doch das Fieber blieb, und ich hatte unerträgliche Kopfschmerzen. Ein zweiter Aderlaß verschaffte mir ein wenig Erleichterung. Einen Tag später stellten die Beschwerden sich wieder ein. Madame de St. Auban hat neun Tage hier logiert und so gut für mich gesorgt, als wäre ich ihr eigener Sohn. Ich weiß wirklich nicht, woher die Krankheit kommt, denn während der zwei Monate, die ich hier allein bin, habe ich sehr enthaltsam gelebt und bin so früh wie möglich zu Bett gegangen.

Ich habe sehr guten Kontakt zu Walpole; privat ist er ein ehrlicher und einfacher Mann, und ich habe einen viel günstigeren Eindruck von seinen politischen Fähigkeiten bekommen, als man in England hat.

Gestern kam ein Brief von meiner Frau, worin sie mir mitteilt, daß die Brunnenkur ihr sehr gutgetan hat. Nächste Woche werde ich ihr wegen ihrer Heimkehr schreiben. Was Sie von ihr sagen, stimmt vollkommen, aber Sie kennen nicht alle Tatsachen. Sie unterstellen manches, was sich leider ganz anders verhält, aber der Sinn steht mir heute nicht nach langen komplizierten Erörterungen. Das Schreiben ermüdet mich. Meinen Jungen geht es gut. Ich habe Antoines Korsett weggeworfen, er schläft jetzt ohne Nachtmütze. Sein Rücken ist gerade, und er steht so fest auf den Beinen wie ein kleiner Herkules; er bewegt sich so gelenkig und schnell, wie man nur wünschen kann, er tollt den ganzen Tag umher und schlägt Purzelbäume auf dem Rasen, im Sand oder auf dem Fußboden.

Willem Bentinck an seine Frau Charlotte Sophie

Sorghvliet, 24. Juli 1739

Gestern habe ich Ihren Brief vom Achtzehnten erhalten. Ich danke Ihnen für Ihre guten Wünsche. Das Chinin hat gut gewirkt, es geht mir Gott sei Dank wieder bestens. Nein, ich galoppiere nicht in den Dünen, ich habe auch sonst genug zu tun. Und dabei ziehe ich nicht einmal in Betracht, daß die Dünenlandschaft sozusagen unbewohnt ist und man dort nichts erleben kann. Den Kindern geht es sehr gut. Antoine, der gerade bei mir ist, läßt Sie grüßen und fragt, wann Sie zurückkommen. Ich hoffe, Sie haben sich Gedanken gemacht über den Brief, den ich Ihnen neulich zu demselben Thema geschrieben habe.

P. S. Wenn Sie kommen, kehren Sie bitte allein zurück, denn ich habe kein Geld mehr für außergewöhnliche Ausgaben; laden Sie bitte von nun an niemanden mehr ein, bis unsere Finanzen sich gebessert haben.

Sorghvliet, 28. Juli 1739

Ich habe gestern den Kutscher Matthijs mit der Postkutsche nach Minden geschickt. Von dort aus wird er Sie aufsuchen, in Bückeburg oder wo Sie ihn haben wollen, damit er Ihnen auf der Rückreise zu Diensten steht. Sie haben dann wenigstens jemanden bei sich, der dafür sorgt, daß Ihr Fahrzeug in ordentlichem Zustand ist und kein betrunkener oder unachtsamer Postillion Sie das Genick brechen läßt. Antoines kleiner Körper ist, seit Sie ihn zuletzt gesehen haben, überraschend viel beweglicher und geschmeidiger geworden, er hält sich kerzengerade. Es geht ihm gut, so gut wie seinem Brüderchen, das zu laufen anfängt und dafür allen Platz braucht, denn er schwankt hin und her wie ein Betrunkener. Wie ich höre, befindet sich Ihre Mutter auf Reisen und will ebenfalls nach Bückeburg kommen.

Sorghvliet, 4. August 1739

Als ich Sie bat, sich mit der Heimkehr zu beeilen, wollte ich Sie natürlich nicht an einen Termin binden, auf zehn oder zwölf Tage kommt es nicht an. Ich versichere Ihnen, daß ich nie daran gedacht habe, dies nicht Ihrer persönlichen Entscheidung zu überlassen. Gleichwohl bin ich der Meinung, Sie täten gut daran, so bald wie möglich nach Hause zu kommen. Ich bin nämlich überzeugt, daß Ihre längere Abwesenheit bei allen wohlmeinenden Menschen einen falschen Eindruck erweckt, hier und andernorts, wo es ihnen zu Ohren kommt. Wann kann Ihre Mutter in Bückeburg sein? Man sagt, sie sei in einem Heilbad, ich weiß aber nicht, wo. Neuigkeiten über sie erfahre ich nur aus Briefen an andere. Ich habe Ihnen Matthijs geschickt, damit er Ihnen unterwegs zu Diensten ist. Hätte ich einen besseren Mann zur Verfügung gehabt, so hätte ich den geschickt. Ich gebe zu, daß es für Sie beschwerlich ist, allein zu reisen, doch das spricht eher gegen eine Abreise, als gegen die Heimkehr. Was de Larrey betrifft, so habe ich schon lange nichts von ihm gehört. Im Augenblick weiß ich nicht einmal, wohin ich ihm schreiben soll. Es wäre mir sehr angenehm, wenn er Sie unterwegs begleiten könnte, falls er rechtzeitig in Bückeburg eintrifft. Namens der Räte der Generalstaaten lege ich für Graf zu Schaumburg-Lippe die «Heeresgesetze» bei. Den Kindern geht es sehr gut.

Die verwitwete Gräfin zu Schaumburg-Lippe an Charlotte Sophie Bentinck-von Aldenburg

Stadthagen, 5. August 1739

Nur ein paar Zeilen, die Ihnen bekunden sollen, wie sehr ich die Freude dieses glücklichen Tages teile, an dem Sie einst das Lebenslicht erblickt haben und den mein Sohn mit großer Begeisterung feiern will, da Sie nun volljährig werden. Sie sind damals in eine Welt voller Katastrophen und widriger Umstände geboren worden. Demgegenüber genießen Sie viele Vorrechte, die Tausenden von

Menschen niemals zuteil werden. Gott hat Ihnen erlauchte Eltern geschenkt, die sich durch hervorragende Eigenschaften und Verdienste ebensosehr ausgezeichnet haben wie durch ihre vornehme Geburt. Durch die vortreffliche Erziehung, die Sie genossen haben, konnte sich Ihre ungewöhnliche Begabung und Intelligenz dergestalt entfalten, daß Sie zu einer der geistreichsten und liebenswürdigsten jungen Frauen geworden sind, die ich kenne. Aber ich will Sie nicht mit Lob überhäufen. Ich hoffe von ganzem Herzen, liebe Tochter (denn so möchten Sie von mir genannt werden), daß Sie vom heutigen Tage an ernsthafter als bisher über Ihren künftigen Lebenslauf nachdenken. Das Schicksal hat Sie in eine heikle Situation versetzt. Gewiß, wenn man den ersten Preis erringen will, muß man tüchtig laufen, aber man erhält ihn nur, wenn man den Kopf hochhält, sich nicht verwirren und vom rechten Weg abbringen läßt. Ihr ewiges Heil wie auch Ihr irdisches Glück hängen davon ab, ob Sie in die *gute* Richtung laufen und Ihre Leidenschaften bezwingen...

Charlotte Sophie Bentinck-von Aldenburg an ihre Mutter

Bückeburg, 7. August 1739

Wir sind soeben aus Stadthagen zurückgekehrt; wie üblich sitze ich hier und schreibe, ohne mich im mindesten um den Hofstaat zu kümmern. Es ist nicht gut, wenn man dem Ehrenwort hoher Herrschaften allzu fest vertraut! Ich will Ihnen erzählen, was mir am Abend meines Geburtstags widerfahren ist. Einträchtig begann die Familie den Tag damit, mich zu kritisieren und zurechtzuweisen, also genau wie an allen anderen Tagen. Ich habe es ihnen mit gleicher Münze heimgezahlt, was man von mir gewohnt ist und was niemanden überrascht. Nach dem Diner schlug man, wie üblich, einen Ausritt vor. Meine Cousine und die Mutter des Grafen fuhren uns in der Kutsche nach, angeblich hatten sie Kopfschmerzen und Verdauungsbeschwerden. Etwa um sieben Uhr kamen wir nach Hause zurück. Als ich absaß, sah ich mich plötzlich von sechs oder sieben Gestalten mit gezückten Degen umringt, die sie drohend hin und her schwenkten, auf die Gefahr hin, mich mittendurch zu hauen. Meine Kavaliere, allesamt Don Quichottes reinsten Wassers und außerdem Reichsgrafen, verteidigten sich, wurden aber trotz ihres tapferen Widerstands entwaffnet. Danach wurde ich nach allen Regeln der Kunst entführt. Meine Bezwinger fesselten mich mit Ketten an Händen und Füßen, setzten mich auf einen Nachtstuhl und trugen mich die Treppen hinauf. Zwei der maskierten und scheußlich ausstaffierten Gesellen blieben bei mir, um mich zu bewachen. So gelangen wir in den großen Saal, wo der gesamte Hof von Stadthagen wie in einer Kirche in Reihen sitzt. Man trägt mich von einem zum anderen, und in der Totenstille reicht mir jeder in alphabetischer Reihenfolge eine Karte mit einem Bildchen (ich schicke sie Ihnen unter der Bedingung, daß Sie so gut sein wollen, sie mir zurückzugeben, denn ich besitze keine Duplikate). Sie dürfen nicht glauben, der Spaß wäre damit zu Ende. Keineswegs! «Die Versammlung ist eröffnet!» sagt man, und während ich meinerseits wohl oder übel Haltung zu bewahren versuche, führt man unter vielen Komplimenten und Kratzfüßen eine Komödie auf, noch viel verrückter als die Schwänke am Abend der Heiligen Drei Könige. Dabei entschuldigen sich die Schauspieler andauernd, daß sie mir nichts zu essen und trinken anbieten. Um acht Uhr verzieht sich die Gesellschaft in den Park. Sie kennen den Pavillon, der über den Fischweiher hinausragt. Dort erblicke ich eine hufeisenförmige, prächtig gedeckte Tafel für sieben- oder achtundzwanzig Personen. Aber soweit sind wir noch nicht! Ich muß noch eine Menge durchstehen, bevor ich dort Platz nehmen darf. Zuerst fordert man von mir den Eid bedingungsloser Gehorsamkeit und bringt mich danach in ein gewisses Kämmerchen, dessen Namen man in anständiger Gesellschaft nicht zu nennen pflegt. Ich bekam Teller, Messer und Gabel und mußte dort, auf dem «Thron», in ausgezeichneter Gesellschaft soupieren, nämlich mit meinem eigenen Spiegelbild! Meine Ruhe und Folgsamkeit entwaffnete die Tyrannen, und man erlaubte mir, den Abort zu verlassen. Doch dann erhielt ich den Auftrag, eine Gießkanne voll Wasser zur verwitweten Gräfin zu bringen. Als ich die Kanne vom Tischchen neben dem Kamin nehmen wollte, zerriß das Tuch, das die Kaminöffnung verdeckte, und das schreckliche Schmettern einer Kriegstrompete hinderte mich, den Befehl auszuführen. Kaum hatte ich mich von dem Schrecken erholt, als man mich zu einem kleinen Tisch für vier Personen führte, der innerhalb der hufeisenförmigen Tafel aufgestellt war. Davor stand ein großer hölzerner Badetrog. Mademoiselle Cordier und Madame Gramberg, in lange Hemden aus weißer Taftseide gehüllt, mußten sich auf die Bretter über dem Trog setzen. Sobald sie Platz genommen hatten, rutschten die Bretter ab, so daß sie der Länge nach ins Wasser fielen. Ich lachte aus vollem Herzen mit, doch im selben Augenblick hatte das Schicksal mir eine neue Katastrophe zugedacht, denn plötzlich sank das Tischchen, an dem ich mit dem Grafen, Lottchen und der Schwester der alten Gräfin saß, in sich zusammen, und ein Dutzend Vögelchen entwichen aus einer Pastete, so daß uns die Füllung ins Gesicht spritzte! Als auch diese letzte Prüfung bestanden war, durften wir uns zur erlauchten Gesellschaft an den großen Tisch setzen. Dort wurde mir eine zweite Pastete angeboten, in der ein lebendes Kaninchen hockte, worauf die Schwester der alten Gräfin laut aufschrie und eine Reihe von Verwünschungen hervorstieß. Nach dem Souper war der ganze Park aufs artigste illuminiert, in einem Zelt erklang ein schönes Konzert mit Gesang, dessen Text meine Ehre und meinen guten Ruf verherrlichte, ein erlesenes und unerschöpfliches Thema! Enfin, mein Brief fände kein Ende, wenn ich Ihnen alle geistreichen Scherze und höflichen Aufmerksamkeiten meines illustren Gastgebers und seiner Frau schildern wollte. Dies ist nur eine kurze Zusammenfassung. Obwohl ich mich natürlich herzlich bedankt habe (ich konnte ja nicht anders), bitte ich Sie jetzt aufs dringlichste, ihnen ordentlich die Leviten zu lesen, die sie nicht minder verdienen als den Dank – vor allem weil sie sich nicht an ihr «adliges» Ehrenwort gehalten haben, meinen Geburtstag überhaupt nicht zu feiern!

Die Karten, die Charlotte Sophie während der spaßhaften Begrüßungszeremonie zur Feier ihrer offiziellen Volljährigkeit überreicht bekam, hat Lottchen in einem Anflug von Mitleid und Ärger gezeichnet, mit gemischten Gefühlen, denen sie in zunehmendem Maße ausgesetzt ist. Sie will nicht Albrecht Wolfgangs Unmut erregen, indem sie ihre Mitwirkung an den ausgelassenen und bizarren Festivitäten verweigert, die er immer wieder für Charlotte Sophie arrangiert; sie läßt sich aber auch keine Gelegenheit entgehen, auf behutsame Art und Weise ihrer Cousine (und ihrem Mann) zu verstehen zu geben, daß sie die sonderbare Beziehung, die sich seit dem Frühjahr zwischen ihnen entwickelt hat, zwar toleriert, aber keineswegs billigt. Sie fühlt sich in die Rolle einer milden und klugen Beschützerin gedrängt, quasi einer Anstandsdame für ein ebenso leidenschaftliches wie unvernünftiges Liebespaar. Die Bilder auf den Kärtchen erzählen die Geschichte dreier Herzen. Kurze Unterschriften erläutern, was Lottchens beschränktes Zeichentalent nicht abzubilden vermag. Die Herzen stehen in Feuer und Flamme, schweben durch die Luft, trauern einsam, bluten, weinen, strahlen, immer wieder begleitet oder bedroht von einem geflügelten Amor. In der richtigen Reihenfolge hintereinandergelegt, enthüllen die Zeilen unter den Bildern, was sich im Laufe der Jahre unter den Mitgliedern des fröhlichen Dreigespanns abspielte, das sich im Januar 1730 zur Morgenschokolade in Lottchens Zimmer auf Varel getroffen hatte: «Ich will nur den *einen*», «Ich bete ihn an», «Ihre Abwesenheit tötet mich», «Wer von meiner Sehnsucht weiß, darf mich haben», «Einer für zwei», «Ich wähle alle beide», «Ohne sie bin ich traurig», «Ich befreie mich», «Ich trinke bis zur Neige», «Rettungslos verloren», «Auf Wiedersehen», «Aber sei treu», «Dies Herz ist schon vergeben», «Der Treuesten und Verschwiegensten», «Fern von ihm traure ich», «Ich irre ziellos umher», «Einander finden oder sterben», «Ich wähle den Standhaftesten», «Das dritte Herz gehört dazu», «Dasselbe geleitet uns» und: «Erobern, was man liebt, um jeden Preis».

Willem Bentinck an seine Frau Charlotte Sophie

Sorghvliet, 11. August 1739

Inzwischen ist ein Brief von de Larrey eingegangen. Er schreibt: «Die Prinzessin von Aldenburg erbittet das Tafelsilber zurück, das zur Aussteuer gehört und jetzt in Den Haag ist. Ich habe Madame Bentinck Bescheid gesagt.» Ich habe ihm geantwortet, ich würde Ihnen schreiben. Sagen Sie mir bitte, was Sie davon halten. Ich muß gestehen, ich wußte nicht, wie mir geschah, als ich diese Stelle in de Larreys Brief und eine andere, worin Pferdegeschirr und Decken zurückverlangt werden, wieder und wieder las. Ich habe in aller Ruhe darüber nachgedacht und glaube, es ist besser, wenn wir stillschweigend nachgeben.

Mein Kollege, Herr van Maasdam, ist fünf Wochen nach seiner Hochzeit an heftigem Fieber gestorben, seine Frau und seine Eltern sind untröstlich. Ich habe sie besucht. Die menschliche Natur in ihrer Einfalt, ohne jegliche Verstellung, ist ein bewegender Anblick; ich war zutiefst betroffen. Um Sie nicht länger mit meinen Herzensergüssen zu langweilen und um meine Zeit nicht mit dem Vollkritzeln des Papiers zu verschwenden, bitte ich Sie nur kurz: Reisen Sie so zeitig aus Bückeburg ab, daß Sie vor Monatsende hier sein können. Sie haben noch genügend Zeit, alle Reisevorbereitungen zu treffen. Den Kindern geht es ausgezeichnet. Ich flehe Sie an, nehmen Sie Rücksicht auf meine Gefühle für Sie. Ich hoffe, der Aderlaß hat Ihnen gutgetan. Drei Deziliter Blut, ist das nicht zuviel? Ehrlich gesagt, kann ich den Nutzen der Brunnenkur nicht recht einsehen.

Sorghvliet, 14. August 1739

Ihr Brief, den ich gestern erhielt, ist so verwirrend, daß man einen viel schärferen Verstand besitzen muß als ich, um seinen eigentlichen Sinn zu erraten. Ich kann Ihnen heute nur sagen, daß ich weder gute noch schlechte Laune habe, wie Sie das nennen. Was ich Ihnen geschrieben habe, ist einfach, klar und zusammenhängend. Ich verlasse mich darauf, daß Sie jetzt beruhigt sind und nicht wieder anfangen, von einem Aufschub zu reden, aus welchen Gründen auch immer.

Sorghvliet, 18. August 1739

Ich frage mich, ob es in Bückeburg wohl einen Kalender gibt. Heute ist der 18. August. Ich rechne damit, daß Sie vor Ende des Monats abreisen. Damit ist die Frist von vierzehn Tagen (und mehr), die ich Ihnen zugestanden habe, bei weitem überschritten. Da ich höre, daß de Larrey in Homburg noch viel zu tun hat, habe ich heute seinem Schwager, Herrn Weltzin, geschrieben und ihn gebeten, sich bereit zu halten und auf einen Wink von Ihnen nach Bückeburg zu fahren. Sie haben dann jemanden, der Sie der Form halber auf der Reise begleitet. Wenn Sie lieber den Jäger Streckmann als Furier haben möchten für den Fall, daß Sie ihn unterwegs brauchen, können Sie ihn beauftragen, nach Bückeburg zu kommen.

Sorghvliet, 21. August 1739

Ich habe soeben Ihren Brief vom Fünfzehnten erhalten, worin Sie mir mitteilen, daß, wie Ihre Mutter meint, de Larrey noch Ende des Monats in Bückeburg eintreffen wird. Ich will es glauben, da Ihre Mutter es sagt. Ich verstehe allerdings nicht, wie er sich so rasch in Homburg freimachen kann, wo er, wie ich aus seinem letzten Brief ersehe, sehr beschäftigt ist. Mit keinem Wort erwähnt er darin, daß Sie ihn aufgefordert hätten, Sie abzuholen. Deshalb habe ich in meinem letzten Brief einen anderen Reisebegleiter vorgeschlagen, dessen Gesellschaft Ihnen natürlich nicht so gut gefällt, wie die von de Larrey; immerhin wäre es eine Lösung, und Sie müßten nicht allein reisen.

Schließlich (ich kann nicht umhin, es nochmals zu wiederholen) wird es Zeit, daß Sie nach Hause kommen; ich bitte Sie dringend, schieben Sie es nicht immer wieder auf. Ich rechne damit, daß Sie mir in Ihrem nächsten Brief das Datum Ihrer Abreise mitteilen sowie den Tag, an dem Sie in Utrecht die Jacht benötigen. Den Kindern geht es sehr gut.

Sorghvliet, 24. August 1739

Ich rechne fest damit, daß Sie zu dem von Ihnen angegebenen Zeitpunkt abreisen, nämlich Ende dieses Monats. Bitte, jetzt keine weiteren Ausflüchte!

Sorghvliet, 28. August 1739

Wenn alles nach Plan verläuft, erreicht Sie dieser Brief nicht mehr in Bückeburg. Unserer Absprache gemäß müßten Sie eigentlich schon unterwegs sein, wenn diese Post ankommt. Aber falls etwas dazwischenkommt und Sie die Reise einen Tag aufschieben müssen, möchte ich nicht, daß Sie ohne Nachricht von mir bleiben. Ich melde Ihnen also, daß alle, auf die sich Ihr Interesse richtet, sich wohl befinden. Ich hoffe, morgen oder übermorgen das genaue Datum Ihrer Abreise zu erfahren sowie den Tag, an dem Sie die Jacht in Utrecht erwarten soll, damit ich für Ihre Weiterreise sorgen kann.

Sorghvliet, 1. September 1739

Als Sie mich Anfang vorigen Monats baten, Ihre Rückreise um vierzehn Tage verschieben zu dürfen, hätte ich nicht geglaubt, daß ich am ersten September noch nach Bückeburg schreiben müßte! In dem Brief, den ich vorgestern von Ihnen erhalten habe, steht keinerlei Hinweis auf das Datum Ihrer Rückreise, und ich weiß wirklich nicht mehr, welche Maßnahmen ich bezüglich Ihrer Heimkehr treffen soll. Ich weiß auch nicht, ob de Larrey Sie begleiten kann, denn wie er mir schrieb, will er noch vor der Niederkunft seiner Frau zu Hause in Varel sein. Aber ob Sie nun mit de Larrey, mit Weltzin oder allein reisen, ich bitte Sie jedenfalls sehr dringend, kommen Sie nach Hause und beeilen Sie sich, ich flehe Sie an! Wie Sie wissen, bemühe ich mich, für meinen Bruder Charles die Gardekompanie des verstorbenen Herrn van Maasdam zu bekommen. Charles ist Ihnen sehr verpflichtet für Ihre guten Wünsche zu seiner Bewerbung und läßt Ihnen die allerherzlichsten Grüße ausrichten. Den Kindern geht es gut.

Sorghvliet, 4. September 1739

Gestern habe ich vergeblich auf Ihre eventuellen Wünsche bezüglich Ihrer Heimkehr gewartet. Es wundert mich, daß de Larrey seit vier Wochen Ihre Briefe nicht beantwortet. Ich hoffe, daß er bei Ihnen ist, wenn Sie diesen Brief erhalten, und daß es ihm gelingt, Ihre Rückreise zu Ihrer Zufriedenheit zu gestalten. Den Kindern geht es gut.

Sorghvliet, 8. September 1739

Ich vermute, daß de Larrey jetzt bei Ihnen ist. Ich wage nicht mehr zu hoffen, daß Sie die Rückreise schon angetreten haben.

Sorghvliet, 15. September 1739

Am Sonntag erhielt ich Ihren Brief, in dem Sie im Postskriptum die Ankunft de Larreys melden. Aber von Ihrer Heimkehr schreiben Sie kein Wort. Aus anderen Quellen hat sich das Gerücht verbreitet, daß Sie nach Varel gehen wollen. Ich verstehe das nicht. Ich hoffe, in Kürze mehr zu erfahren und daß das Gerücht falsch ist.

Am zwanzigsten September trifft de Larrey (ohne Charlotte Sophie) in Den Haag ein, nachdem er zwei Tage und Nächte ununterbrochen in der Postkutsche gesessen hat. Er ist todmüde und nervös. In einem Gespräch, an das er sich noch lange erinnern wird, hat Charlotte Sophie ihm ohne Umschweife mitgeteilt, daß sie ein Kind erwartet und daß sie nicht mehr in die eheliche Wohnung zurückkehren kann und will. Sie beabsichtigt, sich für die Monate ihrer Schwangerschaft nach Varel zurückzuziehen, um den Grafen zu Schaumburg-Lippe (der von alledem nichts weiß) nicht zu kompromittieren. Später will sie auf jeden Fall nach Bückeburg zurückkehren. De Larrey soll ihr helfen, die beengenden Fesseln zu sprengen und die geschäftlichen Aspekte zu regeln. In erster Linie soll er Willem Bentinck informieren und ihn in ihrem Namen um die Trennung von Tisch und Bett bitten, auch den kleinen Albert möchte sie haben. De Larrey hat unterwegs versucht, sich auf den höchst peinlichen Auftrag vorzubereiten. Er befindet sich in einem Zwiespalt. Seine Sympathie gilt Bentinck, aber sein Haus, seine Familie, seine Arbeit stehen im Zeichen des Aldenburgischen Besitzes. Alles, auch seine eigene Zukunft, hängt davon ab, wie er dieses schwierige Problem zu lösen vermag, das heißt von seinem diplomatischen Geschick. Vorläufig will er das Vertrauen keiner Partei verlieren. Er begreift, daß es darauf ankommt, radikale Entscheidungen zu verhüten, und nimmt sich deshalb vor, Willem Bentinck die (gerade erst beginnende und gar nicht sichere) Schwangerschaft vorerst zu verschweigen.

Willem Bentinck an seine Frau Charlotte Sophie

Sorghvliet, 20. September 1739

Da Sie sehr wohl wissen, welche Gefühle ich stets für Sie gehegt habe, und auch meine große Zuneigung für Ihren verstorbenen Vater kennen, können Sie sich vorstellen (wenn auch bei weitem nicht in vollem Umfang), in welchen Zustand mich der unerwartete Besuch von de Larrey und seine Mitteilung versetzt haben. Ich sage Ihnen auf Ehre und Gewissen, daß ich Ihr Verhalten schärfstens mißbillige; Sie beschwören große Nachteile herauf, sowohl was Ihre Gesundheit als auch was das Urteil der Menschen über Sie betrifft, wenn sich herumspricht, daß Sie Ihre Familie und alles, was Ihnen auf Erden am teuersten sein müßte, im Stich gelassen haben und sich krank und schwach nach Varel zurückziehen, wo es Ihnen an der richtigen Pflege mangelt. Meine Zuneigung für Sie und meine aufrichtige Anteilnahme an allem, was mit Ihnen zu tun hat, machen es mir unmöglich, die jüngsten Ereignisse mit Gleichmut und trockenen Augen hinzunehmen. Noch nie war ich so tief betrübt wie jetzt. Da ich aus dem, was ich in Ihren Briefen lese und was de Larrey mir in Ihrem Namen mitgeteilt hat, folgern muß, daß Ihr Entschluß feststeht, verspreche ich, mich nach Kräften zu bemühen, aus Rücksicht auf die öffentliche Meinung den äußeren Schein zu wahren. Zu meinem innigsten Leidwesen sehe ich mich verpflichtet, Ihrem Vorhaben zuzustimmen. Ich habe stets gehofft, daß Sie irgendwann zur Besinnung kommen, und will diese Hoffnung auch jetzt noch nicht aufgeben. Ich werde von der Sache kein Aufhebens machen und selbst keinerlei Anlaß zu übler Nachrede geben, im Gegenteil, ich werde alles, was verborgen bleiben muß und was ich selbst nicht gern ans Licht gezerrt sähe, vor aller Welt geheimhalten. Der Zustand, in dem Sie sich befinden, erweckt um so mehr mein unaussprechliches Mitgefühl, als es nicht in meiner Macht steht, Ihnen zu helfen. Weit entfernt davon, Sie zum Äußersten treiben zu wollen, würde ich Sie lieber zu sich selbst (und nach Hause) zurückführen. Alles, was ich Ihnen jetzt sagen könnte, wäre nur ein kläglicher Widerhall meiner Gefühle. Mir bleibt nichts übrig, als Sie Gottes Hut zu empfehlen und Ihnen zu versichern, daß ich stets mein Wort halten werde. Da ich als Ehemann offenbar nicht zu Ihrem Wohl und irdischen Glück beitragen kann, werde ich jede Gelegenheit wahrnehmen, Ihnen als echter Freund zu dienen und Ihnen nach bestem Vermögen mit Rat und Tat beizustehen. Sie machen mich glücklich, wenn Sie mir dies gestatten. Ich bin außerstande, alle Einzelheiten jener Maßnahmen schriftlich zu erörtern, die de Larrey mir in Ihrem Namen vorgeschlagen hat. Zum größten Teil akzeptiere ich sie, da Ordnung nun einmal wünschenswerter ist als das Chaos, das notwendigerweise unseren totalen Bankrott zur

Folge hätte – das heißt den Verlust der Ehre und des guten Rufes. Schließlich haben wir gemeinsame Verpflichtungen gegenüber unseren Kindern. Und es gibt noch andere Erwägungen, die Ihnen genausogut bekannt sind wie mir. Seien Sie versichert, niemand wünscht sehnlicher, daß Sie glücklich werden, als ich, niemand nimmt inniger und schmerzlicher Anteil an der traurigen Situation, in die Sie sich selbst gebracht haben. Ich bin mit Herz und Seele der Ihre.

Sorghvliet, 22. September 1739

Am vergangenen Freitag war es mir unmöglich zu schreiben. Obwohl ich keinen Brief von Ihnen bekommen habe, hoffe ich doch, daß unsere Korrespondenz nicht abreißt. Alles, was ich Ihnen heute mitteilen könnte, wäre für Sie unverständlich ohne den Bericht von de Larrey, der gestern abend abgereist ist. Den Kindern geht es gut. Rebecca, das Kindermädchen, ist auf dem Weg der Besserung. Doktor Schwencke hat mir stets versichert, daß ihre Krankheit nicht die mindeste Gefahr für andere darstellt, deshalb wollte ich Sie damit nicht behelligen oder in Unruhe versetzen.

P. S. Ich bitte Sie dringend, mir auch weiterhin Nachricht zu schikken, nur so kann ich in nächster Zukunft den Kontakt mit Ihnen aufrechterhalten.

Thomas de Larrey an Charlotte Sophie Bentinck-von Aldenburg

Varel, 24. September 1739

Vor einigen Stunden bin ich in Varel angekommen. Aus der Geschwindigkeit meiner Reise und mehr noch aus dem Ausgang der Verhandlungen, die ich in Ihrem Namen geführt habe, können Sie ersehen, daß ich alles Menschenmögliche getan habe, um Ihre Angelegenheit unter den derzeitigen Umständen aufs beste zu regeln.

Ich glaube, Sie können mit meinem Vorgehen zufrieden sein. Eine Abschrift des in Den Haag aufgesetzten Schriftstücks lege ich bei; als nächsten Schritt müssen Sie diese Akte ratifizieren. Wollen Sie das Papier unterschreiben, mit Datum versehen und versiegeln, damit ich es, wie versprochen, zurückschicken kann? Das Original, das von Graf Bentinck und mir unterzeichnet ist, müssen Sie natürlich aufbewahren.

Nun bleibt mir nur noch, Madame, Ihnen zu berichten, was sich in Den Haag zugetragen hat. Es betrifft Sie zu sehr, als daß Sie auch nur über die geringste Kleinigkeit im ungewissen bleiben dürfen. Ich bin am Freitag morgen hier angekommen. Graf Bentinck hatte in dieser Woche den Vorsitz im Rat inne. Er war sprachlos vor Staunen, als er mich erblickte. Hastig fragte er nach dem Grund meines Kommens; ich mußte meine ganze Selbstbeherrschung aufbringen, um nicht mit der Tür ins Haus zu fallen, nur ganz allmählich konnte ich ihm das Vorgefallene mitteilen. Madame, ich wage nicht, die Bestürzung und den Schmerz von Herrn Bentinck zu beschreiben, denn beide Gefühle überwältigten ihn aufs heftigste, und ich erschöpfte mich in Argumenten, ihn zu beruhigen. Er legte sofort das Amt des Vorsitzenden nieder und betraute einen der Herren mit der Aufgabe, am nächsten Tag an seiner Statt nach Leiden zu fahren. Danach zogen wir uns auf Sorghvliet zurück, wo sich Herr Bentinck dem Kummer überließ. Er war so erschüttert, daß er buchstäblich krank wurde; seine Gesichtszüge verzerrten sich bis zur Unkenntlichkeit. Ich fuhr mit meinen Erläuterungen fort und brachte ihn dazu, daß er Ihren Vorschlägen zustimmte und sich bereit erklärte, Ihnen zu schreiben. Letzteres tat er dann und ließ mich den Brief lesen, bevor er ihn siegelte. Ich versichere Ihnen bei Gott, daß ich Graf Bentinck noch nie zuvor in einem solchen Zustand gesehen habe. Er wollte seine Gefühle vor mir verbergen, was ihm aber nicht gelang. Kurz gesagt, Madame, er hat in dieser kritischen Situation meine kühnsten Erwartungen übertroffen und den günstigen Eindruck, den er immer auf mich gemacht hat, voll und ganz bestätigt. Ich bleibe ihm in ehrerbietiger Hochachtung verbunden. Wie beklage ich Sie beide! Von Geburt an mit allen Vorrechten und Gaben ausgestattet, die ein Mensch braucht, um glücklich zu sein, werfen Sie nun alles fort und weisen Sie, rundheraus gesagt, Gottes Segnungen zurück. Die Zeit und ruhiges Überlegen werden Sie beide wieder zusammenführen, davon bin ich überzeugt und werde nicht aufhören, diesen Wunsch auszusprechen.

Der einzige Punkt, in dem ich nichts erreichen konnte, betrifft den kleinen Albert. Herr Bentinck konnte sich nicht entschließen, Ihnen seinen Sohn zu überlassen, was immer ich auch vorbrachte. Da ich nicht wage, diese Papiere der Post anzuvertrauen, schicke ich sie per Eilboten; ich glaube, damit Ihre Befehle wunschgemäß ausgeführt zu haben.

Was das Datum Ihrer Abreise von Bückeburg nach Varel betrifft, so liegt dies einzig und allein in Ihrem Ermessen. Herr Bentinck ist wie ich der Meinung, es wäre am schicklichsten, wenn Sie in Bückeburg die Ankunft Ihrer Mutter abwarteten und mit ihr zusammen nach Varel führen. Die Niederkunft meiner Frau läßt noch auf sich warten.

Wir, Willem Graf Bentinck, Herr von Rhoon und Pendrecht, Mitglied der Holländischen Ritterschaft, Abgeordneter der Generalstaaten, Vorstandsmitglied des Wasser- und Bodenverbandes von Rheinland, Deichgraf von Delftland etc. pp., sowie Thomas Isaac de Larrey, im Auftrag von Charlotte Sophie Gräfin Bentinck, geborene Gräfin von Aldenburg, Herrin von Varel, Kniphausen und Doorwerth etc. pp., versehen mit einer am elften September des Jahres 1739 zu Bückeburg erteilten Vollmacht zur Regelung der persönlichen und finanziellen Belange zwischen der Gräfin und ihrem Ehegatten, erklären nach Überprüfung der hiermit dargelegten Angelegenheiten, daß wir zu folgender Übereinkunft gelangt sind:

Zum ersten: In Anbetracht des Umstandes, daß Graf Bentinck die Bürgschaft für eine Summe von dreihundertdreißigtausend Gulden übernommen hat, seinerzeit von dritter Seite dem verstorbenen

Grafen Anton von Aldenburg kreditiert und zum überwiegenden Teil dazu bestimmt, die Schulden für hypothekarisch belastete Besitztümer und Ländereien des Hauses Aldenburg zu tilgen, sowie in Anbetracht dessen, daß Gräfin Bentinck, geborene Gräfin von Aldenburg, unter den derzeitigen Umständen nicht in der Lage ist, genannte dreihundertdreißigtausend Gulden zurückzuzahlen, und es nicht rechtens wäre, wenn Graf Bentinck durch den Dienst, dem er seinem verstorbenen Schwiegervater erwiesen hat, Schaden erlitte, leiste ich, Thomas Isaac de Larrey, im Namen der Gräfin Bentinck folgende Garantien:

a) Ich verpflichte mich, alle Belege der Schulden und Debetposten, die mit diesem in Holland geliehenen Kapital ausgeglichen wurden, zusammenzufassen und in ihrer ursprünglichen Form obgenanntem Grafen Bentinck zu übertragen, mitsamt einer spezifizierten und gesiegelten Urkunde des Rechnungshofes zu Varel, aus der hervorgeht, wie obgenanntes Geld angelegt wurde, damit Graf Bentinck billigerweise in die Rechte der vormaligen Gläubiger treten kann.

b) Ich überlasse obgenanntem Grafen Bentinck (bis zur Rückzahlung der Gesamtsumme von dreihundertdreißigtausend Gulden) als besondere Hypothek Schloß Doorwerth mit den zugehörigen Landgütern; da jedoch dieses Schloß bereits mit einer Hypothek von fünfundneunzigtausend Gulden belastet ist und außerdem das Pfand für die Mitgift der obgenannten Gräfin Bentinck darstellt, also die Gesamtsumme von dreihundertdreißigtausend Gulden nicht erbringen kann, verpflichte ich mich, obgenanntem Grafen Bentinck abzutreten

c) als besondere Hypothek cum constituto possesoris alle lehnsunabhängigen Besitztümer der obgenannten Gräfin Bentinck, bis die Gesamtsumme von dreihundertdreißigtausend Gulden zurückbezahlt ist, d. i. das neu angekaufte und urbar gemachte Land in Varel, Kniphausen und andernorts, ferner Gebäude, Schmuck, Kostbarkeiten, Silberzeug, Möbel sowie Zinsen und Außenstände, wobei berücksichtigt ist, daß der verstorbene Graf von Aldenburg, als er mit Erreichen der Volljährigkeit das Erbe antrat, dasselbe mit einer Hypothek von mehr als zweihunderttausend Dukaten belastet vorfand, welchen Betrag seine Vormünder während seiner Minderjährigkeit zur Tilgung von Schulden verwendet hatten, wobei Graf von Aldenburg bei seinem Ableben den Besitz mit derselben Schuld belastet hinterließ. Da nun Gräfin Bentinck, seine Erbin, mit der Herrschaftsgewalt, die auch ihr Vater und Großvater innehatten, bekleidet ist, bedeutet dies, daß sie, wie im Testament des Anton Günther Grafen von Oldenburg festgelegt, das Recht besitzt, ihre Fideikommiß-Güter bis zu einem Betrag von zweihunderttausend Dukaten mit Hypotheken zu belasten; daher übertrage ich, Thomas Isaac de Larrey, im Namen der obgenannten Gräfin Bentinck, vermöge vorliegender Urkunde ausdrücklich an Graf Bentinck und seine Erben das Recht, beim Tode seiner Ehegattin das jus retentionis anzuwenden auf alle Besitztümer des Hauses Aldenburg, die sein Eigentum verbleiben, bis die obgenannte Summe von dreihundertdreißigtausend Gulden, für die Graf Bentinck mit seinem Kredit Bürgschaft übernommen hat, sowie die Zinsen für dieses Darlehen in ihrer Gesamtheit getilgt sind.

Zum zweiten: Tilgung der Zinsen dieser Summe. Ich, Thomas Isaac de Larrey, verpflichte mich im Namen der obgenannten Gräfin Bentinck, zum jährlich festgesetzten Termin die Zahlungen aus Varel erfolgen zu lassen.

Zum dritten: Da gemäß Ehevertrag zwischen Graf und Gräfin Bentinck Erstgenannter jährlich die Summe von viertausend Gulden erhalten hat, erkläre ich, Thomas Isaac de Larrey, im Namen der obgenannten Gräfin Bentinck, daß diese viertausend Gulden auch in Zukunft pünktlich ausbezahlt werden sollen; dagegen verzichte ich, Graf Bentinck, meinerseits auf die Zahlung von weiteren viertausend Gulden per anno, die Graf Aldenburg mir entsprechend einer neueren Übereinkunft, getroffen nach Anleihe obgenannter Summe von dreihundertdreißigtausend Gulden, in den vergangenen Jahren bezahlt hat und weiterhin zu zahlen verpflichtet war. Dies soll gelten für die Zeit, in der Gräfin Bentinck ihr Domizil in

Varel oder an einem anderen Wohnsitz als Graf Bentinck genommen hat. Für die nämliche Zeit verzichte ich, Thomas Isaac de Larrey, im Namen der obgenannten Gräfin Bentinck, auf den Betrag, den Graf Bentinck ihr gemäß Ehevertrag jährlich zu zahlen hat; Gräfin Bentinck muß außerdem für den Unterhalt ihres Personals fortan selbst aufkommen. Ich, Graf Bentinck, erkläre mich mit diesen Bedingungen einverstanden, solange meine Frau ihren Wohnsitz an einem anderen Ort behält. Also beschlossen und vereinbart durch uns, Willem Graf Bentinck und Thomas Isaac de Larrey kraft obgenannter Befugnis. Ferner verpflichte ich, Thomas Isaac de Larrey, mich, Graf Bentinck binnen Monatsfrist nach meiner Rückkehr nach Varel die von Gräfin Bentinck in der gesetzlich vorgeschriebenen Form gezeichnete Urkunde zustellen zu lassen.

Doppelt ausgefertigt, unterzeichnet und gesiegelt; so geschehen zu Den Haag am 19. September 1739.

Abraham Trembley an Lady Portland

Seit sie nicht mehr hier ist, versucht sie Herrn Bentinck überall anzuschwärzen. Dennoch weiß ich aus eigener Erfahrung, daß sie gelegentlich eine Bemerkung fallenließ, aus der hervorging, daß ihr seine Verdienste durchaus bewußt sind. Öfter habe ich sogar wahrgenommen, daß die Anerkennung und der Respekt, die Herr Bentinck allenthalben genießt, sie maßlos ärgerten; sie empfand das als Schlag ins Gesicht. Einmal hat sie in einem Brief etwas geschrieben, was einem Lob gleichkam, dieses aber später bereut. Als de Larrey hier war und Herrn Bentinck mitteilte, daß Madame nicht mehr zurückkommen werde, hat Herr Bentinck ihr einen sehr sympathischen Abschiedsbrief geschrieben, den ich gelesen habe, weil ich ihn kopieren mußte. Auch ihre Antwort ist mir, als Sekretär, unter die Augen gekommen. Ich erinnere mich an den Satz: «Stets erweisen Sie mir um so mehr Freundlichkeit und Güte, je übler mein Benehmen Ihnen gegenüber ist.»

Willem Bentinck an seine Frau Charlotte Sophie

Sorghvliet, 25. September 1739

Gestern abend brachte die Post einen Brief, der an de Larrey adressiert war. Da ich merkte, daß noch ein zweites Schreiben in dem Umschlag steckte, und annahm, daß dieses an mich gerichtet sei, habe ich den für de Larrey bestimmten Brief geöffnet. Er war in Geheimschrift verfaßt, ich brauche mich deshalb nicht wegen meiner Indiskretion zu entschuldigen. Ich schicke den Brief morgen an ihn weiter. Ich weiß nicht, was ich Ihnen sonst noch schreiben soll; ich habe mich noch nicht an die Gemütsverfassung gewöhnen können, in der ich mich seit einer Woche befinde. Ich danke Ihnen von ganzem Herzen für Ihre guten Wünsche. Niemand wünscht Ihnen so aufrichtig Glück wie ich. Den Kindern geht es ausgezeichnet.

Sorghvliet, 2. Oktober 1739

Gestern habe ich Ihren Brief vom 27. September erhalten. Ich erwarte aus Varel Antwort auf meine Frage, wie Sie die Reise dorthin überstanden haben. Seitdem habe ich keine Neuigkeiten zu melden. Schicken Sie mir einen einfachen Zifferncode, den wir in unserer Korrespondenz verwenden können. Charles ist nach England abgereist, wo er bis zum März nächsten Jahres zu bleiben gedenkt. Ich hatte eine schwere Erkältung, aber ohne Fieber und Entzündungen. Es war eine langweilige Angelegenheit, eine Sache der Geduld. Nun fühle ich mich Gott sei Dank wieder besser, auch den Kindern geht es gut. Ich hoffe, daß Sie von sich selbst auch nur Gutes berichten können.

Thomas de Larrey an Charlotte Sophie Bentinck-von Aldenburg

Varel, 9. Oktober 1739

Ich bin mit Ihnen völlig einer Meinung, daß Sie Ihre Hoheit, Ihre Frau Mutter, rückhaltlos über den Stand der Dinge informieren müssen, bevor sie nach Bückeburg kommt. Es ziemt sich, daß sie das Vorgefallene aus Ihrem eigenen Munde erfährt und nicht von anderen; Sie sind ihr diesen Vertrauensbeweis schuldig. Ihre Hoheit hat mich aus Kassel wissen lassen, daß Sie für die Reise nach Varel über alle Diener, Pferde und Kutschen verfügen können, die wir haben. Doch nun bestellen Sie eine offene Chaise! Das ist natürlich möglich. Ich kann zwei Pferde davorspannen lassen. Die Route sollte dann über die Poststationen Minden, Ucht, Bassum (wo Sie übernachten müssen) und Warenburg verlaufen, und dann in einer Etappe nach Varel. Ich werde Decken und einen Mantel mit Kapuze schicken. Was die Reise Ihrer Kammerfrau Catherine und des Dieners Matthijs nach Holland betrifft: je länger ich darüber nachdenke, um so ungeschickter erscheint mir dies. Sie haben Doktor Schwencke stets in den höchsten Tönen gelobt und ihn (zu Recht) als den besten Arzt bezeichnet. Aber jetzt, da alle Welt Sie für krank hält, verziehen Sie sich an einen Ort, wo er Sie nicht erreichen kann, schicken aber Catherine mit einer Frageliste zu ihm nach Den Haag: darin steckt ein Widerspruch! Sie wollen einige Monate, also einen kürzeren Aufenthalt, in Varel verbringen (zumindest denkt man das in Den Haag und auch hier in Varel), Ihre Kammerfrau muß jedoch nach Den Haag und wieder zurückfahren, weil Sie sie brauchen, obwohl sie angeblich nicht vorhaben, in Varel zu bleiben! Wie paßt das zusammen? Wir dürfen einander nicht widersprechen. Die Sache mit Matthijs ist noch schlimmer. Meiner Meinung nach sollte man ihm sein Gepäck aus Den Haag nachschicken; die Vernunft (was sage ich: die bittere Notwendigkeit) gebietet uns, mit größter Umsicht vorzugehen. Ich sehe noch keinen Ausweg, wie wir uns aus dieser heiklen Situation retten könnten. Ich kann nur immer denselben trübseligen Kehrreim wiederholen und fürchte, daß es bald zu spät sein wird. Wie dem auch sei, ich halte es für absolut notwendig, daß Sie Catherine und Matthijs nach Varel mitnehmen. Das ist meine persönliche Meinung, ich warte noch auf Antwort aus Den Haag. Meine Frau wurde in der Nacht von Dienstag auf Mittwoch glücklich von einem Knaben entbunden, der gestern auf die Namen Guillaume Henry getauft wurde. Mutter und Kind geht es den Umständen entsprechend gut, «nae den tydt».

Willem Bentinck an seine Frau Charlotte Sophie

Den Haag, 9. Oktober 1739

Ihrem Brief vom Fünften des Monats entnehme ich mit großem Bedauern, daß Ihre Anfälle von Unwohlsein schlimmer statt besser werden. Ich rate Ihnen, Dr. Hugo zu konsultieren, der in Ihrer Nähe wohnt; auch Dr. Werlhoff in Bremen gilt als sehr tüchtig. Bitten Sie einen von ihnen, in medizinischen Ausdrücken genau aufzuschreiben, was Ihnen fehlt, dann kann ich Dr. Schwencke um schriftlichen Rat bitten und Ihnen diesen schicken. Sie können ihn dann mit dem anderen Befund vergleichen und sich danach richten. Den Kindern geht es Gott sei Dank ausgezeichnet. Ich bin ebenfalls wieder ganz genesen.

Thomas de Larrey an Charlotte Sophie Bentinck-von Aldenburg

Varel, 13. Oktober 1739

Ich hatte die Ehre, Ihren Brief vom Achten des Monats zu empfangen. Sie erklären darin bezüglich Ihrer Reise klipp und klar, daß ich mich nicht um eine Kutsche zu kümmern brauche, die von den Pferden Ihrer Frau Mutter gezogen werden soll; Sie wünschen vielmehr ein kleines offenes, zweirädriges Fahrzeug und viermal frische Pferde zum Wechseln. Es wird so geschehen, wie Sie sagen, obwohl mir ein offener Wagen überhaupt nicht passend erscheint, vor allem nicht in Ihrem Zustand. Ich habe jedoch nicht gewagt, anderweitige Anweisungen zu geben, da Sie es unbedingt wollen und in Ihrem letzten Brief darauf bestehen. Ich lege ein Papier bei, aus dem Sie ersehen können, welche Maßnahmen ich für Ihre Rückkehr getroffen habe, denn ich glaube nicht, daß es eine bessere Lösung gibt. Ich rechne darauf, daß die Pferde Sie von Bückeburg bis Minden bringen, wo Sie gute Postpferde bis Ucht bekommen können. In Ucht werden Sie den Knecht Johann Lücken mit vier Pferden antreffen. Er fährt Sie bis zur Sohlinger Heide, wo Johann Müller mit vier frischen Pferden auf Sie wartet, um Sie nach Hengsterholz zu bringen. Von dort aus fährt Sie der Knecht Keiser bis Oldenburg, und in Oldenburg finden Sie die Pferde für die letzte Etappe bis Varel. Auf diese Weise können Sie, so Sie am Sonntag nach dem Mittagessen aufbrechen, mit Gottes Hilfe Montag abend hier sein. Ich hoffe, daß Sie mit dieser Regelung einverstanden sind. Ich glaube nicht, daß es eine bessere Lösung gibt, außer wenn Sie unterwegs Pferde mieten; aber davon muß ich Ihnen abraten, sie sind unzuverlässig, und Sie müssen jetzt vorsichtig sein. Ich schicke den Pelzumhang und den Mantel Ihrer Hoheit, Ihrer Frau Mutter, und werde der Kammerfrau Speckelsen sagen, sie soll die Sachen gut einpacken. Bei Ihrer Ankunft auf Schloß Varel werden Sie alles vorfinden, worum Sie gebeten haben. Wenn Sie so gütig sein wollen, meine Wohnung zu benutzen, wird mir das eine große Ehre sein; ein bescheidenes Souper steht bereit, und Sie können mit einem herzlichen Empfang rechnen. Vielleicht kommt meine Frau auch zu Tisch, denn es geht ihr gut. Sonst wird niemand da sein, außer wenn Sie dies ausdrücklich wünschen. Sobald sich eine Reisegelegenheit für Ihre Kammerfrau Catherine ergibt, werde ich die Sache für Sie regeln.

P. S. Ich habe gestern per Eilboten sehr schlechte Nachrichten aus Oldenburg erhalten. Wie Herr Bentinck berichtet, hat der Bankier P., der unlängst die Herrschaft Hees und Leende in der Meierei von 's-Hertogenbosch gekauft hat, bekanntgegeben, daß er Seiner Exzellenz, Ihrem verstorbenen Herrn Vater, ein Kapital von fünfzigtausend Gulden vorgeschossen hat, für das Herr Bentinck ebenfalls Bürgschaft leistet. Herr Bentinck hofft nun, daß man von ihm nicht verlangt, unter seinem eigenen Namen zu verhandeln, und hat mir die Abwicklung der Geschäfte aufgetragen. Das Schlimmste ist, daß die Rückzahlungsfrist im kommenden Monat Dezember abläuft. Die Nachricht bedrückt mich außerordentlich, ich weiß gar nicht, was ich tun soll. Ich warte also ungeduldig auf Ihre Ankunft, aber was wird sich dadurch für mich ändern? Sprechen Sie um Himmels willen mit Ihren Freunden in Bückeburg über diese Angelegenheit, und lassen Sie uns gemeinsam versuchen, den allgemeinen Bankrott zu verhindern. Wenn wir nicht fristgemäß bezahlen können, sind wir unrettbar verloren.

Charlotte Sophie verliert gegenüber Albrecht Wolfgang (dessen Abneigung gegen widrige Umstände sie mittlerweile nur allzu gut kennt) kein Wort über die neuen finanziellen Mißhelligkeiten, auch nicht gegenüber Lottchen, die sie in den letzten Tagen ihres Bückeburger Aufenthalts kaum – und nie mehr unter vier Augen – zu Gesicht bekommt. Die Beziehung zwischen den beiden Charlotten ist, gelinde gesagt, gespannt. Charlotte Sophie weiß etwas, was de Larrey (noch) nicht bekannt ist: daß trotz des günstigen Schiedsspruchs der betreffenden richterlichen Gremien weder der Graf zu Schaumburg-Lippe noch seine Frau bislang einen roten Heller von der Geldsumme bekommen haben, auf die sie als Mitgift und als Schadenersatz für Brake Anspruch haben. Es wäre sinnlos, Albrecht Wolfgang an die don-Quichotteske Großzügigkeit ihres verstorbenen Vaters beim Wiederaufbau des Schlosses Bückeburg zu erinnern, und unter den gegebenen Umständen ganz unmöglich, bei Lottchen auf die Rückgabe des geliehenen Geldes zu dringen, mit dem sie ihre Spielschulden bezahlt hat. Doch Charlotte Sophie hat noch einen anderen Grund zum Schweigen. Sie weiß nicht, was Lottchen vermutet, nimmt aber an, daß sie aus eigenem Interesse ihrem Ehemann gegenüber den Mund halten wird. Albrecht Wolfgang hat offenbar keine Ahnung, in welchem Zustand sich Charlotte Sophie befindet (oder will es nicht wissen, was auf dasselbe hinausläuft). Sie erwähnt mit keinem Wort, daß sie de Larrey aufgetragen hat, eine Scheidung im gegenseitigen Einvernehmen zwischen ihr und Willem Bentinck in die Wege zu leiten. De Larrey hat sich zur absoluten Geheimhaltung verpflichtet. Also weiß man in Bückeburg nur, daß Gräfin Bentinck sich wegen ihrer angegriffenen Gesundheit für einige Zeit auf ihre Besitzungen in Norddeutschland zurückzuziehen gedenkt, um dort in Ruhe neue Kraft zu schöpfen.

Willem Bentinck an seine Frau Charlotte Sophie

Den Haag, 20. Oktober 1739

Ich hoffe, daß Sie, wenn dieser Brief Sie erreicht, wohlbehalten und ohne Zwischenfälle in Varel angekommen sind. Es wäre mir sehr recht gewesen, wenn Sie in Begleitung Ihrer Mutter gefahren wären. Das hätte auch nach außen einen besseren Eindruck gemacht. Ich bitte Sie (falls Ihnen das möglich ist), den Rat der Ärzte zu befolgen. Den Kindern geht es zum Glück ausgezeichnet. Ihre Mutter soll die zerbrochene Brille schicken, damit Trembley neue Gläser einsetzen lassen kann. Was den ältesten Sohn des Grafen zu Schaumburg-Lippe betrifft, der in Kürze sein Studium in Leiden antritt, so können Sie versichert sein, daß ich ihn keineswegs seinem Schicksal überlasse, sondern alles tun werde, um ihm behilflich zu sein.

Abraham Trembley an Charlotte Sophie Bentinck-von Aldenburg

Den Haag, 22. Oktober 1739

Sie dürfen versichert sein, Madame, daß ich bei den aufgetragenen Bestellungen äußerste Sorgsamkeit walten lasse. Ich glaube nicht, daß die *Aphorismen* von Boerhaave auf französisch geschrieben sind.

Ich weiß auch nicht, ob das Werk von Sydenham in dieser Sprache vorliegt. Ich habe aber von einem Buch gehört, das zum Familiengebrauch bestimmt ist. Es enthält Anweisungen von Boerhaave, Sydenham und anderen für die häufigsten Krankheiten. Ich werde mich danach erkundigen und sehen, ob es sich für Sie eignet. Die beste Heilmethode wird zur Quacksalberei, wenn man sie nicht in der richtigen Weise anwendet. Ich werde auch nach einem Werk über holländische Geschichte suchen, kenne aber nichts Gutes auf diesem Gebiet. Ich habe den Eindruck, Madame, daß Sie sich nun der ernsthaften Lektüre zuwenden wollen und kein Interesse mehr haben an den elenden Romanen, mit denen schurkische Tintenkleckser für hartes Geld Herz und Geist der Menschen vergiften. Ich würde es mir zweimal überlegen, bevor ich Ihnen so etwas schickte. Aber ich will tun, was ich kann, um geeignete Bücher für Sie zu finden. Bitte, Madame, lassen Sie mich wissen, was Sie bevorzugen, damit ich bei meiner Suche eine Art Richtschnur habe. Ich werde auch den Käse und die Zeichnungen besorgen, um die Sie gebeten haben. Die Tropfen gegen Schwächeanfälle, die Sie haben möchten, sind nicht zu finden (ich glaube, Ihre Dienstboten haben sie nach Varel mitgenommen); meiner Meinung nach hätten sie getrost hierbleiben können, denn sie scheinen mir so nutzlos, daß es die Mühe nicht lohnt, sie Ihnen nachzuschicken.

Gern würde ich Ihnen, Madame, jetzt einiges über meine beiden kleinen Schüler erzählen, wie ich das bereits in einem Brief an Herrn de Larrey getan habe, bevor ich wußte, daß ich die Ehre haben würde, Ihnen persönlich zu schreiben.

P. S. Antoine freut sich sehr über den Brief, den er von Ihnen bekommen hat.

Albrecht Wolfgang zu Schaumburg-Lippe an Charlotte Sophie Bentinck-von Aldenburg

Bückeburg, 22. Oktober 1739

Achten Sie vor allem auf Ihre Gesundheit! Ich schicke Ihnen hier einen Korb Früchte, denn das Obst von Varel und Kniphausen taugt nicht viel; nur um des Vergnügens halber, es per Eilboten schicken zu können! Ich erwarte einen kleinen Brief als Antwort.

Außer dem Obst enthält der Korb noch eine Aufmerksamkeit: eine aus Zuckerwerk, Gold- und Silberpapier, gesponnenem Glas und Seidenblumen zusammengesetzte Pyramide, ein Kotillongeschenk, ein flüchtiges Andenken verliebter Tändelei.

In diesen Tagen erhält Lady Portland in London einen Brief von Madame von Schütz, Anton von Aldenburgs Cousine, die seinerzeit das Werben Willem Bentincks um Charlotte Sophie mit großer Sympathie unterstützt hat. Sie ist todkrank und vermag kaum die Feder zu führen. Dennoch möchte sie ihr Mitgefühl äußern bezüglich der Ereignisse, die ihr zu Ohren gekommen sind.

Madame von Schütz an Lady Portland

Bremen, 30. Oktober 1739

Ich bin sehr überrascht, daß Ihr Sohn, der Ihnen doch so nahesteht, Ihnen niemals seine Sorgen anvertraut hat. Dies zeugt von einer bewundernswerten Diskretion und Geduld, die mir unvergleichlich erscheinen und die meine Achtung und Freundschaft für ihn womöglich noch steigern. Ich bin überzeugt, daß die zahllosen Unpäßlichkeiten der besagten jungen Frau ausschließlich von einem *geistigen* Leiden herrühren. Ehrlich gesagt, beunruhigt mich das zutiefst.

Willem Bentinck an seine Frau Charlotte Sophie

Doorwerth, 31. Oktober 1739

Gestern habe ich Ihren Brief vom Dreiundzwanzigsten empfangen; ich werde Ihnen später aus Den Haag in allen Einzelheiten berichten. Bis dahin nur soviel: Sie wünschen, «um Ihrer Gemütsruhe willen», daß das Kindermädchen Rebecca auch weiterhin die Jungen versorgt statt Annemarie, die als Hilfskraft dient, und werfen mir vor, ich hätte Rebecca ungerecht behandelt. Ich versichere Ihnen, daß es nicht meine Absicht war, jemanden zu kränken oder grob zu behandeln, eine Untergebene noch weniger als meinesgleichen! Ich bitte Sie, befolgen Sie den Rat der Ärzte, damit Sie bald wieder an Leib und Seele gesunden.

Den Haag, 10. November 1739

Seit vergangenem Mittwoch bin ich wieder hier. Die Luftveränderung und die Bewegung haben mir so gut getan, daß ich von meinen Atembeschwerden völlig genesen bin. De Larrey wird Ihnen inzwischen mitgeteilt haben, welche Gründe mich dazu bewogen, Rebecca mit ihrer Tochter und Doortje nach Varel zu schicken. Sie werden einsehen, daß mein Entschluß vernünftig ist. An der Gesundheit meiner Kinder ist mir ebensoviel gelegen wie an meiner eigenen, die ich höher schätze als das sogenannte Glück. Antoine hat jetzt eine andere Betreuerin. Albert ist kerngesund. Im Fall einer Krankheit verfügen sie zu Hause und hier in der Stadt über jede erdenkliche Hilfe. Annemarie hat lange genug unter Rebeccas Leitung gearbeitet und weiß über alles Bescheid, was den alltäglichen Gang der Dinge betrifft. Ich werde Ihnen die Tropfen gegen die Fallsucht schicken. Ihre Bücherbestellung habe ich schon vor einiger Zeit an Trembley weitergegeben.

Charlotte Sophie Bentinck-von Aldenburg an Albrecht Wolfgang zu Schaumburg-Lippe

Varel, 13. November 1739

Ich habe hier keine geistige Unterhaltung, keine Fröhlichkeit, keinen Zeitvertreib, kein einziges Vergnügen als jenes, das ich mir selber verschaffe, und das ist herzlich wenig! Dennoch beklage ich mich nicht über mein Schicksal. Es ist besser, sich selber zur Last zu fallen, als anderen; ich leide weniger bei dem Gedanken, daß ich hier in meinem Schlupfwinkel zu nichts tauge, als wenn ich erleben müßte, daß Menschen, die ich liebe und respektiere, meiner überdrüssig werden. Ich habe von dem Kutscher, der mit meinem Gepäck nachgekommen ist, einen ausführlichen und detaillierten Bericht über all Ihr Tun und Treiben und von den jüngsten Ereignissen in Bückeburg vernommen. Die Geschenke, die er mir mitgebracht hat, gewähren mir gut drei Tage Kurzweil. Ihr aus Obst zusammengestelltes Porträt würde allein schon ausreichen! Jeden Tag erkenne ich mehr Ähnlichkeit. Es ist erstaunlich, welche treffenden Eigenschaften es zu entdecken gibt an den beiden Kunstwerken, die Sie mir geschenkt haben: eines aus dem Reich der Natur und eines aus dem Reich des Geistes. Ich habe die Pyramide auf den Kopf gestellt und betrachte sie mit jener Verwunderung, die der Anfang aller Weisheit ist. Niemals hat der große Künstler Apelles ein so frappantes Gleichnis geschaffen! Alles stimmt: die Leere, das mangelnde Gewicht, die Mannigfaltigkeit der verwendeten Materialien, die Zerbrechlichkeit; kurzum, das Papier würde mir ausgehen, wollte ich alle meine denkwürdigen und gelehrten Beobachtungen aufschreiben. Ein Mann wie Sie, der von einem Fest nach Hause kommt und schon wieder zum nächsten aufbricht, hat sicherlich keine Zeit, sich in solche abstrakten Betrachtungen zu vertiefen. Bleiben Sie also in Ihrer glitzernden Seifenblase, und überlassen Sie mich dem Studium lehrreicher Phänomene in meiner eigenen kleinen Welt. Wenn Sie eines Abends zufällig in nachdenklicher und besinnlicher Stimmung sind, bin ich gern bereit, Ihnen meine Entdeckungen mitzuteilen.

15. November 1739

Im Ernst, sollten Sie wirklich zu den seltenen Männern gehören, die ihre kleinen Liebesabenteuer streng geheimhalten? Mit anderen Worten: Sind Sie der Vogel Phönix Ihres Geschlechts? Sie zittern! Geben Sie es ehrlich zu, die Brühe ist teurer als der Braten, und keine Frau auf Erden verdient es, daß man sie mit Diskretion behandelt.

Abraham Trembley an Lady Portland

Den Haag, 24. November 1739

Ein Bekannter schreibt mir zuzeiten von dem Ort, an dem eine gewisse Dame zur Zeit weilt. Sie lebt dort in ihren eigenen Räumen und gibt, trotz aller Proteste von Herrn de Larrey, viel Geld aus. Er hat sie auf die Folgen hingewiesen, aber sie schert sich keinen Deut darum. Er versteht nicht, wie sie die Einsamkeit ertragen kann. In ihren Briefen klagt sie ständig über körperliche und seelische Beschwerden. Die letzteren sind in der Tat nicht übertrieben. Ihre Mutter, die Prinzessin von Aldenburg, kommt erst im nächsten Monat nach Varel zurück.

Willem Bentinck an seine Frau Charlotte Sophie

Den Haag, 24. November 1739

Ich habe Ihre Briefe Rebecca übergeben, die Ihre Aufträge ausführen und für Sie mitnehmen wird, was sie transportieren kann. Ich gebe Rebecca ein Geldgeschenk, das für sie allein bestimmt ist, den anderen den dreifachen Betrag dessen, was sie für die Reise benötigen. Danach können sie meinetwegen gehen, wohin sie wollen. Sie dürfen überzeugt sein, wenn Albert etwas fehlt, wird es ihm nicht an guter Pflege mangeln, übrigens werde ich in einem solchen Fall vernünftigerweise alles selbst regeln und mich an die Vorschriften von Doktor Schwencke halten. Außerdem würde Madame de

St. Auban, die mich im Sommer gepflegt hat, unserem Kind im Notfall auf meine Bitte sicherlich denselben Dienst erweisen. Ich habe den zweiten Wandschirm bei Xavéry bestellt. Ich denke, die Skizze wird heute oder morgen fertig sein; jede Blume, jedes Insekt darauf ist einzeln gezeichnet.

Charlotte (Lottchen) zu Schaumburg-Lippe von Nassau-Siegen an Charlotte Sophie Bentinck-von Aldenburg

Bückeburg, 28. November 1739

Madame, ich hatte eine gewisse Vorahnung bezüglich der Arznei, die Sie mir gegen meine neuerliche Unpäßlichkeit zugedacht hatten, denn es ging mir schon besser, noch ehe ich sie erhielt. Leuten mit größerer Kühnheit, als ich sie besitze, wäre der Mut gesunken. Trotzdem danke ich Ihnen tausendmal untertänigst für Ihre Fürsorge und Ihre Wohltaten, insbesondere für den Topf mit verfaultem Obst, dessen Gestank die Luft in meinem Zimmer verpestet hat.

Thomas de Larrey an Lady Portland

Den Haag, Dezember 1739

Herr Bentinck hat in Doorwerth das Holz der großen Allee und ein Stück Wald für dreitausendfünfhundert Gulden verkauft, um eine Schuld abzuzahlen. Wir machen uns Sorgen um Kniphausen. Im Mai kam eine Abordnung von vier Bauern aus der Umgebung nach Den Haag mit einem Bittgesuch und einer langen Liste von Beweisgründen, die darlegen sollten, daß sie nicht verpflichtet sind, die viertausend Gulden Zinsen der Mitgift von Frau Bentinck aufzubringen. Sie brachten noch weitere Beschwerden vor. Wie Sie wissen, war Madame damals schon abgereist. Herr Bentinck hat die Bauern angehört und ihnen geraten, ruhig wieder nach Hause zu gehen, um sich Zeit und Unkosten zu ersparen. Da mir die Angelegenheit ernst schien, habe ich Madame schriftlich davon unterrichtet. Inzwischen ist nichts geschehen. Das Volk von Kniphausen macht den Eindruck, es werde so lange warten, bis es zum Bezahlen *gezwungen* wird.

Willem Bentinck an seine Frau Charlotte Sophie

Den Haag, 9. Januar 1740

Auch ich will Ihnen einen Neujahrswunsch ersparen, der Ihnen nur mißfallen und Sie aufbringen würde. Was die Kinder betrifft, so seien Sie bitte überzeugt, daß ich ihrer Erziehung die größte Aufmerksamkeit widme und daß es ihnen an nichts fehlt, weder körperlich noch geistig. Die Briefe an meine Familie in England, die Sie beigelegt hatten, habe ich weitergeleitet. Ich verbleibe etc.

Als Willem Bentinck seine Unterschrift unter das «etc.» gesetzt hat (die Worte «mit Leib und Seele der Ihre», mit denen er seine Briefe bisher beendet hat, wollen ihm nicht mehr aus der Feder), faßt er den Entschluß, nie wieder direkt an sie zu schreiben. Alle Briefe von Charlotte Sophie, die er in seinen Schubladen findet, zerreißt er und wirft sie ins Feuer.

Charlotte Sophie Bentinck-von Aldenburg (viele Jahre später an eine Enkeltochter)

Ich erinnere mich sehr gut an das Jahr 1740, das wegen seiner strengen Frostperiode berüchtigt war. Ich wußte damals nicht, was frieren heißt. An den nördlichen Winter gewöhnt, ging ich mitten in der Nacht hinaus, um im Mondschein auf Saatkrähen zu schießen; dabei mußte ich herzlich über unsere verhätschelten Jägerbürschlein lachen, die, obwohl in dicke Mäntel gehüllt, mit den Zähnen klapperten, während ich von Marienlust, dem Landhaus meiner Mutter, wo ich damals wohnte, in einem dünnen Kleid mit Gaze-Unterrock und seidenen Strümpfen zum Schloß hinüberlief, ohne mich im geringsten unbehaglich zu fühlen, obwohl das Wasser im Glas gefror, das in meinem Zimmer neben dem Bett stand.

Abraham Trembley an Lady Portland

Den Haag, Januar 1740

Wir haben hier einen sehr strengen Winter. Die Leute kommen aus Friesland zu Fuß und mit Pferdekarren über das Eis der Zuidersee. Antoine wird so dick, daß Herr Bentinck sich schon geniert, obwohl der Junge sich viel bewegt und kein fettes Essen bekommt.

Thomas de Larrey an Willem Bentinck

Varel, Januar 1740

Darf ich Ihnen folgenden Plan vorlegen: Die vierzigtausend Taler, die der verstorbene Graf von Aldenburg seinerzeit geliehen hat, um im Jahr 1733 die Deiche zu befestigen, werden natürlich von der Bevölkerung zurückgezahlt, wenn auch begreiflicherweise in kleinen Raten. Ich schlage vor, dieses Geld für die täglichen Ausgaben zu verwenden. Ich habe Frau Bentinck dazu bewogen, ihre Juwelen zu verkaufen, was schätzungsweise zwölftausend Gulden erbringen könnte. Niemand hatte vermutet, daß der verstorbene Graf von Aldenburg noch so viele alte Schulden hatte. Aber so besorgniserregend die Lage auch sein mag, so hoffe ich doch, daß wir nicht ganz und gar Schiffbruch erleiden und daß wir, wenn wir behutsam zu Werke gehen, noch einiges für Ihre Kinder retten können. Die Jagd muß eingeschränkt werden, Jäger Streckmann geht anderweitig in Stellung, nur Oberländer bleibt als Pikeur im Dienst, und wir behalten nicht mehr als zehn oder zwölf Hunde. Holz können wir nicht verkaufen, denn das wenige, das wir haben, brauchen wir für Ausbesserungsarbeiten. Wie in Den Haag müssen wir auch hier Hauspersonal entlassen und versuchen, die Leute anderswo unterzubringen. Auf lange Sicht müssen wir auch die Pensionen, die wir ausbezahlen, kürzen. Viele pensionierte Domestiken sind jedoch schon so alt, daß die Maßnahme sie nicht mehr betrifft. Und Madame, die verwitwete Prinzessin von Aldenburg, wird auch nicht ewig leben.

Charlotte Sophie Bentinck-von Aldenburg an Albrecht Wolfgang zu Schaumburg-Lippe

Varel, 29. Januar 1740

Angesichts der außergewöhnlichen Hochachtung, die Sie und meine Mutter füreinander hegen, vermute ich schon seit langem, daß Sie regelmäßig miteinander korrespondieren. Ein «hundsgemeiner» Briefwechsel! Ehrlich gesagt, ich bin ziemlich schockiert, daß Sie beide hinter meinem Rücken auf diese Weise Gedanken austauschen über mein «hundsgemeines» Benehmen. Sie glauben vielleicht nicht, mein Herr, daß ich genauso ein Herz habe wie alle anderen Menschen. Dieser Irrtum ist eine große Frechheit.

Willem Bentinck an seine Mutter Lady Portland

Den Haag, Februar 1740

Obwohl die Umstände, in denen ich lebe, alles andere als rosig (nein, entsetzlich) sind, bin ich nach wie vor davon überzeugt, daß ich keinerlei Anlaß gegeben habe zu der Art, wie man mich behandelt hat. Wenn ich mir das vor Augen halte, ist meine Gemütsruhe unerschüttert. Ich habe ohnehin genug zu tun, um meine Gedanken abzulenken. Solange ich meinen guten Ruf, mein Selbstbewußtsein und meine Gesundheit behalten darf, trotze ich allen Ehefrauen der Welt, die versuchen, mich unglücklich zu machen – vor allem seit die Distanz zwischen ihr, die ich nicht nennen mag, und mir so groß ist, daß wir einander vermutlich niemals wiedersehen werden. Ich habe das Glück, meine Kinder bei mir zu wissen, und die begründete Hoffnung, ihnen eine anständige Erziehung geben zu können. Kurzum, ich bin auf diese Weise besser dabei weggekommen, als wenn meine Frau bei mir geblieben wäre.

Abraham Trembley an Lady Portland

Den Haag, 23. Februar 1740

Madame, ich darf Ihnen mitteilen, daß eine neue und wesentlich stringentere Scheidungsakte aufgesetzt wurde. Ich möchte Ihnen noch sagen, daß ich persönlich das Weggehen von Frau Bentinck als Segen betrachte, vor allem für ihre Kinder, die besser nie mehr mit ihr zu tun haben sollten.

Antoine Bentinck an seine Mutter
Charlotte Sophie Bentinck-von Aldenburg

Den Haag, 4. März 1740

Liebe Mama. Wie geht es Ihnen? Wie geht es Hayer und Charlotte? Wie geht es Anton Oberländer und Christian Oberländer? Wie geht es meinem Herrn Cousin? Ist Jäger Streckmann noch da, ich schicke ihm viele Grüße. Herrn de Larrey geht es gut und Herrn Trembley auch und Leytje und allen Leuten hier im Haus auch. Wie geht es dem Hund Lucktie? Wie geht es Großmutter? Ich danke Ihnen für die Schnupftabakdose. Mein kleiner Bruder kommt ins Zimmer, wir wollen kegeln gehen. Ich lerne Latein. Ich bin Ihr ergebener Diener A. Bentinck.

Charlotte Sophie Bentinck-von Aldenburg (Jahre später an Friedrich zu Schaumburg-Lippe)

Meine Denkweise ist ziemlich außergewöhnlich, wurzelt aber, wie ich glaube, dennoch in der Vernunft: Ich erkenne keinen anderen Richter über das menschliche Handeln an als den Menschen selbst. Ich meine, jeder muß sich, so gut er kann, geistig entwickeln gemäß der Einsicht und dem Unterricht, die ihm zuteil wurden. Danach sollte jeder einen eigenen Lebensplan erstellen, gegründet auf Prinzipien, die sich als nützlich erwiesen haben, und auf der Praxis des Fallens und Wiederaufstehens. Ich weiß nicht, liegt es an meinem Stolz oder an meiner Vernunft, aber ich habe mich überlieferten Denkweisen niemals blindlings unterwerfen können nur aus dem Grund, weil diese von allen akzeptiert werden. Nachdem ich schließlich mit mir selbst ins reine gekommen war, hatte ich den Mut (den viele Menschen als Verbrechen und Verirrung bezeichnen), den Weg zu gehen, den ich vor mir sah, und auf Kosten bitterster und schmerzlichster Erfahrungen auszuharren bei dem, was ich als meine Pflicht erachtete – auch wenn mein Verhalten von anderen unbarmherzig verurteilt wurde. Ich war sogar zu stolz, mich in den Augen jener Menschen zu rechtfertigen, die mir Achtung und Freundschaft erwiesen und deswegen besser geeignet gewesen wären, ein gerechtes Urteil zu fällen. Derselbe Stolz, der mich hinderte, um ihr Wohlwollen zu betteln, hat mir auch verboten, ihnen wissentlich Sand in die Augen zu streuen. Freiwillig habe ich nichts erzählt, was niemand anderen als mich selbst etwas angeht, aber ich konnte es auch nicht mit meiner Auffassung von Ehrlichkeit vereinbaren, irgend etwas zu leugnen. Durch dieses Verhalten habe ich mir viel Schmach und Elend aufgeladen, aber es hat mir Genugtuung und die Hochachtung jenes Mannes verschafft, den ich liebte, die einzigen Dinge, die für mich zählten. Mein Gedankengang ist folgender: Es zeugt von wenig Selbstachtung, wenn man nicht vor allen Menschen zu bekennen wagt, was man selbst ohne jeden Anflug von falscher Scham für richtig hält. Es läuft auf Angst vor Kritik hinaus und hat mit der Liebe zum Guten nichts zu tun, wenn man vor anderen verheimlicht, was man vor dem eigenen Gewissen ehrlich verantworten kann. Außerdem nenne ich es ein wankelmütiges und verächtliches Verhalten, wenn man aus Angst abstreitet, was man für sich selbst als das einzig Richtige und Vertretbare erkannt hat. Dies ist der Schlüssel zu meinem Verhalten. Ich hätte die Beziehung zwischen meinem Geliebten und mir lange vertuschen oder alles mögliche unternehmen können, um diese Liaison zu rechtfertigen. Ich habe weder das eine noch das andere getan. Niemals hielt ich ein Interesse oder eine Gefahr für groß genug, um mich verleiten zu lassen, andere Gefühle vorzutäuschen als diejenigen, denen ich mich hingab, ja hingeben mußte, denn mein Gewissen, mein innerer Richter, sagte mir, es sei nichts Verwerfliches daran. Allerdings habe ich es vermieden, unvorsichtige und überflüssige Geständnisse abzulegen, die ihn und mich selbst vor der öffentlichen Meinung unnötig bloßgestellt hätten. In dem Augenblick, in dem ich, um ganz ich selbst sein zu können, mich zu meiner Liebe bekannte, habe ich das ohne Rücksicht auf das Risiko getan, das ich damit einging. Ich habe es sogar in Holland getan, unter Gefahr für mein Leben.

Wilhelmine Marie von Aldenburg von Hessen-Homburg an Albrecht Wolfgang zu Schaumburg-Lippe

Varel, 9. März 1740

Mein innig geliebter «Sohn». Ich habe Ihren Brief vom Zweiten erhalten. Es stimmt, es ist gefährlich, der Post ein Schreiben über solche delikaten Angelegenheiten anzuvertrauen, ich habe jedoch erlebt, was alles mit einem Brief geschehen kann, den man per Eilboten schickt. Noch niemals haben wir einen von der Post beförderten Brief *nicht* erhalten. Ich bin so verwirrt, daß ich Ihnen mein Herz ausschütten muß. Da ich bei meiner Tochter nichts ausrichten kann, obwohl es für sie und für mich um unseren gesamten Besitz geht, zögere ich jetzt nicht länger. Wir können einander völlig vertrauen, also scheue ich kein Risiko. Ich bin und bleibe überzeugt von Ihrer Integrität und Ihrem Ehrgefühl, und meine hohe Meinung von Ihnen gibt mir das Recht, Sie auch in Zukunft ins Vertrauen zu ziehen, damit wir zusammen Maßnahmen ergreifen können, um noch größeres Unheil zu verhüten.

Die aufrichtige Zuneigung, die «Ihr Freund» (will ich mal sagen) für meine Tochter empfindet und sie für ihn, ist an sich durchaus erlaubt, denn sie entspringt der Verbindung zwischen unseren Familien und den anderen Kontakten, die wir seit Jahren miteinander pflegen. Doch es gibt eine Grenze: Diese Zuneigung darf nicht zu einer heftigen Leidenschaft ausarten! Ich spreche nur von dem, was ich mit eigenen Augen gesehen habe und was mir unsäglichen Kummer bereitet hat, denn daraus konnte ich ermessen, wie andere Menschen darüber urteilen. Ich habe mit meiner Tochter darüber gesprochen, doch ihre Leidenschaft ist stärker als alle vernünftigen Überlegungen; sie hat keine Macht über sich selbst. Es war aber gerade meine Vernunft, die die eventuellen Folgen erkannt und mich seinerzeit dazu bewogen hat, meiner Tochter aufs eindringlichste abzuraten, «Ihrem Freund» nach Bückeburg zu folgen; doch «Ihr Freund» und seine Frau haben damals meine Vorhaltungen in den Wind geschlagen. Diese vorbildliche Ehefrau hat sogar am eindringlichsten auf dem Kommen meiner Tochter bestanden, was für mich ein Zeichen war, daß sie nichts ahnte. Ja, mein werter Graf, die Liebe dieser Frau für ihren Ehemann ist so groß, daß sie ihm meiner Ansicht nach viel mehr gestattet, als sie vor ihrem Gewissen verantworten kann. In meinem Alter kennt man das menschliche Herz. Ich weiß aus eigenem Empfinden, daß ich niemals imstande gewesen wäre, die Heldenhaftigkeit so weit zu treiben wie sie, wenn mir jemand die Liebe und das Vertrauen des Mannes geraubt hätte, den ich wie einen Abgott verehrte und von dem mein ganzes irdisches Glück abhing – und zwar von meiner besten Freundin, einem Mitglied meines engsten Familienkreises, einer Frau, die mir in keiner Hinsicht das Wasser reichen kann. Ich kenne mich selbst recht gut und weiß, daß ich das niemals ertragen hätte, ich wäre dabei zugrunde gegangen, ich wäre tausend Tode gestorben! Versetzen Sie sich bitte selbst in ihre Lage, und bewundern Sie die übermenschliche Selbstbeherrschung, die sie aufbringen muß. Folgen Sie ihrem Beispiel! Ich vermute, daß sie aus Rücksicht auf Ihre Gesundheit ihre eigene zerstört, weil sie Ihnen jegliche Unannehmlichkeit ersparen will. Ich glaubte, sie sei *blind* für das Geschehene, da sie mir gegenüber nie ein Wort fallenließ, aus dem ich auf ihren Kummer hätte schließen können. Das geht über mein Vorstellungsvermögen. Es gibt in diesem Fall nur zwei Möglichkeiten: ein vorbildliches Leben zu führen, den Gegenstand der Leidenschaft zu meiden und dadurch allen Leuten zu zeigen, wie sehr sie sich irren... oder die verwerfliche Beziehung fortzusetzen, die gegenseitige Leidenschaft vor aller Welt zur Schau zu stellen und dadurch die Frau, die ihren Mann so innig liebt, schutzlos preiszugeben, bis sie vor Kummer stirbt; während jene andere, die nun einmal nicht bei vollem Verstand ist und nicht genügend christliche Nächstenliebe besitzt, gleichfalls ins Verderben stürzen würde. Nein, mein lieber Graf, beschwören Sie doch bitte «Ihren Freund», diesen Abgrund zu meiden. Das Leben ist zu kurz, und das Jenseits währt ewig; verweisen Sie «Ihren Freund» auf letzteres. Er soll sich mäßigen, die Selbstmordgedanken aus dem Kopf schlagen und sein Leben behalten, das vielen Menschen so kostbar ist. Ich könnte noch sehr viel mehr dazu sagen, hebe es jedoch auf für die Gelegenheit, die sich früher oder später ergeben wird, wenn ich persönlich mit Ihnen sprechen kann. Seien Sie versichert, daß Sie keinerlei Gefahr eingehen durch das Vertrauen, das Sie mir geschenkt haben, im Gegenteil, ich weiß es über die Maßen zu schätzen.

P. S. Ich bitte tausendmal um Entschuldigung wegen meiner verwirrten Hilferufe. Ich fürchte, Sie können meine Schrift nicht lesen. Ich bin sehr froh, daß Ihr ältester Sohn wieder einigermaßen genesen ist. Gott schütze Sie und Ihre teure Familie.

Thomas de Larrey an Lady Portland

Varel, März 1740

Hiermit muß ich Ihnen die traurige Nachricht übermitteln, daß Madame von Schütz in Bremen verschieden ist. Ich bin jetzt wieder in Varel angestellt, habe wie früher die Leitung der Geschäfte übernommen und genieße das Vertrauen der Prinzessin von Aldenburg und ihrer Frau Tochter. Ich versuche, die Dinge in möglichst gute Bahnen zu lenken und Unheil zu verhindern. Das könnte eine wunderbare Aufgabe sein, wenn sie nicht mit so schrecklichen Unannehmlichkeiten einherginge. Ich danke Ihnen für das freundliche Interesse für meine Familie. Ich habe jetzt eine Tochter und zwei Söhne. Madame, im Interesse von Herrn Bentinck und seiner Kinder wäre es gut, wenn Sie nach Den Haag kämen. Herr Bentinck ist jetzt mehr oder weniger auf *Ihren* Kredit angewiesen. Die Gefahr besteht, daß er Sorghvliet verkaufen muß.

Wir, Willem Graf Bentinck, Herr von Rhoon und Pendrecht, Mitglied der Holländischen Ritterschaft, Abgeordneter der Generalstaaten der Republik der Vereinigten Niederlande, Vorstandsmitglied des Wasser- und Bodenverbandes von Rheinland etc. pp., sowie Thomas Isaac de Larrey, im Auftrag von Charlotte Sophie Gräfin Bentinck, geborene Gräfin von Aldenburg, Herrin von Varel, Kniphausen und Doorwerth etc. pp, versehen mit einer am einundzwanzigsten Februar des Jahres 1740 zu Varel erteilten Vollmacht, erklären hiermit, daß wir nach langer und reiflicher Überlegung der Umstände, in denen sich obgenannter Graf Bentinck und obgenannte Gräfin Bentinck, geborene Gräfin von Aldenburg, befinden, zu folgender Vereinbarung gekommen sind:

Erstens beschließen wir eine Trennung von Tisch, Bett und Wohnung, wobei ich, Willem Bentinck, garantiere, daß ich die obgenannte Frau auf ihren Landgütern in Deutschland unbehelligt lassen werde und nicht verlange, daß sie zu mir zurückkehrt; ich verpflichte mich meinerseits, keines ihrer Besitztümer in Deutschland zu betreten. Und ich, Thomas Isaac de Larrey versichere meinerseits, daß die obgenannte Frau sich nie und nirgends in der Nähe des Grafen Bentinck aufhalten wird, weder in Den Haag noch an anderen Orten, wohin ihn seine Obliegenheiten führen könnten.

Zweitens bekräftigen wir noch einmal ausdrücklich, daß gemäß den Bestimmungen des Ehevertrags eine Gütergemeinschaft völlig ausgeschlossen ist, und erweitern diese Klausel dahingehend, daß auch von ehelicher Gütergemeinschaft bezüglich Gewinn und Verlust nicht die Rede sein kann. Entsprechend werde ich, Bentinck, in Zukunft nichts unternehmen oder vereinbaren, was der obgenannten Frau zu Schaden gereichen könnte, und entsprechend erkläre ich, de Larrey, kraft meiner obgenannten Funktion, daß Gräfin Bentinck ihrerseits nichts unternehmen oder vereinbaren kann bezüglich der finanziellen Transaktionen, die Haushalt, Einrichtung, Kleidung etc. betreffen, wodurch Herrn Bentinck ein Schaden entstehen könnte. Falls sich solches ohne Vorsatz der obgenannten Frau dennoch zutragen sollte, muß sie Graf Bentinck den Schaden ersetzen und ihrem Vermögen entsprechend vergüten.

Drittens: In Anbetracht des Umstandes, daß Wohlergehen und Erziehung der beiden Kinder, die aus dieser ehelichen Verbindung hervorgingen, im Laufe der Jahre beträchtliche Ausgaben erfordern, verpflichte ich, de Larrey, mich im Namen der obgenannten Frau und in ihrem Einvernehmen, den Überschuß aus den Einkünften von Doorwerth (nach Tilgung der Schulden, die diesen Besitz zur Zeit belasten), soweit nötig, Graf Bentinck zu überlassen für die Unkosten, die bei der Erziehung obgenannter Kinder anfallen.

Viertens: Da nach der Übereinkunft, geschlossen am neunzehnten September 1739 und ratifiziert am Siebenundzwanzigsten desselben Monats, der Besitz Doorwerth Graf Bentinck bereits zuerkannt wurde als Unterpfand für das in den Jahren 1736 und 1737 von dem verstorbenen Grafen Aldenburg geliehene Geld, für das Bentinck Bürge steht, verpflichte ich, de Larrey, mich bei der Unterzeichnung der vorliegenden Scheidungsurkunde, an Graf Bentinck eine nach den in der Provinz Gelderland geltenden Vorschriften aufgesetzte und gesiegelte Urkunde folgenden Inhalts auszuhändigen: Der durch die obgenannte Frau bestellte Sachwalter hat die Befugnis, die Hypothek auf andere Gläubiger zu überschreiben; da die Mitgift der Gräfin Bentinck durch die Herrschaft Doorwerth verbürgt ist und sie nicht genügend Mittel besitzt, um Graf Bentinck in dieser Hinsicht zu entschädigen, garantiere ich, de Larrey, für alle lehnsunabhängigen Güter der obgenannten Frau, nämlich die neu erworbenen und urbar gemachten Ländereien von Varel, Kniphausen und anderer Ortschaften, sowie Gebäude, Schmuck, Tafelsilber, Möbel, Zinsen, Ansprüche und Forderungen an Dritte, gemäß der Übereinkunft vom 19. September 1739, cum clausula constituti possessorii, daß Graf Bentinck eo ipso in den Besitz der Lehnsgüter gelangt im Falle ausbleibender Zahlungen oder Handlungen, die im Widerspruch zu dieser Urkunde stehen, oder im *Todesfall* der obgenannten Frau und Kinder, bis die Summe, für die er mit seinem Kredit bürgt, sowie die gesamten, ihm gemäß Ehevertrag, laut der Vereinbarung vom 19. September 1739 oder laut vorliegender Urkunde zustehenden Beträge ausbezahlt worden sind. Dabei kann er rechtens Gebrauch machen vom jus retentionis bezüglich der dänischen Fideikommiß-Güter, die Graf Bentinck im Todesfall der obgenannten Frau und Kinder erst dann abzutreten hat, nachdem er den gesamten ihm zustehenden Geldbetrag erhalten hat. Ich, Bentinck, verpflichte mich meinerseits, im Fall einer Kündigung der Zahlungsfrist für die Summen, die der verstorbene Graf von Aldenburg mit meinem Kredit als Bürgschaft geliehen hat, nach besten Kräften alles zu tun, anderswo Geld zu beschaffen und das Darlehen zu tilgen.

Fünftens: Da in der Vereinbarung vom 19. September 1739 obgenannte Frau sich verpflichtet hat, die jährlichen viertausend Gulden Zinsen der Mitgift auch weiterhin zu bezahlen, die Graf Bentinck gemäß Ehevertrag zustehen, garantiere ich, de Larrey, erneut, daß die viertausend Gulden aus den Einkünften von Kniphausen pünktlich gezahlt werden.

Sechstens: Ich, de Larrey, stehe ferner dafür, daß die Zinsen der dreihundertsiebenunddreißigtausend Gulden, die der verstorbene Graf von Aldenburg in den Jahren 1736 und 1737 in Holland geliehen hat, pünktlich bezahlt werden aus den Einkünften, die die obgenannte Frau aus ihrem Grundbesitz in Deutschland bezieht. Hiermit verpflichte ich, de Larrey, mich, bei der Unterzeichnung vorliegender Akte an Graf Bentinck eine gesonderte Urkunde auszuhändigen, die von obgenannter Frau gemäß der in Deutschland gültigen Gesetzesvorschriften dergestalt aufgesetzt wurde, daß Graf Bentinck diese durch den Kaiserlichen Gerichtshof zu Wetzlar bestätigen lassen kann; laut dieser Urkunde verpflichtet sich obgenannte Frau, die Einkünfte der Herrschaft Kniphausen für die Ablösung obgenannter Zinsen zu verwenden, d. i. zehntausendeinhundertundzehn Gulden jährlich, dazu den Betrag, der beim Tode von Madame, der verwitweten Prinzessin von Aldenburg, vom Kapital abgezogen werden muß, d. i. jährlich mindestens zehntausend Gulden, zuzüglich die viertausend Gulden Zinsen der Mitgift, die gemäß Ehevertrag und der Vereinbarung vom 19. September 1739 zugesagt wurden; so daß ein jährlicher Betrag von insgesamt vierundzwanzigtausendeinhundertundzehn Gulden abbezahlt werden muß, bis die Gesamtsumme von dreihundertsiebenunddreißigtausend Gulden getilgt ist. Obgenannte Frau verzichtet dabei nicht nur auf jegliches Recht auf Verweigerung, sondern unterwirft sich im Fall einer säumigen oder nicht erfolgten Zahlung dem Urteil der zuständigen Gerichte. Ich, de Larrey, verpflichte mich ferner, innerhalb sechs Wochen nach Unterzeichnung der vorliegenden Urkunde Graf Bentinck eine von Gräfin Bentinck eigenhändig geschriebene Anweisung vorzulegen, gerichtet an die Beamten, welche die finanziellen Angelegenheiten in Varel verwalten, an ihre eventuellen Nachfolger sowie an den Verwalter der Einkünfte von Kniphausen oder seine eventuellen Nachfolger. Darin erteilt Gräfin Bentinck den Auftrag zur pünktlichen Bezahlung in einem Modus, der im Anhang dieser Urkunde genau formuliert ist. Mit anderen Worten: Weder Gräfin Bentinck selbst noch irgend jemand in ihrem

Auftrag kann auf die Einkünfte ihrer Besitztümer in Deutschland Anspruch erheben, insbesondere auf die Einkünfte von Kniphausen, bevor die oben definierte jährliche Abzahlung stattgefunden hat. Da gemäß Ehevertrag und gemäß vorliegender Urkunde jegliche communio bonorum ausdrücklich ausgeschlossen ist und obgenannte Frau als Universalerbin ihres verstorbenen Vaters für die Rückzahlung der dreihundertsiebenunddreißigtausend Gulden verantwortlich ist, wird hiermit nochmals ausdrücklich festgestellt, daß, insofern durch Krieg oder aus anderen Gründen für obgenannte dreihundertsiebenunddreißigtausend Gulden höhere Zinsen anfallen, dieser zusätzliche Betrag gleichfalls aus den Einkünften der Landgüter aufzubringen ist, welche die obgenannte Frau in Deutschland besitzt.

Siebtens: Ich, de Larrey, verzichte gemäß der Vereinbarung vom 19. September 1739 im Namen obgenannter Frau auf die Zuwendungen, die ihr im Ehevertrag unter den Klauseln 10 und 11 zugestanden wurden. Die Parteien müssen künftig für den Unterhalt ihres Personals selbst aufkommen.

Achtens: Zur Bekräftigung des aufrichtigen Willens beider Parteien, die in den obenstehenden Punkten verfaßten Beschlüsse getreu einzuhalten, lassen wir diese Urkunde durch den Hohen Rat in Holland gesetzlich bestätigen.

Erstellt am fünfzehnten April 1740.

Charlotte Sophie Bentinck-von Aldenburg an Albrecht Wolfgang zu Schaumburg-Lippe

Kniphausen, 9. April 1740

Ich habe Ihnen einen ernsten Brief versprochen, doch wenn ich mein Versprechen halte, werde ich das so gründlich tun, daß Sie eine meiner üblichen melancholischen Epistel gewiß vorziehen dürften! In der Tat, wenn es jemals eine hartnäckige und zutiefst begründete Niedergeschlagenheit gab, so die, deren Opfer ich zur Zeit bin. Sie werden dies beurteilen können, sobald Ihre Frau meiner Bitte nachgekommen ist, Sie über den Stand der Dinge zu unterrichten; bitte ersparen Sie mir, das alles zu wiederholen. Daß ich Ihnen außerdem persönlich schreibe, hat einen einzigen Grund: Bitte, fassen Sie es nicht als Mißtrauen gegen Sie auf, wenn ich etwas verschweige, was für mich von allergrößtem Belang ist. Sie haben mich durch zahllose Beweise Ihrer Zuneigung und Freundschaft davon überzeugt, daß ich mich auf Sie als beste Stütze und Halt verlassen kann; in dieser Hinsicht hege ich keinerlei Zweifel. Daß ich Ihnen dennoch gewisse Maßnahmen verschweige, die ich durch de Larrey habe ausführen lassen, ist vielmehr ein Beweis meiner Wertschätzung und Dankbarkeit. Ich wollte verhindern, daß Sie (und sei es indirekt) in eine derart heikle Angelegenheit verwickelt werden; ich will weder Sie noch sonst jemanden meiner Familie (gegen die ich ebenfalls absolutes Schweigen bewahrt habe) durch meine Handlungsweise blamieren, damit die Vorwürfe mich allein treffen, falls mein Verhalten, das ich selbst für das einzig richtige erachte, verurteilenswert wäre und falls man über kurz oder lang die tatsächlichen Hintergründe erfährt.

Eine Woche später teilt sie Albrecht Wolfgang mit, sie gehe demnächst nach Hannover; sie müsse sich dringend einer ärztlichen Behandlung unterziehen. Ihr besorgter Freund schickt einen Eilboten mit der Einladung, nach Bückeburg zu kommen, wo es ihr an Fürsorge und Pflege nicht fehlen werde. Falls er überhaupt etwas von der Art ihrer «Krankheit» ahnt, meidet er jede Anspielung.

Charlotte Sophie Bentinck-von Aldenburg an Albrecht Wolfgang zu Schaumburg-Lippe

Hannover, 2. Mai 1740

Ich nehme die Gelegenheit wahr, Dr. Hugo für eine gewisse Zeitspanne täglich zu konsultieren, damit er die Ursache meines Leidens gründlich erforschen kann. Er ist dermaßen beschäftigt, daß er nicht nach Bückeburg kommen kann, um mir dort die erforderliche Aufmerksamkeit zu widmen. Außerdem weiß man in Varel, daß ich nach Hannover gereist bin; ginge ich jetzt woanders hin, wäre eine solche Geheimniskrämerei völlig fehl am Platze. Notfalls hätte man Dr. Hugo auch nach Varel rufen können. Niemand würde mir glauben, wenn ich behauptete, Ihr Eilbote hätte mich dazu bewogen, meinen Plan zu ändern. Im Gegenteil, man hätte mir unterstellt, es sei eine abgekartete Sache, ich wollte nur nach Bückeburg, um Sie und Ihre Frau in jener Angelegenheit um Rat zu bitten, die jetzt de Larrey für mich in Ordnung zu bringen versucht; es wäre mir höchst unangenehm, wenn jemand auf diesen Gedanken käme! Ich habe mich hier in einer Privatwohnung verkrochen und habe niemanden bei mir als Madame Gramberg. Gesetzt den Fall, ich sollte hier sterben, dann verlieren Sie diejenige, die sich mit größter Erkenntlichkeit unterzeichnet, usw.

Hannover, 4. Mai 1740

Ich versichere Ihnen, ich habe triftige Gründe, Ihr freundliches Angebot auszuschlagen. Ich *kann* nicht nach Bückeburg kommen. Ich habe Dr. Hugo schon mehrmals konsultiert, im Augenblick ist die Behandlung in vollem Gang. Sie brauchen nicht die Brauen zu runzeln und eine abfällige Miene zu ziehen wegen des Hauses, das ich hier gemietet habe; es wäre wirklich schade um Ihr Gesicht! Ich habe das Haus nur gemietet, um nicht in einem Gasthof wohnen zu müssen, was mir weniger schicklich erschien, obwohl Madame Gramberg mit ihrem respektablen, soliden Aussehen und Auftreten mir Gesellschaft leistet. Die Mietdauer beläuft sich auf zehn oder zwölf Tage, was nach Meinung von Dr. Hugo ausreicht, um festzustellen, ob die «Kur» anschlägt. Danach gehe ich nach Varel zurück. Wenn ich es nicht schon lange vorgehabt hätte, so würde ich in diesem Moment vorschlagen: Wollen Sie und Ihre Frau mir die Ehre erweisen, mich zu besuchen? Am Dreizehnten oder Vierzehnten könnte ich wieder in Varel sein; falls Sie es wünschen, vielleicht auch schon früher. Ich hoffe von ganzem Herzen, daß Sie beide mindestens halb soviel Vergnügen daran finden, mich dort zu treffen, wie ich, Sie zu empfangen. Wir leben hier in einer Wohnung, in der Madame Gramberg sich gräßlich langweilt. Unsere Fenster sehen auf einen kleinen Garten, während sie viel lieber die Leute auf der Straße beobachten möchte. Übrigens ist meine Anwesenheit hier in Hannover allmählich ein öffentliches Geheimnis, ich fürchte, die Straßenjungen wissen bald besser Bescheid über mein Tun und Treiben als ich selbst!

Etwa um diese Zeit entschließt sich Lottchen, ihr nachsichtiges Verhalten aufzugeben. Das Ende ihrer Langmut ist erreicht. Sie kennt ihren Ehegatten nur zu gut und weiß, daß sie ihn mit Klagen, Vorwürfen, Tränen und Wutausbrüchen nur ärgern und langweilen würde. Nur wer auf amüsante, spielerische Art, jeden moralisierenden Ernst umgehend, ihn mit sich selbst und seinen Fehlern konfrontiert, hat das Spiel schon halb gewonnen. Sie will versuchen, ihm ein Lachen über ihren bitteren Kummer zu entlocken. In der Abgeschiedenheit ihres Zimmers, am Schreibsekretär, mit der Aussicht auf die dichten Baumbestände im Park und die Umrisse des Wesergebirges in der Ferne, skizziert Lottchen auf ein großes Blatt Papier ein weibliches Figürchen, das nach einer detailliert gezeichneten männlichen Gestalt in modisch taillierter Jacke mit abstehenden Schößen und einer Lockenperücke à la Lip die Arme ausstreckt. Seinem Mund entströmt ein langer Text, den die Zeichnerin mit einer Wolkenlinie umrahmt: «Mein Gott, wie bin ich unglücklich, es gibt nichts Grausameres als mein Schicksal, ich kann es nicht länger ertragen! Ist es möglich, sollte ich zu jenen seltenen Ehemännern auf Erden gehören, die eine treue und zärtlich liebende Gefährtin ihr eigen nennen? Meine Frau kennt kein anderes Glück als meine Liebe, ihr ganzes Streben ist darauf gerichtet, es ist ihre größte Freude, alle meine Wünsche zu erfüllen, kurzum, ihr Charakter paßt so ausgezeichnet zu dem meinen, als hätte der Himmel sie eigens für mich geschaffen. Sie hat mir bislang nie Grund zur Unzufriedenheit gegeben, in meinem häuslichen Kreis herrscht Frieden, denn sie liebt auch meine Familie, als wäre sie ihr eigen Fleisch und Blut. In den zehn Jahren unserer Ehe haben wir uns nie gestritten, nie hat sie mir Schwierigkeiten bereitet, da sie niemandem Unrecht tut und mit allen Menschen gut auskommt. Doch ob Sie mir glauben oder nicht, da ich von Natur aus zu galanten Abenteuern neige, verfolgt sie jetzt mit scheelen Augen, wenn ich eine gewisse Dame besuche, die mein Herz so sehr beherrscht, daß ich ohne sie nicht mehr leben kann. Meine Frau, die sich niemals aus Eigensinn meinem Willen widersetzt, hat mich aus guten Gründen gebeten, meine Reise zu verschieben, doch ich habe erklärt, ich dächte nicht daran. Sie bemüht sich, meine Untreue zu dulden, sie fürchtet ihre Rivalin und findet es gräßlich, wenn sie mit ihr zusammensein muß. Sie kann es ganz und gar nicht ertragen, daß die andere sie von ihrem Platz verdrängt. Gibt es ein Unglück, das dem meinen gleicht? Nein, ich muß meinem Leben ein Ende machen, denn wer kann so etwas aushalten: eine Ehefrau, die genau weiß, was ihrem Mann gefällt, und nichts anderes verlangt, als daß er sich damit begnügt, der Stolz und die Freude seiner Familie zu sein, vielversprechende Söhne zu haben und von seinen Untertanen angebetet zu werden. Er besitzt zwei Grafschaften im schönsten Land der Welt und einen Wohnsitz, der nicht nur mit allem Notwendigen versehen, sondern sogar prächtig eingerichtet ist – allerdings gibt es da noch Schulden, aber auch die Mittel, sie abzuzahlen. Aller Wahrscheinlichkeit nach habe ich in nächster Zukunft ein großes Vermögen zu erwarten. Aber was soll ich mit alledem, wenn ich nicht so oft untreu sein darf, wie ich möchte, ohne daß meine Frau sich darüber aufregt? Nein, ich muß mir das Leben nehmen. Meine Frau darf jedoch nicht aufhören, mich zu lieben, sonst verzweifle ich. Sie sollte tun, als berühre sie das alles nicht; gerade diesen Kontrast finde ich so reizvoll. Alles, was in ihren Kräften steht, soll sie aus Liebe für mich tun; dann will ich auch gelegentlich einen Gedanken daran verschwenden, was sie das kostet – aber dann muß sie auch ‹Haltung› bewahren.»

Als Lottchen bis hierher gelangt ist, siegen Bitterkeit, Wut und Eifersucht über den traurigen Scherz. Sie dreht das Papier um und zeichnet eine andere, tief dekolletierte Frauenfigur in einem Kleid mit ausladendem Reifrock. Sie wirft Zettel («komm», «komm doch», «komm her», «komm zu mir») in die Richtung eines Männchens mit Lockenperücke; sie zeichnet es nicht *ein*mal, sondern drei- oder viermal, um damit anzudeuten, daß er nirgends vor dem Drängen jener Frau sicher ist, wo er sich auch befinden mag. Diesmal wird der Text der anderen Figur in den Mund gelegt: «Ich mache so viele Eroberungen, wie ich kann, das ist mein liebster Zeitvertreib, mein allergrößtes Vergnügen. Ich bin nicht schön, aber ich halte mich dafür und besitze die Fähigkeit, es auch alle anderen glauben zu machen. Der Himmel hat mich mit viel Esprit gesegnet, ich habe eine wunderbare Gabe, mich auszudrücken, außerdem bin ich eine mit allen Wassern gewaschene Schauspielerin und kann alle Rollen, die ich will, glaubhaft spielen. Selbst Leute, die mich seit langem kennen, glauben, was ich ihnen vorgaukle. Ich habe die hinderlichen Ehefesseln abgeworfen; ich selbst will nichts von einem Ehemann wissen, aber der Ehemann einer anderen gefällt mir außerordentlich gut, und wäre es nur, um seine Frau zu ärgern. Enfin, wenn ich mich selbst beschreiben soll, ist da kein Ende abzusehen.»

Während Lottchen mit einem rasch stumpfer werdenden Bleistift zeichnet und kritzelt, erlangt sie ihre Selbstbeherrschung wieder. Sie lächelt über ihren kindischen Plan, mit einem illustrierten Text

Lips Aufmerksamkeit zu erregen, denn sie weiß, daß Nachsicht und Gelassenheit ihre stärksten Waffen sind. Sie schiebt das Blatt zwischen andere Dokumente in eine Schublade und vergißt es.

Albrecht Wolfgang zu Schaumburg-Lippe an Charlotte Sophie Bentinck-von Aldenburg

Bückeburg, 14. Mai 1740

Ich wünsche Ihnen eine angenehme Heimreise – sobald Dr. Hugo sie Ihnen erlaubt. Ihre Frau Mutter hat meiner Frau die ehrenvolle Einladung geschickt, bei ihr zu wohnen, während ich in Venlo bei meinem Regiment bin, und mich gebeten, nach den Manövern ebenfalls nach Varel zu kommen. Genau dieses wollte ich selbst vorschlagen. Doch meine Frau besteht darauf, mich in Venlo abzuholen. Das heißt nicht, daß ich auf das Vergnügen verzichte, Ihrer Frau Mutter und Ihnen meine Aufwartung zu machen – ein Vergnügen, das ich gern genießen würde, wenn wir den weisen Rat der ehrenwerten Prinzessin von Aldenburg befolgen könnten. Doch ich glaube, wir müssen den Besuch noch eine Weile aufschieben; angesichts der schlechten Laune, die meine Herren und Meister in den Generalstaaten zur Zeit plagt, kann ich nicht frei über meine Zeit verfügen und Pläne schmieden.

In der dritten Maiwoche kehrt Charlotte Sophie nach Varel heim. Der neugeborene Knabe bleibt bei einer Amme in Hannover zurück, unter der Aufsicht des stets hilfsbereiten Dr. Hugo. Das Kind wurde nach seiner Mutter auf den Namen Charles getauft. Was im weiteren mit ihm geschehen soll, steht noch nicht fest. Charlotte Sophie will sich zuerst bei de Larrey erkundigen, wie sich ihre Verhältnisse in nächster Zukunft gestalten.

Ende Mai macht Albrecht Wolfgang sich von Venlo aus auf den Weg nach Varel, zusammen mit seiner Frau und den unvermeidlichen Damen Mademoiselle Cordier, Lucia de la Cour und anderen Dienern. Außerdem wird Lottchen von ihrer Schwägerin begleitet, der Prinzessin von Nassau-Siegen, einer heiteren, geistreichen Frau, die oft in Bückeburg zu Gast ist. Albrecht Wolfgang mag sie; Lottchen hofft auf die ablenkende und ausgleichende Wirkung ihrer Anwesenheit in Varel. Albrecht Wolfgang und Lottchen wünschen beide, daß ihnen neue Querelen und Verwicklungen erspart bleiben, wenn auch aus unterschiedlichen Gründen.

Charlotte Sophie reist ihnen bis Oldenburg entgegen. Hatte sie zunächst die Absicht, das freudige Ereignis von Hannover so lange zu verschweigen, bis ihre Scheidung von Willem Bentinck definitiv geregelt ist, so ändert sie ihr Vorgehen, nun, da sie weiß, daß die in Den Haag aufgesetzte Urkunde ihr (zumindest in materieller Hinsicht) viel weniger Freiheit gewährt, als sie gehofft hatte. Außerdem will sie vor Lottchen und der Prinzessin aus Siegen ihren größten Trumpf ausspielen. Sie hat Albrecht Wolfgang sieben Monate nicht gesehen, sie darf seine Liebe nicht verlieren, sie ist die Mutter seines Kindes! Während des Treffens in Oldenburg und auf der Rückreise nach Varel gibt sie nach und nach ihr Geheimnis preis, das sie ihrer Mutter noch immer verschweigt. Lottchen sieht sich in ihrem bangen Vorgefühl bestätigt, Albrecht Wolfgang ist gleicherweise gerührt und betroffen; alle Beteiligten sind zutiefst ergriffen.

Der Monat Juni bringt viel Aufregung. De Larrey trifft mit Lottchen eine Abmachung für die Rückzahlung der sechzehntausend Gulden, die sie im Laufe der Jahre direkt oder durch Vermittlung von Charlotte Sophie von Willem Bentinck geborgt hat. Aus Berlin kommt die Nachricht vom Tode des preußischen Königs. Albrecht Wolfgang schickt eiligst Beileidsbezeugungen und die Versicherung seiner Treue und Ergebenheit an Friedrich, der als zweiter dieses Namens den Berliner Thron besteigt. Am 10. Juni schreibt de Larrey an Willem Bentinck: «Wir hören hier höchst interessante und erfreuliche Dinge über die Art, wie der neue König von Preußen seine Regierung angetreten hat. Ich bin darob sehr froh, das Volk hatte die Befreiung von dem rückständigen Regime bitter nötig.»

Um ihre Freude über die Thronbesteigung des aufgeklärten jungen Fürsten auszudrücken (immerhin gilt er als Freund Albrecht Wolfgangs, der sich über die Lösung seiner Probleme in kühnsten Spekulationen ergeht), veranstalten die Besitzerinnen von Varel mit ihren Gästen mehrere Mittsommerfeste für die Adligen und angesehenen Bürger im weiteren Umkreis. Es gibt Musik, Gesang und Tanz, sogar ein Feuerwerk, sehr zur Besorgnis von de Larrey, der sich fragt, wo das Geld für diese Dinge herkommen soll. Aufsehen erregt eine Nummer des Programms, das in einem von Lampions und Fackeln erhellten, an den Park von Varel grenzenden Waldstück stattfindet: ein Duett, gesungen von dem Mann und der Frau des Waldes (Text und Musik vom Grafen zu Schaumburg-Lippe):

In einem Wald klagt Sylvander sein Leid
Und wiederholt es wohl hundertmal:
Ist Liebe eine unheilbare Qual,
So erschieß mich an diesem Ort!
Ist Liebe tödliche Gefahr,
Dann, Amor, töte mich sofort!

Hüte dich vor meiner Sylvie Augen,
Hüte dich vor ihrem lieben Gesicht!
Ich glaubte darin die Liebe zu schauen,
Los, gib mir den Tod, ich ertrage es nicht!

O Amor, so wild, nach den grausamen Streichen
Deines Triumphes, nun gib endlich Ruh'!
Glaub nicht, du könntest das Herz mir brechen.
Nein, nein! *Charles* ist stärker als du.

Amor, ich sehe dich schmachten in Ketten,
Gefesselte Liebe erfüllt mich mit Schmerz.
Doch Charles wird von allem Leid uns erretten;
Silvie ist gezähmt, ihm gehört ihr Herz!

Jetzt kann in gemeinsamer Überlegung für Charles' Pflege und Erziehung Vorsorge getroffen werden. Natürlich kann das Kind nicht öffentlich «anerkannt» werden. Albrecht Wolfgang weiß es einzurichten, daß jener Herr von Donop, der sich seinerzeit als Erzieher des Erbprinzen von Hessen verdient gemacht hat, den Knaben in sein Haus nimmt und als eigenen Sohn aufwachsen läßt. Das setzt unter anderem voraus, daß die Familie von Donop ihren Wohnsitz wechselt. Charlotte Sophie sorgt für eine Wohnung und einen festen Unterhaltsbeitrag. Sie stellt Herrn von Donop in Aussicht, ihn auf Lebenszeit zu ihrem «Hofmarschall» zu ernennen.

Abraham Trembley an Lady Portland

Den Haag, Mai 1740

Man hat alles menschenmögliche getan, um die Bevölkerung von Kniphausen mit Milde zur Vernunft anzuhalten, doch vergeblich. Nun müssen härtere Maßregeln getroffen werden. Es geht um die Bezahlung rückständiger Pachtgelder und anderer Tribute; die meisten Leute weigern sich zu zahlen. Es müssen Soldaten her, der König von Dänemark wurde um den Einsatz von Truppen gebeten. Herr Bentinck hat ein entsprechendes Bittgesuch eingereicht, Madame Bentinck desgleichen. Beide Briefe enthielten dieselben Formulierungen. Herr Bentinck erachtete es jedoch für richtig, auf einen gemeinsamen Antrag zu verzichten. Der dänische König hat dem Kommandanten der Stadt Oldenburg eine diesbezügliche Order erteilt, in seinem Schreiben aber nur Herrn Bentinck erwähnt. Daß der Name von Madame fehlt, ist sehr auffällig. Sie wird gewiß beleidigt sein.

Willem Bentinck an seine Mutter Lady Portland

Sorghvliet, Mai 1740

Ich bedaure mehr, als ich zu sagen vermag, daß Sie nicht bei uns wohnen wollen. Doch ich verstehe Ihre Beweggründe und achte Ihre Prinzipientreue. Ich danke Ihnen von ganzem Herzen für das Geld, das Sie mir freundlicherweise geschickt haben. Ich versichere Sie meiner beständigen Liebe und Hochachtung. De Larrey ist seit einiger Zeit wieder in Deutschland. Bei seiner Ankunft in Oldenburg erfuhr er, daß eine gewisse Dame, zu der er gerade nach Varel unterwegs war, sich tags zuvor auf der Durchreise nach Hannover in der Stadt aufgehalten hatte, jedoch ohne ihre Mutter, die in Varel geblieben ist. Man sagt, jene Dame sei schwer krank; wenn das wirklich der Fall wäre (aber das läßt sich nicht ermitteln, denn sie ist die einzige, die dies zu sagen vermag, und ihren Worten kann man keinen Glauben schenken), dann wäre auch ihre Behauptung, sie müsse in Hannover Dr. Hugo konsultieren, wohlbegründet. Was die öffentliche Meinung betrifft, so erscheint manches jetzt in einem anderen Licht, was meine Stellungnahme nachträglich rechtfertigt. Jedes neue Symptom ihres Zustandes macht mich tief betroffen, auch wenn ich nichts mehr damit zu tun habe.

Sorghvliet, 29. Juli 1740

Bruder Charles sagt, ich hätte mich, was meinen Charakter und meine Laune angeht, in letzter Zeit sehr verändert. Das können andere wohl besser beurteilen als ich selbst. Aber gewisse Dinge haben mich vorsichtiger gemacht. Eines weiß ich ganz gewiß: die Gefühle der Herzlichkeit und gegenseitiger Rücksichtnahme, wie sie in unserer Familie selbstverständlich sind, habe ich in jener anderen niemals erfahren; um so mehr bedaure ich, daß ich in diesem Land leben muß. Wenn Sie in Ihrem Brief erwähnen, Sie wünschten manchmal, es hätte für mich in Holland niemals Zukunftsaussichten gegeben – nun, das ist für mich nichts Neues, dasselbe habe ich mir nahezu mein Leben lang gewünscht. Von außen betrachtet sahen die Umstände allerdings so günstig und vorteilhaft aus, daß es verantwortungslos gewesen wäre, die Gelegenheit nicht wahrzunehmen. Und jetzt ist alles viel zu weit fortgeschritten. Es bleibt mir nichts anderes übrig, als durchzuhalten.

Abraham Trembley an Lady Portland

Sorghvliet, August 1740

Die Urkunde, in der die Trennung von Tisch und Bett endgültig besiegelt wurde, ist fertiggestellt. Frau Bentinck hat um den kleinen Albert gebeten, was ihr sowohl mündlich als auch schriftlich abgeschlagen wurde. Wie Sie wissen, ist Frau Bentinck im Mai nach Hannover gefahren, um Dr. Hugo zu konsultieren. Die Reise kann auch andere Gründe gehabt haben. Es ist gut möglich, daß es sich um die lästigen Folgen eines kleinen «Malheurs» handelte. Bald darauf kam sie zurück und teilte uns mit, Dr. Hugo habe ihr das Leben gerettet. Der Graf zu Schaumburg-Lippe und seine Frau haben seit Anfang Juni fünf Wochen lang in Varel gewohnt. Er ist derjenige, dessen Umgang Frau Bentinck eigentlich strikt meiden sollte; doch sie will (um es möglichst schicklich zu formulieren) niemanden lieber um sich haben als ihn. Sein Aufenthalt bestand aus einer Reihe von Festen; im Wald gab es sogar Maskeraden und Theateraufführungen bis Mitternacht. Der Graf und seine Frau sind am siebten Juli abgereist, Frau Bentinck ist ihnen am zehnten Juli gefolgt. Sie hat erklärt, daß sie in den nächsten vier Jahren nicht in Varel wohnen möchte. Ihrer Mutter und Herrn de Larrey hinterließ sie eine Vollmacht, für ihre persönlichen Ausgaben hat sie siebentausend Gulden reserviert. Den Haushalt, die Ställe, die Jagd, alles hat sie aufgegeben wie nach einem Todesfall. Sie hat nicht gesagt, wo sie wohnen wird, aber es dürfte wohl in der unmittelbaren Nähe ihres intimen Freundes sein.

Abraham Trembley hat viel zu tun. Neben dem Unterricht für Antoine und Albert (der auf ausdrücklichen Befehl seines Vaters fortan nur noch mit seinem zweiten Namen Jean genannt werden darf) und seiner Tätigkeit als Vermittler und Sekretär in der größtenteils in Geheimschrift abgefaßten Korrespondenz zwischen Willem Bentinck und de Larrey betreibt er wissenschaftliche Studien. Am Anfang des Sommers, als er mit seinen Schülern Pflanzen und kleine Wassertiere aus dem Weiher von Sorghvliet unter dem Mikroskop betrachtete, sind ihm gewisse Eigenschaften (besser gesagt, Verhaltensweisen) eines polypenartigen Lebewesens aufgefallen. Seitdem verbringt er seine gesamte Freizeit damit, Leben und Fortpflanzung der rätselhaften kleinen Organismen zu studieren. Er hat dem großen Gelehrten Réaumur einen Brief geschrieben und ihm seine Entdeckungen mitgeteilt. Außerdem arbeitet er an einer Publikation über das Thema. Willem Bentinck und seine Söhne verfolgen begeistert die Entwicklung des wissenschaftlichen Beitrags, der in ihrem Garten seinen Anfang genommen hat.

Wilhelmine Marie von Aldenburg von Hessen-Homburg an Albrecht Wolfgang zu Schaumburg-Lippe

Varel, 9. August 1740

Mein Bruder und meine Schwägerin bedauern außerordentlich, daß sie auf das Vergnügen verzichten müssen, Sie zu besuchen, denn sie hatten sich viel davon erwartet; vor allem wollten sie mit Ihnen das Problem der Vormundschaft über den jungen Prinzen von Hessen besprechen. Mein Bruder hält es nicht länger für nötig, die Vormundschaft mit Ihnen zu teilen. Es ist ihm jedoch nicht möglich, einen Aufenthalt in Bückeburg einzulegen. Trotz meiner eindringlichen Bitten wollten sie nicht einmal hier in Varel übernachten. Ich hätte sie gerne eine Woche bei mir behalten; so wäre mir lieber gewesen, sie hätten mich gar nicht besucht. Ich glaube, die Frage der Vormundschaft sollte schleunigst geregelt werden. Sie sollten einen

Plan vorlegen, welche Maßnahmen Sie im einzelnen zu treffen gedenken, damit eine rasche Abwicklung erfolgen kann. Mein Bruder ist eigens hierhergekommen, um meine Tochter zur Rückkehr zu ihrem Ehegatten zu überreden. Leider mußte ich ihm jede Hoffnung nehmen. Er sagte, er habe viele schlimme Dinge über sie gehört, die ihn tief betrübt hätten; der Entschluß, ihren Wohnsitz an einen anderen Ort zu verlegen, sei für ihren guten Ruf äußerst fatal. Es gebe für sie nur eine Möglichkeit, nämlich sich hier auf eigenen Grund und Boden, unter meiner Aufsicht, zurückzuziehen und ein untadeliges Leben zu führen, um so vielleicht ihren guten Namen wiederzuerlangen. Er hielt es für verkehrt, daß sie fortgegangen ist; ich müsse alles versuchen, damit sie möglichst bald nach Hause kommt. Ich nenne die Dinge einfach beim Namen. Sie sind unserer Familie wohlgesinnt; ich flehe Sie an, wenden Sie Ihre ganze Beredsamkeit auf, um meine Tochter zur Einsicht zu bewegen. Lassen Sie sie nicht hoffnungslos ins Verderben stürzen. Es gibt nur eine Möglichkeit, sie zu retten. Sie kann im Sommer in Kniphausen wohnen und im Winter hier bei mir in Varel, und zwar für die Hälfte des Geldes, das sie anderswo ausgeben muß. Außerdem erspart sie sich auf diese Weise viele unangenehme und erniedrigende Situationen. Das Wichtigste im Leben einer Frau, nach ihrem Seelenheil, ist ihr guter Ruf. Alles, was sie im Interesse ihrer selbst und ihrer Kinder unternimmt, mag noch so löblich sein, es führt zu nichts, wenn sie hier alles im Stich läßt. Kurzum, Monsieur, es geht um die Ehre und die Seelenruhe meiner Tochter. Helfen Sie mir, sie vor dem Abgrund zu retten, in den sie sich selbst Hals über Kopf zu stürzen droht. Sie und mein liebes Lottchen sind die einzigen Menschen auf der Welt, auf die sie manchmal hört. Um Gottes willen, reden Sie mit ihr. Sie können sich nicht vorstellen, welchen schlechten Eindruck ihre Abwesenheit hierzulande auf die Leute macht. Herr Gramberg kann Ihnen davon erzählen, wie das Volk von Kniphausen sich versammelte und eine Deputation zu Herrn Bentinck schickte mit der Bitte, er möge kommen und die Sache in Ordnung bringen. Vielleicht würden derartige Aktionen aufhören, wenn meine Tochter hier wäre. Jeder, der hört, sie sei aus Gründen der Sparsamkeit nach Bückeburg gegangen, lacht und zuckt die Achseln; sie könnte hier um die Hälfte billiger leben als woanders, denn auf ihrer eigenen Domäne bekommt sie kostenlos, wofür sie überall sonst bezahlen muß. Man fragt sich auch, warum sie nicht zu ihrem Mann zurückkehrt; nun, die Leute stellen so ihre Vermutungen an und ziehen gewisse Folgerungen, wobei es doch von größtem Belang für uns ist, gerade diese Dinge geheimzuhalten. Nichts auf der Welt kann schrecklicher sein für eine Mutter als das, was mir jetzt mit meiner Tochter widerfährt. Möge Gott in Seiner Barmherzigkeit ihr Herz leiten und sie auf Seinen Wegen wandeln lassen, damit sie zur Einsicht gelangt und Bückeburg verläßt. Ich vertraue auf Ihre freundschaftlichen Gefühle für mich, daß Sie nicht nachlassen, sie zur Vernunft zu bringen. Sie dürfen mir nicht übelnehmen, mein lieber Graf, daß ich Sie dieses Jahr nicht besuche. Es ist mir aus verschiedenen Gründen nicht möglich zu kommen, und falls doch, dann höchstens nur für ein paar Tage. Ich bedauere sehr, daß ich Ihre lieben Söhne nicht sehen kann. Meine Tochter hat die Enttäuschung einigermaßen dadurch wettgemacht, daß sie Porträts von ihnen geschrieben hat, die sehr artig sind. Gebe Gott, daß die beiden zeitlebens ein Trost für Sie sind, woran ich nicht zweifle.

Porträts von Georg und Wilhelm zu Schaumburg-Lippe, geschrieben von Charlotte Sophie Bentinck-von Aldenburg (1740)

Der Ältere, Georg, ist sehr groß für sein Alter, sehr dunkel, mit schönen Augen; er benimmt sich ungezwungen, hält sich ordentlich gerade, lächelt aber nicht von Herzen. Er hat nichts von einem angehenden Salonlöwen, spricht nicht viel und schaut meistens ziemlich mürrisch drein. Aber wenn er in Stimmung ist, kann er ausgezeichnet reden. Er ist sehr bescheiden. Was er weiß, weiß er richtig, aber er geht nie damit hausieren. Er sagt immer, er sei nicht so geschickt wie sein Bruder und auch nicht so begabt; und das sagt er voller

Überzeugung. Er bewundert seinen Bruder von ganzem Herzen und ist überhaupt nicht eifersüchtig. Wenn er sich Mühe gibt und sich von der besten Seite zeigen will, zum Beispiel wenn man ihn anspricht, kann er besonders witzig sein. Er macht einen ehrlichen Eindruck und hat ein empfindsames Herz; ich wette, daß die Damen ihn später ordentlich an der Nase herumführen werden! Er mag alle Arten von Leibesübungen und zeichnet sich, wie es heißt, in allen aus. Er reitet hervorragend, noch nie habe ich jemanden so gut tanzen sehen. Er ist sehr höflich, macht aber keine leeren Komplimente. Er interessiert sich für alle Menschen, ist überhaupt nicht eitel, aber auch nicht untertänig. Das ist es, was ich bislang an ihm beobachten konnte.

Der Jüngere, Wilhelm, ist völlig anders geartet. Er ist ein wenig größer als Herr de Larrey, hat eine gute Figur, ein hübsches, mädchenhaftes Gesicht, die schönsten Augen der Welt, was Form und Farbe betrifft; außerdem funkeln sie immer vor Vergnügen und sind nicht so traurig und schmachtend wie die seines Bruders. Er hat eine hohe, breite Stirn, sieht schelmisch drein und erobert alle Herzen, wenn er lacht. Er bewegt sich auf vornehme Art, beherrscht alle artigen Komplimente eines kleinen Salonherrn, und zwar ohne jeden Anflug von Ziererei. In Leibesübungen ist er gut, hat aber nicht die selbstverständliche Behendigkeit seines Bruders. Dagegen fällt ihm das Lernen viel leichter. Wie man sagt, hat er es in Mathematik schon recht weit gebracht. Er gibt dem Grafen Friedrich darin Unterricht, der behauptet, es sei erstaunlich, mit welcher Sicherheit und Sachkenntnis er alles erklärt. Er hat eine unglaublich rasche Auffassungsgabe und einen funkelnden Geist; ständig brennt er ein geistiges Feuerwerk ab, und alles, was er sagt, ist gleichermaßen scharfsinnig und treffend. Er redet gern, vor allem über Themen, die ihn begeistern. Oft hört man überrascht zu, wenn er Gedanken und Gefühle offenbart, die Großzügigkeit und ein gutes Herz, ja mehr noch, eine hohe Auffassung von Ehre verraten. Er versteht Spaß und macht die artigsten Scherze, die man sich denken kann. Er sucht stets die Gesellschaft von Menschen, mit denen er verständige Gespräche führen kann. Affektiertes Gehabe und Dummheit durchschaut er sofort und amüsiert sich köstlich darüber. Er spricht nie Böses über andere, und wenn man ihn drängt, ein Urteil abzugeben über jemanden, den er nicht mag, so weicht er aus in einer Weise, daß man merkt, er wolle niemanden in ungünstigem Licht erscheinen lassen. Er hat erstaunlich gute Manieren für einen Jungen, der geradewegs von der Schule kommt, seine Höflichkeit wirkt immer vornehm und zuvorkommend. Er ist auf allerliebste Art beflissen und jederzeit für alles zu begeistern. Er betet seinen Vater an, liest ihm gewissermaßen die Wünsche von den Augen ab. Er redet zärtlich von ihm, wie ein Liebhaber von seiner Geliebten, und zwar ganz spontan und ohne jede Künstelei. Der Ältere liebt seinen Vater ebenfalls sehr, es liegt nur nicht in seiner Art, es offen zu zeigen, obwohl man es rasch genug bemerkt.

Ich möchte hinzufügen, daß ich, je mehr Zeit ich den beiden Jungen widme, vom Charakter des Älteren zunehmend angetan bin. Sein Urteil, seine Gefühle erscheinen mir weiter entwickelt, als man in seinem Alter erwarten darf. Auf den ersten Blick wirkt der Jüngere anziehender, doch ich glaube, der Ältere ist von Natur aus liebenswürdiger, und ich bin sicher, daß seine Familie ihn täglich mehr zu schätzen weiß, wenn sie ihn besser kennenlernt und ihm hilft, seine Probleme zu überwinden.

Von Varel aus erstattet Thomas de Larrey seiner Herrin regelmäßig Bericht über die Ereignisse. Ein gewisser Garlichs scheint der Unruhestifter in Kniphausen zu sein; er hat öffentlich erklärt, er stehe persönlich als Bürge dafür ein, daß die Bauern die ihnen auferlegten Tribute und Steuern erst dann bezahlen, wenn man ihren mannigfachen Beschwerden endlich Gehör schenkt. De Larrey hält den Mann für heimtückisch und gefährlich: «Garlichs glaubte mir kein Wort, als ich sagte, daß Sie aus gesundheitlichen Gründen fortgegangen sind; er hetzt die Leute gegen Sie auf.»

Charlotte Sophie berichtet ihrem Verwalter in Geheimschrift, was sie ihm bislang noch nicht offiziell mitgeteilt hat bezüglich der Geburt des kleinen Charles und der Maßnahmen, die sie unterdessen von Bückeburg aus getroffen hat. Das Kind wurde von der Familie von Donop aufgenommen, die sich im nächsten Jahr in der unmittelbaren Nähe von Kniphausen niederlassen wird. Dort will auch Charlotte Sophie wohnen, wenn sie nicht in Bückeburg ist. Natürlich wird de Larrey mit allen Vorbereitungen betraut. «Ich danke Ihnen ergebenst für die Ehre, die Sie mir mit Ihrem Vertrauen erwiesen haben», schreibt er im August 1740 an Charlotte Sophie. «Ich versichere Ihnen, daß ich das Geheimnis gut bewahren werde; keine Sterbensseele wird je erfahren, daß ich Bescheid weiß über alles, was Sie die Güte hatten mir mitzuteilen.»

De Larrey ist oft mutlos, seine Aufgabe fällt ihm schwer. Zu Lebzeiten von Anton von Aldenburg hat er trotz aller Sorgen und Belastungen seine verantwortliche Arbeit immer mit Freude getan; jetzt scheint ihm jedoch, als breite sich zusehends Chaos aus, eine unlösbare Aufgabe folgt der anderen. Die Mitglieder der Kammer von Varel, die Herren Weltzin, Gramberg und Warenburg, sind äußerst unzufrieden mit dem Gang der Dinge und streiten sich oft untereinander. De Larrey versucht nach Kräften, zu beschwichtigen und zu vermitteln, was ihn viel Zeit und Energie kostet. Die Bevölkerung von Kniphausen fordert Willem Bentinck auf, sich um ihre Angelegenheiten zu kümmern (da die Gräfin es nicht tut) und ihre Beschwerden zu prüfen. Willem bestreitet, dies jemals versprochen zu haben, und schiebt das Problem Charlotte Sophie, genauer gesagt, de Larrey zu: «Urteilen Sie selbst, ob es logisch wäre, wenn ich der Deputation, die mich voriges Jahr in Den Haag aufsuchte, ein solches Versprechen gegeben hätte.» Außerdem soll de Larrey für Charlotte Sophie Kanarienvögel, eine Mandelpresse, Wein aus der Bourgogne, ein Mikroskop, philosophische Werke, Seide und Vorlagen für Petit-point-Stickereien bestellen oder kaufen und nach Bückeburg schicken. Resigniert gibt er ihr zu bedenken, daß erst Geld dasein muß, bevor er das alles beschaffen kann. Charlotte Sophie läßt sich von seinen Vorhaltungen kaum beeindrucken. Sie bittet ihn, von einem aufsehenerregenden Diana-Kostüm, das eine Dame auf einem Ball in Den Haag getragen hat, eine Zeichnung anzufertigen.

Albrecht Wolfgang zu Schaumburg-Lippe sieht sich in den Erwartungen enttäuscht, die er in seine Beziehung zu dem neuen König von Preußen gesetzt hat. Die (wie immer) kurzen Antworten auf die von Ehrfurcht und Anhänglichkeit strotzenden Briefe Albrecht Wolfgangs, die Friedrich II. fast wöchentlich aus Bückeburg erreichen, werden merklich kühler. Auf Albrecht Wolfgangs Angebot, dem König entgegenzureisen und ihn ein Stück auf dem Weg zu begleiten, wenn er im August Kleve besucht, erfolgt überhaupt keine Reaktion. Friedrich ist bestens informiert; er weiß sehr wohl, was sich in den vergangenen Jahren zugetragen hat und welche Rolle Willem Bentincks Ehefrau im Leben des Grafen zu Schaumburg-Lippe spielt; er weiß auch, daß sie jetzt öffentlich als seine Geliebte in Bückeburg wohnt. Natürlich macht er ebensowenig eine Anspielung darauf wie Albrecht Wolfgang selbst. Der König von Preußen hat keine Lust, den Moralprediger herauszukehren, doch ihm ist klar, daß es unter den derzeitigen Umständen klüger ist, sich mit jemandem, der so leichtfertig mit seinem Geld und guten Ruf umgeht, nicht allzusehr einzulassen. Gelegentlich kritisiert er Albrecht Wolfgangs umwerfend charmantes, aber unbesonnenes, impulsives Verhalten (einmal sagt er von jemandem: «Der geht genauso verrückt und unverantwortlich mit jungen Menschen um wie der Graf zu Schaumburg-Lippe»). Andererseits hält Friedrich es für unvernünftig, den Kontakt brüsk abzubrechen. Am 17. September 1740 stattet er Bückeburg einen kurzen Höflichkeitsbesuch ab. «Um elf Uhr trafen der König und mein Sohn, der ihn an der Grenze erwartet hatte, im Schloß ein. Seine Majestät nahm nur eine Tasse Schokolade zu sich, besichtigte dann das Schloß und brach um zwölf Uhr wieder auf. Er gab sich gegenüber meinem Sohn sehr leutselig», schreibt Albrecht Wolfgangs Mutter an eine Freundin.

Abraham Trembley an Lady Portland

Den Haag, Oktober 1740

Frau Bentinck ist noch immer in Bückeburg. Als sie Varel verließ, schützte sie vor, die Einsamkeit zu suchen, aber in Wirklichkeit war es nur ein Vorwand, um fortgehen und bei ihrem Freund wohnen zu können. Wie es heißt, muß der Graf zu Schaumburg-Lippe im Dezember an den Hof in Berlin fahren. Frau Bentinck wird sich wohl wieder etwas ausdenken, um ihm folgen zu können. Gelingt ihr das nicht, geht sie bis auf weiteres nach Varel zurück. Ich habe ein Mittel gefunden, um dahinterzukommen, wie die Leute in Bückeburg über sie denken. Außer Ihnen sage ich niemandem, was ich gehört habe; ich kenne die Menschen und fürchte, daß es sich wie ein Lauffeuer ausbreiten könnte. Ich habe vernommen, daß man sie in Bükkeburg nicht ausstehen kann und daß ihre Anwesenheit von der Landesbevölkerung als Unheil angesehen wird. Obwohl die Menschen dort noch in einer Art Leibeigenschaft leben, wagen sie es doch, den Mund aufzumachen. Seit *sie* im Lande ist, werden alle Regierungsgeschäfte vernachlässigt. Die Leute fühlen sich unterdrückt, sie beklagen sich über das Fehlen von Recht und Ordnung. Der Graf gibt das Geld mit vollen Händen für Frau Bentinck aus, die Schatzkiste ist nahezu leer. Man behauptet auch (was mir recht wahrscheinlich dünkt), er habe sie längst satt, getraue sich aber nicht, dem Verhältnis ein Ende zu setzen. Er fürchtet, schon der Versuch könnte die schrecklichsten Szenen hervorrufen, und er hat recht. Sie hat ihre Maske abgeworfen und erklärt in aller Öffentlichkeit, die Ehe mit Herrn Bentinck sei unter Zwang zustande gekommen und deshalb ungültig. Ich fürchte, daß wir noch allerhand von ihr erwarten dürfen.

Unterdessen sind die Söhne von Albrecht Wolfgang, der achtzehnjährige Georg und der sechzehnjährige Wilhelm, in Begleitung ihres Erziehers in Leiden eingetroffen. Sie haben Vorlesungen bei mehreren berühmten Gelehrten belegt, von einem richtigen Studium kann jedoch nicht die Rede sein. Georg hat keine Lust, sich noch länger der Aufsicht seines Vaters zu unterwerfen, Wilhelm macht sich dank seines scharfen Verstandes alles zu eigen, was ihn interessiert, ist aber von Natur aus noch zu verspielt, um sich auf wesentliche Themen zu konzentrieren. Sie lernen viele hervorragende Männer kennen, darunter den von ihrer Großmutter bewunderten Philosophen und Schriftsteller Voltaire, der sich zu dieser Zeit in Den Haag aufhält. Am siebten November schreibt Georg seinem Vater, Monsieur de Voltaire habe die Absicht, in Kürze nach Berlin zu gehen. Auf dem Rückweg würde er gern einen Abstecher nach Bükkeburg machen, um den Grafen kennenzulernen. Er sei ein hochgebildeter und amüsanter Mann; «aber, um Ihnen die Wahrheit zu sagen, er kommt mir manchmal ein wenig merkwürdig vor».

Johann Heinrich Meister (Hofprediger zu Bückeburg, in seinem Tagebuch)

13. November 1740

Im Schloß gewesen, dort Tee und Schokolade getrunken. Durfte schließlich dank besonderer Gunst zugegen sein beim Vorlesen (abwechselnd von Seiner Durchlaucht, dem Grafen zu Schaumburg-Lippe, und Gräfin Bentinck) aus «Antimachiavell oder Kritischer Versuch über den ‹Fürsten› des Machiavell», ein Werk des neuen Königs von Preußen. Mich beeindruckten Esprit und Scharfsinn des Autors, ich bedaure aber seine Abtrünnigkeit von den Offenbarungen der Heiligen Schrift.

Abraham Trembley an Charlotte Sophie Bentinck-von Aldenburg

Den Haag, 24. November 1740

Den beiden Kindern geht es sehr gut. Antoine wächst und ist folgsam; ich bin mit seinem Charakter zufrieden, soweit man in diesem Alter überhaupt etwas darüber sagen kann. Er spricht fließend Holländisch und Französisch, kann Deutsch lesen und ein wenig sprechen, wir werden dies auch weiterhin mit ihm üben. Für sein Alter macht er recht gute Fortschritte in der lateinischen Grammatik und in Erdkunde. Wenn wir über Geschichte sprechen, tun wir das in der Form eines Spiels. Was die Religion betrifft, so verfügt er über die Vorstellungen und Gefühle, die seiner Reife entsprechen. Sein kleiner Bruder ist die Gesundheit in Person. Er beginnt, ganz hübsch holländische Wörter zu plappern, und versteht und spricht ein wenig Französisch. Eine Zeitlang war er sehr unartig, aber das haben wir ihm abgewöhnt, das heißt, wir lassen ihm nicht mehr alles durchgehen. Das ist alles an Besonderheiten, die ich Ihnen mitteilen kann. Was soll man viel über Kinder sagen, die noch so jung sind? Madame darf überzeugt sein, daß ich nichts unterlassen werde, um ihr Gefühlsleben zu entwickeln.

Vom neunten bis zum elften Dezember 1740 weilt Voltaire als Gast in Bückeburg. Mit heftigen Stürmen und Regenschauern hat der Winter angefangen. In dem von Vergoldung und Spiegeln funkelnden Salon des Schlosses, in dessen Kamin die Flammen hochlodern, schart sich der ganze Hofstaat um den großen Mann, der ein wahres Feuerwerk von scharfsinnigen Vorträgen, herausfordernden Thesen, Aphorismen und Anekdoten zum besten gibt. Albrecht Wolfgang ist entzückt, erst jetzt fühlt er sich zu Recht als Kenner und fürstlicher Mäzen von Kunst und Wissenschaft. Er beteuert seinem berühmten Gast, daß er dem kleinen Hof durch seine Anwesenheit großen Glanz verleihe. Charlotte Sophie fühlt sich in ihrem Element. Von Voltaires Esprit angefeuert, liefert sie manchen geistreichen und schlagfertigen Beitrag zur Diskussion und erntet anerkennende Blicke und galante Handküsse des (wirklich angenehm überraschten) Schriftstellers.

Wilhelmine Marie von Aldenburg von Hessen-Homburg

Ich habe das Selbstporträt, das ich vor Jahren geschrieben habe, nochmals überlesen. Zu meiner Unterhaltung will ich es den heutigen Gegebenheiten ein bißchen besser anpassen.

Ich bin ganz grau und sehr dick geworden. Um von den ständigen Schmerzen erlöst zu sein, habe ich alle Zähne ziehen lassen oder selbst gezogen. Trotz der Tatsache, daß ich alt und häßlich bin, finden mich viele Menschen, die Wert auf ein warmes Herz und echtes Mitgefühl legen, noch durchaus ansehnlich; in ihren Augen habe ich das Aussehen eines gutwilligen Menschen. Ich bestehe auf Ordnung und Sauberkeit, und es ärgert mich sehr, wenn das Personal in dieser Hinsicht nachlässig ist. Endlich steht es mir frei, mich, sooft ich will, der Einsamkeit hinzugeben. Es wird Zeit, daß ich an mich selber denke; das ist nicht möglich, solange man sich ständig mit den Angelegenheiten anderer beschäftigen muß. Ich hänge noch immer sehr an meiner Familie, und nichts schenkt mir mehr Genugtuung, als wenn ich meinen Angehörigen zu Diensten und behilflich sein kann. Also muß ich auch die einzige Tochter lieben, die Gott mir gelassen hat; ihr gegenwärtiges Schicksal und ihr künftiges Lebensglück gehen mir sehr zu Herzen.

Abraham Trembley an Lady Portland

Den Haag, Dezember 1740

Die verwitwete Prinzessin von Aldenburg lebt einsam in ihrem Schloß zu Varel. Sie bekommt selten Besuch. Soweit ich sie kenne, neige ich zu der Vermutung, daß sie recht zufrieden ist (und weiterhin sein wird) und ihren Reichtum gern allein genießt. Sie nennt das ein «ruhiges Leben», «das Bedürfnis, ein zurückgezogenes Dasein zu führen», es kann aber auch gut sein, daß eine gehörige Portion Egoismus dabei eine Rolle spielt.

Willem Bentinck an seine Mutter Lady Portland

Den Haag, 10. Januar 1741

Meinen herzlichen Dank für Ihre guten Wünsche. Das vergangene Jahr möchte ich weiß Gott nicht nochmals erleben mit seinen aufwühlenden Ereignissen, die jetzt vorbei sind, obwohl die finanziellen Folgen wohl erst in Zukunft spürbar werden. Doch wie die Dinge im Augenblick stehen, hoffe ich Ihnen Ende des Jahres melden zu können, daß alles geregelt und in Ordnung ist. Ich versichere Ihnen, daß ich in Geschäftsfragen ganz anders denke als früher und täglich lerne, die Dinge besser in den Griff zu bekommen. Was dies betrifft, habe ich einen so schlechten Ruf, daß ich mich kaum etwas zu sagen getraue aus Angst, es käme mehr einer Selbstverteidigung als der Wahrheit gleich! Die andere Sache (ich meine jene, die mir soviel Kummer bereitet hat), nun, an die habe ich mich inzwischen so gewöhnt, daß sie mich nicht mehr kränkt. Es hat mich viel gekostet, bis ich soweit war; aber die Anstrengung und der Zwang, mich zu beherrschen und alles zu verarbeiten, haben mir gutgetan, so daß manches, was ich früher schwierig fand, mir jetzt leicht vorkommt. Abgesehen davon gibt mir der Erfolg meiner Bemühungen den Mut, auch meine anderen Charakterfehler zu bekämpfen. Jeden Tag stelle ich mir vor, daß alles, was geschieht, auf einzigartige Weise von einem gütigen und weisen höheren Wesen vorbestimmt ist; wer die Geduld hat, das Ende des Spiels abzuwarten, wird erkennen, daß die «Handlung» des Stücks genau vorausbedacht und beispielhaft ausgearbeitet ist, auch wenn ihn anfangs noch mancherlei geringfügige Nebensächlichkeiten irritieren. Doch auch diese gehören funktionell zu der allumfassenden Ordnung, die uns letzten Endes offenbart wird. Im großen und ganzen habe ich keinen Grund, zu klagen oder zu protestieren. Ich möchte die vergangene Zeit zwar nicht noch einmal erleben, aber ebensowenig wünsche ich, ich hätte anders empfunden und gehandelt, als ich getan habe, denn vielleicht wäre dann alles noch viel schlimmer gekommen. Doch genug Philosophie für heute!

Abraham Trembley an Lady Portland

Den Haag, 17. Februar 1741

Wie wir hören, geht in England das Gerücht, daß Frau Bentinck zurückkommen möchte, Herr Bentinck sie aber nicht wieder aufnehmen will. Ersteres stimmt nicht; aber auch wenn es wahr wäre, würde Herr Bentinck sie gewiß nicht wieder zu sich nehmen. Seiner Position könnte das sehr schaden. In Holland wie im Ausland würden viele es begrüßen, wenn eine endgültige, gesetzliche Scheidung stattfände. Herr Bentinck verzichtet jedoch darauf; das Aufsehen und der öffentliche Skandal würden ihm und den Kindern mehr schaden als der derzeitige Zustand. Von meinem Gewährsmann in Bückeburg habe ich erfahren, daß der Graf zu Schaumburg-Lippe Frau Bentinck loswerden will und daß sie mit Selbstmord gedroht hat, wenn er sie verläßt. Sie bleibt nur aus Angst, ihn zu verlieren, in Bückeburg. Sie hat dem kleinen Antoine einen lächerlichen Brief geschrieben, eine Art überspannte Predigt, von der der Junge kein Wort verstanden hat.

Wilhelmine Marie von Aldenburg von Hessen-Homburg an Albrecht Wolfgang zu Schaumburg-Lippe

Varel, 24. Februar 1741

Monsieur, mein innig geliebter «Sohn», ich habe lange gezögert, zu schreiben und Ihnen mein Herz auszuschütten. Ich würde weiterhin zögern, wenn nicht mein Vertrauen in Ihr Ehrgefühl und Ihre grundsätzliche Integrität sowie die Erinnerung an die väterliche Zuneigung, die mein verstorbener Gatte für Sie und Ihre gesamte Familie hegte, die Oberhand gewonnen und mir die Bitte erleichtert hätten: Helfen Sie mir, meine Tochter zur Vernunft zu bringen. Sie wissen besser als ich, was seit Ihrer Rückkehr aus Holland wirklich geschehen ist, aber Sie wissen vielleicht nicht – zumindest nehme ich dies an –, welche abscheulichen Dinge die Menschen behaupten und zum großen Teil Ihnen anlasten. Meine Tochter folgt nur der Stimme ihres Herzens und schert sich nicht im geringsten um das, was ich ihr über die Gerüchte geschrieben habe, die sich überall ausbreiten und auch mir zu Ohren gekommen sind. Man hat mir zu verstehen gegeben, man würde sie für immer verachten, wenn sie nicht nach Hause käme. Sie sagt, das alberne Geschwätz gehe sie nichts an, sie tue ja nichts Böses. Ich bin sicher, daß Sie ihren Argumenten nicht zustimmen. Ich flehe Sie um Gottes willen an, mein lieber Graf, besinnen Sie sich auf Ihre Christenpflicht und haben Sie Mitleid mit einer liebenden Mutter, die zusehen muß, wie ihre Tochter sich öffentlich ins geistige und körperliche Verderben stürzt. Vermeiden Sie bitte jene intimen Begegnungen, die mir hier in Varel schon so viel Sorge bereitet haben, daß ich wiederholt im Begriff war, Sie darauf anzusprechen. Ich bemerkte nur zu gut, wie stark die unselige Leidenschaft Sie beide zueinanderzieht. Bedenken Sie doch, wohin eine solche Leidenschaft führt, wenn nicht ins Unglück für Sie beide und, wer weiß, auch zum Tode Ihrer tugendsamen und werten Gattin, die Sie wahnsinnig liebt. Ich bewundere sie und ihre Haltung im höchsten Maße. Es kann nicht sein, daß sie nicht merkt, was für jeden vernünftigen Menschen sonnenklar ist.

Sie verbirgt ihre Gefühle so vortrefflich, daß niemand ihr etwas anmerkt. Ich fürchte, die Gewalt, die sie sich antut, könnte sie krank machen oder gar umbringen. Möge der liebe Gott Ihnen und meiner Tochter die Augen öffnen! Lassen Sie endlich voneinander ab, und zwar möglichst bald; Sie haben mehr Verstand als meine Tochter und ein stärkeres Empfinden für Nächstenliebe. Erzählen Sie meiner Tochter nicht, daß ich Ihnen geschrieben habe, so Sie erreichen wollen, daß sie hierher zurückkehrt; wenn sie von meinen Wünschen erfährt, wird sie just nicht nachgeben. Falls Ihnen meine naiven Vorhaltungen unangenehm sind (wes das Herz voll ist, des geht der Mund über), versetzen Sie sich für einen Augenblick in meine Lage, und bedenken Sie meine Situation angesichts des Benehmens meiner Tochter. Zwischen den Zeilen können Sie lesen, wieviel Vertrauen ich noch immer in Ihre Vernunft und anständige Gesinnung setze und wie sehr ich auf den baldigen Beweis Ihrerseits hoffe, daß ich mich nicht getäuscht habe.

Willem Bentinck an seine Mutter Lady Portland

Den Haag, März 1741

Ich wollte, ich könnte die Gelegenheit nutzen und mit dem Schiff, das demnächst nach England und wieder zurückfährt, auf einen kurzen Besuch zu Ihnen kommen. Nichts auf der Welt würde mich so erfrischen, mir so guttun. Mein «mal du pays» gründet sich auf die Vernunft und den Respekt, die ich in täglich zunehmendem Maße für echte Tugenden und Verdienste empfinde. Ich habe beschlossen, mich nie und nimmer geistig zu prostituieren, auch wenn alle anderen dies tun.

Sorghvliet, Juni 1741

Wenn Sie das sonderbare Verhalten des Königs von Preußen besser kennen würden, den Stil der Briefe, die er seinen Ministern schreibt, die oft widersprüchlichen Behauptungen, die er an verschiedenen Höfen vortragen läßt, so würden Sie sich über ihn sicherlich dieselbe Meinung bilden wie ich und mir beipflichten, daß der Vergleich stimmt, den ich manchmal zwischen ihm und *ihr* (Sie wissen schon, wen ich meine) gezogen habe, da ich in ihr immer mehr Ähnlichkeiten mit unangenehmen Menschen und Dingen entdecke.

Albrecht Wolfgang zu Schaumburg-Lippe an Wilhelmine Marie von Aldenburg von Hessen-Homburg

Ich leugne nicht, daß ich für Ihre Tochter zärtliche Gefühle empfinde, welche sie die Güte hat zu erwidern. Gott ist mein Zeuge, daß diese Gefühle mein Leben lang anhalten werden. Wäre mir das Glück beschieden gewesen, mit Eurer Hoheit durch noch engere Bande als jetzt liiert zu sein, so hätten Leben und Schicksal Ihrer Tochter wohl in jeder Hinsicht eine günstigere Wendung genommen entgegen den bedauernswerten Umständen, in denen sie sich jetzt befindet. Die Ursache ihres derzeitigen Elends, unsere wechselseitige Leidenschaft, hätte in diesem Fall allenthalben Bewunderung ausgelöst. Auch so erweckt ihre Standhaftigkeit das billigende Verständnis aller Wohlmeinenden, die vorurteilslos die menschliche Seele erkunden. Nach diesem aufrichtigen Bekenntnis dürfen Eure Hoheit mit mir nicht debattieren und mir nicht böse sein. Sie erinnern sich zweifellos, welche Auffassung von Ehre und Anstand Sie mir stets zugeschrieben haben. Es wäre schrecklich, wenn ich Ihre Achtung verlöre. Seien Sie überzeugt, daß die Ehre Ihrer Tochter mir teurer ist als meine eigene und daß der Gedanke an die Verpflichtungen, die ich meinem verstorbenen Onkel von Aldenburg gegenüber eingegangen bin, sowie die herzliche Zuneigung für Eure Hoheit mir keinen Augenblick Ruhe lassen würden, wenn ich die Prinzipien, die Sie höher bewerten als Ihr Leben, auch nur im geringsten mißachtete. Die Gerüchte, die in Den Haag über Ihre Tochter kursieren, sind mir auf Umwegen zu Ohren gekommen. Ich bin jedoch bereit, diese Verleumder zum Schweigen zu bringen, und sei es um den Preis meines Lebens. Ich reise demnächst nach Holland, um meine Söhne zu besuchen, und werde jede Gelegenheit wahrnehmen, notfalls meinen letzten Blutstropfen zu vergießen, um mich von einer Schuld reinzuwaschen, die ich vielleicht, ohne es zu wissen oder zu wollen, auf mich geladen habe gegenüber Ihrem Gatten, dessen Andenken ich hoch in Ehren halte, und gegenüber Ihrer Tochter, die ich über alles in der Welt liebe. Sie allein können ermessen, in welche Verfassung Ihre Tochter geriete, wollte ich auf einer endgültigen Trennung bestehen – gerade zu diesem Zeitpunkt. Übrigens will ich Ihnen ehrlich gestehen, daß ich die (für mich wunderbare) Gewohnheit angenommen habe, ihr mein Herz auszuschütten bei allen heiklen Fragen, wo ich mir sonst keinen Rat weiß; dieses Bedürfnis wird bis an mein Lebensende bestehen bleiben, und ich kann mich nicht entschließen, auf dieses Glück freiwillig zu verzichten – obwohl ich jederzeit bereit bin, für sie und für Eure Hoheit mein Leben hinzugeben.

Wilhelmine Marie von Aldenburg von Hessen-Homburg
an Albrecht Wolfgang zu Schaumburg-Lippe

Varel, 7. Mai 1741

Sie haben einen viel zu scharfen Blick, mein bester Graf, als daß Sie nicht bemerkt hätten, wie sehr Ihre Frau unter den derzeitigen Verhältnissen leidet. Nun, Gott wird ihr zu dieser bitteren Prüfung Kraft schenken. Bei Ihm allein sucht sie Zuflucht, und ich bin überzeugt, daß Er ihre feurigen Bitten für Ihr Seelenheil erhört. Ich erhoffe von Gottes Güte, daß Er einen treuen Gatten in ihre Arme zurückführt und ihr Gerechtigkeit widerfahren läßt, damit sie früher oder später den Lohn für ihre ehrenvolle Handlungsweise genießen darf. Er muß es tun, denn sie hat es verdient! Wenn die Vorsehung jene anderen Bande geknüpft hätte, von denen Sie sprechen, so bezweifle ich doch sehr, ob Ihr Leben dann so glücklich geworden wäre, wie es war, bevor sie 1739 jene unselige Reise nach Holland antraten. Was für ein Unterschied zwischen den beiden Frauen, was ihre Moralbegriffe betrifft: wie Tag und Nacht! Von Charakter und Persönlichkeit ganz zu schweigen. Wenn Sie ruhig und gründlich darüber nachdenken, mein Bester, müssen Sie zugeben, daß ich recht habe.

Der Art, wie Sie Ihre Worte wählen, entnehme ich, daß eine Trennung «Ihres Freundes» von seiner Geliebten mit der unsicheren Aussicht auf ein Wiedersehen vor allem für sie einen harten Schlag bedeuten würde, so daß «Ihr Freund» es nicht übers Herz bringt, reinen Tisch zu machen. Ich lasse die gegenseitige Leidenschaft einmal ganz außer acht; man muß Gott um Hilfe bitten, Menschen sind da machtlos. Er wird Vergebung gewähren, wenn man Ihn inbrünstig darum bittet. Möge doch allein die lautere Freundschaft sprechen, und möge der gute Ruf meiner Tochter «Ihrem Freund» ebenso teuer sein wie sie selbst! Sie beide müssen die Notwendigkeit ihrer Trennung einsehen und vor allem ihren Fehler, daß sie Bückeburg nicht schon vor Monaten endgültig verlassen hat. Zwei vernünftige Menschen, die Gottes Geboten und ihrem eigenen Gewissen folgen, müßten nach reiflicher Überlegung zu dem Ergebnis kommen, daß sie lieber auf private Gespräche und intime Begegnungen verzichten, als daß sie beide (und zwar er ebenso wie sie!) die Achtung ihrer Mitmenschen verlieren. Es schaudert mich bei dem Gedanken, daß «Ihr Freund» sich der Gefahr eines Duells aussetzen und sein Blut vergießen will, um diejenigen zum Schweigen zu bringen, die meiner Tochter Übles nachreden. Wem will er da auf den Leib rücken? Denn die Gerüchte machen überall die Runde, nicht nur in Holland, sondern auch in Dänemark, Petersburg, Berlin und in ganz Deutschland. Ich sage Ihnen, daß Bentinck, der von der ganzen Sache am meisten betroffen ist, sich in absolutes Schweigen hüllt und mit niemandem über diese Dinge redet. Wie soll man die Leute daran hindern, Klatsch und Verleumdungen zu verbreiten, wenn eine Frau, nachdem sie solches Aufsehen erregt hat, sich nicht still in ihr eigenes Haus zurückzieht und sich um das Wohl ihrer Familie und ihrer Untertanen kümmert, sondern sofort wieder aufbricht, um sich in der Fremde niederzulassen?

Wilhelmine Marie von Aldenburg von Hessen-Homburg an Thomas de Larrey

Varel, August 1741

Ich wünsche, daß Widerspruch eingelegt wird gegen die Behauptung, meine Tochter habe über Graf Bentinck Gerüchte verbreitet, denen zufolge er in Den Haag ein ausschweifendes Leben führe und sich eine Mätresse halte, als wäre dies die Ursache ihrer körperlichen und geistigen Leiden. Ich habe diesem schändlichen Gerede, das in Dänemark die Runde macht, bereits schriftlich widersprochen. Meine Tochter erklärt, man könne ihrem Ex-Gatten keinerlei Verfehlungen anlasten. Sie schreibt nie nach Dänemark, da sie dort keine Bekannten hat.

Willem Bentinck an seine Mutter Lady Portland

Sorghvliet, 27. Juni 1741

Mein kleiner Jean hatte Keuchhusten, ist zum Glück aber schon wieder auf dem Weg zur Besserung. Schwencke hat ihm alle erforderlichen Heilmittel verschrieben. Seinerzeit hatten wir eine Hausapotheke, aber die ist zusammen mit *ihr* verschwunden, deren Fortgehen wir nicht bedauern.

Georg zu Schaumburg-Lippe an
Charlotte Sophie Bentinck-von Aldenburg

Leiden, 3. Juli 1741

Madame, Sie werden mich der Frechheit bezichtigen und annehmen, ich mißbrauche Ihre Güte, indem ich Sie immer wieder belästige. Ich bekenne mich schuldig. Aber ich hoffe, Sie verzeihen mir gerade wegen Ihrer Sympathie, deren Beweise ich so oft empfangen durfte. Der Grund, weswegen ich Sie diesmal mit meinem Gekritzel langweile: Ich verlasse Leiden. Als mein Aufbruch noch nicht feststand, hoffte ich, zuerst zu meinem Vater nach Venlo gehen zu können. Ich wußte, daß er Sie in Varel besuchen will, und rechnete darauf, daß das Schicksal mir diesmal wohlgesinnt sei und ich ihn auf der Reise begleiten dürfe. Doch nun sieht es so aus, daß ich sehr bald meine «grand tour» antreten soll und daß aus meinen Wünschen nichts wird. Wie es heißt, ist es für die Unglücklichen ein Trost, wenn sie jemandem ihr Herz ausschütten können. Weigern Sie sich also bitte nicht, meine Klagen anzuhören. Auf der Irrfahrt von einem Land zum anderen werde ich kaum das Glück haben, Nachricht von Ihnen zu bekommen, und noch weniger darf ich mich darauf freuen, Sie in absehbarer Zeit wiederzusehen. Unterwegs in Frankreich oder Italien oder noch entfernteren Gefilden werde ich in Gedanken mehr als einmal in Varel weilen und niemals die Freundschaft vergessen, mit der Eure Hoheit mich stets beehrt haben.

Willem Bentinck an seine Mutter Lady Portland

7. Juli 1741

Sie ist aus Bückeburg auf ihre Besitztümer heimgekehrt. Sie wollte sich sogleich in Kniphausen niederlassen, muß aber meine Zustimmung abwarten, ehe sie dort etwas regeln oder in Ordnung bringen lassen kann. Darüber wird sie sehr ungehalten sein, doch angesichts ihres Charakters kann ich es leider nicht zulassen, daß sie dort eigenmächtig handelt.

Doorwerth, 12. August 1741

Ich bin seit ein paar Tagen in Doorwerth und genieße das prächtige warme Wetter und die Schönheit des Ortes und der Umgebung. Wenn ich meine Geschäfte erledigt habe, will ich noch eine Woche zum puren Vergnügen bleiben. Ich habe gute Gesellschaft: mein alter Lehrmeister, Professor 's-Gravesande aus Leiden, logiert bei mir. Sein Gesundheitszustand ist nicht der beste. Ich habe vor, eine Wassermühle bauen zu lassen, um die Weiden rings um Doorwerth zu entwässern. Bevor der Rheinkanal angelegt wurde, waren sie ganz trocken, doch jetzt werden sie oft überschwemmt von den Bächen, die in den Hügeln entspringen. Auf diese Weise hoffe ich, etliche Quadratmeilen hervorragendes Grasland zu gewinnen.

Thomas de Larrey an Charlotte Sophie Bentinck-von Aldenburg

Varel, 5. Oktober 1741

Nach dem Diner habe ich Herrn und Frau von Donop besucht, die vor einigen Tagen von ihrer Reise zurückgekehrt sind. Sie haben ihr jüngstes Söhnchen bei sich, ein sehr hübsches Kind, mollig und kräftig. Er ist groß für sein Alter und sieht der übrigen Familie überhaupt nicht ähnlich. Er hat jettschwarze Augen, die schelmisch glänzen; ich wünschte, Sie könnten ihn sehen.

In der Umgebung von Varel sind wieder Pocken aufgetreten. De Larrey's Frau und Kinder erkranken an der gefürchteten Seuche, während er selbst sich in Den Haag mit Willem Bentinck berät. Charlotte Sophie berichtet ihm täglich über den Gesundheitszustand seiner Familie. Am 15. Oktober sieht sie sich genötigt, einen

Eilboten zu schicken: seine beiden kleinen Söhne sind so schwer erkrankt, daß er sofort kommen muß, wenn er sie noch einmal sehen will. De Larrey ist wie vor den Kopf gestoßen, als er begreift, daß seine Kinder im Sterben liegen. Auch wenn er Tag und Nacht durchfährt, wird er zu spät kommen. Er bringt den Mut zur Reise nicht auf und bleibt in Den Haag, «um die Angelegenheiten des Hauses Aldenburg wahrzunehmen». Die Kinder sterben und werden in seiner Abwesenheit beerdigt. Seine Frau und das Töchterchen Mimi haben die Krise gut überstanden und sind auf dem Weg zur Besserung. De Larrey bedankt sich bei Charlotte Sophie für ihre Besorgtheit und ihr Mitgefühl. Er führt die Bestellung aus, die sie ihm aufgetragen hat: eine Kurzfassung der Essays von John Locke, *Die Erziehung der Kinder* von einem Autor namens Rolin, ein Buch über Maria Stuart und Tropfen gegen Schwächeanfälle. Auf Anraten Albrecht Wolfgangs will sie ihren Garten verschönern lassen und die Qualität ihrer Obstbäume verbessern. De Larrey soll siebzig Linden-, vierundzwanzig Pfirsich- und vierzehn Aprikosenbäumchen in Holland kaufen. Er erinnert sie daran, daß sie keinen roten Heller besitzt, und rät ihr, zuerst die alten Ulmen fällen zu lassen und den Ertrag für die neue Parkanlage aufzuwenden.

Willem Bentinck an seine Mutter Lady Portland

Den Haag, 2. März 1742

Herr 's-Gravesande ist gestorben. Sie können sich nicht vorstellen, wie groß der Verlust für mich ist und wie sehr sein Tod mich erschüttert hat. Er war so ungefähr der einzige, dem ich in allen Lebenslagen mein Herz ausschütten konnte. Er allein verstand es, Balsam auf meine Wunden zu gießen, wenn ich es am nötigsten brauchte. Er kannte mich seit meiner Knabenzeit; er wußte von meinen innersten Regungen und trug durch diese Einsicht zu meinem Glück bei. Nie hat mich jemand so gut beraten und mir so viel Freundlichkeit und innige Zuneigung geschenkt. Ich freute mich jedesmal, wenn ich ihn traf, und bedauerte es, wenn er mich wieder verließ. Seinen Charakter habe ich immer mit dem des Sokrates verglichen. Ich kenne keinen Menschen, der so viel Wissen, Gelehrsamkeit, Einsicht, hochstrebende Gedanken, klaren Verstand und Begabung für das Exakte besaß, und zwar ohne jeden Anflug von Pedanterie. Kurzum, für mich ist es der denkbar schwerste Verlust.

Willem Bentinck an Thomas de Larrey (der sich geschäftehalber in Doorwerth aufhält)

März 1742

Ich rechne damit, daß Sie in Kürze aufbrechen. Der Stand der Dinge in Varel macht Ihre Anwesenheit dringend erforderlich. An allen Ecken und Enden drohen Fallstricke und Abgründe.

Die «grand tour» von Georg zu Schaumburg-Lippe hat in Frankreich ein vorzeitiges Ende genommen. Er hat dort ein junges Mädchen aus der irisch-englischen Aristokratie kennengelernt, das mit seiner Mutter auf der Durchreise nach der Schweiz ist. Von beiden Seiten ist es Liebe auf den ersten Blick. Georg hat nur noch eines im Sinn: so bald wie möglich zu heiraten. Wenn man seine Auserwählte nicht als ebenbürtig anerkennt, will er auf seine Rechte als ältester Sohn und Nachfolger verzichten und sich in Irland ansiedeln. Wie sein jüngerer Bruder Wilhelm fühlt er sich von allem, was britisch ist, mehr angezogen als vom deutschen oder gar französisch orientierten Lebensstil. Beide Brüder sind in London geboren und konnten sich, als sie als Kinder nach Bückeburg kamen, besser in Englisch ausdrücken als in einer anderen Sprache. Georg träumt von einem Leben mit seiner schönen Irin auf der grünen Insel.

Albrecht Wolfgang zu Schaumburg-Lippe an seinen Sohn Georg

Bückeburg, Frühjahr 1742

Ich stimme Dir völlig zu, daß Ehen, die von Menschen gleichen Standes aus Liebe geschlossen werden, mehr Chancen auf Erfolg haben als solche, die aus Rücksicht auf Familieninteressen oder durch die sogenannte weise Voraussicht der Eltern arrangiert werden, oft gegen den Willen der armen Söhne und Töchter und ohne daß diese gefragt werden. Aber, mein bester Junge, eine solche persönliche Neigung muß unbedingt sorgfältig geprüft werden; sie darf nicht allein sinnlicher Leidenschaft entspringen. Übereilung ist keine Gewähr für die Beständigkeit der Gefühle; ein solcher Schritt setzt voraus, daß man möglichst bald zur Besinnung kommt und sich Punkt für Punkt vergewissert, ob die anziehenden Eigenschaften der Geliebten echte Verdienste sind, die das eigene Lebensglück gewährleisten, oder ob man sich durch Schönheit, einen großen Namen und jugendliche Anmut leichtfertig hat betören lassen. Wenn letzteres der Fall ist, so darfst Du um Himmels willen nicht an eine ernsthafte Verbindung denken und solltest die Sache lieber seinlassen. Dein Lebensweg wird eine triste Angelegenheit, wenn Du eine Ehe eingehst ohne die wesentlichen Garantien, die für den glücklichen Bestand Deines Lebensbundes unverzichtbar sind. Du bist noch so jung, Du hast große Verpflichtungen gegenüber den Menschen in Deinem Land. Sie haben ein Anrecht auf Dich, für sie trägst Du in erster Linie und unmittelbar Verantwortung.

Um seinen ältesten Sohn in der Nähe zu behalten und ihn durch persönlichen Kontakt zu beeinflussen, ernennt der schuldbewußte Albrecht Wolfgang ihn zum Hauptmann in seinem Regiment. Bedrückt und empört über den erzwungenen Abschied von seiner Angebeteten, begibt sich Georg nach Venlo. Von Offenheit und Einvernehmen zwischen ihm und seinem Vater ist vorerst nicht die Rede. Auch Albrecht Wolfgangs Liebling, sein zweiter Sohn Wilhelm, der noch in Leiden studiert, fühlt sich ungerecht behandelt; eigentlich hätte er Anspruch auf einen längst versprochenen Posten im kleinen Heer seines Vaters. Um die Zuneigung seines Jüngsten nicht zu verlieren, ist Albrecht Wolfgang zu allem bereit; er will aber Georg, der sich immer (und zu Recht) gegenüber seinem Bruder zurückgesetzt fühlt, nicht nochmals und noch heftiger vor den Kopf stoßen. Über alte Beziehungen in London setzt er durch, daß Wilhelm als Fähnrich ins Garderegiment des englischen Königs aufgenommen wird, was, wie zu erwarten war, die ohnmächtige Verzweiflung und den Neid Georgs hervorruft.

In den Wäldern von Varel wurde eine Partie Holz gestohlen. Die Kammer (bestehend aus den Herren Gramberg, Warenburg und Weltzin) hat die rasch gefaßten Diebe bestraft. Charlotte Sophie ist der Ansicht, sie selbst, als höchste Autorität in Varel, hätte das Urteil fällen müssen, und weist ihre Beamten mit harten Worten schriftlich zurecht. Die Antwort ist alles andere als zerknirscht: «Wir haben hier in der Kammer ein Reglement, kraft dessen das Holz, die Jagd und dergleichen eher in unseren Zuständigkeitsbereich gehören. Wir haben die Strafe ausgesprochen, weil wir das Recht hatten, ein solches zu tun.» Auch über das Strafmaß ist Charlotte Sophie anderer Ansicht als die Herren. Ihrer Meinung nach sind sie viel zu milde vorgegangen, gerade hier hätte man ein Exempel statuieren müssen. In ihrem Zorn schreibt sie einen Brief an De Larrey: Offensichtlich glaube man in Varel, sie sei nicht nur unfähig zu rechnen, sondern halte sie für eine einfältige Dilettantin ohne Autorität. Die Leute in Kniphausen meinten, sie trete nicht entschieden genug auf gegen die Bewohner von Varel, die, wie verlautet, größtenteils aus Halunken und Flegeln bestehen. Man wisse nicht, daß sie, Charlotte Sophie, auf ihrem eigenen Grund und Boden nichts zu sagen habe. De Larrey leitet ihre mißbilligenden Bemerkungen an die Mitglieder der Kammer weiter, worauf Gramberg, Weltzin und Warenburg noch am selben Tag um ihre Entlassung bitten. Zum sprachlosen Erstaunen Charlotte Sophies schließt sich de Larrey ihrem Ersuchen an.

Charlotte Sophie Bentinck-von Aldenburg an Thomas de Larrey

Kniphausen, 27. Mai 1742

Sie sind wohl nicht recht bei Trost, mein armer De Larrey. Ich habe herzlich gelacht bei dem Gedanken, daß Sie einen Anteil des Rüffels auf sich beziehen, der gar nicht für Sie bestimmt war. Was ist das für ein albernes Spiel? Gegen wen sind Sie eigentlich? Man könnte glauben, ich wüßte nicht, wie sehr ich Ihnen verpflichtet bin. Darf ich denn die Leute in Varel nicht kritisieren, ohne daß Sie sich wie ein gereizter Tiger gebärden und sich persönlich getroffen fühlen? Hören Sie, lassen Sie derlei Scherze, über die ich nur lachen kann. Tief im Herzen spüren Sie, daß ich recht habe, und weil Sie wissen, daß ich Respekt vor Ihnen habe, wollen Sie die anderen in Schutz nehmen. Kommen Sie her und seien Sie nicht so häßlich zu mir. Wir werden ganz gemütlich miteinander reden, denn was immer Sie tun, ich kann mir keinen Streit mit Ihnen erlauben. Es ist jetzt drei Uhr nachts. Gehen Sie hinaus und leisten Sie den fauchenden Katern Gesellschaft. Aber das wird Ihnen nicht gelingen. Gute Nacht, kleiner Mann.

(Später.) Ich bin böse auf Sie, mein armer *kleiner Mari*, und das sage ich Ihnen in aller Freundschaft unter vier Augen. Wie haben Sie mir einen solchen Streich spielen können, indem Sie meine Mutter in die Sache einbezogen haben? Soll ich erneut Schwierigkeiten mit ihr bekommen? Wollen Sie einen Konflikt über die Rechtsprechung in Varel (und damit eine Menge Ärger für mich) heraufbeschwören, oder möchten Sie, daß meine Mutter mich zwingt, demütig vor den Herren der Kammer zu Kreuze zu kriechen und sie um Entschuldigung zu bitten, weil ich mir die Freiheit genommen habe, ihnen eine Standpauke zu halten? Nein, armer *kleiner Mari*, das haben Sie nicht gewollt, denn im Grunde stehen Sie auf meiner Seite, wie Sie mir oft genug bewiesen haben; Sie werden mir aus Bosheit keinen Tort antun. Ohne triftigen Grund haben Sie besagten Brief meiner Mutter zu lesen gegeben und zwingen mich nun, diese Epistel zu schreiben, nicht gerade das geeignete Mittel, um den gräßlichen Migräneanfall zu vertreiben, der mich im Augenblick plagt. Kommen Sie am Dienstag nach Kniphausen, dann werde ich Ihnen tüchtig den Kopf waschen. Dennoch freue ich mich sehr darauf, Sie zu sehen. Sie sind mir vielleicht einer! Sie haben sich Ihr Lebtag lang so nützlich gemacht, daß ich mich der Undankbarkeit zeihen müßte, wollte ich Ihnen wirklich böse sein. Auf Wiedersehen! Bringen Sie auch Ihre Frau und Ihr Töchterchen mit?

Aber de Larrey hat es satt; auch kann er es unter den waltenden Umständen nicht ertragen, daß Charlotte Sophie, um ihm zu schmeicheln, den alten Scherznamen *«kleiner Mari»* (von *petit mari*) ausgegraben hat, mit dem ihn seine Frau in den ersten Ehejahren anzureden pflegte und der bei fröhlichen Neckereien manchmal auch von der gräflichen Familie übernommen wurde. Er will Charlotte Sophie nicht sehen; außerdem fühlt er sich nicht wohl. Im ausdrücklichen Auftrag des Drosten Weltzin und des Kammerrates Warenburg hat er ihren bösen Brief an Willem Bentinck weitergeleitet. Er läßt sie wissen, er müsse das Bett hüten, «mit einer starken Dosis Medizin im Leibe», und könne deshalb nicht ausführlich antworten, geschweige denn nach Kniphausen fahren.

Willem Bentinck an den «Rat von Varel», also an die Herren de Larrey, Weltzin, Gramberg und Warenburg

Sorghvliet, 4. Juni 1742

In allen zivilisierten Ländern der Welt wird ein Urteil, das nach festen und öffentlich anerkannten Regeln ausgesprochen wurde, als gesetzlich angesehen; spätere Änderungen (außer zur Milderung der Strafe) gelten zu Recht als Willkür und Mißbrauch.

Charlotte Sophie Bentinck-von Aldenburg an Thomas de Larrey

Kniphausen, 5. Juni 1742

Ich bin der Meinung, daß die Holzdiebe viel zu milde bestraft wurden für eine Tat, die sie offensichtlich lange zuvor geplant und in allen Einzelheiten vorbereitet hatten. Der «Anführer» der Bande muß eine Geldbuße von zehn Dukaten zahlen; zehn Dukaten, das ist ja gar nichts! Die Strafe wird ihm nichts ausmachen, er wird darüber lachen. Sicherlich hatte er Angst, es könnte viel Schlimmeres mit ihm geschehen; durch die milde Behandlung bestärkt man ihn im Bösen und verleitet ihn nur zu weiteren Missetaten, während eine schmerzhafte Leibesstrafe ihn vielleicht zur Einsicht gebracht hätte, sein Leben zu bessern. Und das ist noch nicht alles. Ich prophezeie Ihnen, ja ich bin mir sicher, die Bevölkerung von Varel, der sogenannte Volksmund, meint, daß die Spitzbuben viel zu gut davongekommen sind und daß ein so schweres Vergehen noch nie so milde bestraft wurde. Die Leute sagen laut, man merke, daß mein Vater nicht mehr lebt. «Die Untergebenen tun, was sie wollen, und die Gräfin kümmert sich um nichts, das ist der Anfang vom Ende.» Die Holzdiebe reißen Witze darüber, wie glimpflich sie davongekommen sind. Manche behaupten sogar, wir hätten nicht gewagt, sie härter zu bestrafen: «Die in Varel müssen Milde walten lassen, sonst bekommen sie Ärger mit Oldenburg, wo man an einer Reform der Rechtsprechung arbeitet; wir müssen uns an die neuen Verordnungen halten, die dort gelten.» Darum bestehe ich darauf, daß die Verordnungen der Kammer in Varel dahingehend überprüft werden, daß keine Mißverständnisse mehr entstehen können. Ich habe nicht die Absicht, die Kammer zum Herrscher meines Landes zu machen. Künftig soll mir zweimal wöchentlich eine Übersicht aller geschäftlichen Vorgänge vorgelegt werden. Bevor die Herren auf eigene Faust entscheiden, müssen sie mich informieren und fragen, ob ich Einwände dagegen habe; ihre Ansichten dürfen sie allenfalls als Ratschläge vorbringen. Dies gilt natürlich auch für die Rechtsprechung. Ich will über alles Bescheid wissen und mich nicht dadurch der Lächerlichkeit preisgeben, daß Dienerschaft, Nachbarn und Außenstehende besser wissen, was in Varel geschieht, als ich selber. Sie sind oft abwesend, in Den Haag oder anderswo, und dann bin ich jenen Herren ausgeliefert. Ich hege für sie allen Respekt und Sympathie, und wenn ich meiner Herkunft nach unter ihrer Befehlsgewalt stünde, würde ich ihnen gehorchen. Doch kraft meiner hohen Geburt bin ich nun einmal diejenige, die mit einer gewissen Macht bekleidet ist. Auch wenn sie verhältnismäßig gering sein mag, ihre Ausübung steht mir zu; ich gebe meinen Namen dafür her, und ich bin noch im Besitz meiner Vernunft. – Obwohl Sie sich immer sträuben, wenn ich Ihnen einen Posten geben will, der Sie über die anderen Herren der Kammer stellt, müssen Sie die Entscheidung mir überlassen; hier gibt es nur *eine* Herrin, und die bin ich, und für mich gibt es nur *einen* de Larrey. Adieu, mein armer bester Freund.

Thomas de Larrey an Willem Bentinck

Varel, Juni 1742

Der Kredit ist nicht länger zu halten, falls nicht die persönlichen Schulden von Frau Bentinck abbezahlt werden. Sie steht allenthalben in der Kreide und besitzt keinen Sou Bargeld, da sie die gesamten Einkünfte für dieses Jahr schon ausgegeben hat. Ihr Personal bekommt keinen Lohn, die Leute leiden bittere Not. Die Prinzessin von Aldenburg will ihrer Tochter aus Mitleid die Apanage für das nächste Jahr vorschießen; wenn es in ihren Kräften stünde, würde sie auch die Schulden bezahlen. Doch Madame kennt keine Scham und kümmert sich nicht um das, was man über sie redet. Immer wieder spricht sie davon, daß sie ihr Kind zu sich ins Haus nehmen will. Das wird jetzt im nächsten Monat tatsächlich geschehen. Zweifellos muß sie dann endlich ihrer Mutter Bescheid sagen; ihre Satelliten in Bückeburg werden wohl das Ihre dazu beitragen. Für diese traurige Geschichte ist der größte Teil ihres Geldes draufgegangen. Madame hat sich vorgenommen, «das Joch abzuschütteln» und nur noch ihren eigenen Eingebungen zu gehorchen. Sie hat mir vorgeworfen, keine bessere Erziehung genossen zu haben. Ich hätte ihren Eltern widersprechen, ihr schon früher gute Bücher zu lesen geben und ihren Vater überreden müssen, sie in seine Verwaltungs- und Geldgeschäfte einzuführen. Ich hätte mir niemals die allgemeine Auffassung zu eigen machen dürfen, der zufolge sich Frauen um nichts kümmern und alles ihrem Ehegatten überlassen sollen. Wie dem auch sei, mir ist klar, daß weder ich noch ein anderer diese Flut extravaganter Vorstellungen und Handlungen eindämmen kann. In Kniphausen hat sie den Text des öffentlichen Gebets ändern lassen; sie will, daß die Menschen Gottes Segen für Maria Theresia, die Königin von Ungarn, herabflehen und nicht mehr für den Kaiser. Wie ich vermute, hat sie die Absicht, nachdem sie ihrer Mutter, der Prinzessin, die Herkunft des Kindes von Donop eingestanden hat, die gesamte von Ihnen eingesetzte Verwaltung abzuschaffen, neue Beamte einzustellen und das Kind gesetzlich anerkennen zu lassen. Zur Vorbereitung und Ausführung dieser Pläne glaubt sie mich noch zu brauchen. Sie haben mich vor einiger Zeit gebeten, auf meinem Posten auszuharren und weiterhin für die Zukunft Ihrer Söhne zu arbeiten. Doch angesichts der oben angeführten Tatsachen fürchte ich, daß ich Ihnen gerade dann, wenn ich bleibe, nicht mehr gebührend zu Diensten sein kann. Es wäre auch für Sie besser, wenn ich mit Ihrer Billigung meinen Abschied nehmen könnte. Das ist mir jedoch nicht möglich, solange ich keine andere Anstellung sicher in Aussicht habe.

Charlotte Sophie Bentinck-von Aldenburg an Thomas de Larrey

Kniphausen, 12. Juni 1742

Wieder komme ich auf das zurück, was ich Ihnen schon einmal geschrieben habe: Früher fand es jedermann vollkommen normal, daß mein Vater über alles Bescheid wußte und selbst entscheiden wollte. Mich hat man jedoch so behandelt, wie Dienstboten kleine Kinder behandeln; man hat mich mit so brutalen Methoden einschläfern wollen, daß ich just dadurch aufgewacht bin. Ich schlage vor, daß wir beide gemeinsam eine Prüfungskommission bilden, um die Erlasse der Kammer von Varel gründlich zu studieren. Das kostet keinen Heller, denn arme Schlucker wie Sie und ich tun so etwas umsonst. Für den Fall, daß ich verhindert oder abwesend sein sollte, erhalten Sie meine Vollmacht. Ich vertraue Ihnen vollkommen.

Charlotte Sophie Bentinck-von Aldenburg (Nummer sieben einer unvollendeten Reihe von Abhandlungen in Briefform)

Heute geht es darum, die Vorrechte unserer Herren und Meister, *der Männer,* einer Prüfung zu unterziehen und die Ursachen unserer langen, erdrückenden Sklaverei näher zu betrachten.

Welches sind die vornehmlichsten Rechte, die sich die Männer auf Kosten von uns Frauen vorbehalten haben?

1. Vom Augenblick der Geburt an erhalten sie die bessere Erziehung.

2. Sobald sie das Jünglingsalter erreichen, werden für *ihre* Studien und Reisen viel größere Summen aufgewendet, als man gemeinhin für die Erziehung der Mädchen aufbringt.

3. Sie werden enorm bevorzugt, was Geld und Güter betrifft. Sie bekommen den größten Teil der Erbschaft; Bodenbesitz ist hauptsächlich ein männliches Privileg. Mädchen sehen allenthalben ihr väterliches Erbteil in fremde Hände übergehen auf Grund der ihnen unterstellten Unvollkommenheiten ihres Geschlechts.

4. Männer werden im Staatsdienst angestellt; sowohl in der Öffentlichkeit als auch im Privatleben üben *sie* die Macht aus.

5. Nur Männer bekommen einen Platz an einer Akademie oder an anderen Einrichtungen, wo man nach wissenschaftlich fundierter Wahrheit sucht und sie an andere weitergibt.

6. Männer entscheiden mit unumschränkter Macht über das Schicksal ihrer Kinder beiderlei Geschlechts; *sie* werden mit der Vormundschaft über die Kinder ihrer Mitbürger betraut.

7. Männer beanspruchen für sich ein Vorrecht, das sie ängstlich hüten (vielleicht ängstlicher, als sie die Tugend beschützen), nämlich den Anspruch auf Ruhm und Unsterblichkeit.

8. Zum Schluß: Nur Männer machen die Gesetze, sie sprechen Recht und sind in Glaubenssachen zuständig; sie fällen das Urteil über das Gewissen und die Überzeugung anderer.

Jeder muß zugeben, daß die oben angeführten Vorrechte die kostbarsten und wichtigsten der Menschheit sind. Ich frage jetzt: Welche besonderen Gaben hat die Natur dem Mann verliehen, daß nur er einen Anspruch darauf erheben kann?

Um durch eine angemessene Ausbildung den eigenen Geist zu fördern und durch die Begegnung mit anderen Völkern zu reifen und deren Denkweise, Kunst und Gebräuche kennenzulernen,

um in Sachen allgemeiner Belange ein Urteil zu fällen und auf vernünftige Weise die Geschicke einer Familie zu lenken,

um ein Kapital zu verwalten und die finanziellen und administrativen Aspekte des Grundbesitzes zu beherrschen,

um die Wahrheit zu suchen im Licht der Vernunft und Erfahrung und sie danach anderen weiterzugeben,

um das Verhalten der eigenen Kinder in die rechte Bahn zu lenken und um Eigentum und Glück der Kinder anderer zu schützen,

um sich wahrhaftige Hochachtung zu erwerben,

um Verhaltensregeln aufzustellen und sie zu beachten, ist es nötig,

seine Bildung, Intelligenz und Gedächtniskraft zu benutzen sowie das Urteilsvermögen, aus dem der menschliche Geist seinen Mut schöpft; man braucht dazu die Ermunterung und Unterstützung der Obrigkeit oder eines Fürsten und die Anerkennung, die man durch öffentliche Auszeichnungen erwirbt, sowie die Einsicht in das Wesen und den wechselseitigen Zusammenhang der Dinge. Genaugenommen geht es hier um Eigenschaften und Umstände, die für beide Geschlechter gleich sind, mit denen Frauen in mancher Hinsicht vielleicht sogar reichlicher gesegnet sind als Männer; nur daß die Frauen auf fast alle positiven latenten Gaben und Möglichkeiten verzichten, die Gott ihnen in so reichem Maße geschenkt hat. Im Wesen meiner Geschlechtsgenossinnen kann ich nichts entdecken, was es rechtfertigt, ihnen so vieles vorzuenthalten, um so mehr, als sie einen viel höheren Preis als ihre Unterdrücker bezahlen müssen, in Gestalt des Beitrags, den sie für den Fortbestand und das Wohl der menschlichen Gemeinschaft leisten.

Ich habe nur flüchtig eine Vielzahl von Punkten erwähnt, von denen jeder einzelne reichlich Stoff zum Nachdenken bietet. Ich fürchte, man wird mir vorwerfen, ich beschäftigte mich aus Eigennutz mit diesem wichtigen Thema. Die schreckliche Art, wie man meine derzeitige Situation mißbraucht, trägt so offenkundig den Charakter des Unrechts, daß (trotz der vielen Jahrhunderte, in denen Männer über alle Vorrechte der Gesellschaft verfügten) es wohl kaum einen Mann geben dürfte, der (wenn er nur einen Moment lang nachdenkt über das Bild, das ich soeben geschildert habe) nicht gleichsam aus weiter Ferne meinen Ruf um Wahrheit und Gerechtigkeit hört. Sein Gewissen wird ihm sagen, daß meine Forderung Rechtens ist und daß die Gesetze und Bräuche unserer Zeit den Gipfel der Hartherzigkeit und Ungerechtigkeit darstellen.

Willem Bentinck an Thomas de Larrey

Sorghvliet, 17. Juni 1742

Wenn Sie und die Herren Gramberg, Warenburg und Weltzin mich verlassen, so bedeutet das in der Tat das Ende meiner Kreditwürdigkeit. Ich wäre dann verpflichtet, meinen gesamten Besitz den Gläubigern zu überlassen, mich Gott weiß wohin zurückzuziehen und Reisen nach Wetzlar und Kopenhagen zu unternehmen, um meine Rechte auf Varel und Kniphausen zu verteidigen. Ich könnte meine öffentlichen Ämter nicht mehr bekleiden und für meine Kinder, für Sie und meine anderen Freunde nichts mehr tun; ich müßte alle Menschen enttäuschen, die etwas von mir erwarten.

Thomas de Larrey an Willem Bentinck

Varel, 21. Juni 1742

Gestern sind Herr und Frau von Donop mit ihren drei Kindern in Kniphausen angekommen. Madame hat mich gebeten, dafür zu sorgen, daß während ihres Aufenthalts niemand außer ihnen bei ihr vorgelassen wird. Vor allem die Prinzessin von Aldenburg darf nichts davon wissen. Doch schon heute gehen über den Besuch allenthalben Gerüchte um. Ich bitte Sie nochmals dringend, mir in Holland eine Stelle zu besorgen. Nur auf diese Weise kann ich auch weiterhin Ihre Angelegenheiten wahrnehmen.

25. Juni 1742

Die Familie von Donop hat Kniphausen am Samstag wieder verlassen. Eine Tochter ist mit dem Kind bei Madame geblieben. Heute habe ich einen Brief von vier Quartseiten bekommen, in dem Madame mir mitteilt, daß Mademoiselle von Donop nicht mit dem Kind umgehen kann; es ist trotzig und widerspenstig, solange das Mädchen in der Nähe ist, das sich weigert, die Anordnungen von Madame zu befolgen. Madame will jetzt durchsetzen, daß von Donop seine Tochter abholt, sie sich ordentlich vorknöpft und ihr klarmacht, daß künftig nur Madame über die Pflege des Kindes bestimmt. Madame hat mir außerdem mitgeteilt, daß sie sich gezwungen sieht, von Donop auch fernerhin die Position (und die Dotation) zu belassen, die sie ihm bislang gewährt hat. In Kürze kommt Graf zu Schaumburg-Lippe; falls nicht, wird Madame ihn wohl holen, das steht ganz außer Zweifel.

5. Juli 1742

Man spricht von Wilderei und verbotener Jagd in den Wäldern um Varel. Madame schreibt dies der milden Bestrafung der Holzdiebe zu. Sie hat sich gegen meinen Rat persönlich nach Varel begeben;

mir schien es besser, die Sache vor Gericht anhängig zu machen, doch mit der Bestrafung so lange zu warten, bis ein unparteiischer Richter die Sachlage geprüft hat. Madame hat dagegen die vier Männer, die unter Zwang gestanden haben, ins Gefängnis werfen lassen. Ich fürchte, dies wird Folgen haben. In Varel herrscht großer Aufruhr. Madame hat der Gerichtssitzung beigewohnt und entschieden, was geschehen soll. Sie führt sich so despotisch auf wie eine Sultanin.

9. Juli 1742

Die Häftlinge sitzen noch immer im Turm von Varel. Unter dem Deckmantel der Gerichtsbarkeit hat Madame Mittel gefunden, sie dort festzuhalten. Die Leute hier sind sehr unzufrieden. Ich weiß, daß sie Madame nicht mögen und sie wegen ihres Verhaltens verachten. Ich habe auf sie keinen Einfluß mehr. Auch die anderen Beamten haben es satt. Wie sie sagt, will sie die Ordnung wiederherstellen und Verbesserungen einführen. Ihrer Meinung nach leben wir im Jahrhundert der Frau. Zu ihrer Freundin, Madame von Stöcken, hat sie gesagt, in Varel tauge alles nichts, doch sie werde das ändern, sie lasse sich nicht auf dem Kopf herumtanzen, wie man es mit ihrem Vater getan habe. Mich überhäuft sie mit Lob. Es ist eine üble Komödie. Ich wahre Abstand, doch sie schickt mir eine Botschaft nach der anderen. Triumphierend verkündet sie jedem, der es hören will, sie sei vollkommen unabhängig.

13. Juli 1742

Letzten Mittwoch habe ich die Gelegenheit ergriffen und Madame im Beisein der Prinzessin, ihrer Mutter, meine Kündigung als Verwalter von Varel und Leiter der Administration ausgesprochen. Die Prinzessin und Madame brachen in Tränen aus. Madame geriet außer sich vor Zorn und Enttäuschung. Anschließend hat sie mit wohlgesetzten Worten, Schmeicheleien, Scherzen, kurzum, mit allen erdenklichen Mitteln noch stundenlang versucht, mich umzustimmen, damit ich sie nicht im Stich lasse.

Albrecht Wolfgang zu Schaumburg-Lippe an Thomas de Larrey

Bückeburg, 25. Juli 1742

Wie ich vernommen habe, mein Herr, wollen Sie Varel verlassen. Ich interessiere mich zu sehr für alles, was Gräfin Bentinck betrifft, um nicht sofort auf diese Nachricht zu reagieren. Ich mache Sie darauf aufmerksam, daß jedermann die Kündigung eines so treuen Mitarbeiters, wie Sie es immer gewesen sind, Madame anlasten wird. Sie sind mehr als einmal großmütig gewesen und haben Angebote abgelehnt, die Ihnen größere finanzielle Sicherheit und eine bessere Zukunft versprachen. Sie haben Ihre eigenen Belange einem Haus geopfert, dem Sie viele Jahre lang mit unerschütterlicher Treue gedient haben. Sind Ihnen diese Gefühle abhanden gekommen in dem Moment, da Madame Sie dringender braucht denn je? Sind Sie wirklich imstande, mit ruhigem Gewissen ihr einen so tödlichen Kummer zu bereiten? Sie wissen, wie sehr sie sich jeden Verdruß zu Herzen nimmt; aus nächster Nähe sind Sie Zeuge ihres betrüblichen Gesundheitszustandes und aller unangenehmen Dinge, die ihr täglich widerfahren. Sie verwahren die vertraulichsten Angelegenheiten, ja tiefsten Geheimnisse des Hauses Aldenburg. Der verstorbene Graf war sich Ihrer großen Verdienste dermaßen bewußt, daß er sich in allem auf Sie verließ. Er war überzeugt, daß er seiner armen Tochter in Ihrer Person einen Freund, eine Stütze hinterließ, denn er sah voraus, wie sehr sie dereinst einen Mann wie Sie brauchen würde!

Thomas de Larrey an Willem Bentinck

Ich mache zur Zeit eine Mineralwasserkur und muß mir daher Ruhe gönnen. Madame hat Herrn Gramberg als Ratgeber kommen lassen. Als dritte Person (besser gesagt, als Zeuge) war ihr Koch bei dem Gespräch anwesend. Herr Gramberg war aufs äußerste schokkiert. Madame hat einen schlechten Charakter, sie lügt ständig und denkt sich alles mögliche aus; ihr ganzes Leben ist ein einziger Roman. Sogar ihre Leidenschaften sind das Produkt ihrer Einbildung.

Albrecht Wolfgang zu Schaumburg-Lippe an Wilhelmine Marie von Aldenburg von Hessen-Homburg

Bückeburg, Sommer 1742

Ich hatte mich darauf gefreut, in Stadthagen einige Zeit Ihre Gesellschaft zu genießen und zugleich eine heilsame Brunnenkur zu machen. Nun schreiben Sie, Sie seien verhindert. Ich habe kurz gezögert, aber da ich weiß, daß Ihre freundschaftlichen Gefühle für mich so stark sind, daß meine Kur für Sie wichtiger ist als Ihre Reise, habe ich den Knoten durchhauen und beschlossen, mein Brunnenwasser in Varel zu trinken. Ich bin überzeugt, man wird während meines Aufenthalts nichts unterlassen, mir so viel Ablenkung zu verschaffen, wie die Umgebung zu bieten hat, um mich angenehm zu unterhalten. Was meine Verwaltungs- und sonstigen Aufgaben hier in Bückeburg betrifft, so sind diese so langweilig und zahlreich, daß man sie mir auch dann nicht alle vortragen kann, wenn ich zu Hause bleibe. Ich weiß nicht, was meine Cousine Charlotte Sophie Ihnen anvertraut hat, aber ich kenne ihre Gedanken und versichere Ihnen in aller Demut, daß Sie sehr unrecht daran tun, wenn Sie das Wort «Einbildung» benutzen für ein Gefühl, das sie ihr ganzes Leben lang für mich hegt; ein Gefühl, das aller Wahrscheinlichkeit nach niemals so stark geworden wäre, wenn sie es nicht immerzu hätte unterdrücken müssen. Deshalb hat es keinen Sinn, sie davon heilen zu wollen oder sie zu zwingen, es zu überwinden, selbst wenn auch mir das persönlich lieber wäre. Sie sind in Ihrem Brief aufrichtig zu mir gewesen, ich will Gleiches mit Gleichem vergelten und Ihnen sagen, daß, wenn räumliche Entfernung, ablenkende Beschäftigung und der unterbrochene Kontakt meine Gefühle für sie hätten abschwächen können, ich sicherlich zu diesen Mitteln gegriffen hätte, ja sie selbst hätte dies verlangt – aber Gefühle lassen sich nicht zwingen. Alles an ihr zieht mich an. Ich respektiere ihren Rang und das Geschlecht, dem sie entstammt, und das Andenken ihres Vaters ist mir heilig. Aus der Beschreibung, die Sie vom Charakter Ihrer armen Tochter geben, merke ich, daß Sie sie wegen der intimen Beziehungen verurteilen, die Sie nicht ernst nehmen, weil sie Ihrer Meinung nach auf rein sinnlicher Leidenschaft beruhen.

Gerade Sie müßten wissen, wie sehr Sie ihr unrecht tun; ich bin mir sicher, daß Sie zu gerecht und zu großmütig sind, als daß Sie dies nicht einsehen wollten. Die Ruhe der Brunnenkur würde demnach weniger gestört durch ihre leidenschaftliche Liebe als vielmehr durch die Eifersucht meiner Frau. Anfangs hatte sie nichts gegen unsere Beziehung; in den vergangenen Jahren hat sie oft selbst die Gelegenheit für unser Zusammensein geschaffen. Deshalb habe ich zugestimmt, als sie mich bat, diesmal zu Hause bleiben zu dürfen. Später jedoch bat sie mich, sie dennoch mitzunehmen, und fügte hinzu, sie werde sonst sehr unglücklich sein. Ich finde es gräßlich, ihr Kummer zu bereiten, habe aber ohne Umschweife gestanden, wie es um mein Herz bestellt ist. Sie sagen, sie habe niemals mit Ihnen darüber gesprochen, was ich wohl glauben muß; aber ich hätte es durchaus verstanden, wenn sie Ihnen, der Mutter meiner liebsten Freundin, ihr Vertrauen geschenkt hätte. Denn mit Lucia de la Cour und anderen hat sie sehr wohl über diese äußerst delikate Angelegenheit gesprochen und korrespondiert, was ich ihr sehr übelnehme. Es steht mir nicht zu, Sie an das Vorgefallene zu erinnern; ich nehme die gesamte Schuld dafür auf mich. Ich versichere Ihnen auf mein Ehrenwort, daß meine arme Cousine Charlotte Sophie mich keinesfalls zur Reise nach Varel gedrängt, sondern mich sogar dringend ersucht hat, es mir gut zu überlegen, ob es nicht besser für mich und meine unbedingt benötigte Ruhe sei, wenn ich *nicht* käme. Die Entscheidung hat sie allein mir überlassen, denn sie ist stets bereit, ihre eigenen Wünsche den meinen hintanzustellen.

Am sechsten August 1742 wird Georg zu Schaumburg-Lippe bei einem Duell getötet, dessen Ursache und Umstände niemand erfährt. Albrecht Wolfgang erleidet einen Zusammenbruch, der für die Menschen in seiner Umgebung dem Charakter einer geistigen Umnachtung nahekommt. Er vergleicht sich mit Abraham, der seinen Erstgeborenen opfert. Sein jüngerer Sohn Wilhelm, zur Zeit in London, ist ebenfalls sehr verwirrt. Seine Trauer um den geliebten und bewunderten älteren Bruder ist echt und intensiv; der Gedanke jedoch, nun an seiner Statt die Nachfolge des Vaters anzutreten, bedrückt ihn so sehr, daß er hohes Fieber bekommt und wochenlang das Bett hüten muß.

Willem Bentinck an seine Mutter Lady Portland

Den Haag, Ende November 1742

Sie hat die Menschen, denen ich die Verwaltung der für mich so wichtigen Einkünfte anvertraut habe, in einer Weise behandelt, daß es für diese, fürchte ich, unmöglich ist, weiterhin ihre Stellung zu bekleiden. Ich bin mir ebenfalls sicher, daß sie in der Absicht, mir Unannehmlichkeiten zu bereiten und mir die Pistole auf die Brust zu setzen, in Varel störend in den Gang der Geschäfte eingreift oder zumindest versucht, dies zu tun. Allerdings habe ich dies vorausgesehen und rechtzeitig Maßnahmen getroffen, auf Anraten klügerer Köpfe als ich, insbesondere von Schrader, mit dem ich all die Jahre in Briefwechsel stand und der immer großes Interesse für meine Belange zeigt. Ich habe vor, mich geradewegs an den König von Dänemark zu wenden und auf diese Weise zu versuchen, den Umtrieben in Varel ein Ende zu setzen. Mit Hilfe des Königs möchte ich erreichen, daß die Verwaltung in die Hände der Prinzessin von Aldenburg, de Larreys und die meinen gelegt wird. Die derzeitigen Beamten in Varel stehen auf meiner Seite, deshalb will *sie* dieselben loswerden, um neue einstellen zu können, die tun, was sie verlangt. Die größte Schwierigkeit besteht darin, daß die Beamten sowohl mir als auch ihr gegenüber den Treueid leisten müssen; es ist eine Frage der Gewaltenteilung. Von der Prinzessin von Aldenburg erwarte ich nicht viel Widerstand, vor allem, wenn man ihr nicht genügend Zeit läßt, sich mit anderen zu beraten.

Im Juni 1743 stehen Albrecht Wolfgang zu Schaumburg-Lippe und sein Sohn Wilhelm als Freiwillige im Heer des englischen Königs Georg II. von Hannover, der im Österreichischen Erbfolgekrieg an der Seite Maria Theresias gegen die Franzosen kämpft. Am Siebenundzwanzigsten des Monats kommt es auf hessischem Gebiet bei Dettingen zur entscheidenden Schlacht. Die französischen Truppen erleiden eine Niederlage, die Anhänger Maria Theresias träumen schon von einer Gegenoffensive. In der Schlacht zeichnet sich der junge Wilhelm zu Schaumburg-Lippe durch Mut, Initiative und strategische Kenntnisse aus.

Abraham Trembley an Lady Portland

Den Haag, 2. Juli 1743

Herr Bentinck hat in Angelegenheiten des Wasser- und Bodenverbandes von Rheinland die Stadt verlassen. Er hat mir aufgetragen, Ihnen zu schreiben, was in Varel passiert ist. Es fällt mir nämlich leichter als ihm, bestimmte Umstände zur Sprache zu bringen. Es gibt Dinge, an die er lieber nicht rühren möchte.

In meinem letzten Brief an Sie, Madame, habe ich Ihnen mitgeteilt, daß die Zahlungen aus Varel in immer größeren Abständen erfolgen; im Augenblick gibt es sogar einen beträchtlichen Rückstand. Herr Bentinck hat sich wiederholt darüber beklagt. Außerdem hat er neue Garantien gefordert, da er einsehen mußte, daß die derzeitigen nicht ausreichen. Vor drei Wochen hat er diesbezüglich ein Angebot von Frau Bentinck erhalten, das aber nichts taugt. Nun will er den dänischen König um eine solche Garantie ersuchen und wird sich demnächst persönlich an den König wenden. Die Protektion des Kopenhagener Hofs braucht er von Tag zu Tag nötiger. Die Vermählung des dänischen Kronprinzen mit der Prinzessin Louise von England kommt ihm deshalb sehr gelegen. Es wäre von großem Vorteil, wenn die Prinzessin nach ihrer Ankunft in Dänemark bereit wäre, sich für die Belange von Herrn Bentinck einzusetzen, und wenn sie über die Machenschaften von Frau Bentinck Bescheid wüßte. Herr Bentinck ersucht Sie deshalb um Ihre Vermittlung. Da Sie die Gouvernante der Prinzessin gewesen sind, weiß niemand besser als Sie, wie man die Sache anpacken und welche Leute man dabei einschalten sollte. Es handelt sich darum, der Prinzessin Louise einige Tatsachen beizubringen; das würde größeren Eindruck machen als nur Allgemeinheiten. Sie wissen jetzt genug, Madame. Es wäre wünschenswert, daß die Prinzessin zu gegebener Zeit die Königin von Dänemark über diese Dinge informiert und daß sie Herrn Bentinck der Gunst des Kronprinzen empfiehlt, vor allem aber, daß sie das Interesse des Königs erweckt, damit er selber Fragen zu diesem Thema stellt.

Aus den Memoiren der Großfürstin Katharina von Rußland, geborene Prinzessin von Anhalt-Zerbst

1743. Meine Eltern sowie mein Onkel und meine Tante väterlicherseits machten im August dieses Jahres eine Reise durch die Herrschaft Jever, die dem Hause Zerbst gehört und auf welche die Töchter der Familie Erbansprüche haben. Mein Bruder und ich durften mit auf die Reise. Nach einem kurzen Aufenthalt in Jever (...) besuchten wir in Varel die Mutter der Gräfin Bentinck. Madame Bentinck kam uns zu Pferd entgegen; ich hatte noch nie eine Frau reiten sehen. Ich war entzückt darüber; sie saß im Sattel wie ein Mann. Nach der Ankunft in Varel wich ich nicht von ihrer Seite. Diese Anhänglichkeit gefiel meiner Mutter nicht und meinem Vater noch weniger; wir benahmen uns allerdings recht eigenartig. Sofort nachdem die Gräfin ihr Reitkostüm mit anderen Kleidern vertauscht hatte, ging sie hinauf in den Empfangssaal. Während sie Toilette machte, blieb ich bei ihr. Sie tat sich gar keinen Zwang an und ging dann für einen Augenblick ins Zimmer ihrer Mutter, wo auch meine Mutter war. Danach fingen wir beide an, im Vorzimmer einen «Steiermärker» zu tanzen. Alle standen in der Tür und schauten uns zu. Ich bekam böse Schelte für mein Benehmen bei diesem ersten Besuch. Trotzdem ging ich am nächsten Tag unter dem Vorwand eines Höflichkeitsbesuchs wieder in die Zimmer von Madame Bentinck, die ich sehr nett fand. Wie hätte es anders sein sollen? Ich war vierzehn Jahre alt. Sie ritt und tanzte, wenn sie Lust dazu hatte, sang, lachte und sprang umher wie ein ausgelassenes Kind, obwohl sie schon mindestens dreißig Jahre alt war. Von ihrem Ehegatten lebte sie damals bereits getrennt. In ihrem Zimmer erblickte ich ein bildschönes Kind von etwa drei Jahren. Ich fragte, wer das sei, und sie antwortete lachend, es sei ein Brüderchen ihrer Gesellschafterin Mademoiselle von Donop. Doch anderen Bekannten erzählte sie ohne Umschweife, es sei ihr eigenes Kind, gezeugt von ihrem «coureur». Manchmal setzte sie dem Knaben ihre eigene Spitzenhaube auf und sagte dann: «Schaut mal, wie ähnlich er mir sieht.» Ich habe mit eigenen Augen gesehen, wie sie das tat, und da ich mir nichts dabei dachte, bat ich sie, das Kind mit der Mütze ihrer Mutter zu zeigen. Doch sie sagte zu mir: «Meine Mutter kann ihn gar nicht leiden.» Ich drängte aber so sehr, daß sie ihn uns von einer Dienerin hinterhertragen ließ. Sobald die alte Dame das Kind von weitem erblickte, gab sie das Zeichen, es wieder fortzubringen. In einem der Schloßsäle hing ein Porträt des Grafen Bentinck, offensichtlich ein sehr schöner Mann. Mit einem Blick auf das Bild sagte die Gräfin: «Wenn er nicht zufällig mein Gemahl gewesen wäre, hätte ich ihn innig geliebt.» Sofort nach dem Diner ging ich wieder auf ihr Zimmer. Sie hatte mir versprochen, mich nachmittags reiten zu lehren. Es war nur schwer, die Erlaubnis meines Vaters zu bekommen – ohne diese hätte ich mich niemals getraut. Die Gräfin nahm es auf sich, ihn zu überreden, was ihr dank allerlei kecker Bemerkungen auch gelang. Sie half mir in den Sattel, und ich ritt einige Male im Innenhof des Schlosses herum. Seit diesem Augenblick war das Reiten viele Jahre lang mein liebster Zeitvertreib; für meine Pferde ließ ich alles und jeden im Stich. Meine Eltern beeilten sich, Varel zu verlassen und nach Jever zurückzukehren. Ich glaube, das entsprang teilweise dem Wunsch, mich dem Einfluß dieser Frau zu entziehen; sie regte meine angeborene Lebhaftigkeit an, die sich ohnehin viel zu stark entwickelte und unbedingt im Zaum gehalten werden mußte. Im Alter von vierzehn Jahren ist man noch nicht empfänglich für Besonnenheit und behutsames Auftreten.

Im September wird in der Stadt Worms zwischen England, Österreich, Holland, Sardinien und Sachsen ein Bündnis geschlossen: eine Allianz gegen Frankreich. Man rechnet jedoch nicht mit der politischen Gerissenheit Friedrichs II. von Preußen, der einmal gesagt hat: «Einer der größten Fehler, die man begehen kann, ist es, einem Feind, mit dem man sich versöhnt hat, Vertrauen zu schenken.» Und weil er Maria Theresia nicht traut, beschließt er, vorsorglich Maßnahmen zu treffen und seinen eigenen Weg zu gehen, der zur Invasion in Böhmen und zu einem so großen Prestigeverlust Österreichs führt, daß die Heere Ludwigs XV. nach der Schlacht bei Dettingen wieder Mut fassen.

Thomas de Larrey an Abraham Trembley

Varel, September 1743

Madame hat in einer Bittschrift den König von England ersucht, ihm, wenn er in Hannover weilt, ihre Aufwartung machen zu dürfen. Im Namen des Königs traf die Antwort ein, er wolle ihr keine unnötigen Kosten aufbürden, sondern sie während der Reise an einem geeigneten Ort unterwegs empfangen. Madame ist in der Nacht vom fünfzehnten auf den sechzehnten in Begleitung von Weltzin, Madame Gramberg und der Tochter des Herrn von Donop aufgebrochen. Sie alle mußten schwören, den Mund zu halten. Aber es kam doch ans Licht, weil jemand, den die Prinzessin von Aldenburg ins Vertrauen gezogen hatte, *nicht* geschwiegen hat. Wie es scheint, will sich Madame auch mit dem Grafen zu Schaumburg-Lippe treffen.

Abraham Trembley an Lady Portland

Den Haag, Oktober 1743

Madame hat den König von England aufgesucht, als dieser auf der Durchreise nach Hannover in ihre Nähe kam. Sie bat flehentlich um seinen Schutz und wollte ihm vermutlich Kniphausen als Hypothek für die dreihundertsiebenunddreißigtausend Gulden anbieten, die sie Herrn Bentinck zurückzahlen muß. Daraus ist nichts geworden. Aber es ist natürlich sehr romantisch, unterwegs einem mächtigen Herrscher aufzuwarten, sich ihm zu Füßen zu werfen und ihn um Protektion zu bitten. Das Ereignis kann sie als prächtige Episode ihrem Lebensroman hinzufügen, den sie offensichtlich schreibt, und man kann sicher sein, daß sie den Empfang beim König maßlos übertreiben wird. Der Graf zu Schaumburg-Lippe ist nach Oldenburg gegangen, wo er und Madame sich wahrscheinlich getroffen haben. Man sagt, sie hätten vorgehabt, sich heimlich davonzumachen, der Graf habe deshalb den gesamten Familienschmuck mitgenommen. Madame wollte anläßlich dieser Eskapade de Larrey zum Regenten über den Aldenburgischen Besitz ernennen. Die Sache hat jedoch nicht geklappt.

Den Haag, Dezember 1743

Aus zuverlässiger Quelle habe ich erfahren, daß der Antrag von Madame an die Regierung in Hannover weitergeleitet wurde. Dort will man die Sache überprüfen, es besteht jedoch nicht die geringste Chance, daß man darauf eingehen wird.

Die Prinzessin von Aldenburg zieht natürlich gegen Herrn Bentinck stets am selben Strick mit ihrer Tochter. Doch sie schadet dadurch nur sich selbst. Im Augenblick logiert der Freund ihrer Tochter bei ihr, dessen Namen sie eigentlich verabscheuen müßte. Ihr Haus ist die Stätte des Rendezvous. Sie erkundigt sich nicht mehr nach ihren Enkelsöhnen. Wenn die Prinzessin sich der Hoffnung hingeben könnte, die Knaben würden im selben Hochmut und Stolz wie die albernen deutschen Prinzen aufwachsen, würden sie ihr zweifellos sehr am Herzen liegen. Seit sie begreift, daß man alles daran setzt, ihnen eine ganz andere Weltanschauung beizubringen, werden ihr die Kinder zunehmend gleichgültiger.

Thomas de Larrey an Abraham Trembley

Der Graf zu Schaumburg-Lippe wollte seine Kostbarkeiten verpfänden oder verkaufen, um Madame den Betrag zu verschaffen, den sie für ihre Verpflichtungen gegenüber Herrn Bentinck benötigt. Doch sie hat sich geweigert, dies anzunehmen.

Im Oktober 1743 ist Voltaire wieder in Bückeburg zu Gast. («Ich reise im umgekehrten Sinne wie Don Quichotte, der alle Herbergen als Schlösser betrachtete. Ich benutze alle Schlösser als Herberge», schreibt er an seine Nichte Madame Denis.) Im Gegensatz zum vorigen Mal, als Charlotte Sophie während der Diskussionen das große Wort führte, nimmt jetzt Lottchen intensiv an den Gesprächen teil. Eines Abends kommt das Phänomen der Aggressivität zur Sprache. Voltaire verweist auf die gewalttätigen Exzesse, die seit der Regierung Heinrichs IV. sowohl von den Katholiken als auch von den Hugenotten in den französischen Bürgerkriegen begangen wurden. «Auch ihr Deutschen habt geplündert, verwüstet, gebrandschatzt, geschändet, gefoltert und gemordet. Wir Franzosen haben dasselbe getan. Am besten, man vergißt die Untaten der Vergangenheit und versucht in Zukunft klüger zu sein, ohne einander nachträglich mit Schlamm zu bewerfen.» Lottchen fällt ihm ins Wort: «Ich finde doch, daß man in solchen Fällen wissen sollte, wer angefangen hat und warum.»

Abraham Trembley an Lady Portland

Den Haag, Ende 1743

Madame macht überhaupt kein Geheimnis aus ihrem Verhältnis mit dem Grafen zu Schaumburg-Lippe, im Gegenteil, sie kennt in dieser Hinsicht keine Grenzen. Sie verkündet öffentlich, sie betrachte ihre Ehe mit Herrn Bentinck als aufgelöst. Ja, sie sagt unumwunden, man sei nicht an einen anderen Menschen gebunden, nur weil zufällig ein schwarzgekleideter Mann mit weißem Beffchen ein paar Worte gemurmelt hat; die Ehe sei eine Frage gegenseitiger Zuneigung. Es geht ihr gut, obwohl sie sich überhaupt nicht schont. Früher, als wir noch an ihre schwache Konstitution glaubten, hielt sie uns mit ihrer Zimperlichkeit zum Narren. Es ist jetzt fast zwei Jahre her, daß sie ihren «Freund» zuletzt gesehen hat, das heißt öffentlich, denn es ist sehr gut möglich, daß sie sich heimlich getroffen haben. So behauptet man zumindest, was auch mich sehr wahrscheinlich dünkt.

Nach vielen Zweifeln und Gewissensbissen faßt Thomas de Larrey endlich einen Entschluß. Im Laufe der geschäftlichen Kontakte, die er im Dienst Antons von Aldenburg jahrelang mit den Autoritäten in Ostfriesland gepflegt hat, hat er das Vertrauen und die Freundschaft des regierenden Fürsten Edzard gewonnen. Aus Gesprächen und Briefwechseln mit führenden Personen in dessen nächster Umgebung geht hervor, daß am Hof eine wichtige Stellung mit beratender und administrativer Funktion freigeworden ist. De Larrey läßt durchblicken, daß er an dem Posten interessiert ist, und nimmt das Angebot an, als es ihm in angemessener Form vorgetragen wird. Er gibt das kleine Landgut auf, das er 1737 mit der finanziellen Unterstützung des Grafen Aldenburg erworben hat. Er hat keine Söhne mehr, die es erben könnten. Haus und Boden gehen automatisch in den Besitz von Charlotte Sophie über; auf diese Weise ist seine Schuld getilgt. Mit Frau und Töchterchen verläßt er die Gegend, in der er länger als ein Vierteljahrhundert gewohnt und gearbeitet hat, und läßt die verwitwete Prinzessin von Aldenburg und Charlotte Sophie in großer Niedergeschlagenheit zurück.

Willem Bentinck an seine Mutter Lady Portland

Den Haag, 26. März 1744

Meine Jungen sind glücklich und fühlen sich zu Hause vollkommen wohl. Wenn sie von meiner Schwester nach Duivenvoorde oder von anderen Leuten, gegen die ich nichts einzuwenden habe, eingeladen werden, untersage ich ihnen das niemals ohne triftigen Grund; doch ich mag es nicht, wenn sie bei Bekannten zu Besuch sind, wo dumme Domestiken sie aushorchen oder über eine gewisse Person mit ihnen reden könnten; dieses Thema ist nicht für ihre Ohren geeignet.

Den Haag, 27. März 1744

Ich bin sicher, daß Sie die Art und Weise billigen, in der ich meine Jungen erziehe. Sie sind so sehr an einen regelmäßigen Tagesplan bezüglich Mahlzeiten, Unterrichtsstunden und Leibesübungen gewöhnt, daß sie sich gar nichts anderes vorstellen können. Zu den festgesetzten Stunden beginnen beide von sich aus mit dem, was auf dem jeweiligen Tagesprogramm steht. Hier im Garten ist eine große Rasenfläche, auf der ich absichtlich keine Blumenbeete anlegen lasse, damit die Kinder frei herumtollen können. Wenn das Wetter zu kalt oder zu feucht ist und sie nicht nach Sorghvliet oder Scheveningen spazieren können, treiben sie ihre Spielzeugkreisel durchs ganze Haus, rennen draußen im Schnee umher und spielen allerlei Spiele, die sie sich selber ausgedacht haben. Ich tue, was ich kann, um den Kindern ein angenehmes Zuhause zu bieten, worum ich mich auch für alle anderen Hausgenossen bemühe. Stets denke ich mit Dankbarkeit an die herrliche Kindheit zurück, die ich bei Ihnen verleben durfte. Eindrücke, die man in dieser Lebensphase erwirbt, prägen den Menschen für alle Zukunft und bilden die Grundlage für Respekt und Freundschaft, Gefühle, von denen sich junge Menschen beim Übertritt ins Erwachsenenalter leiten lassen. Gleichzeitig müssen die Älteren ihren Einfluß allmählich aufgeben, von einem gewissen Lebensalter an ist er fehl am Platz. Ich weiß, daß manche Menschen anders darüber denken und meinen, die elterliche Autorität dürfe nicht auf die Jugendjahre beschränkt bleiben. Ich glaube jedoch anhand der Praxis das Gegenteil beweisen zu können. Ich weiß ganz genau, daß ich mich niemals auf meine Autorität berufen werde, wenn ich merke, daß ich sie nicht mehr ausüben kann.

Solange die Kinder klein sind, müssen sie natürlich ihre Eltern als oberste Instanz anerkennen, doch später sollten sie diese mehr als Freunde schätzen und lieben. Beim Kind muß vor allem die Vernunft gefördert werden. Heutzutage sind viele junge Leute dumme, überhebliche Angeber, aufs akkurateste angezogen und frisiert; sie stehen spät auf, lungern den ganzen Tag nur herum, spielen vor dem

Essen eine Partie Quadrille oder Whist und abends nochmals das gleiche, kurzum, sie sind Taugenichtse. Das holländische Volk ist durch Bequemlichkeit und Wohlstand verdorben; der Geist der hiesigen Menschen ist abgestumpft, und eine gewisse Engstirnigkeit und Feigheit, die in allen großen und kleinen Dingen spürbar werden, haben überhandgenommen. Ich werde mein möglichstes tun, zu verhindern, daß eine solche Mentalität in meiner Familie an Boden gewinnt.

Madame von Bielcke an Charlotte Sophie Bentinck-von Aldenburg

Hamburg, Anfang 1744

Wenn Sie behaupten, liebste Cousine, daß Ihrer Meinung nach der wahrhaft liebende und lebenslang treue Mann (der Phönix, dieses Fabeltier) tatsächlich existiert und daß Sie sogar wissen, wo er zu finden ist, so kann ich Ihnen nichts dagegenhalten; ich kann Ihnen nur zu Ihrem glücklichen Schicksal gratulieren und muß Sie doch gleichzeitig beklagen wegen der widrigen Umstände, in denen Sie jetzt leben. Ich hoffe von ganzem Herzen, daß Sie niemals anderer Meinung sein werden. Ich will auch nicht mehr von dem Unrecht sprechen, das «der Frau» angetan wird, nun, da Ihnen ein so seltenes Liebesglück zuteil geworden ist. Wer auf Erden hätte das mehr verdient als Sie? Bitte übermitteln Sie dem Grafen zu Schaumburg-Lippe meine Grüße; offenbar kommt er für die Rolle des Phönix in Frage.

Der «Phönix» wohnt in diesen Tagen mit seiner beherrschten, aber nicht besonders heiteren Frau in Varel. Die Spannung zwischen ihr und Charlotte Sophie verdirbt ihm die Laune. Außerdem bedrückt es ihn, daß er sich nun auch in Varel mit Verwaltungsangelegenheiten beschäftigen muß, um der alten Prinzessin und Charlotte Sophie zu helfen. Er will nach Hause, nicht zuletzt, um der Quelle politischer Nachrichten näher zu sein. Eine Invasion auf französisches Territorium ist in Vorbereitung, und er hofft, dabei endlich mit seinem Regiment in den Vordergrund zu treten und die Lorbeeren zu ernten, die er mehr als alles andere ersehnt. Alle seine Vorväter haben ihre Sporen auf dem Schlachtfeld verdient, und es sieht so aus, als könne sein Sohn Wilhelm die ehrenvolle Familientradition fortsetzen. Er selbst, Albrecht Wolfgang, ist nicht mehr jung, und seine Gesundheit läßt zu wünschen übrig. Er wird nervös und unruhig, wenn er bedenkt, daß die Zeit drängt. Als Charlotte Sophie erklärt, daß sie ihn nach Bückeburg begleiten will, geht er zunächst nicht sonderlich begeistert darauf ein. Doch sie bietet ihm an, als Gegenleistung für die ihr gewährte Hilfe die alten Urkunden zu studieren, worin das noch immer nicht geklärte, den Besitz des Landgutes Brake betreffende Problem mit Detmold verzeichnet ist.

Charlotte Sophie Bentinck-von Aldenburg
Tagebuch unseres Aufenthalts in Bückeburg

Ankunft am Dienstag, 7. April 1744, um neun Uhr morgens in Bückeburg. Nachdem er sich unten beim Empfang recht kühl verhielt, erschien er um elf Uhr auf meinem Zimmer, wo wir sehr freundschaftlich miteinander sprachen. Seiner Haltung und seinen Worten war jedoch keine Spur von Zärtlichkeit anzumerken. Um ein Uhr Mittagessen. Bei Tisch: Kühle. Nach dem Essen empfing er Besucher. Eisige Abweisung, trotz Komplimenten und Höflichkeiten. Er fühle sich nicht wohl, lautete die Entschuldigung, die Ausrede. Beim Souper: wieder Kühle, den ganzen Abend danach desgleichen. Kein Billett, das mir gute Nacht wünschte. Er könne nichts dafür, er sei nicht imstande gewesen zu schreiben.

Mittwoch, 8. April. Gegen elf ist er zu mir heraufgekommen. Heftiger Wortwechsel, durchsetzt mit Weinkrämpfen, gegenseitiger Kühle und Vorwürfen. Wilhelm kam um halb eins. Das Gespräch nahm eine andere, alltäglichere Wendung. Um ein Uhr gingen wir nach unten. Mittagessen in frostiger Atmosphäre, danach Kaffee. Anschließend saß ich den ganzen Nachmittag im Vorzimmer und unterhielt mich mit einigen Damen. Später wurde musiziert. Die ganze Zeit über würdigte er mich keines Blicks. Danach Souper und zu Bett, wiederum ohne Billetdoux.

Donnerstag, 9. April. Um halb elf kam er nach oben. Wir sprachen über (seine) geschäftliche Angelegenheiten und unter anderem darüber, wie schwierig es ist, Lottchens Schwägerin, die Fürstin von Nassau-Siegen, nach Bückeburg einzuladen; dann Abweichen vom Thema, Wutanfälle, Vorwürfe. Mitten in einer solchen Szene erschien Wilhelm. *Er* lief wütend davon und verließ mich ohne ein Wort; meine Augen waren vom Weinen dick geschwollen. Bei Tisch sprach er ein paar Scherzworte. Im Laufe des Nachmittags griff er zwei- oder dreimal nach meiner Hand. Später machte ich Besuche bei einigen Hofleuten. Als ich zurückkam, zeigte er mir die neuen Gästezimmer, auch das, welches für Lottchens Schwägerin bestimmt ist. Der Anblick des Bettes brachte seine Sinne in Wallung; an Ort und Stelle machte er mir einen eher anzüglichen als zärtlichen Vorschlag in bezug auf das Bett, vermutlich erregte ihn der Gedanke an die Frau, die demnächst darin schlafen wird. Ich wies ihn scherzhaft zurück. Darauf war er ganz niedergeschlagen, was mich beinahe rührte. Er merkte es natürlich. Danach gingen wir durch die Halle und durch die Gemäldegalerie. Unser Gespräch war voller Melancholie. Beim Souper warf er mir ein paar flüchtige, recht freundliche Blicke zu, das war alles.

Freitag, 10. April. Nach zehn Uhr fanden sich alle auf dem Ballspielplatz ein. Davor habe ich von ihm nichts gesehen und gehört. Den ganzen Vormittag kein Blick oder Lächeln, kein heimliches Zeichen des Einvernehmens. Vom Ballspielplatz kehrten wir wieder auf unsere Zimmer zurück, ich ging allein nach oben. Etwa eine Stunde später kam er mir nach. Zuerst schien es, als kämen wir uns näher, doch plötzlich wurde er wieder ganz wortkarg und kühl, und wir gingen auseinander wie Menschen, die einander gleichgültig sind. Beim Mittagessen: Kühle. Nach dem Essen ein Spaziergang über die Bollwerke und danach im freien Feld. Während des Gehens machte er mir Komplimente zu meinem Hals und meinen Schultern und warf mir von weitem ein paar Kußhände zu. Der Nachmittag war langweilig, er teilte seine Aufmerksamkeit zwischen seiner Frau und mir, wobei er das Wort gleichmäßig an uns beide richtete. Wilhelm setzte sich zu uns und hielt die Konversation in Gang. Danach Souper. Immer noch Kälte, wir haben uns schließlich unmutig verabschiedet und gingen schlafen.

Samstag, 11. April. Er kam um zehn Uhr. Zu Beginn wieder ein heftiger Wortwechsel, ich wurde ausfällig, worauf er nicht ein einziges beruhigendes Wort für mich fand. Danach hat er mich sozusagen vergewaltigt, viel fehlte jedenfalls nicht dazu. Als das überstanden war, gingen wir auseinander. Ich hatte wie betäubt in seinen Armen gelegen, aber er glaubte, es sei alles nur Komödie, und erbat keinen Kuß mehr, als er bekam. Der Unterschied zwischen diesem und unserem früheren Zusammensein fiel ihm nicht einmal auf. Beim Mittagessen war er verständlicherweise ein wenig zerstreuter als sonst. Nach dem Essen schien er sein Verhalten zu bedauern, ich fing zumindest einige Blicke auf, die eine weniger erfahrene Frau vielleicht zärtlich genannt hätte; sie enthielten aber im wesentlichen nicht mehr als einen Rest Sinnlichkeit und die angenehme Erinnerung an das, was am Vormittag zwischen uns vorgefallen war. Dennoch hatte ich mich damit abzufinden und mußte dem Himmel Dank sagen, daß ich ihm wenigstens ein Zeichen des Interesses entlockt hatte. Beim Souper und beim Gute-Nacht-Wünschen benahmen wir uns wie zwei alte Bekannte, die sich in Gott weiß wie langer Zeit wieder begegnen werden.

Sonntag, 12. April. Ich war nicht in der Kirche. Nach dem Gottesdienst trafen wir uns hier bei mir. Ich empfing ihn nicht so herzlich wie sonst; am frühen Morgen hatte ich ihm einen langen Brief mit nicht besonders erfreulichen Wahrheiten geschickt. Zuerst versuchte er mich mit ein paar freundlichen Worten zu besänftigen, er schmeichelte mir und redete mir gut zu, doch bald ließ er sich wieder gehen und sagte vielerlei, was meinen Kummer und meine Vorwürfe rechtfertigte, auch wenn ich ihm keine Untreue anlasten kann. Das alles spickte er mit einigen unzweideutigen, sehr direkten und obszönen Vorschlägen, die aber in dem Augenblick keinen Eindruck auf mich machten. Böse gingen wir hinunter. Bei Tisch stupste er mich mehrmals mit dem Fuß. Da ich vor Wut und Kummer ganz erschöpft war, gewann die verfluchte Liebe, die ich noch immer für den Elenden empfinde, leider doch wieder die Oberhand. Nach dem Essen vertiefte sich Lottchen in eine Predigtsammlung; während sie las, hatte ich mehr Zeit, als mir lieb war, um den Mann zu betrachten, den ich nun einmal nicht mit gleichgültigen Augen ansehen kann. Er sah sehr gut aus. Und weil ich der wahnsinnigen Verliebtheit, die mich überkam, nicht nachzugeben wagte, weil ich ihn nicht mit Liebkosungen überhäufen konnte, weil ich mir in dem Augenblick fast Vorwürfe machte wegen der unerfreulichen Wahrheiten, die ich ihm morgens gesagt hatte, und weil nichts schlimmer für mich ist als das Bewußtsein, einen Menschen, den ich liebe, gekränkt zu haben, verließ ich den Raum und ging ins Vorzimmer. Er folgte mir, und in einer der tiefen Fensternischen wurde ich schwach und erlag den Beweisen nicht von Liebe, sondern von Leidenschaft, mit denen er mich traktierte. Von dem Moment an war ich wie von Sinnen; ich dachte an nichts anderes, als wie ich mit Liebkosungen und närrisch verliebten Beteuerungen Buße tun könnte für alle bösen Worte, die ich ihm morgens an den Kopf geworfen hatte. Ganz kurz siegte mein nüchterner Verstand. Ich lief zu Lottchen, um sie als Schutzschild gegen meine aufgewühlten Gefühle zu gebrauchen, aber der Anflug von Sittsamkeit hielt nicht lange an. Ich ging auf mein Zimmer in der Hoffnung, daß er mir folgen würde. Ich irrte mich nicht. Ein Zusammensein, das so begonnen hatte, konnte natürlich nur mit meinem Sündenfall und seinem Sieg enden. Beides fand statt, und das Schlimmste daran ist, daß sich alles ohne jede Spur von Zuneigung und tieferem Gefühl abspielte. Ich habe es verdient, diese Schande kann ich nie mehr auslöschen. Ich merkte sofort, worauf es hinauslief, und doch habe ich es genossen. Er war so edelmütig, mich nicht mit der Verachtung zu strafen, die ich verdiente und erwartete. Während des restlichen Tages begegnete er mir aufmerksam, manchmal sogar mit echter Freundlichkeit. Er hätte mich nicht respektvoller behandeln können, wenn ich ihn hochmütig abgewiesen hätte. Ich fühlte mich so minderwertig, ich hatte nachgegeben, obwohl (als der Augenblick der Leidenschaft vorbei war) mein ganzer Kummer, mein Elend und meine Eifersucht erneut aufwallten. So sind wir auseinandergegangen, so endete der Tag.

Montag, 13. April. Er kam sehr früh. Ich befand mich in einem Zustand sonderbarer Erregtheit und wußte nicht recht, wie ich mich nach den gestrigen Ereignissen verhalten sollte. Die Art, wie er mich ansah, als er hereinkam, entschied über mein Schicksal. Ich glaubte (oder besser, ich wollte glauben), daß ich in seinen Augen etwas zu meinen Gunsten las. Was habe ich nicht alles getan, um ihn für mich zu gewinnen, ihn zärtlich zu stimmen. Noch nie hat feurigste Leidenschaft zu Liebkosungen inspiriert, wie ich sie anwandte, um den Undankbaren von meiner Liebe zu überzeugen und ihn wieder an mich zu binden. Er ließ mich im Innersten seiner Seele lesen. Ich sah darin verzweifeltes Mitleid, Edelmut und Freundschaft, aber nie, nimmermehr Liebe, nie das einzige, was darauf Antwort gibt, was ich im Herzen trage, was allein mich befriedigt; nimmermehr jene wunderbaren Gefühle, die ich von ihm gewohnt war. Der Verlust macht mich für immer untröstlich. Einen Augenblick lang glaubte ich, die Kraft meiner Leidenschaft könne die seine wiederbeleben. Leider sah ich, daß er selbst gern das einstige Feuer angefacht hätte, doch er mühte sich vergeblich; er fand es gräßlich, machte sich Vorwürfe und versuchte grimmig, mich aus purem Mitleid zu beruhigen, kurzum, er versuchte nachzuahmen, was sich durch nichts auf der Welt jemals vortäuschen läßt. Mitleid, Dankbarkeit, können sie einen Menschen für eine verlorene Liebe entschädigen? Nein, keine anderen Gefühle, nicht einmal die Freuden des Paradieses können den Verlust dessen ersetzen, was ich nicht mehr wiederfinde im Herzen jenes Mannes, der mir so teuer, so unentbehrlich ist. Um es kurz zu sagen, ich ließ nichts unversucht, um sein Gemüt zu rühren und zumindest mir selber Klarheit zu verschaffen. Letzteres ist mir gelungen, ersteres nicht. Er ließ meine zärtlichsten Liebkosungen, meine Verwirrung, mit einem Wort, alles, was wahnsinnige Leidenschaft sich ausdenken kann, geduldig und wohlwollend über sich ergehen, mit einem Ausdruck von Mitleid im Gesicht, den eine weniger empfindsame Frau vielleicht als Liebe hätte durchgehen lassen. Er hat diesen Augenblicken sogar denselben Wert beigemessen wie unseren Begegnungen zu jener Zeit, als die gegenseitige Leidenschaft solche Momente zu göttlichen Erlebnissen machte, doch sein Herz leugnete, was sein Mund sprach. Dennoch tat ich, als glaubte ich ihm. Ich versuchte mich am Klang seiner Worte schadlos zu halten, denn ich wußte, wenn ich meinem Zweifel nachgab, würde ich mir gleichsam selbst das Herz aus dem Leibe reißen und in den Augenblicken vermeintlicher Zärtlichkeit den Verstand verlieren. Die Illusion war meine einzige Rettung. Ich flehte ihn an, das Gaukelspiel weiter zu treiben und mich den ganzen Tag in dem Wahn zu belassen, und sagte, ich wolle ihm dabei helfen, mehr verlangte ich nicht. Er versprach es mir. Ich gab mich sogar kurz der Hoffnung hin, daß er, indem er die Liebe zu mir vortäuschte, sich wieder an die Sprache der Liebe gewöhnen und mich eines Tages wieder wahrhaft lieben würde. Eine schwache Hoffnung freilich, die mich aber vor völliger Verzweiflung bewahrte. Aber er brachte es nicht fertig, er hat sein Versprechen nicht gehalten. Die Ereignisse des Augenblicks, seine Neigung, sich rasch ablenken zu lassen, und seine innere Kälte gewannen die Oberhand. Er schlief ein, er langweilte sich. O mein Gott, wie schrecklich für mich, wenn ich bemerken muß, daß ich ihn nicht mehr fesseln kann. Früher erschienen mir die Stunden mit ihm wie Sekunden, und jetzt kommen ihm die Sekunden wie Stunden vor. Was soll ich tun, um ihn so wiederzubekommen, wie er war, als ich vor zwei Jahren von hier fortging? Spaziergänge und Kartenspielen, dergleichen amüsiert und beschäftigt ihn, fesselt ihn sogar, aber ich falle ihm zur Last, weil er mich nicht mehr liebt und keinen Wert darauf legt, eine

Frau zu erobern, die schon so lange die seine ist. Aus lauter Verlegenheit über diese Situation verwechselte er ein weiteres Mal Liebe mit Leidenschaft. Weil er etwas für mich tun wollte, mir aber keine echte Zärtlichkeit zu schenken vermochte, verführte er mich zu obszönen Spielchen, für die er immer zu haben ist. Kann ein wirklich feinfühliger Mensch sich so etwas bieten lassen? Mehrmals glaubte ich vor Kummer zu vergehen, doch ich beherrschte mich. So verging der Tag, so nahmen wir schließlich Abschied voneinander. Ist das Liebe? Ist das Leben?

Dienstag, 14. April. Da er seine Brunnenkur machte, sah und hörte ich nichts von ihm. Ich verbrachte den Vormittag vor dem Kaminfeuer, in wehmütigen Betrachtungen über meine schreckliche Lage. Als Trost hielt ich mir vor, ich könnte nun immerhin voller Hoffnung nach dem Tod Ausschau halten, die einzige glückliche Aussicht, die mir verblieben ist. Etwa um zwölf Uhr kamen er und Wilhelm fast gleichzeitig zu mir. Vor diesem Besuch hat derselbe Mann, der mir gestern alles versprach und der mir zumindest ein wenig Mitleid schuldet, sich erdreistet, den ganzen Vormittag behaglich und in aller Gemütsruhe mit meiner Rivalin zu verbringen, und zwar in dem Saal, den sie (wie er mir einmal beteuerte) niemals betritt. Und obwohl er mir in Varel feierlich versprochen hat, sich ihr gegenüber ganz anders zu verhalten, besteht zwischen ihnen eine größere Intimität als je zuvor. Trotz seines Versprechens darf sie, sooft sie will, auf sein Zimmer kommen! Nun ja, Gott wird mir Kraft und Geduld schenken. Während sein Sohn einem Porträtmaler Modell saß, machte *er* scherzhafte Bemerkungen und ein paar unverblümte öbszöne Andeutungen, und zwar mit lauter Stimme. Keine Spur von Bedauern, kein Wort über den verlorenen Vormittag. Wie anders war das früher, als wir uns noch wirklich liebten: Alles, was uns voneinander fernhielt, ärgerte uns; um ein paar versäumte Stunden konnten wir wochenlang trauern. Schließlich entfernte er sich verstimmt durch mein Ankleidezimmer. Bei Tisch und nach Tisch kein herzliches Wort, kein Blick, kein Lächeln. Aber inniger denn je zu seiner Frau. Ich existierte für ihn ebensowenig wie

Schnee des vergangenen Winters. Später schlug er bei allem, was er zu mir sagte, einen gereizten Ton an. Eine Schleife an seinem Ärmel war aufgegangen. Ich ging rasch zu ihm und wollte sie binden, doch er wies meine Hilfe ab. Lottchen machte einen Schritt auf ihn zu, da streckte er ihr den Arm hin und bat sie anschließend, ihm etwas Wasser zu holen. Er ließ sich von ihr einschenken und bedankte sich in einem lieben Ton, den ich so unerträglich fand, daß ich meine ganze Selbstbeherrschung aufbieten mußte, um nicht vor Elend zusammenzubrechen. Siehe, das ist der Lohn für meine Liebe und mein Bemühen. Lottchen geht von früh bis spät bei ihm ein und aus, sooft sie will. Es ist schlimmer als Mangel an Feinfühligkeit. Ich bin dazu verurteilt, alles zu ertragen, alles zu erdulden, es kümmert ihn nicht, ob ich es aushalte oder vor Kummer sterbe, wenn er nur bekommt, was er will, und seine eigenen Wege gehen kann. Ich mußte mein Haus und alles, was ich besitze, verlassen und vernachlässigen, ich habe meinen kleinen Charles seinem Schicksal überlassen und mir Elend und Schande aufgeladen, nur um jetzt hier in Bückeburg das Opfer seiner barbarischen Grausamkeit zu werden. So verging der «herrliche» Tag. Wollte Gott, es wäre der letzte Tag meines Lebens.

Mittwoch, 15. April. Am frühen Morgen kam er zu mir. Ich war so dumm und ließ ihn merken, daß ich gekränkt und eifersüchtig war wegen seines gestrigen Benehmens und auch, weil er sein feierliches Versprechen vor unserer Abreise aus Varel nicht gehalten hatte. Denn nur unter dieser Bedingung war ich mitgekommen. Ein heftiger Wortwechsel war die Folge meiner Bemerkung. Er forderte wütend, ich solle mich unten blicken lassen; ich bat ihn, mir das zu ersparen, weil ich vor Kummer schier verginge. Später kam er wieder und drängte mich nochmals, nach unten zu kommen; ohne ein freundliches Wort, ohne auch nur den geringsten Versuch, mein Leid und meine Eifersucht zu besänftigen. Dennoch machte er mir wie immer Versprechungen, aber aus Schwäche und im Innersten fest entschlossen, sie nicht zu halten. Tief verstimmt schieden wir. Von Traurigkeit überwältigt ging ich nach unten. Der ganze Tag verlief in einer Atmosphäre eisiger Kälte. Abends konnte ich dem Wunsch, ihn liebevoll anzusehen, nicht mehr widerstehen, und er erwiderte meinen Blick. Als wir uns anschickten, auf unsere Schlafzimmer zu gehen, fragte er, ob er mich begleiten dürfe. Ich lehnte sein Angebot in scherzhaftem Ton ab, ja ich ließ sogar durchblicken, daß, wenn er mitkäme, meine schlechte Laune schmölze wie Schnee vor der Sonne. Aber er nahm meinen Protest wörtlich und ließ mich samt meinem guten Willen in der Kälte stehen; ein trauriger Dank für meine verrückte Leidenschaft! Aus Trotz antwortete ich nicht ausführlich auf den Brief, den er mir später bringen ließ, und schickte ihm nur eine kurze Botschaft, die vielleicht kalt oder gar gehässig hätte sein sollen, in Wirklichkeit aber nur mangelnden Humor verriet. Übrigens bemühte er sich nicht um ein weiteres Lebenszeichen von mir. Mit einem Herzen voll rasender Wut und Verzweiflung ging ich zu Bett. Ich erwarte alles vom morgigen Tag, obwohl ich sehr wohl weiß, daß ich überhaupt nichts zu erwarten habe.

Donnerstag, 16. April. Um Viertel vor zehn kam er, Charmeur durch und durch, zu mir, mit Aufmerksamkeiten und Komplimenten, welche die standhafteste Tugend vom rechten Weg abgebracht hätten. Er wußte unserem Gespräch jenen vertraulich zärtlichen Ton zu geben, der immerzu und jeden entwaffnet. Er ließ seine gesamten Verführungskünste spielen. Da war in erster Linie der spitzfindige und dennoch liebenswürdige Scherz, der eigens für ihn erdacht scheint und der ihm eine unwiderstehliche Macht verleiht über alle Frauen, die so unvernünftig sind, ihm zuzuhören. So ist es auch mir ergangen. Ich, die ich in ihn vernarrt bin, konnte ihm nicht widerstehen in einer Situation, wo selbst Frauen, denen nichts an ihm gelegen ist, der Versuchung erlegen wären. Außerdem bin ich eine Kämpfernatur, ich mag keine halben Sachen. Als ich den ersten Schritt auf dem Weg zur Kapitulation gemacht hatte, war ich verloren. Keine erotische Narretei, keine bizarre Haltung, keine Ausschweifung, der ich nicht zugestimmt hätte. Es tat mir nur leid, daß ich für den Adressaten meiner leidenschaftlichen Liebe nicht genug tun konnte. Der Undankbare trieb seinen Spott mit meiner Schwäche und seiner Überlegenheit. Dazu mußte ich ihm auch noch dankbar sein, daß er sich meinen zärtlichen Liebkosungen nicht entzog. Seine triumphierende, spöttische, ja fast beleidigende Miene hätte jede andere Frau zum Äußersten getrieben. Doch für mich bedeutete es lediglich ein besonderes Entgegenkommen seinerseits. Ich fand seine Unverschämtheit hinreißend. So bin ich nun einmal, weil ich ihn liebe, auch wenn er ein Geck und Charmeur ist. Enfin, der Vormittag verging für mich in Seligkeit und Genuß; schließlich verzog sich mein Libertinist voll heimlicher Geringschätzung für mich und im vollen Bewußtsein seiner Macht (auch wenn sie ihm gleichgültig ist). Bei Tisch verlief alles bestens. Er umgab mich mit tausend kleinen charmanten Aufmerksamkeiten, die ich durch das Mikroskop meiner Leidenschaft betrachtete und deshalb für belangreicher hielt, als sie waren. Nach dem Essen wendete sich plötzlich das Blatt. Er schickte sich an, mit einer Dame der Gesellschaft zu liebäugeln, aber ich schob dem einen Riegel vor und ließ ihn keinen Moment aus den Augen. Er nahm die Niederlage hin wie ein tapferer Soldat, doch die Blicke, die er mir zuwarf, wurden zunehmend kühler; angeblich war ihm nicht ganz wohl, aber in Wirklichkeit war er empört, daß ich ihn beim Versuch, seinen Ruf als Frauenheld zu wahren, auf so indiskrete Weise gestört hatte. Im weiteren verlief der Tag recht gut, bis wir uns schließlich in bestem Einvernehmen auf unsere jeweiligen Zimmer zurückzogen.

Freitag, 17. April. Er ist um zehn Uhr zu mir gekommen, es wurde ein sehr angenehmes Zusammensein. Er besänftigte mich, soweit es die gestrigen Ereignisse betraf. Kurzum, ich bin eine Närrin, und er ist der Mann, der eine solche Situation ausnutzt, was er denn auch tat. Ich ließ mich auf alles ein, was er von mir wollte. Danach begann er ein vertrauliches Gespräch. Ich sagte ihm die Wahrheit, die er wohl oder übel akzeptieren mußte. Von Zeit zu Zeit versuchte er mit Grimassenschneiden abzulenken, doch ich ließ nicht locker und appellierte an sein Gewissen. Er hörte mich geduldig an, und wir trennten uns als gute Freunde. Doch es war eine Stille vor dem

Sturm. Als er nach dem Mittagessen nicht wußte, worüber er mit mir reden sollte (das passiert ihm öfter, wenn er mit dem Betreffenden eigentlich nichts zu tun haben will), schlug er allen Ernstes vor, mir ein gewisses Buch zu leihen, das *Die Ökumene* heißt, ein widerliches pornographisches Machwerk. Schlimmer noch: Er bot mir an, daraus vorzulesen, und obwohl ich mich dagegen wehrte, sagte er, er werde mich ausführlich und nach Herzenslust über alle Obszönitäten aufklären. Es ist dasselbe Büchlein, aus dem er seinerzeit Lottchens Schwägerin vorgelesen hat; was er mir damals mitteilte als unwiderlegbaren Beweis dafür, wie sehr er sie verachtete. Ich war gekränkt und entrüstet, daß er mich in Gegenwart seiner Frau so behandelte; mir traten die Tränen in die Augen. Er bemerkte, daß ich errötete; danach kam es zwischen mir und Lottchen über dieses Thema zu einem nicht sehr angenehmen Wortwechsel, dem ich mich so gut es ging zu entziehen versuchte. Endlich konnte ich das Zimmer verlassen und flüchten. Er ließ mich gehen, ohne zu fragen, was denn mit mir sei. Mehr als zwei Stunden lang blieb ich oben. Der Hausherr und sein Sohn blieben bei Lottchen, später sahen sie kurz bei mir vorbei. Kein Wort, kein Blick seinerseits. Um halb sieben ging ich nach unten. Ich fand ihn Lottchen gegenüber in einem Sessel, mit einem Buch in der Hand. Er fragte mich sofort, ob ich vorlesen wolle, was ich tat, obwohl ich Mühe hatte, den tobenden Sturm in meinem Herzen zu verbergen. Diese Anstrengung hätte ich mir ersparen können, denn wenn ich mir etwas hätte anmerken lassen, so hätte er es nicht wahrgenommen, und wenn er doch etwas gemerkt hätte, so wäre es ihm gleichgültig gewesen. Nach dem Souper spielten wir Karten. Er sah, daß ich schmollte, machte aber keinen Versuch, sich mit mir auszusprechen oder mich umzustimmen. Der Zufall wollte, daß ich die Bank gegen ihn verteidigen mußte. Er nutzte den Augenblick und fragte mich sehr laut und gebieterisch, was mir fehle und gegen wen ich etwas hätte. Da ich einer Diskussion aus dem Weg gehen wollte, forderte ich ihn auf, im Spiel zu bieten. Da begann er mir Vorwürfe zu machen, mit einem Gesicht und in einem Ton, aus denen seine Ungeduld sprach.

Er suchte offensichtlich Streit und redete wie jemand, der sich schuldig fühlt, das zwar unangenehm findet, aber nicht bedauert. Ich hüllte mich in Schweigen und weigerte mich, auf seine Worte einzugehen. Darauf sagte er so laut, daß man ihn im Vorzimmer hören konnte: «So behandelst du mich also nach einem Vormittag, den wir zusammen verbracht haben!» Aus Angst, er könnte in einem Anfall von Jähzorn alles aufzählen, was wir miteinander getan hatten, schnitt ich ihm das Wort ab und bat ihn ernsthaft, das Thema bis auf weiteres fallenzulassen. Nach dem Spiel stand ich auf und ging fort, ohne daß er mich zurückzuhalten versuchte. Im Gegenteil, er wünschte mir kaum gute Nacht und sah mich so schrecklich böse an, daß man meinen konnte, ich sei im Unrecht und hätte ihn schwer beleidigt. Oben auf meinem Zimmer schrieb ich ihm einen langen Brief, worin ich meine Vorwürfe begründete. Er antwortete in höchst eleganten Sätzen; er verteidigte sich, gestand seine Schuld aber nicht ein. Es hagelte Billetdoux. Da er kein anderes Ziel hatte, als mich durch ein paar Artigkeiten, die ihm mühelos aus der Feder flossen, zum Schweigen zu bringen, erschöpfte er sich in rhetorischen Floskeln, ohne sich darum zu kümmern, ob sie mich überzeugten. Das war auch nicht der Fall. Die Sache ist sonnenklar, wie er selbst zu seinem Schrecken bemerkte. So schrieben (und schreiben) wir also einander, aber es gelingt uns nicht mehr, unsere Gedanken und Gefühle einander mitzuteilen.

Im Juni 1744 meldet de Larrey in einem sehr formellen Schreiben den Tod «meines Regenten, Herrn und Meisters», des Fürsten von Ostfriesland. Charlotte Sophie beeilt sich zu antworten und bietet dem ehemaligen Verwalter des Hauses Aldenburg eine Unterkunft an, je nach Wahl in Varel oder Kniphausen. Sie gesteht, sie könnte ihm keinen Posten anbieten, der dem Amt beim Fürsten gleichkäme, und kein Obdach, das sich mit seinem Haus in Aurich vergleichen ließe, aber falls er damit vorliebnehmen wolle, stelle sie ihm ihre eigene Wohnung zur Verfügung: «Ich will alles für Sie tun, was in meiner Macht steht und was ein Mann von mir erwarten darf, den ich früher zu meinen vertrauten Freunden gezählt habe. Wenn es Ihnen beliebt, so nehmen Sie meinen Vorschlag an in demselben Geist, in dem er Ihnen gemacht wird, nämlich nicht als leere Höflichkeitsfloskel, sondern als aufrichtig gemeintes Angebot einer Frau, die immer bleiben wird ... etc.»

De Larrey antwortet, er wisse ihr Angebot sehr zu schätzen: «Doch es würde von wenig Feingefühl meinerseits zeugen, wenn ich es annähme. Ich habe keinen Grund, an der Großmut der verwitweten Fürstin von Ostfriesland zu zweifeln, doch es steht leider nicht in ihrer Macht, auch nur die Hälfte der Versprechen zu erfüllen, die mir der verstorbene Fürst gegeben hat.»

Abraham Trembley an Lady Portland

Den Haag, 13. September 1744

Ich schreibe in der Gewißheit, daß die gute Nachricht, die ich Ihnen in meinem vorhergehenden Schreiben übermitteln durfte, Sie aufrichtig erfreut hat. Es steht nun fest, daß Madame alles daransetzen wird, die unmißverständlichen Mahnungen und Befehle, die sie aus Dänemark erhalten hat, zu umgehen und dem Fürsten, dem sie Rede und Antwort stehen muß, einen Bären aufzubinden. Zum Glück für Herrn Bentinck ist der König von Dänemark ein gerechter, tiefgläubiger Mann. Zweifellos wird er das Verhalten von Madame mißbilligen und ihre Behauptungen mißtrauisch prüfen. Er hat Herrn Bentinck versprochen, ihm die Antwort von Madame zu schicken. Wir erwarten diese gegen Ende des Jahres. Herr Bentinck wird mühelos seine Gegenargumente vorbringen, und wir sind zuversichtlich, daß Madame schließlich nicht anders kann, genauer gesagt, gezwungen wird, zu schweigen und sich zu fügen. Herr Bentinck braucht nur die Wahrheit zu sagen, um sein Recht zu bekommen. Seit dem Frühjahr wohnt Madame bei ihrem «Verwandten». Er hat sie im März in Varel besucht; nachdem er eine Weile dort logiert hatte, sind sie zusammen zu seiner Residenz aufgebrochen. Dort verabscheut man sie. Sie benimmt sich auf höchst unwürdige Weise gegenüber der Gemahlin des Grafen, die sie, nach eigenem Bekunden, viele Jahre lang als ihre beste Freundin betrachtet hat. Die arme Frau trägt es mit Fassung, sie ist äußerst beklagenswert.

Charlotte Sophie Bentinck-von Aldenburg
an Albrecht Wolfgang zu Schaumburg-Lippe

Spätsommer 1744

Adieu, mein lieber Schatz. Gott kennt meine Gedanken. Er weiß, daß ich Dich tausendmal höher schätze als mich selbst und daß ich, obwohl Du ausgerechnet diese Tage ausgewählt hast, um mir untreu zu werden und mich zu betrüben, den traurigen Rest meines Lebens nur noch damit verbringen will, Dir zu dienen, Deine Sorgen zu erleichtern und Dir möglichst viel Freude zu bereiten. So ist mein armes Herz nun einmal, zerrissen, sorgenvoll, ängstlich, aber zugleich liebevoller als je zuvor, aufrichtiger und noch weniger als früher imstande, sich zu verleugnen oder unter dem Druck von Leid, Elend und Verständnislosigkeit nachzugeben. Adieu, ich bete Dich an und beschwöre Dich: Sorge Dich nicht, was Detmold betrifft, und laß es Dir um meinetwillen wohl ergehen. Wenn Du nur glücklich und zufrieden bist, werde ich mich niemals darüber beklagen, was ich erdulden muß; ich lebe, ich existiere nur für Dich und durch Dich. Bringst Du es nach diesem meinem Geständnis noch übers Herz, mich im Stich zu lassen? Versuch es, wenn Du kannst. Ich erlaube es Dir, aber wenn ich bedenke, was für ein gutes Herz Du im Grunde besitzt, will es mir paradox erscheinen, daß ein kurzes sinnliches Abenteuer Deine Schuldgefühle aufwiegen könnte gegenüber einem armen Geschöpf, das Dich so innig liebt. Adieu.

Diesen Brief verschickt Charlotte Sophie vom ersten Zwischenhalt auf ihrer Rückreise nach Varel. Sie geht, weil sie es nicht ertragen kann, Albrecht Wolfgangs Techtelmechtel mit Lottchens fröhlicher Schwägerin, der Fürstin zu Siegen-Nassau, mit anzusehen. Die Fürstin ist mit großem Gefolge eingetroffen, um (zum wiederholten Male!) das Brunnenwasser von Stadthagen zu trinken. Es gibt aber auch andere dringende Gründe, die Charlotte Sophie zum Aufbruch zwingen. Sie muß sich in Briefen an die dänischen Autoritäten für ihre schlechte Verwaltung rechtfertigen; gemeinsam mit ihrer Mutter muß sie Argumente vorbringen, die geeignet sind, Willem Bentincks Anklagen zu entkräften. Außerdem (und diesmal weiß Albrecht Wolfgang Bescheid) ist sie wieder guter Hoffnung.

Charlotte Sophie Bentinck-von Aldenburg (an einen Vertreter des dänischen Hofes)

Graf Bentinck läßt große Erbitterung und üble Absichten erkennen. Er hat viele und schwere Anschuldigungen gegen mich erhoben, die mich hart träfen, so sie der Wahrheit entsprächen; doch da ich sie glücklicherweise zu widerlegen vermag, rufen seine Behauptungen lediglich tiefes Mitleid und eine gewisse Verlegenheit bei mir hervor, da ich leider noch seinen Namen trage, den Namen eines Mannes, der aus Eigennutz und aus Lust, sich an fremdem Eigentum zu bereichern, sich auf so offensichtliche Verleumdungen beruft. Ich erlaube mir, Seiner Majestät Abschriften meiner Antwortbriefe beizulegen. Ich wollte Eurer Exzellenz Wiederholungen ersparen, und da ich die kostbare Zeit Ihres Monarchen nicht verschwenden wollte, habe ich mich ausschließlich darauf beschränkt, ihn über den Stand der Dinge zu unterrichten, ihm die unberechtigten Forderungen des Grafen Bentinck darzulegen und vor allem zu beweisen, wie sehr meine eigene Darstellung auf Wahrheit beruht; aus diesen Gründen bin ich auf die vielen Einzelheiten nicht näher eingegangen, die Graf Bentinck in seinem Memorandum vorbringt und die eine ehrliche und gründliche Erklärung erheischen. Ich will daher das Memorandum nochmals durchgehen und in allen Einzelheiten beantworten; ich ersuche Eure Exzellenz um die Gunst, jene Punkte, die Sie einer genaueren Überprüfung für wert erachten, Seiner Majestät vorzutragen.

Graf Bentinck sagt zu Beginn: «Als ich in die Familie von Aldenburg aufgenommen wurde und für den Fortbestand dieses Geschlechts verantwortlich war... etc.» Falls Graf Bentinck damit sagen will, daß er sich nicht im geringsten scheute, mit beiden Händen von meinem Vater anzunehmen, was er bekommen konnte, und zwar unter allen erdenklichen Vorwänden und bei jeder Gelegenheit; daß er ständig vor meinem Vater katzbuckelte, um ihm Geld zu entlocken; daß er überall seine Finger im Spiel hatte und sich in meines Vaters Geschäfte und in die Verwaltung von Varel einmischte; falls er ein solches Verhalten als Pflichterfüllung bezeichnen will gegenüber demjenigen, dessen Geschlecht er vor dem Aussterben bewahren sollte, so kann ich in der Tat versichern, daß er in dieser Hinsicht nichts unversucht gelassen hat und sich nichts vorzuwerfen braucht. «Nach dem Tode des Grafen von Aldenburg», fährt Bentinck fort, «habe ich seiner Tochter gegenüber stets in einer Weise gehandelt, die mir auf jeden Fall ihre Freundschaft und Anerkennung hätte sichern müssen.» Graf Bentinck wußte sehr wohl von meiner unüberwindlichen Abneigung gegen ihn, die ich seit dem Augenblick unserer ersten Begegnung niemals verleugnet oder verhehlt habe, was ihn aber trotzdem nicht davon abhielt, sich gegen meinen Willen mit mir zu vermählen. Sobald mein Vater die Augen für immer geschlossen hatte, begann Graf Bentinck, mich in aller Öffentlichkeit unverhohlen zu schikanieren, meine Verwandten grob zu behandeln und zu brüskieren... Er verfügte eigenmächtig über meinen Besitz, riß alles an sich und entschied in allen Geschäften, wobei er mir manchmal zugestand, meine Unterschrift neben die seine zu setzen. Zu gegebener Zeit schlug er mir vor, ihm Vollmachten zu geben, Schenkungen zu machen, ja ich sollte mit seiner Mutter gegenseitige testamentarische Verfügungen treffen...

sogar mein Erbe sollte ich auf seinen Namen überschreiben lassen. Es liegt auf der Hand, daß ein solches Verhalten ihm nicht gerade die Zuneigung und Mitarbeit eines Menschen sichert, der selbst nicht über eine ähnlich niedrige Gesinnung verfügt. Alles, was er unternahm, geschah stets hinter meinem Rücken. Er sagt, er sei zufällig dahintergekommen, «daß die Finanzen des Hauses Aldenburg sich keineswegs in dem rosenfarbenen Zustand befanden, wie er es nach den Umständen der Bekanntschaft und dem Charakter des Grafen von Aldenburg angenommen hatte». Ich kann bezeugen, daß Graf Bentinck von Anfang an peinlich berührt war, als er bei uns in Varel nicht den erhofften Reichtum vorfand. Sicher ist, daß er seinen Entschluß, mich zu heiraten, will heißen: mich unglücklich zu machen, erstmals bereute, als er nach näherem Hinsehen nicht mit den Einkünften rechnen durfte, die man ihm angeblich vorgetäuscht hatte. Um Graf Bentinck und seinen Kreisen zu gefallen, muß einem Geld wichtiger sein als Ehre und Menschlichkeit. Hand aufs Herz, ich beteure, daß er mich in dieser Hinsicht nie als geistesverwandt betrachtet hat. Im Gegenteil, ich habe so wenig Geschäftssinn gezeigt und mich bis zum letzten Heller so leicht meines Besitzes berauben lassen, daß er eine äußerst geringe Meinung von meinen wirtschaftlichen Talenten bekommen hat. Er schreibt ferner, trotz seines Wunsches, mich durch Freundlichkeit und Vertrauen für sich zu gewinnen, und trotz des pflichtschuldigen Versuchs, jedweden Skandal zu vermeiden, hätte ich ihn zu finanziellen Risiken verleitet, die ihm inzwischen zu groß geworden seien. Ich habe in meinem Untersuchungsprotokoll nachgewiesen, daß die Risiken keineswegs größer geworden sind, sondern schlechthin nicht mehr bestehen. Graf Bentinck soll sich ruhig verhalten und keine neuen Schwierigkeiten machen; die Finanzen des Hauses Aldenburg stehen besser da als in den Jahren, da er, wie er sagt, die von ihm erwähnten Maßregeln ergriffen und selbst die Verwaltung übernommen hatte. Ich verstehe nicht, welche großen Risiken er seither eingegangen ist – oder meint er damit vielleicht, er habe das Pech gehabt, sich nur zwei der mir gehörenden Herrschaften, die er mir abgepreßt hat, indem er meine Freigebigkeit und mein Feingefühl mißbrauchte, unter den Nagel reißen zu können?

Aus den Aufzeichnungen von
Wilhelmine Marie von Aldenburg von Hessen-Homburg

Im Laufe der Jahre hat er, Bentinck, sich oft sonderbar benommen. Eine seiner Taten schreibe ich auf, denn sie ist außergewöhnlich. Wir waren gerade aus Den Haag nach Varel zurückgekehrt; mein Mann machte sich Sorgen, weil meine Tochter mancherlei Ärger hatte und sich nicht wohl fühlte; er fand sie blaß und in gedrückter Stimmung vor. Er schrieb Bentinck und fragte, ob sie vielleicht krank sei. Bentinck gab zur Antwort: «Die Ursache ihres Kummers ist bloß, daß sie etwas bezahlen muß, was sie gekauft hat, und sie besitzt keinen Sou.» Mein Mann schickt sofort hundert Dukaten, die ihr in seinem Namen ausgehändigt werden. Meine Tochter begreift die Sache nicht. Als Bentinck hereinkommt, sagt sie: «Ich verstehe nicht, warum mein Vater das Geld schickt, er hat ohnehin schon so viele Unkosten für mich übernommen.» Bentinck beginnt lauthals zu lachen und sagt, er habe nur einen Witz gemacht. Sie wird böse und sagt, es sei ungehörig, die Freigebigkeit ihres Vaters derart auszunutzen, sie werde das Geld zurückschicken. «Wenn du es nicht haben willst, nun, dann gehört es mir, ich kann es gut gebrauchen.» Er nimmt das Päckchen mit den Dukaten und verläßt das Zimmer. Sie wollte ihn vor meinem Mann nicht schlechtmachen, deshalb bekam ich die Geschichte erst ein paar Jahre später zu hören.

Bentinck hatte ihr zur Hochzeit einen Ring mit einem schönen Brillanten geschenkt. Meine Tochter ließ diesen später in einen Haarschmuck einarbeiten und noch etwa zwanzig kleinere Brillanten und fünf bis sieben Filigran-Anhänger hinzufügen, im Wert von etwa dreitausend Dukaten. 1739 schlug sie ihm vor, er solle den großen Stein herausnehmen oder das ganze Schmuckstück behalten und ihr die Summe geben, die die anderen Brillanten sie gekostet hatten. Die Wahl überließ sie ihm. Er schaute sie an und sagte: «Ich will lieber das Ganze behalten.» Sie war so empört, daß sie kein Wort herausbrachte und aus dem Zimmer lief.

Das erinnert mich an einen Streich, den er mir kurz nach dem Tod meines Mannes gespielt hat. Mein Mann hatte mir zwei prächtige Schnupftabaksdosen hinterlassen. Eine sehr große, schön aus Gold gearbeitete Dose aus Paris gab ich Bentinck. Er freute sich riesig darüber. Die andere aus Achat, auf eine ganz neue Art in Gold gefaßt, schenkte ich meiner Tochter. Er war ganz verrückt nach der Dose und bat meine Tochter, sie ihm zu überlassen. Sie sagte, sie finde die Dose ebenfalls sehr schön und wolle sie behalten, da sie ein Geschenk von mir sei. Ein paar Monate lang versuchte er sie zu überreden, doch sie gab nicht nach. Einige Zeit später bat er sie, ihm die Schnupftabaksdose für ein paar Tage zu leihen, denn er habe Steine, die er genauso fassen lassen wolle. Sie glaubte seinen Worten und lieh ihm die Dose; sie sah sie niemals wieder.

Man beachte auch, wie Graf Bentinck mit dem Eigentum meiner Tochter umgegangen ist, obwohl er mit Herrn de Larrey abgemacht hatte, daß beide, sobald die Scheidung von Tisch und Bett in Kraft getreten sei, sich ihre gegenseitigen Geschenke zurückgeben würden. Sie hat sich strikt daran gehalten und alle Geschenke, auch die allerkleinsten, zurückgegeben. Bentinck versprach Herrn de Larrey, die Sachen meiner Tochter, die in Den Haag verblieben waren, nachzuschicken. Als sie ihn verließ, hatte sie nur einen Koffer mit Kleidern und Leinenwäsche, soviel sie für ihre Kur in Stadthagen benötigte, mitgenommen. Doch als sie seinerzeit nach der Trauung von hier fortging, hatte sie mehr als vierzig Kisten voll erlesener Sachen nach Den Haag mitgenommen. Ich kann noch ungefähr aufzählen, was sie von meinem Mann und mir bekommen hat:

Die Hochzeitskutsche, ganz neu mit rotem Samt ausgeschlagen, dazu noch einen einfachen Wagen. Ihre gesamten Juwelen. Ihre Aussteuer (die uns mehr als tausend Dukaten kostete). Sodann Porzellan erlesener japanischer Qualität, je ein komplettes Tee-, Kaffee- und Schokoladenservice. Tafelsilber, ebenfalls komplett. Ein Kabinettschrank mit Scheiben aus Spiegelglas voller Kostbarkeiten aus Achat, Elfenbein und Bernstein in Etuis. Neulich wollte sie den Schrank dringend haben und bat, ihn ihr zu schicken. Unglücklicherweise ist der Kabinettschrank das Prunkstück der Galerie in Bentincks Haus zu Den Haag. Ich weiß nicht, ob er jetzt noch dort steht, sie hat ihn jedenfalls nicht erhalten. Dann: ihre vergoldete Toilettengarnitur, Silbersachen, goldene Suppentassen mit zugehörigen Schüsseln und Löffeln. Bücher und Büsten, darunter eine von Madame de St. Auban. Unlängst war ich mit einem Cousin meines verstorbenen Gatten, dem Baron von Wedel, bei meiner Tochter zu Gast. Sie erzählte ihm, sie besitze eine interessante Kuriosität aus der Antike, die sie ihm zeigen wolle, sobald sie ihren Kabinettschrank wiederhabe. Zufällig traf kurz darauf die Nachricht ein, ein Schiff sei angekommen mit einer Gütersendung für sie an Bord; sie möge sagen, was damit geschehen solle. Meine Tochter antwortete, man brauche zum Transport wohl mehrere Wagen wie damals, als sie uns 1733 verließ; bis auf weiteres solle man die Sachen zu mir ins Schloß bringen und in dieser und jener Kammer hinter Schloß und Riegel verwahren. Zu Baron von Wedel sagte sie, das treffe sich ja vorzüglich: «Meine Sachen sind endlich gekommen, jetzt kann ich Ihnen die Kuriosität zeigen, von der ich Ihnen erzählt habe.» Ein paar Stunden darauf bestiegen wir unsere Kutsche und fuhren zusammen von ihrem Haus zum Schloß; sie fragte, ob alles da sei. Die Leute sagten, sie seien mit mehreren Karren zum Hafen gefahren, doch da sei nur ein Sack gewesen mit ihrer Adresse darauf. Den hätten sie mitgenommen. Meine Tochter war sehr neugierig auf den Inhalt. Man öffnete den Sack. Er war randvoll mit Porzellanscherben, wohl an die tausend Stück, natürlich nur, um sie zu kränken und zu ärgern.

Sie hat versäumt, von allem, was sie in die Ehe mitgebracht hat, ein Verzeichnis anzufertigen. Wenn es ein solches gegeben hätte, so hätte alles zusammen, wie ich glaube, wohl einen Wert von mehr als sechzigtausend Dukaten ausgemacht.

Charlotte Sophie Bentinck-von Aldenburg
an Albrecht Wolfgang zu Schaumburg-Lippe

Kniphausen, Ende 1744

Beim Ordnen meiner Papiere fand ich dieses «Tagebuch», das ich in diesem Frühjahr während meines Aufenthalts in Bückeburg geschrieben habe. Mein Liebster, Bester, soll ich es Dir wirklich zu lesen geben? Ich hoffe, daß Du, falls Du es liest (weil ich Dir fehle, glaubst Du jetzt vielleicht, daß Du mich liebst), so beeindruckt davon bist, daß ich keine üblen Folgen zu befürchten habe. Ja, wenn Dich überhaupt noch etwas zu rühren vermag, dann jetzt – wenn Du Dich daran erinnerst, wie Du die Zeit vergeudet hast, die so wunderbar hätte sein können und die Du im Augenblick so gern zurückrufen möchtest. Nimm also diese Seiten ohne Zorn oder Kummer hin. Es ist die List einer Frau, die Dich zärtlich und leidenschaftlich liebt, die Dich ganz zurückerobern möchte und sich der Hoffnung hingibt, der Anblick dieser Zeilen könnte Dein Wohlwollen für sie erneuern. Ich bete darum (wenn der Himmel mir während dieser Schwangerschaft und Entbindung gnädig ist und uns danach noch einmal zusammenführt), daß Du nie wieder mit Deiner grausamen Kälte ein armes Geschöpf unglücklich machst, das alles ertragen kann außer Deiner Gleichgültigkeit und dessen Schicksal ganz und gar von Deinem Tun und Lassen abhängig ist. Verzeih mir großmütig meinen Wunsch und schenke diesen Blättern ein wenig Aufmerksamkeit; vielleicht sind sie wichtiger für unser künftiges Glück, als Du denkst – falls Gott so barmherzig ist, uns jemals wieder zueinanderzuführen.

Charlotte Sophie Bentinck-von Aldenburg an Wilhelm zu Schaumburg-Lippe

Kniphausen, 5. Januar 1745

Falls irgend etwas auf dieser Welt einen Menschen trösten könnte, der gezwungen war, Ihren Vater und Sie zu verlassen, dann wäre das, auf mein Ehrenwort, der unerwartete Empfang eines Briefes, wie Sie ihn mir geschrieben haben. Ich weiß ihn sehr zu schätzen und füge diese neue Wohltat zu all den anderen, die Sie mir erwiesen haben und die mich für den Rest meines Lebens zu Ihrer Schuldnerin machen. Glauben Sie nicht, Sie könnten mich trotz Ihrer Großmut, mit der Sie jeden Dank zurückweisen, daran hindern, allen, die es hören wollen, zu erklären, daß es auf Erden keinen zweiten Charakter wie den Ihren gibt. Eigentlich dürfte ich von Ihnen nichts anderes erwarten als Mißtrauen, vielleicht sogar Haß. Ein anderer an Ihrer Stelle hätte sich damit begnügt, nichts *gegen* mich zu unternehmen, und hätte schon dadurch sehr edel gehandelt. Was haben Sie dagegen alles *für* mich getan, mit welch wahrhafter Generosität haben Sie mir geholfen, das einzige zu bewahren, an dem mir etwas liegt: die Liebe und Freundschaft eines Menschen, der mir teurer ist als das gesamte Universum und den alle anderen mir zu entfremden versuchen. Sie allein hätten das Recht, eifersüchtig auf mich zu sein. Sie allein dürften ihn mir wegnehmen, und nun sind gerade Sie es, dem ich meine augenblickliche Sicherheit und die Beständigkeit meines Glücks zu verdanken habe, weil Sie es unternommen haben, auf wahrlich edle und selbstlose Weise das Band zu stärken, das andere, die weniger betroffen sind, zerreißen und vernichten möchten. Glauben Sie, ich könnte Ihnen das jemals vergessen? Fügen Sie dazu noch die Sympathie und das Vertrauen, mit dem Sie mich allzeit beehrt haben. Gibt es denn Schmeichelhafteres für mich als die Verbundenheit mit einem intelligenten und begabten Menschen wie Sie? Sie schieben gewissermaßen alle Ihre Vorrechte beiseite, um mit einer unwissenden, beschränkten, beklagenswerten Frau auf deren Niveau zu verkehren, das kaum ausreicht, Ihnen die Zeitung vorzulesen. Schon allein Ihr Brief ist Goldes wert. Sie wollten mir ein bißchen Lebensfreude damit schenken, und ich versichere Ihnen, daß Ihnen das wunderbar gelungen ist. Ihr Vater ist über Ihre Handlungsweise ebenso entzückt wie ich. Sie schenken ihm Ihr Mitgefühl, weil er sich große Sorgen um mich macht. Bewerten Sie dies nicht zu gering, auch wenn es Ihren Prinzipien nicht entspricht. Wenn Sie wüßten, wie innig ich ihm verbunden bin (falls ein von Natur aus für die Liebe unempfänglicher Mensch wie Sie das überhaupt verstehen kann), so würden Sie das Mitgefühl verstehen, das er einer Frau entgegenbringt, die absolut alles verliert, wenn sie von ihm und von Ihnen getrennt würde. Was die neue kleine Errungenschaft meiner «Privatsammlung» betrifft, um die Ihr Vater und Sie so besorgt sind, so soll es nicht an mir liegen, wenn es nicht der allerliebste «Frischling» des ganzen Landes wird. Da ich sonst nichts für ihn wünsche (wenn es denn ein «er» wird) als Ihr Wohlwollen und Ihren Schutz, werde ich alles tun, damit er dessen würdig wird.

14. Januar 1745

Ich bitte Sie tausendmal um Entschuldigung, daß ich nicht früher berichten konnte, aber ich habe vor kurzem meine «Sammlung» vergrößert. Fast wäre die «Sammlung» an Sie übergegangen, denn viel hat nicht gefehlt, und ich hätte Ihren Vater und Ihnen die Freude angetan, meine kleinen Kostbarkeiten zu erben. Doch Unkraut vergeht nicht, und dem Himmel hat es noch nicht gefallen, mich aus diesem irdischen Jammertal zu erlösen. Ich bin nicht so philosophisch veranlagt wie Sie, ich kenne die Freuden des Lebens, die Sie noch nicht kennenlernen wollen. Ich bin froh, daß ich lebe, wenn ich Ihrem Vater einen kleinen Gefallen damit erweise und wenn auch Sie mich weiterhin ohne Groll erdulden wollen. Das sind die beiden Dinge, die für mich über Leben und Tod entscheiden, und die Art, wie er und Sie mein Dasein bestimmen, ohne daß es für einen von Ihnen zur Last wird, ist für mich ein Genuß, der freilich mit mancherlei Kummer vermischt ist. Ich habe also die Ehre, Ihnen einen neuen Erdenbürger anzukündigen, der innerhalb einiger Tage kräftig genug sein wird, dank Ihrer wohlwollenden Zustimmung Ihren Vornamen tragen zu dürfen – vorausgesetzt, es findet sich ein Pastor, der ihn taufen will. Ich bin zufrieden, wenn ihm nur der hundertste Teil aller guten Eigenschaften, Gaben und Talente beschieden ist, die Sie im Überfluß besitzen. Ich hoffe auch, Sie werden ihm dereinst erlauben, Ihnen zu dienen, notfalls sein Blut für Sie zu vergießen und durch seine Achtung und Zuneigung ein wenig von meiner Schuld abzutragen – obwohl Sie leider ebensowenig von ihm haben werden wie ich selbst. Wenn Sie wissen wollen, ob ich Neuigkeiten zu berichten habe, so kann ich Ihnen erzählen, was ich weiß, denn in einer Wochenstube, die von allen Seiten bewacht wird wie ehedem das Goldene Vlies, spielen sich die merkwürdigsten Dinge ab. Da ein Mensch möglichst vielseitig sein sollte, habe ich neben meiner «Sammlung» *par excellence* eine zweite angelegt, nämlich eine von alten Weibern, die in allen Ecken und Enden dieses Hauses hinter Schloß und Riegel gehalten werden. Sie bilden eine unerschöpfliche Quelle des Gesprächsstoffes; wer vier Monate lang auf Ihre Konversation verzichten mußte, weiß die der Frauen um so mehr zu schätzen, wie ich Ihnen versichern kann. Bei unserer nächsten Begegnung werden Sie sich über meinen Witz und meine Schlagfertigkeit wundern. Wann bricht diese glückliche Zeit an, die ich mir selber in den Stunden der Prüfung verheißen habe? Ich setze meine ganze Hoffnung auf Sie und berufe mich diskret auf Ihr Mitgefühl und Ihre Menschenliebe, die Sie mir gegenüber nie verleugnet haben; bitte sorgen Sie dafür, daß Ihr Vater unverzüglich und ohne Aufschub zu mir kommt, wie er es versprochen hat, spätestens bis zum ersten oder zweiten Februar. Ich versichere Ihnen, ich werde auf der Stelle sterben, wenn er auch nur einen halben Tag später eintrifft. Ich kann seine Abwesenheit nicht länger ertragen, ich sehne mich um ein Vielfaches mehr nach ihm als zu jener Zeit, da ich zum ersten Mal seinen schönen Augen erlag. Sie dürfen mich ruhig auslachen, wenn er nur kommt. So Sie ebenfalls mit von der

Partie sind, werde ich vermutlich vor übermäßigem Glück den Verstand verlieren. Doch in dieser Hinsicht füge ich mich Ihren Wünschen; einer meiner Leitsätze lautet, daß man Menschen, deren Güte man alles verdankt, nicht überfordern darf. Voller Erwartung kümmere ich mich jetzt noch weniger um den ganzen Kram hier als zuvor. Es gibt kein besseres Mittel, sich diese Einstellung zu eigen zu machen, als ein bißchen «Wochenbett»; falls Sie in dieser Hinsicht Probleme haben, rate ich Ihnen, es einmal auszuprobieren. Ich darf Ihnen versichern, es ist ein ausgezeichnetes Rezept. Ich kann nicht länger schreiben, ich habe Kopfschmerzen, doch wenn Sie mich mit Ihrer Freundschaft beehren und Ihren Vater pünktlich auf Tag und Stunde herbestellen, werde ich völlig vergessen, was Schmerzen sind.

P. S. Ich muß Ihnen noch etwas ins Ohr flüstern. Regen Sie sich bitte nicht auf, denn es ist, ganz unter uns, eine schlimme Sache, die Ihrem Vater nicht zur Ehre gereicht. Stellen Sie sich vor, mein kleiner Junge hat zwei ganz gewöhnliche blaue Augen. Ja, blau. Sogar, Gott möge mir verzeihen, fast *grau*. Ich beschwöre Sie, erzählen Sie es niemandem, es ist noch ein Familiengeheimnis. Doch Sie sind zu vernünftig, um die Schändlichkeiten Ihrer Mitmenschen an die Öffentlichkeit zu tragen. Wem kann man noch vertrauen unter dieser Sonne? O tempora, o mores!

PP.SS. Soeben kam die Post. Und... nun ja, gut so, weiter so, Sie können sich kaum noch mehr verdient machen. Ich fange an zu begreifen, daß *Sie* recht haben und daß er, Ihr Vater, unrecht hat, wenn er sich immer um alles bemüht. Ich sage kein Wort mehr über seinen anstehenden Besuch. Aber erteilen Sie ihm einen Verweis und sagen Sie ihm, er solle sich nicht ständig an einen Ort begeben, wo man nicht ausdrücklich um seine Anwesenheit bittet. Übrigens, wie Sie mich verwöhnen! Zwei Briefe bei zwei aufeinanderfolgenden Postzustellungen! Nein, Sie müssen etwas vorsichtiger umgehen mit jemandem, der keine eiserne Konstitution hat. Ich bin mir des seltenen Wertes Ihrer Bemühungen voll bewußt; nichts, was Sie für mich tun, gerät ins Buch der Vergessenheit. Oder wollen Sie etwa, daß ich meine große Dankbarkeit und Zufriedenheit mit Taten beweise? Und das zu einer Zeit, in der ich, um das Handwerk des Gebärens nicht in Mißkredit zu bringen und die Vorrechte meines Geschlechts zu wahren, so tun muß, als sei ich sehr schwach und zerbrechlich (obwohl ich mich stark fühle wie ein Hafenarbeiter), und das alles nur, damit die ganze Geschichte herzergreifender wirkt und damit «man», will sagen, Ihr Vater, sich mehr verantwortlich für mich fühlt. Verderben Sie mir jetzt nicht böswillig meine Chancen und verraten Sie Ihrem Vater nicht, daß es mir so gut geht. Sie verstehen doch, daß es sehr schade wäre, wenn er mir nicht den Tribut seines Mitleids entrichtete.

Charles gibt keine Ruhe und bestürmt mich, Ihnen seine respektvollen Grüße zu übermitteln und Ihnen zu sagen, daß er Sie gern wiedersehen möchte, und auch, daß er sich an Ihr Gesicht nicht mehr erinnern kann, aber um so mehr an etwas, was er niemals laut sagen darf.

20. Januar 1745

Wenn mein glückliches Gestirn und Ihre Zuneigung für Ihren Vater Ihnen den löblichen Plan eingeben sollten, den ich mir mit Herz und Seele wünsche, dann darf ich Ihnen versichern, daß Sie beide hier empfangen werden wie zur Erde herabgestiegene Engel. Sie können gehen, stehen und umhertanzen, wo Sie wollen, und sei es auf den Häuptern meiner Untertanen, Höflinge und Satrapen, oder auf meinem eigenen Kopf, sofern Ihr Vater ihn mir nicht verdreht hat, was ich stark annehme – und diejenigen, die mich täglich erleben, ebenfalls. Seien Sie so gut und denken Sie nicht nur an mich, sondern bringen Sie mich hin und wieder in Erinnerung bei jenem Vertreter der Schöpfung, den Sie und ich, jeder auf seine Weise, über alles in der Welt lieben.

Das Kind wird auf die Namen Albrecht Wilhelm Carl getauft. Der Hofmeister Weisbrod, der nach Charlotte Sophies Auszug aus Den Haag nach Varel zurückgekehrt ist, erklärt sich bereit, den kleinen Jungen zu adoptieren.

Charlotte Sophie Bentinck-von Aldenburg an Albrecht Wolfgang und Wilhelm zu Schaumburg-Lippe

Kniphausen, 1745

Hiermit gebe ich Euren Exzellencen mit gebührender Ehrfurcht kund, daß beim Steinhauser Siel sechs Stuten bereitstehen: untertänige Dienerinnen, die auf die Ehre warten, Sie noch an diesem Abend ohne Mühe und Gefahr in ein gottverlassenes Nest zu bringen, das ganz und gar unwürdig ist, die Crème de la crème des Reichsgräflichen Corps zu beherbergen. Ihr Eilbote kam überraschend; ich hatte gerade noch Zeit, die Pferde hinzuschicken. Wenn ich für Geld und gute Worte bei irgendeinem Bauern noch vier dazu bekommen hätte, wäre mir das sehr recht gewesen. Ich beteure Ihnen, daß nur mangelnde Gelegenheit mich daran gehindert hat, in meine Kutsche zu steigen und, von zehn Pferden gezogen, Ihnen entgegenzueilen.

Für Willem Bentinck und die Seinen fängt das Jahr 1745 vielversprechend und mit rosigen Aussichten an. Am zwölften Januar wird Willem zum Kurator der Akademie in Leiden ernannt, eine Aufgabe, die er bis zu seinem Tod mit größter Freude, Aufmerksamkeit und intensiver Hingabe erfüllt. Abraham Trembley sieht sich als stolzer Autor eines – natürlich in Leiden herausgegebenen – Büchleins mit dem Titel *Mémoires pour servir à l'Histoire d'un genre de Polypes d'eau douce à bras en forme de cornes*, illustriert mit schönen Kupferstichen von dem in Den Haag ansässigen französischen Künstler Lyonnet.

Was die Knaben Antoine und Jean betrifft, so wurde ihnen in Aussicht gestellt, ihre Großmutter in England besuchen zu dürfen: die Reisepläne versetzen sie schon Monate zuvor in große Aufregung. Es besteht sogar die Möglichkeit, daß sie die Seereise in Begleitung nicht nur ihres Erziehers, sondern auch ihres geliebten Vaters antreten werden (den sie zu ihrem Verdruß in den vergangenen Monaten seltener denn je gesehen haben). Leider wird nichts daraus; wegen der gespannten politischen Situation zwischen England und Frankreich und um die Allianz zwischen England, Österreich, Rußland und Holland vorzubereiten, muß Willem zu einem Kurzbesuch nach London, lange bevor die Reise seiner Söhne geplant ist; für eine zweite Fahrt bleibt danach keine Zeit mehr. Die Nachricht ist für Lady Portland eine große Enttäuschung; als kleinen Trost findet sie auf der letzten Seite von Willems Brief die ersten eigenhändig geschriebenen Grüße von Antoine und Jean: «Liebe Großmutter, ich bezeige Ihnen meine respektvolle Verehrung, Antoine Bentinck» und darunter in Blockschrift: «Ich auch, Jean Bentinck.»

Charlotte Sophie Bentinck-von Aldenburg
an Friedrich zu Schaumburg-Lippe
(Rückblick auf die Jahre 1743–1748, geschrieben 1748)

Wilhelm hatte schon seit Jahren sein unbegrenztes Vertrauen in mich zu erkennen gegeben. Seit Georgs Tod im Jahre 1742 hatte er sich angewöhnt, bei seinen Besuchen in Varel auf sehr freundschaftlichem Fuße mit mir zu verkehren, ja er machte mich zur Teilhaberin seiner Gedanken. Ihr lieber Bruder wünschte, daß ich meinen Einfluß auf seinen Sohn dahingehend nutzte, ihn ein wenig gefügiger und gehorsamer zu machen, was mir in den ersten Jahren ausgezeichnet gelang. Es gehörte zu Wilhelms Prinzipien, Vertrauliches nur mündlich mitzuteilen und aus Gründen der Sicherheit niemals etwas schwarz auf weiß aus der Hand zu geben. Diese Vorsicht (sehr vernünftig, werden Sie sagen, aber doch etwas seltsam für einen

Zwanzigjährigen) war das einzige, was mich an seiner Aufrichtigkeit manchmal zweifeln ließ. Sooft er von einer Reise zurückkehrte, kam er zu mir und schüttete mir sein Herz aus, wobei er nichts verschwieg. Ich meinerseits hielt mich an *mein* Prinzip, daß, wenn man die Freundschaft und das Vertrauen von zwei Menschen unabhängig voneinander behalten will, zumal wenn diese engste Blutsverwandte sind, man nie und nimmer die Geheimnisse des einen dem anderen verraten darf. Auch wenn man glaubt, es noch so geschickt anzustellen, führt es eines bösen Tages zu Mißverständnissen und Verwirrung, und man selbst hat als «facheux troisième» das Feld zu räumen. Dieses Prinzip habe ich in der Praxis meiner Beziehungen zu Vater und Sohn angewandt; ich hatte meine Auffassung Ihrem lieben Bruder mitgeteilt, und er war ganz und gar einverstanden, daß ich ihm niemals etwas erzählte, was sein Sohn mir anvertraut hatte, es sei denn, dieser hätte es mir ausdrücklich erlaubt. Ihr Bruder stellte niemals Fragen. Der junge Mann war von meiner Zuverlässigkeit dermaßen überzeugt, daß er sich mir sozusagen mit Haut und Haar auslieferte. Ich war seine einzige Vertraute. Er tat nichts, ohne mich zuvor um Rat zu fragen. Zu meiner Freude konnte ich ihn immer wieder zu kleinen Aufmerksamkeiten überreden, die seinen Vater glücklich machten und die sie immer enger miteinander verbanden.

Die seltenen Logierbesuche von Albrecht Wolfgang und Wilhelm zu Schaumburg-Lippe in Varel oder Kniphausen sind für Charlotte Sophie die absoluten Höhepunkte in ihrem Leben. Abends soupieren sie zu dritt in dem von Kerzen (oder im Sommer von später Sonnenglut) warm erleuchteten Zimmer; sie reden und diskutieren über Politik, philosophische Themen und über die Bücher, die sie gelesen haben und aus denen sie nach Tisch einander vorlesen. Sie betrachten das «Triumvirat» (wie sie sich scherzhaft nennen) an ihrem kleinen Hof als kulturellen Mittelpunkt, der jenen in Berlin, Kassel oder Bayreuth um nichts nachsteht und der durch Esprit und Witz ausgleicht, was ihm an Umfang fehlt.

Der Aufenthalt von Vater und Sohn in Kniphausen im Frühjahr 1745 nimmt zu Charlotte Sophies Enttäuschung ein rasches Ende. Im Laufe des Aprils begibt sich Albrecht Wolfgang spornstreichs zu seinem Regiment in Venlo. Endlich ist es soweit. Die Truppen von Ludwig XV. sind in die österreichischen Niederlande eingerückt. Das Ziel des Einmarsches ist klar: Eroberung der Festungen und Städte, Absetzung des aus dem Hause Hannover stammenden Königs Georg II. von England und Wiedereinsetzung einer katholischen Dynastie in London. Alle Regimenter in Staatsdiensten (die Republik ist immerhin Englands Bundesgenosse) sind aufgerufen.

Bei Fontenoy kommt es am 11. Mai 1745 zur entscheidenden Schlacht. Die Truppen der Republik der Vereinigten Niederlande, die den linken Flügel des alliierten Heeres bilden, stehen unter dem Oberbefehl des Fürsten von Waldeck. In der Schlachtordnung bildet Albrecht Wolfgang mit seinem Regiment Friesland das dritte Glied von links in der vordersten Infanterie-Linie. Doch während des Gefechts müssen seine Männer, gegen alle Erwartungen und Regeln, plötzlich einer holländischen Heeresabteilung den Vortritt lassen, die unter dem Kommando von Charles Bentinck, Willem Bentincks jüngerem Bruder, steht (ein merkwürdiges Zusammentreffen oder vielleicht doch kein Zufall?). Der Erfolg von Dettingen bleibt diesmal aus. Die Franzosen siegen (der Fürst von Waldeck macht später die Holländer für die Niederlage des Heeres verantwortlich: sie hätten gezögert anzugreifen). Albrecht Wolfgang zu Schaumburg-Lippe ist bestürzt, verwirrt und rasend vor Wut; trotz der Versicherung vieler Kameraden, seine «conduite» sei untadelig gewesen, er trage an dem ungünstigen Ausgang der Schlacht keine Schuld, fühlt er sich gedemütigt und entehrt. Stehenden Fußes bittet er um seine Entlassung als Kommandeur des Regiments Friesland und kehrt, krank vor Verbitterung und Scham, nach Bückeburg zurück. Sein impulsiver Abschied findet nicht den Beifall seines Sohnes Wilhelm, im Gegenteil, der junge Mann macht seinem Vater heftige Vorwürfe: indem er sein Regiment preisgegeben hat, hat er auch Wilhelms Aussichten auf eine militärische Karriere in den Vereinigten Niederlanden verspielt. Wilhelm fühlt sich von der Pflicht entbunden, den Vater in seine Pläne einzuweihen, obwohl er noch nicht fünfundzwanzig und somit offiziell «minderjährig» ist. Heimlich nimmt er Kontakt mit einem entfernten Onkel auf, der die österreichischen Truppen in Italien befehligt. Zufällig erfährt Friedrich zu Schaumburg-Lippe von der Sache; er schaltet Charlotte Sophie ein, die es Albrecht Wolfgang behutsam beibringen soll. Für Albrecht Wolfgang ist der Entschluß seines einzigen Erben und Nachfolgers, sich auf fremden Schlachtfeldern vielfachen Gefahren auszusetzen, ein neuer harter Schlag. Tatsächlich ist er wütend, nicht nur auf seinen Sohn, sondern auch auf Charlotte Sophie, die er verdächtigt, die waghalsigen Ambitionen Wilhelms aus schnödem Eigennutz zu unterstützen. Doch Charlotte Sophie hat sich nur konsequent an ihr Prinzip gehalten. Die Vorwürfe des Geliebten treffen sie zutiefst; dies ist der Tropfen, der den Eimer zum Überlaufen bringt. Schließlich muß der zurückgezogen lebende, treue Friedrich als Vermittler auftreten und sie im Namen seines reuevollen Bruders um Verzeihung bitten: «Ihr ‹coureur› (sagt er, Albrecht Wolfgangs Jägernamen zitierend, mit dem ihn Charlotte Sophie seit den Tagen von Sylvander und Sylvie liebevoll zu rufen pflegt), Ihr ‹coureur›, der das Unglück hatte, bei Ihnen in Ungnade zu fallen, bekennt seinen Irrtum und bittet demütig um Vergebung. Er sieht auch sein Unrecht ein, daß er Sie Hals über Kopf verließ, und läßt Sie durch mich eindringlich bitten, ihm wieder gut zu sein; er will sein Leben ändern und Ihnen, soweit möglich, in allem gehorchen. Verweigern Sie nicht diese Gunst, die ich für ihn erbitte.»

Im Sommer 1745 besuchen die Brüder Antoine und Jean Bentinck ihre Großmutter in England, die sie noch nie gesehen haben. Trembley begleitet sie nicht nur als Erzieher, sondern auch als Bevollmächtigter Willems, um die geschäftlichen Angelegenheiten und Probleme bezüglich Varel und Kniphausen mit der alten Dame zu besprechen. Trembley erstattet Willem genauestens Bericht über die Gespräche und natürlich auch darüber, was die beiden Jungen tun und erleben. Weil er weiß, daß Willems Herz an England hängt und um dessen Erinnerung aufzufrischen, beschreibt er in allen Einzelheiten die Farben, Düfte und Geräusche von Bulstrode Park, die leicht gewellte Landschaft, die Baumgruppen mit rauschendem Laubdach, die Pferde und Hunde und das lebhafte Treiben in dem großen Haus. Die Kinder genießen den Aufenthalt, sehnen sich aber nach dem Vater. In der Abenddämmerung des neunzehnten Oktobers treffen sie wieder in Den Haag ein.

Trembley, noch ganz unter dem Eindruck der Reise, verfaßt sofort ein Dankschreiben an Lady Portland, worin er die Heimreise schildert: Welches Interesse die Jungen für das Schiff und die See zeigten, wie sie immer aufgeregter wurden, als sie nach der wohlbehaltenen Landung in der Kutsche saßen und sich ihrem Haus näherten: «Jean: Jetzt sind wir in Den Haag. Antoine: Fahren wir schon auf dem Scheveninger Weg? Wir müssen doch zuerst noch durch ein paar andere Straßen, nicht? Ha, da ist die Scheveninger Brücke, schau, da ist das Haus von Swaantje.» (Das ist ein kleiner weißer Hund, sein Besitzer wohnt dort.)

Die Kinder jubelten, als die Kutsche auf den Vorplatz von Sorgvliet fuhr. Sie rannten ins Studierzimmer, wo Willem am Schreibtisch saß und wo sie ihr Abendessen verzehren durften. Gerührt beschreibt Trembley die Begrüßung und die Szene danach, wie Bentinck freudestrahlend den Geschichten seiner Söhne lauschte.

Charlotte Sophie hat es schwer mit ihrem Sohn Charles, der von Vater- wie Mutterseite ein jähzorniges, nervöses Temperament geerbt hat und wegen der Spannungen, denen er im Haushalt von Kniphausen ausgesetzt ist, oft aufsässig und ungebärdig ist. Seine Mutter will ihn zu einem musterhaften Edelmann erziehen und behandelt ihn mit Strenge, auch wenn ihr Herz dabei blutet.

Charlotte Sophie Bentinck-von Aldenburg an Albrecht Wolfgang zu Schaumburg-Lippe

4. Oktober 1745

Charles, mein armer kleiner Charles hat mich soeben tief gerührt. Nicht weil ich ihm einen Verweis erteilt hatte, sondern erst, als wir ernsthaft über eine kleine Lüge sprachen, die ihm entfahren war, brach er in Tränen aus und machte sich so aufrichtige und spontane Vorwürfe, daß ich noch immer ganz angetan davon bin. Möge Gott ihm diese integre Einstellung erhalten – dann wird er mit Sicherheit ein guter Junge. Ich kann vorbehaltlos sagen, daß er ein Herz aus Gold hat; der Himmel möge verhüten, daß er verdorben wird.

Auf Charlotte Sophies Drängen geht Wilhelm zu Schaumburg-Lippe zuerst nach Wien. Unter Tränen nimmt er Abschied von seinem Vater, der durch diesen Beweis der Zuneigung und (wie er annimmt) Reue tief gerührt ist. Doch in Wien, der Stadt der Hofetikette und des Hofklatsches, hält Wilhelm es mit seiner angelsächsischen Vorliebe für sportliche Einfachheit nicht aus. Also geht er nach Italien und schließt sich dem kaiserlich-österreichischen Heer im Kampf gegen Frankreich an. Berichte über seine hervorragenden militärischen Leistungen machen die Runde. Albrecht Wolfgang ist stolz und frustriert zugleich. Er weiß nicht, wie er mit der neuen Lage fertig werden soll. Da ihm die Ausweichmöglichkeit zu seinem Regiment fehlt, leidet er doppelt unter der gespannten Beziehung zu seinen Beamten in Bückeburg. Besorgtheit und Enttäuschung über das Verhalten seines Sohnes geben ihm den Rest. In kurzer Zeit verschlechtert sich seine Gesundheit dramatisch. Zunehmend leidet er an Anfällen von Kopfschmerzen, die ihn schier verrückt machen.

Nach einer Zeitspanne vorwurfsvollen Schweigens (da Charlotte Sophie hinter seinem Rücken schließlich doch versucht hat, seine Pläne zu durchkreuzen) nimmt Wilhelm den Briefwechsel mit ihr wieder auf. Er verspricht, ihr und seinem Vater wie früher sein volles Vertrauen zu schenken unter der Bedingung, daß in Bückeburg klare Verhältnisse geschaffen werden. Sein Vater muß gezwungen werden, sich mit den Staatsangelegenheiten zu beschäftigen. Charlotte Sophie, nach den Ereignissen der letzten Monate selbst von schweren Depressionen geplagt, verkriecht sich (buchstäblich) in ihr Schneckenhaus. Die Hoffnung, daß Albrecht Wolfgang nun, durch nichts mehr abgelenkt, endlich seiner Aufgabe als Landesherr gerecht wird, gibt ihr die Kraft und den Mut, den langen Winter 1745–1746 abermals allein in Kniphausen zu verbringen. Doch ihr Opfer ist vergeblich. Im Frühjahr 1746 vernimmt sie, daß in Bückeburg noch immer dasselbe Chaos herrscht. Doch Chaos herrscht auch in Varel und Kniphausen durch das ständige Tauziehen mit Willem Bentinck um jede Handvoll Dukaten und durch die ermahnenden Schreiben aus Dänemark. In ihrer Mutlosigkeit entwirft Charlotte Sophie eine Grabschrift für sich und heftet sie an die zierliche, schon ziemlich ramponierte Pyramide, die ihr Albrecht Wolfgang 1739 geschickt hat. Ihren Galgenhumor faßt sie in dem Küchenlatein zusammen, das sie sich an langen, einsamen Winterabenden selber beigebracht hat:

Wohlwollender Passant,
das Monument, das Ihr hier erblickt, will ich keinesfalls mit den erhabenen Pyramiden Ägyptens vergleichen, doch kraft seiner Bestimmung übertrifft es diese Bauten bei weitem, denn es enthält die sterblichen Überreste von

Charlotte Sophie,
im Leben Gräfin Bentinck, geborene Gräfin von Aldenburg,
Herrin von Varel, Kniphausen und Doorwerth.
Im Jahre unseres Herrn 1746.

Sie fühlt sich von Gott und der Welt verlassen. Wilhelm zu Schaumburg-Lippe hält sich in Venedig auf und erlebt dort eine leidenschaftliche Liebesaffäre (seine erste) mit einer bildschönen Opernsängerin; er denkt vorläufig nicht an Heimkehr. Von Zeit zu Zeit schreibt er Charlotte Sophie, hauptsächlich um sie anzuspornen, seinem Vater zu helfen und, da es mit dessen Gesundheit abwärts geht, tatkräftig zu beweisen, wie nahe ihr der Geliebte steht.

Charlotte verabschiedet sich von Charles, der auch diesmal bei der Familie von Donop untergebracht wird, und tritt mit Charles' sogenannter Schwester als Gesellschaftsdame, dem jungen Fräulein von Donop, die Reise nach Bückeburg an. Als sie Albrecht Wolfgang wiedersieht, ist sie stumm vor Entsetzen. Sein Äußeres, seine Bewegungen verraten, daß eine unheilvolle Veränderung eingetreten ist; der Prozeß des Verfalls ist nicht mehr aufzuhalten. Von ihrer einstigen Beziehung ist nichts mehr übrig; Leidenschaft, Liebesgezänk, vertraute Intimität, alles ist vorbei. Charlotte Sophie verzehrt sich vor Mitleid und Verlangen, sich in der gleichen Weise für ihn einzusetzen, wie ihr Vater es getan hätte. Sie weiß, diese Form der Zuneigung ist die einzige, die sie noch miteinander verbindet.

Aus den 1748 geschriebenen Briefen von Charlotte Sophie Bentinck-von Aldenburg an Friedrich zu Schaumburg-Lippe

Die Geschäfte Ihres Bruders befanden sich in einem heillosen Durcheinander. Um die Verwaltung der Landgüter war es schlechter bestellt, als man sich vorstellen kann. Um ein Beispiel zu nennen: Die Beamten hatten den Stein der Weisen entdeckt, um sich zu bereichern; die Exzesse, zu denen das führte, sind zu groß, als daß ich sie einzeln aufzählen könnte, man würde mir einfach nicht glauben. Es wurden Maßregeln getroffen, ohne auch nur einen Begriff von der Sache zu haben, um die es ging. Derzeit weiß kein einziger Beamter in der Kammer von Bückeburg Bescheid über: (a) die tatsächliche Größe der Pachthöfe, (b) die Beschaffenheit der Böden, (c) den Ertrag, (d) welche Verbesserungen notwendig wären, (e) auf welche Weise man sich Einsicht darüber verschaffen könnte. Die Rechtsprechung, die Administration der Finanzen, alles war ein totales Chaos. Und schuld daran waren die Herren der Kammer. Sie wußten, welchen Widerwillen Ihr verstorbener Bruder gegenüber Zahlen hegte und wie sehr er die Überprüfung von Einzelheiten verabscheute, sie kannten seine Gutherzigkeit, seine Spontaneität, aber auch seine Trägheit und die unseligen Anfälle von Melancholie, die sein Leben vergifteten. Sie wußten sehr wohl, daß er eines Tages notgedrungen die Vogtei von Brake wieder an Hannover oder Detmold zurückgeben müsse, um dadurch seine Schulden loszuwerden, und daß er danach weder Geduld noch Mut hätte (denn nun war es ja nicht mehr nötig), die Geschäfte in Ordnung zu bringen, Veränderungen durchzuführen, zu sparen und die Säumigen zu bestrafen. Im Gegenteil, sie wußten, wenn er seine Sorgen los war, würde er es durchgehen lassen, daß sie noch höheren Profit aus ihrem Amt schlugen.

Wie Ihnen bekannt ist, wollte Ihr armer Bruder in den ersten Jahren seiner Herrschaft alles selbst in die Hand nehmen und entscheiden. Doch seine unstete Natur, sein jugendliches Feuer, sein Mangel an geschäftlicher Erfahrung hinderten ihn daran, seine Fähigkeiten voll auszunutzen, und machten seine angeborene Einsicht zunichte. Er war zu vertrauensselig, was sein erster Minister nach kurzer Zeit weidlich mißbrauchte. Daraus erwuchs seine Abneigung gegen Verwaltungsaufgaben, denn ihm war bewußt, daß er kräftig durchgreifen mußte. Leider hat er durch die Entlassung des unzuverlässigen Beamten die einzige Person verloren, die über alle vom Hause Schaumburg-Lippe abgeschlossenen Verträge und Vereinbarungen Bescheid wußte. Sie wissen selbst, wie langweilig und trocken das Studium solcher Akten ist, und da Ihr Bruder zu jener Zeit an vielen anderen, fesselnderen Dingen interessiert war, machte er selbstverständlich keine großen Fortschritte. Als er später an Reisen und einer militärischen Karriere größeren Gefallen fand, kümmerte er sich überhaupt nicht mehr um die Staatsgeschäfte und wandte sich ganz der Kriegskunst zu. Die Beamten haben seine militärischen Ambitionen immer stark unterstützt – denn dann war er wenigstens nicht zu Hause. Man ermutigte ihn also in seiner Vorliebe, die sich zu einer wahren Leidenschaft entwickelte, und benutzte sogar seine Liebe zu mir als Mittel zum Zweck im Interesse derer, die in seinem Namen regieren wollten. Man zeigte ihm lediglich die Oberfläche der Dinge und brachte auf diese Weise einen der gerechtesten Menschen dieser Welt dazu, Ungerechtigkeiten zu begehen. Das Vertrauen, das er mir allmählich schenkte, und meine eigenen Beobachtungen enthüllten mir die Kehrseite seiner Situation. Die aufrichtige, tiefe Zuneigung, die ich zu ihm gefaßt hatte, erweckte in mir den sehnlichsten Wunsch, ihn glücklich zu sehen, so daß ich (als ich merkte, daß man mich als Mittel mißbrauchte, ihn seinem Zuhause zu entfremden und von seinen wirklichen Interessen abzulenken) eine Zeitlang alles daran gesetzt habe, ihn an ein Leben ohne mich zu gewöhnen. Ich glaubte nämlich, daß er, wenn er den Winter über in seiner Residenz bliebe und die besten Stunden des Tages nicht mit mir verbrächte, seine Autorität bald wiedererlangen würde. 1745 habe ich meinen Willen durchgesetzt und unter allerlei Vorwänden den Winter allein in Kniphausen verbracht. Gott allein weiß, was es mich kostete, seinen flehentlichen Bitten und der Stimme meines Herzens Widerstand zu leisten. Doch trotz der Trennung von sieben oder acht Monaten hatte er die Geschäftsführung anderen überlassen, vor allem jenen Männern, die die Situation ausnutzten. Erst danach habe ich mich mit der Angelegenheit Detmold-Brake befaßt. Ich wurde mit den Verhandlungen betraut, und es stand mir frei, alle Akten und Dokumente einzusehen. Ich habe (übrigens mit seiner Billigung) manches erledigt, ohne ihn zu fragen, weil ich ihn damit nicht belästigen wollte. Ich glaubte seine übergroße Empfindlichkeit und Selbstlosigkeit besser zu kennen als sonst jemand. Ich versah mich mit allen Dokumenten, die ich zur Information brauchte, schrieb sie mit Hilfe meines Sekretärs ab und wandte mich um Rat an die fähigsten und integersten Männer, die ich kannte, die in juristischen Problemen beschlagen waren und als vorurteilsfrei galten. Sie halfen mir, Einsicht in die Materie zu erhalten und Entscheidungen zu treffen. Schließlich gelang es mir, einen Vergleich zu schließen, bei dem ein Teil von Brake einer dritten Partei abgetreten wurde. Ich wollte meinem lieben Freund den Kummer und die Enttäuschung über den Ausgang dieser Angelegenheit so lange wie möglich ersparen.

Charlotte Sophie Bentinck-von Aldenburg
an Albrecht Wolfgang zu Schaumburg-Lippe (ein Billett, 1747)

Soweit mein Bericht über die Verhandlungen in Detmold. Vertraue Deiner armen Sophie, vertraue ihrem guten Herzen, ihrer Treue, Liebe und ihrem Fleiß und beantworte dies alles mit ein wenig Feingefühl. Du sagst, leider könntest Du nichts für mich tun, aber ich fühle mich wie von Gott verlassen, wenn Du mich im Stich läßt. Ich bitte Dich nur um das eine, und wenn ich *das* bekomme, wenn Du mich daran nicht zweifeln läßt, kann mir nichts mehr geschehen. Was Detmold betrifft: Verzichte um Himmels willen nicht darauf, für Deine Freiheit zu bezahlen, wie und wann es Dir paßt; nur so kannst Du Dir die Vorwürfe anderer ersparen und Dein Haus retten.

Albrecht Wolfgang ist nur ein Schatten seiner selbst, aber auch Lottchen scheint verändert; sie zeigt sich nonchalanter, hinterhältiger (meint Charlotte Sophie) und auf eine unbekümmerte Art toleranter in dem sonderbaren Dreiecksverhältnis.

«In dieser Zeit hat sich zwischen meinem lieben Freund, meiner Cousine und mir eine sehr merkwürdige Beziehung entwickelt, die im Grund niemand, auch wir selber nicht recht begriffen haben. Als Wilhelm Anfang 1748 zurückkam, wunderte er sich sehr darüber. Er konnte seine Stiefmutter nicht leiden und machte ihr Vorwürfe, daß ihre Mitgift niemals ausbezahlt worden war. Er beschimpfte ihre Verwandten als ‹die Teufel aus Köthen und Siegen, die uns mit ihren ständigen Besuchen die Haare vom Kopf fressen›», schreibt

Charlotte Sophie später (in dem für sie so tragischen Jahr 1748) an Friedrich zu Schaumburg-Lippe.

Wilhelm zeigt sich über die Zustände in der Grafschaft in höchstem Maße verärgert. Falls Charlotte Sophie wegen ihrer Bemühungen in der Sache Detmold sein Lob erwartet hat, so sieht sie sich getäuscht. Nüchtern und kühl bezeichnet er ihr Vorgehen als irreal. Um seinen Vater zu schonen, hat sie alle Chancen auf eine wesentliche Sanierung verstreichen lassen. Er teilt ihr Mißtrauen gegen die Beamten der Kammer von Bückeburg nicht so ganz; es seien honette Männer darunter, eine Zusammenarbeit sei wichtig, Lehenner, der Kanzleivorsteher, sei guten Willens und gewissenhaft. Seit Wilhelm zum Manne gereift ist, hat Charlotte Sophie nicht mehr dieselbe Macht über ihn wie früher. Mit Albrecht Wolfgangs väterlicher Autorität ist es für immer vorbei. Obwohl Charlotte Sophie ihr möglichstes tut, um die intime Atmosphäre des «Triumvirats» wieder aufleben zu lassen, vermag keiner der drei die Ungezwungenheit und den kameradschaftlichen Ton jener herrlichen Stunden wiederzufinden.

Aus den 1748 von Charlotte Sophie Bentinck-von Aldenburg geschriebenen Briefen an Friedrich zu Schaumburg-Lippe

Ich habe meine ganze Beredsamkeit aufgeboten, um Wilhelm zu besänftigen und ihn wieder auf unsere Seite zu ziehen. Zum ersten Mal wußte ich überhaupt nicht mehr, woran ich mit ihm war. Er hatte die Gewohnheit, täglich nach dem Souper im Park mit mir spazierenzugehen. Wie früher schenkte er mir sein Vertrauen (so glaubte ich zumindest), gab mir Briefe zu lesen, die er geschrieben oder erhalten hatte, und erzählte mir von seinen Reiseabenteuern, kurzum, ich glaubte, ich hätte seinen Sinn geändert. Ich sprach darüber mit meinem lieben Freund, doch dieser sagte: «Mein Gott, wenn er doch endlich fortginge, ich werde erleichtert sein, wenn er weit weg ist. Die größte Freude seines Lebens besteht im Augenblick darin, mir all das Böse an den Hals zu wünschen, das ich ihm, wie er behauptet, angetan habe.» Während er sprach, begannen seine Tränen reichlich zu fließen. Ich begreife noch immer nicht, wie ich das mit ansehen konnte, ich glaubte, mir würde vor Kummer und Mitleid das Herz brechen. Ich brachte alles vor, was mir einfiel, um ihm diese Gedanken auszureden, die ich schwarzgallige Hirngespinste nannte – obwohl ich wußte, daß er nur zu recht hatte. Es ist schwer, etwas zu verteidigen, an das man selber nicht glaubt.

Kopfschüttelnd sagte er zu mir: «Ach, mein armes Kind, du siehst und weißt es genauso gut wie ich, es nagt an deiner Seele, aber du hast zu großen Respekt vor mir und willst es nicht zugeben. Ich zweifle längst nicht mehr, mein Entschluß steht fest. Gott bestraft mich jetzt, weil ich Wilhelm immer mehr geliebt habe als den armen Georg.» Dasselbe, sagte er, sei in seiner Jugend ihm und Ihnen widerfahren, man habe ihn immer dem jüngeren Bruder vorgezogen. Er machte sich bittere Vorwürfe, daß er bei der Erziehung seiner eigenen Kinder denselben folgenschweren Fehler begangen habe. Schließlich nahmen die geringschätzigen Äußerungen und zornigen Angriffe, die er von Wilhelm anhören mußte, dermaßen überhand, daß ich während unseres Aufenthalts in Stadthagen jeden Abend den Schiedsrichter spielen mußte. Bei unseren kleinen Soupers zu dritt hat Ihr Neffe unser armes Lottchen ständig verdächtigt und lächerlich gemacht. Zu meinem Verdruß mußte ich feststellen, daß es Wilhelm manchmal beinahe glückte, den Haß meines lieben Freundes gegen seine Frau zu wecken, wobei man bedenke, daß Ihr Bruder gar nicht weiß, was Hassen ist. Unter anderem erinnere ich mich an einen Abend, an dem Wilhelm mich in scharfem Ton fragte, in welchem Roman ich meine edlen Sympathiegefühle für Lottchen gelesen hätte. Er behauptete, ich spräche nur deshalb freundlich von ihr, um auf Ihren Bruder einen heldenhaften Eindruck zu machen. Das bewog mich zu der Antwort, ich fände nicht das mindeste Vergnügen daran, jemanden zu verletzen, für den ich Mitleid empfände; sie habe vielleicht weniger Fehler und Schwächen als ich oder andere Menschen, mit denen ich täglich umgehen müsse. Darauf fragte Wilhelm, seit wann ich so ritterlich in der Art eines Don Quichotte für sie in die Bresche spränge und warum ich nicht immer so nobel an ihr gehandelt hätte. Ich antwortete, er könne nicht behaupten, daß ich ihr jemals etwas Böses angetan hätte, und da ich zu spüren glaubte, daß sie ihrem Mann nur Gutes wünschte und alles für ihn tat, um sein Leben glücklicher zu machen und ihn nicht mit Kleinlichkeiten zu behelligen, zöge ich es vor, sie mit der Zuvorkommenheit zu behandeln, auf die jeder Mensch Anspruch habe.

Bald darauf fuhr Wilhelm nach Detmold und blieb dort einige Wochen. Am Tag seiner Heimkehr trat er an mein Bett (ich war sehr krank gewesen und mußte noch liegen). Ich sah ihm sofort an, daß es etwas Neues, etwas Besonderes gab. Er machte mir zuerst eine Menge Komplimente und schmeichelte mir mehr als gewöhnlich, gab sich aber auffallend weniger herzlich und vertraulich als sonst. Fräulein von Donop, die bei mir im Zimmer war, machte ein paar scherzhafte Bemerkungen über Dinge, mit denen er sie sonst zu nekken pflegte. Früher hatte er seinen Spaß daran, doch jetzt sah er sie nur finster an; er mußte sich Gewalt antun, um sich ein paar Worte abzuringen oder zu lächeln. Ihr armer Bruder fühlte sich damals gar nicht wohl; er lag krank zu Bett. Ich sagte, daß ich mir Sorgen um ihn machte, und fragte Wilhelm, ob er seinen Vater nicht sehr blaß finde. Er antwortete: «Ich habe ihn noch nicht gesehen, aber ich wette, daß er nicht daran sterben wird.» Und mit einem bitteren Lächeln fügte er hinzu: «Erst wenn er nicht mehr jammert und Anstalten zur Sparsamkeit macht, fange ich an, mir Sorgen um ihn zu machen.» Sein sonderbares Verhalten, die Redeweise, die ich nicht von ihm gewohnt war, raubten mir schier den Atem. Ich gab der Donop ein Zeichen, das Zimmer zu verlassen. Dann bat ich ihn, an mein Bett zu treten, und schaute ihm ganz fest in die Augen. «Bist das wirklich du, der so mit mir redet?» fragte ich. «Und sprichst du in diesem Ton von deinem Vater?» Ich faßte ihn bei den Händen und zog ihn auf einen Stuhl neben meinem Bett. «Auf mein Wort», sagte er, «ich liebe meinen Vater sehr, aber da ich nicht wie Sie verliebt in ihn bin, glaube ich so manches zu sehen, wie es sich in

Wirklichkeit verhält.» Ich erwiderte: «Was für Ausdrücke gebrauchen Sie da, mein Herr. Ich erkenne Sie nicht wieder. Was Sie da soeben gesagt haben, wurde Ihnen von anderen eingeblasen.» – «O nein», sagte er kühl, «davon kann keine Rede sein.»

Eine halbe Stunde lang mußte ich bitten und betteln und ihn mit allen lieben Worten überhäufen, die mir einfielen, bis ich dahinterkam: Wilhelm hatte in Detmold lauter betrübliche Wahrheiten erfahren. Das Haus Schaumburg-Lippe sei zugrunde gerichtet, verloren – ohne Hoffnung auf Wiederherstellung. Sein Vater sei der liebenswürdigste Grandseigneur der Welt, aber leider rinne ihm das Geld durch die Finger; mit seiner Schlamperei und Trägheit habe er das ganze Vermögen durchgebracht und sei unfähig, etwas davon zu retten. Ein großartiger Unterhalter in Gesellschaft von Damen, aber damit höre es auf. Eine schwere Krankheit erfordere eine Roßkur. Die einzige Rettung sehe er, Wilhelm, darin, alles zu verkaufen: die Juwelen, das Silberservice und die beiden Vogteien von Brake. Sein Vater werde sich nie dazu entschließen können, deshalb wolle er nach Berlin gehen und König Friedrich II. um eine Kompanie bitten, damit er nicht Hungers sterben müsse; im übrigen bitte er Gott, die Beziehung zwischen seinem Vater und mir zu segnen und uns Glück zu schenken anstelle irdischer Güter, an denen wir offensichtlich kein Interesse hätten.

Denken Sie sich einen Augenblick an meine Stelle und sagen Sie mir, wie es möglich ist, daß ich bei diesen Worten vor Elend und Verzweiflung nicht die Besinnung verlor, denn ich habe ihm von Anfang bis Ende geduldig zugehört. Außer jenem schrecklichen Augenblick, wo Ihr Bruder starb, habe ich noch nie im Leben etwas so Trauriges erlebt. Wie Sie sich vorstellen können, wollte ich ihn beschwichtigen und wandte dazu meine gesamte Beredsamkeit auf. Er beteuerte unter Eid, er habe in Detmold nur mit größtem Respekt von mir gesprochen; er habe sogar gesagt, falls ich mich dazu bereit finden könne, sei ich die einzige, die das Haus Schaumburg-Lippe retten und Ihren Bruder dazu bewegen könne, seine Pflicht als regierender Fürst auszuüben. Damals habe ich Wilhelm versprochen, mich persönlich für die Sparmaßnahmen, Reformen etc. einzusetzen. Ich riß mich zusammen und stand auf, so schwach, wie ich war. Ich schleppte mich ans Krankenbett Ihres Bruders und sorgte dafür, daß er nicht mit seinem Sohn allein gelassen wurde. Aber da mir erneut übel wurde und das Fieber so heftig wiederkehrte, daß man mich auf mein Zimmer zurückbringen mußte, gelang es Ihrem Neffen noch am selben Abend, meine Wachsamkeit zu hintergehen. Er vergaß sein Versprechen, und trotz des Fiebers, das Ihren armen Bruder plagte, griff er ihn mit heftigen Worten an. Er hielt ihm vor, nun, da er sein Haus durch große Ausgaben ruiniert habe, sei es auch seine Aufgabe, sich um dessen Sanierung zu bemühen. Seine Frau, die Prinzessin, habe seit 1730 mitsamt ihren Verwandten über zweihunderttausend Dukaten verfressen und verspielt, und es sei sinnlos, durch Prüfungskommissionen kleine Unterschlagungen aufzuspüren; vielmehr sei es nötig, alle Wertsachen zu verkaufen, von Zinntellern zu essen, überzähliges Personal zu entlassen und nur wenige, absolut zuverlässige Beamte im Dienst zu behalten. Ihr armer Bruder sagte ein paarmal: «Ich kann nicht mehr, ich habe Fieber, laß mich bitte heute abend noch in Ruhe.» Doch Wilhelm gab zur Antwort, er habe die Tirade nur zum Besten seines Vaters gehalten, und dieser werde sich gleich besser und erleichtert fühlen, sobald er den einzig richtigen Weg eingeschlagen habe. Ihr Bruder, aufs äußerste gereizt, warf alles durchs Zimmer, was in seiner Reichweite war, und rief: «Also gut, es sei, ich werde alles verkaufen, was ich auf der Welt besitze, und Hunderte von Menschen brotlos machen, doch ich bete zu Gott, daß ich sterben darf, bevor man mich zu alledem zwingt und du mich unter Kuratel stellen läßt.» Böse, aber nicht im mindesten beeindruckt verließ Wilhelm das Zimmer. Sein Vater erlebte eine schreckliche Nacht.

Für kleine Intrigen geschaffen, außerstande, ohne Skandal zu leben, gekränkt wegen der Rolle, die sie gegen ihren Willen spielen mußte (und die, um die Wahrheit zu sagen, auch nicht die angenehmste war), empfand Lottchen für mich nur rasende Wut, während sie

Wilhelm mit großer Furcht und Bewunderung, aber auch mit Haß und Verständnislosigkeit begegnete. Ausschließlich aus taktischen Erwägungen wollte sie ihn als Freund behalten. Mit dreimal mehr Talent zum Intrigieren begabt, als man glauben möchte, hatte sie Wilhelm nach all den langen Jahren gut genug kennengelernt und wußte, welche Schwächen er hatte. Und diese Schwächen nutzte sie aus. Sie tat ihrer Natur Gewalt an und begann sich bei ihm einzuschmeicheln. Es klingt verrückt, wenn ich das sage (und ich bin weiß Gott nicht stolz darauf), aber sie begann, mich nachzuahmen; sehr bald schon übertraf sie mich an Nonchalance und Ausgelassenheit. Sie wurde plötzlich lebhaft und beweglich. Es war nichts Besonderes mehr für sie, lange Wanderungen zu machen und sich stundenlang anzustrengen. Einmal ließ sie sich sogar verleiten (eine unerhörte Sache!), durch einen Graben zu waten, so daß ihre hübschen Schuhe im Schlamm steckenblieben. Sie machte sich die Finger schmutzig, faßte eine Pfanne an, ohne in Ohnmacht zu fallen, und durchquerte zu Fuß, nur von einer Hofdame und einem Lakaien begleitet, die Stadt Bückeburg.

Vermutlich denken Sie jetzt, *ich* sei an ihrem ganzen Kummer schuld gewesen. Ich weiß, daß sie das zu jedermann sagt, aber ich weiß auch, daß sie selber nicht daran glaubt. Was ihr Mund spricht, kann sie vor ihrem Gewissen nicht verantworten. Ich wage sogar zu behaupten, dies habe zur Entstehung jener Sympathie geführt, die Ihr lieber Bruder für mich empfand. Natürlich fällt es schwer, sie zu verdächtigen, sie habe mit Menschen wie Wilhelm und dem Kanzleivorsteher Lehenner konspiriert, die ihren Fall als Grundbedingung für ein wechselseitiges Einvernehmen, ja eine Verschwörung betrachteten. Ich konnte das seinerzeit auch absolut nicht glauben. Manchmal hatte ich heimlich Mitleid mit ihr, wenn ich überlegte, was ihr bevorstehen könnte – obwohl ich andererseits sehr wohl wußte, daß Ihr Bruder niemals zugelassen hätte, daß man seine Frau des Landes verwies. Ich hatte ihre aufdringlichen Zuneigungsbeweise für Wilhelm zwar bemerkt, doch da sie stets dazu neigte, ihre Freundschaft überschwenglich zu äußern, glaubte ich, es handle sich nur um ein Anzeichen vorgeblicher Mutterliebe, und hielt mich nicht weiter dabei auf. Die Augen wurden mir erst in Stadthagen geöffnet, am Tag nach dem Geburtstag Ihres armen Bruders, der sich so herzlich bedankt hatte für Ihre Aufmerksamkeit (und die Ihres Personals), morgens keinen Lärm zu machen, wenn er noch schlief. Als Wilhelm an jenem Morgen kurz vor acht Uhr mit seiner Pistole durchs offene Fenster feuerte, nur so zum Vergnügen, schickte ich rasch Fräulein von Donop zu ihm mit der Bitte, er möge aufhören, sein Vater schlafe noch. Im selben Augenblick erschien die Prinzessin auf dem Balkon des höher gelegenen Stockwerks und ermutigte Ihren Neffen weiterzuschießen, wobei sie ihm diverse andere Ziele vorschlug. Das paßte so gar nicht zu ihr, daß ich überhaupt nichts verstand. Ein andermal, als wir wieder in Bückeburg waren (kaum eine Woche vor seinem Tod), machten wir zu dritt, sie, Ihr Bruder und ich, einen kleinen Ausflug mit der Kutsche, als er in einem gegebenen Moment eine abfällige Bemerkung über die Herren der Kammer machte. Die Prinzessin verteidigte sie vehement, was Ihren Bruder so ärgerte, daß er sie zornig anfuhr. Ich zitterte vor Angst, denn ich sah die tödliche Blässe, die sein Gesicht überzog; ich wußte aus Erfahrung, daß es nur wenig bedurfte, damit sein Fieber wieder hochschnellte. Er sagte, es sei neu für ihn, sie gerade diejenigen verteidigen zu hören, die sie schon seit zehn Jahren auszuschalten versuche. Offenbar nehme sie die Menschen erst dann in Schutz, wenn sie merkte, daß *er* etwas gegen sie habe. Sie antwortete, das sei tatsächlich genau das, was sie in bezug auf die Minister getan habe. Er bemerkte dazu, die christliche Nächstenliebe sei doch oft eine sehr geschickte Maske, die man für alles und jedes benutzen könne, aber er sehe auch, daß dieser Mummenschanz nicht immer respektabel sei. Als er ins Schloß hineinging, zitterten seine Beine vor Wut. Die Tränen standen mir in den Augen. Die Prinzessin stieg die Treppe hinauf und sagte mit hämischem Lächeln, ein Mensch, der bei vollem Verstand und außerdem ein gläubiger Christ sei, dürfe sich nicht so gehenlassen.

Auch als er schon todkrank war, machte Ihr lieber Bruder noch gewisse Pläne, die er nicht mehr ausführen konnte, und zwar wollte er mit Ihnen, mit seinem Sohn und den Ministern sprechen. Er wollte in Ihrer Gegenwart allen die Wahrheit über die Beziehung zwischen ihm und mir bekanntgeben, von der damals niemand Genaueres wußte, aus Liebe zu mir und meinen Kindern. Sie waren ja selbst im Zimmer anwesend, als er seinen Wunsch äußerte. Ich weiß nicht, ob Sie gehört haben, was er zu mir sagte; er trug mir auf, seinen Sohn und die anderen aus Bückeburg kommen zu lassen. Ich beschwor ihn, davon abzusehen, und drängte ihn so sehr, daß er mir versprach, bis zum nächsten Tag zu warten. Sein Zustand verschlechterte sich zusehends. Sein Sohn und ich waren bei ihm im Zimmer. Er rief Wilhelm an sein Bett: «Wo ist dein Onkel?» fragte er. «Wo sind die Minister? Ich will vor allem, daß dieser Schurke Lehenner hierherkommt.»

Wilhelm zeigte auf seine Stirn, um anzudeuten, daß sein Vater nicht bei Sinnen sei. «Nein», sagte Ihr armer Bruder, «ich phantasiere nicht. Ich weiß sehr gut, was ich sage. Ich habe kein Fieber mehr, aber ich fühle, daß meine Tage gezählt sind, und bin Madame verpflichtet, ihr öffentlich die Ehre zu erweisen, die ihr gebührt.» Ich beschwor ihn, das nicht zu tun, ich hatte Angst vor den Folgen seiner Offenherzigkeit. Er sagte: «Aber wenn du mich daran hinderst, was soll dann aus den Kindern und aus deinem guten Ruf werden? Du weißt, wie die Prinzessin ist, du kennst deine Mutter und all die anderen frommen Leute.» Ich sagte ihm, er wisse sehr gut, daß, wenn ich das Unglück hätte, ihn zu verlieren, mir alles andere egal sei; es genüge mir, wenn sein Sohn begreife, daß er mir nicht nur seine Liebe geschenkt, sondern mich auch mit seiner Hochachtung beehrt habe; mehr verlangte ich nicht. Er wandte sich darauf zu Wilhelm: «Deine verstorbene Mutter war für mich die Liebste auf Erden und diejenige, deren Verhalten ich am meisten bewundert und respektiert habe. Und doch mußt du wissen, daß ich genausoviel Achtung für die Frau Gräfin hier empfinde. Wenn Gott mir noch eine Gunst gewähren wollte, wünschte ich mir, ich dürfte noch eine Woche länger leben und bekäme die Gelegenheit, Madame vor aller Welt für alles zu entschädigen, was sie um meinetwillen geopfert hat.» Wilhelm murmelte etwas zwischen den Zähnen. Ich hatte den Eindruck, er glaubte, wir führten eine abgesprochene Szene vor ihm auf. Als er das Zimmer verließ, tippte er sich nochmals an die Stirn. Später sagte er zu mir: «Wissen Sie, mein Vater und Sie haben mir eine Szene aus einem Roman vorgespielt, in optima forma.» Er schlug vor, die Sache dadurch zu regeln, daß man *Ihnen* die «Schuld» anlastete: «Wie ich annehme, wird mein Onkel Friedrich sich niemals vermählen, auf diese Weise würde niemand Schaden erleiden.» Ich antwortete, ein Schlag ins Gesicht hätte mich weniger verletzt als diese Worte. «Ich wollte nichts als die Liebe und Achtung deines *Vaters*, er allein kann mir mein Recht verschaffen, indem er mir seine Zuneigung schenkt. Es ist mir lieber, man sagt mir dereinst nach, ich sei nicht würdig gewesen, euren illustren Namen zu tragen, als daß man deinen Vater einer unwürdigen Handlung beschuldigt.»

Ich hatte zu oft Gelegenheit, Lottchens Charakter zu ergründen, ja zu enttarnen, als daß ich ihr aufs Wort geglaubt hätte, vor allem, wenn es darum ging, mir zu schaden. Doch ich will meine über zwanzigjährige Erfahrung und die Meinung, die Ihr armer Bruder sich schließlich von ihr bildete, jetzt einmal außer acht lassen. Wenn Sie sich erinnern, was in jenen herzzerreißenden, schrecklichen Augenblicken passierte, wo Ihr Bruder seinen letzten Atemzug tat, und in den Tagen unmittelbar danach, so werden Sie mich kaum der Böswilligkeit bezichtigen können, wenn ich Ihnen sage, daß die Prinzessin aus purer Feindschaft mir gegenüber zu allem fähig ist. Als wir, sie und ich, vor unseren Augen den Mann hatten sterben sehen, der für uns beide der liebste auf Erden war, brach sie in heftigste Verwünschungen gegen mich aus. Gerade in diesem Augenblick hätten uns Kummer und Elend einander näherbringen sollen. In solchen schmerzhaften, unvorbereiteten Momenten kann ein Mensch sich nicht verstellen. Ich weiß nicht mehr, wie ich alles überstanden habe, denn ich war außer mir. Ich erinnere mich nur noch, daß ich um einen Aderlaß für mich und die Prinzessin bat. Am nächsten Tag kam einer der Minister und sagte mir in ihrem Namen, ich täte ihr großes Unrecht, wenn ich glaubte, sie hege auch nur den geringsten Groll oder Feindseligkeit gegen mich; im Gegenteil, sie sei sich meines Kummers und meiner unglücklichen Umstände zutiefst bewußt; sie wolle mir alles verzeihen, was jemals ihre Mißbilligung hervorgerufen habe, und flehe zu Gott, er möge mich stützen und trösten, außerdem wolle sie mir auf jede erdenkliche Art und Weise behilflich sein. Trotz ihrer früheren Eifersuchts- und Haßtiraden wollte ich ihr nur zu gern glauben. Ich bat den Minister, ihr folgendes auszurichten: Wenn ich ihr unglücklicherweise Leid zugefügt hätte, so bäte ich sie von ganzem Herzen um Vergebung, auch wenn mein Gewissen mir sage, daß ich mir in der Beziehung nichts vorzuwerfen habe; wenn sie zugeben könne, daß ein Mensch nicht immer Herr seiner Gefühle ist, so müsse sie auch so anständig sein, einer Frau nichts Böses zu wünschen, die niemals die geringste Absicht hatte, sie zu kränken, obwohl sie ihre Antipathie spürte und sich stets bemühte, ihre Zuneigung zu gewinnen. Ich sei dankbar für ihr freundliches Angebot, doch jetzt, da ich alles verloren hätte, was mir das Teuerste auf Erden war, hätte ich keinerlei Wünsche mehr. Ich ließ ihr sagen, ich sei bereit, mein Leben, das mir nur noch eine Last sei, für sie zu opfern, und beschwor sie, für immer in dem tiefen, aufrichtigen Schmerz zu verharren, der meiner Meinung nach jedem Menschen zur Ehre gereicht.

Später stellte sich heraus, daß der Minister meine Botschaft gar nicht überbracht hatte, sondern mir Worte in den Mund legte, die mit meinem Charakter absolut unvereinbar sind. Ich habe jedoch kein Aufhebens davon gemacht.

Man möchte glauben, nicht wahr, daß sich nach dem Tod Ihres lieben Bruders das gespannte Verhältnis zwischen der Prinzessin und mir gebessert hätte. Ich tat, was ich konnte, um ihr Ansehen in Wilhelms Augen zu erhöhen. Jedoch schon drei Tage nach dem schrecklichen Ereignis beschäftigte sie sich zu meinem großen Erstaunen mit ganz anderen Dingen. Ihr Neffe zeigte mir drei bis vier große Folio-Blätter, auf denen sie eigenhändig eine Liste angefertigt hatte von allen Dingen, die ihrer Ansicht nach ihr gehörten, auch die geringsten Kleinigkeiten hatte sie nicht vergessen. Dieser Mangel an Feingefühl kränkte mich zutiefst.

Später zeigte mir Wilhelm einen Brief, aus dem hervorging, daß die Prinzessin all die Jahre hindurch nicht nur mit de Larrey, sondern über diesen auch mit Bentinck regelmäßig Kontakt hatte. Sie schrieb, ich verpfuschte immer alles, was ich unternahm. Doch in jenen Tagen der Trauer war sie die Liebenswürdigkeit selbst; meine Kammerjungfer von Donop war tief beeindruckt.

Obwohl offiziell noch nicht volljährig, nimmt Wilhelm in Bückeburg das Heft in die Hand.

«Kaum an die Regierung gelangt, machte er in verbissener Wut mit der von seinem Vater entfalteten Pracht und Prunk kurzen Prozeß. Er ließ Gebäude abreißen (die Ruinen blieben einfach stehen) und die Parks verwildern; Möbel und anderer Hausrat wurden verkauft, weggeworfen oder zertrümmert. Die beiden Frauen mußten ausziehen, ihr Personal wurde entlassen. Auch die Verwaltung des Landes wurde von Grund auf erneuert.»

Charlotte Sophie Bentinck-von Aldenburg
an Friedrich zu Schaumburg-Lippe

Kniphausen, November 1748

Da ich mir heute vor Kummer und Wehmut keinen Rat mehr weiß, schreibe ich Ihnen diesen Brief. Ich habe eine dieser abscheulichen Wochen hinter mir, in der sich alles gegen mich verschwört, die Erinnerung an meinen Verlust neu belebt und mir zu Bewußtsein bringt, wie groß dieser ist. Die ersten Trauertage (als Sie vermutlich glaubten, mein Leid habe den Höhepunkt erreicht) vergingen in Wirklichkeit in einer Art Betäubung, für die ich jetzt den Preis bezahlen muß. Ich habe zwei bis drei Porträts unseres teuren Toten kopieren lassen von demselben Maler, der auch das Bild gemalt hat, das ich Ihnen geschickt habe. Ich glaubte vor Wehmut zu vergehen, als ich die Bilder zu Gesicht bekam. Ich habe sie in meinen Zimmern aufgestellt, und mit jedem Blick, den ich auf sie werfe, erleide ich eine wahre Folter. Gestern öffnete ich, ohne mir viel dabei zu denken, ein Geheimfach in meinem Schreibtisch, um nach einer Urkunde zu suchen, um die man mich gebeten hatte. Plötzlich hielt ich einen Brief meines lieben Freundes in der Hand. Sofort begann ich zu zittern wie in hohem Fieber, und so habe ich die ganze Nacht verbracht. Ich, die ich früher nicht wußte, was Angst ist, die ich furchtlos in der Krypta oder auf dem Friedhof eine Nacht allein verbracht hätte, fürchte mich jetzt dermaßen, daß ich nicht einmal am hellichten Tag allein in meinem Zimmer bleiben kann und fürchterliche Qualen leide, wenn meine Dienstboten mich einen Augenblick verlassen; das sind die Folgen des Entsetzens, das mich bei seinem Anblick auf dem Totenbett befiel; Eindrücke, die auch mit fortschreitender Zeit nicht verblassen werden.

November 1748 – Sommer 1749

Sie verstehen sicher, wie sehr mich Ihre Mitteilung erfreut, daß Sie das gute, innige Herz Ihres verstorbenen Bruders stets bewundert haben. Die einzige Freude, die mir im Leben noch verblieben ist: wenn ich sehe, wie man den einzigartigen Charakter jenes Mannes würdigt, den ich so zärtlich geliebt habe. Sie fühlten sich als Kind und Heranwachsender ihm gegenüber oft zurückgesetzt, dennoch haben Sie beide einander sehr geliebt. Einmal habe ich mit Ihrem Bruder über Sie gestritten; das war, als zwischen uns ein Mißverständnis über Ihren Gesundheitszustand aufkam. Bei dieser Gelegenheit sagte Ihr Bruder zu mir, Sie seien ihm teurer als alle Frauen der Welt. Seitdem pflegte er mich zu necken, indem er alle aufzählte, auf die ich eifersüchtig war, und dabei Ihren Namen an erster Stelle nannte.

Gesetzt, daß eine Person (eine Frau) auf dieser Welt nur *einen* wahren Freund besitzt und sich viele Jahre lang ganz diesem einen zuwendet; und daß dies nicht aus einer Laune oder aus der Macht der Gewohnheit heraus geschieht, sondern daß ihre Zuneigung sich ausschließlich auf die vortrefflichen Eigenschaften des Geliebten gründet; daß er ihr teuer, ja unersetzlich ist, weil er ihre Hochachtung, Freundschaft, zärtliche Liebe und Dankbarkeit erworben hat und weil, der allgemeinen Meinung zufolge, all diese Gefühle vollkommen berechtigt sind... Gut. Dann frage ich Sie, kann man es als Schwäche bezeichnen, wenn diese Frau nach seinem Tode den Rest ihres Lebens in Schmerz und Trauer verbringt? Ist es nicht ehrlich und wahrhaftig, und zeugt es nicht von tieferem Gefühl, als wenn sie es der Zeit erlaubt, ihren Kummer zu lindern oder sogar ganz auszulöschen? Ich argumentiere folgendermaßen: Der Verlust ist entweder echt oder *nicht* echt. Wenn das, was man verloren hat, nur in unserer Einbildung, in unserer Phantasie wertvoll war, dann sollte man, wie mich dünkt, keinen Augenblick um den Verlust trauern. Doch ich halte dafür, daß meine Trauer begründet ist. Wenn man mir jetzt das Recht auf Trauer zugesteht, kann man dann behaupten, ich hätte in zehn oder zwanzig Jahren kein Recht mehr, um ihn zu trauern? Wenn man die sogenannte Macht der Zeit gründlich analysiert, wird man (wie es mir tausendmal passiert ist) unwillkürlich betroffen durch die erstaunliche Leichtigkeit, mit der die Menschen sich trösten und sogar ihre Erinnerungen an die größten Wohltaten und zärtlichsten Bindungen verlieren. Und das sage ich nicht, weil ich (tief erschüttert über die eigene Situation und immerzu Anfällen von Verzweiflung über den jüngsten Verlust ausgeliefert) jetzt alle Menschen verpflichten möchte, Leid und Niedergeschlagenheit einen ewigen Wert beizumessen. Nein, ich denke schon seit vielen Jahren so, ich war immer sehr erstaunt, ja erbost darüber, wie leicht die Wunden des menschlichen Herzens heilen. Ich glaube nicht, daß irgendwer zu leugnen vermag, daß der Beweis für unsere Belanglosigkeit, für das Minderwertige der menschlichen Natur in unserer völligen Abhängigkeit von *Veränderungen* beschlossen liegt.

Unwandelbarkeit und Ewigkeit sind Attribute Gottes; der Mensch kann einen solchen Grad der Vollkommenheit nie erreichen, sosehr er auch danach strebt. Im Laufe meines Lebens habe ich oft über das Wesen der Menschen nachgedacht. Unter den vielen, die ich gut kannte und die sich im Laufe der Zeit mit dem Verlust eines geliebten Menschen abgefunden haben, gab es keinen einzigen, den ich als Freund, geschweige denn als Herzensfreund haben möchte.

Sie schreiben: «Ich betrachte das Gefühl als eine Folge rein körperlicher Ursachen und Unvollkommenheiten, die nun einmal mit unserem materiellen Dasein fest verbunden sind.» Da muß ich Ihnen widersprechen. Ich glaube, daß auch mit einem Verstorbenen ein inniges Band bestehenbleibt, eine Verbundenheit auf einer ganz anderen Ebene zwischen unserem Geist und dem Geist des geliebten Toten, ein viel stärkeres Band als irgendeine körperliche Vereinigung.

Wie ich gestehen muß, kann ich mich nicht damit abfinden, daß die Empfindungen von Zärtlichkeit, Achtung und Liebe, die den einzig wahren Reichtum jedes vernunftbegabten Geschöpfes ausmachen, nichts anderes sein sollen als Erscheinungen, die der seelenlosen Materie innewohnen. Unzählige Male habe ich an mir selbst erfahren, daß kein unmittelbarer Zusammenhang besteht zwischen jenen Gefühlen und der erniedrigenden Sklaverei der Sinne, die ich verabscheue und die meiner Meinung nach niemals zu wirklichem Genuß und Glück führen, gerade weil unsere Sinne so unzuverlässig und wandelbar sind.

Besitzen Sie vielleicht ein Porträt Ihrer verstorbenen Schwägerin Margarethe Gertrud? Ich erinnere mich nicht, jemals ein solches bei Ihnen gesehen zu haben. Ich habe eines, auf dem sie einen weißen Schal auf dem Kopf trägt, wie sie es angeblich gern tat. Der Größe nach ist es ein Pendant zu dem Porträt meines lieben Freundes, das ich Ihnen geschickt habe. Ich besitze noch eine fast genauso gute Kopie von dem Bildnis der liebenswerten Frau, für die ich, ohne sie gekannt zu haben, immer Sympathie empfunden habe und die ich jetzt beneide. Früher, als ich noch die glückliche Besitzerin des Schatzes war, den sie hinterlassen hat, hatte ich tiefes Mitleid mit ihr. Doch leider hat sich das Schicksal zu ihren Gunsten gewendet; wenn sie in meinem Herzen lesen könnte, würde sie nun ihrerseits mich bitter beklagen.

Nur kurz zu Ihrem Vorschlag, ich solle mit Ihrem Pastor Jaquet in Briefwechsel treten und ihn um geistlichen Beistand bitten: Ich habe nur eines dagegen einzuwenden, nämlich, daß ich mir nicht sicher bin, ob dieser Herr Jaquet, wenn er alles über uns weiß, nicht mit weniger Achtung Ihres verstorbenen Bruders gedenkt als jetzt. Ich kenne seine Denkweise nicht, ich weiß nicht, ob er entschuldigen kann, was er von Amts wegen mißbilligen müßte, angesichts einer Liebe, deren Umstände er, Herr Jaquet, nicht beurteilen kann; eine Liebe, die von meinem Standpunkt aus völlig gerechtfertigt erscheint, seitens meines lieben verstorbenen Freundes jedoch weniger verständlich ist, da ich keine der brillanten Eigenschaften besitze, die ihm nach Meinung aller Menschen, die ihn gut gekannt haben, zu eigen waren.

Begründete Trauer und wahrer Schmerz müssen und können ein Leben lang anhalten, ohne Geist oder Charakter zu beeinträchtigen. Keinesfalls ein Zeichen von Schwäche, liefert ein solcher beständiger Kummer vielmehr den Beweis einer großen inneren Kraft, vorausgesetzt, daß die betreffende Person ihre Gefühle auf eine edle Art auszudrücken vermag, die eines aufgeklärten Geistes würdig ist. Und mit «Schmerz» meine ich in diesem Fall keine übertriebenen Verzweiflungsausbrüche, theatralisches Wehklagen oder Händeringen, kurzum jene Exzesse, die meist einem rein leiblichen Bedürfnis entspringen.

Herr Jaquet hat mir geraten, mein Heil in einfachen Vergnügungen zu suchen, etwa im Studium der Natur oder im ländlichen Leben. Doch ich weiß, daß ich darin keine Ablenkung finden werde. Gewiß, ich werde seinen Rat befolgen und im Garten spazierengehen; er weiß jedoch nicht, daß jeder Pfad, jede Hecke, jede Allee und sogar die kleinste Laube mich an *ihn* erinnert, der diesen Garten für mich entworfen hat, der die Anlage beaufsichtigt hat und der wohl hundertmal mit mir auf diesen Pfaden gewandelt ist, denn das ist ausgerechnet der Mann, um den ich trauere. O ja, ich werde mit dem Gärtner reden, aber dabei werde ich an die vielen Gespräche denken, die *er* einst mit ihm geführt hat, und so werden die Spaziergänge und das Plaudern für mich zu einem Gift, das meine Trübsal vertieft und verdoppelt. Hat Herr Jaquet denn nicht mit dieser Möglichkeit gerechnet? Dazu will ich gleich sagen, daß dies kein Hinderungsgrund ist für eine Frau, die ihren Kummer pflegt und behalten will. Nur daß mir jedesmal das Herz bricht, sooft ich den Garten betrete, der mir nach Herrn Jaquets Rat Trost spenden soll. Ich tue, was er vorschlägt, ich will es gar nicht anders.

Mit meinem eigenen Gewissen im reinen und ohne Furcht, Ihrem lieben Bruder könne zum Nachteil gereichen, «was die Leute reden», habe ich nichts dagegen, mit einem Mann von Ehre und hochstehendem Geist offen über die Dinge zu reden, derentwegen ich (seiner Meinung nach) so sehr zu verurteilen bin. Herr Jaquet wird mich zweifellos verstehen, sobald er meine Beweggründe und die tatsächlichen Verhältnisse kennt. Ich finde es gar nicht schlimm, wenn er über alles Bescheid weiß. Ein Mann von seinem Format findet keinen Gefallen daran, andere zu verdammen. Er steht so hoch über den gewöhnlichen Menschen, daß er niemanden zu demütigen braucht, um sich selbst zu bestätigen. Ich wiederhole also: Ihr Bekannter, Pastor Jaquet, erscheint mir von allen Sterblichen der respektabelste, um ein Urteil über mich zu fällen, doch mehr als das seine gilt mir das Urteil Gottes und mein eigenes. Sie und ich wissen, was im Laufe der Jahre geschehen ist. Auch Herr Jaquet darf es wissen, und um ihm zu beweisen, welchen Wert ich auf seine Meinung lege, wünsche ich lediglich, daß er sich noch eine Weile mit seinem Urteil zurückhält, bevor er mir verbrecherische Charakterschwäche oder Sittenlosigkeit vorwirft. Ich kann nicht weiterschreiben, mein Kopf, mein Verstand, meine Gefühle sind total verwirrt, meine Augen versagen mir den Dienst.

Charlotte Sophie Bentinck-von Aldenburg an Charles von Donop
(ein Billett)

26. November 1748

Du hast den gestrigen Tag mit einer lobenswerten Tat abgeschlossen, die mich unsäglich glücklich gemacht hat. Integrität und Aufrichtigkeit sind die wesentlichen Tugenden eines wahrhaften «honnête homme», so daß ich sehr froh bin, in Deinem Charakter Anzeichen dieser Eigenschaften zu entdecken. Du hast Deine Fehler und Deine Ungezogenheit wiedergutgemacht und durch Deine Ehrlichkeit allgemeine Achtung verdient; ich bin mir sicher, daß Dein Verhalten auch Dir selbst eine Freude bereitet hat, die mehr wert ist als das vergnüglichste Spiel. Sag mir, ob das stimmt und ob Du gestern abend, als Du zu Bett gingst, nicht von Herzen froh warst.

(ein Billett) 6. Dezember 1748

Bitte, tu mir den Gefallen und erzähl mir, ob Du gestern mit Dir selbst zufrieden warst. Ich habe es nicht in mein «Memoirenbuch» geschrieben, weil ich es nicht genau wußte; ich lege großen Wert darauf, zu hören, ob Du noch immer ein gutes Gewissen hast – das einzige wahre Glück. Ich werde erst zufrieden sein, wenn ich das weiß. Komm bald und stell mich zufrieden.

Charlotte Sophie Bentinck-von Aldenburg
an Friedrich zu Schaumburg-Lippe

Sie können sich keine Vorstellung davon machen, welches Elend ich im Augenblick ertragen muß. Dänemark hat eine Untersuchungskommission eingesetzt, die ausgerechnet in dieser für mich so furchtbaren Zeit einen Lokaltermin in Varel und Kniphausen anberaumt hat. Meine Mutter hat sich nämlich einschüchtern lassen und allerlei unvernünftige Dinge getan, meine Beamten haben mich auf widerwärtige Weise betrogen. Unsere Leute sind in dieser Woche damit beschäftigt, für meine Mutter Beschwerdebriefe, Bittgesuche und Inventarlisten abzufassen, um die leidige Angelegenheit vor der dänischen Kommission zu rechtfertigen, und ich armer Tropf muß das alles beaufsichtigen. Ich denke den ganzen Tag an meinen teuren Toten. Die Menschen in meiner nächsten Umgebung wissen, daß ich über nichts anderes sprechen will als über ihn. Jede Stunde, die ich mit den unseligen Geschäftsaffären vergeude, betrachte ich als Verrat an *ihm*. Er war die Seele des Ganzen, er hat mir geholfen und mir gesagt, was geschehen soll. Doch jetzt muß ich alles tun, um zu verhindern, daß man meiner zweiundsiebzigjährigen Mutter auf die unmenschlichste Weise ihren Besitz abspenstig macht. Bei jedem Schritt, zu dem ich mich zwinge (ich habe seit drei Monaten keine größere Strecke zurückgelegt als von meinem Bett zum Sessel und zurück), fühle ich, daß diese Aufgabe zu schwer ist für eine Frau, deren Gefühle und Gedanken sich nur auf eines richten. Alles andere interessiert mich nicht. Dennoch tue ich mein Bestes, und sei es nur, um mir spätere Reue und Selbstvorwürfe zu ersparen: das einzige Unglück, das mir bislang Gott sei Dank noch nie widerfahren ist.

Die dänische Kommission stellt nach Abschluß der Untersuchung fest, daß in Varel und Kniphausen zu Recht von Mißwirtschaft gesprochen werden kann. Charlotte Sophies Befugnisse werden auf

Null reduziert; in der neu eingesetzten Verwaltungsbehörde hat ihre Mutter nur ein formales Mitspracherecht, sie selbst überhaupt keines.

Wilhelm Bentinck genießt unterdessen international großes Ansehen, seit er bei den Ereignissen im Jahre 1747, die man in Holland als «Umsturz» bezeichnet, eine führende Rolle übernommen hat. Er hat Unruhen unterdrückt, Mord und Totschlag verhindert und die Wiedereinführung der erblichen Statthalterschaft der Oranier gesichert. Bei der Amtseinführung des Prinzen Willem IV. in die Kammer der Generalstaaten war es Bentinck, der den Prinzen in den Saal geleitete und eine feurige Rede hielt. Charlotte Sophie ist zu Ohren gekommen, daß Willem sein Haus am Lange Voorhout in Den Haag dem Prinzen vermietet hat und nun bei seinen Söhnen in Leiden wohnt. Antoine und Jean haben dort (in bemerkenswert jugendlichem Alter) ihre Studien begonnen. Durch Willems Vermittlung ist es auch de Larrey gelungen, endlich Karriere zu machen. Dank der Empfehlungsschreiben aus Ostfriesland wurde der ehemalige Verwalter des Hauses Aldenburg in den Dienst des Prinzen von Oranien übernommen und von den Staaten der Niederlande als Wortführer einer Handelsdelegation nach Paris geschickt.

Anläßlich dieser und anderer Nachrichten wird Charlotte Sophie, die allein in ihrem Landschlößchen zu Kniphausen lebt, bewußt, daß sie nichts kann, nichts weiß, nichts *ist*. Sie hat keinen Menschen, auf den sie sich stützen kann, sie besitzt keinen Heller, ist aber verantwortlich für ihre unehelich geborenen Kinder und deren Betreuer. Wie schon früher spielt sie auch jetzt manchmal mit dem Gedanken, ihrem Leben ein Ende zu machen. Sie sieht keinen einzigen Lichtblick mehr.

Dann findet sie, als sie ihrer Mutter bei der höhererseits befohlenen Inventarisierung hilft (Wilhelmine Marie beschreibt liebevoll und minuziös den Inhalt ihres Kabinettschranks mit kostbaren Kuriositäten und überläßt den Papierkram der Tochter), zufällig ein Porträt, das Albrecht Wolfgang in glücklicheren Zeiten über sie geschrieben hat, um Wilhelmine Marie mehr Einsicht in das Wesen ihrer Tochter zu verschaffen. Sie hat es seinerzeit eigenhändig für das Album ihrer Mutter abgeschrieben, und Wilhelmine Marie hat auf der Rückseite vermerkt: «Porträt von Lede gatiif» (fehlerhafte Schreibweise von gavtiv), «Porträt eines bösen Mädchens»:

Die Frau, die ich zu beschreiben versuche, liefert innerhalb einer Viertelstunde genügend Material, um mühelos mehrere Bände zu füllen, so eigentümlich ist ihr Wesen. Doch ich bilde mir ein, auch mit wenigen Worten viel über sie sagen zu können, was mir um so leichter fällt, da ich mein Schreiben an Menschen richte, die sie fast genauso gut kennen wie ich.

Sie ist groß und wohlgebildet von Gestalt; ihre Art zu handeln beseelt sie. Das ist ihr vornehmlichster Adelsbrief, sie braucht keinen anderen vorzuweisen. Das weiß sie selbst auch, wie man auf den ersten Blick sehen kann. Dennoch erreichen ihre Umgangsformen noch nicht jenen Grad von Vollkommenheit, den wahre Kenner fordern. Ihr «air» ist landesüblich, aber nicht von ungefähr. Der Geruch von Erde haftet ihr an, von Heimatboden, doch obwohl dieser unverkennbar ist, neigt man dazu, ihren ausgeprägt ländlichen Charakter wegen seiner Einzigartigkeit zu verklären; Leute mit mangelnder Einsicht oder Sachkenntnis dürfen sie wegen ihres «bäuerlichen Wesens» nicht leichtfertig kritisieren. Ihr Äußeres ist fast genauso schwer zu definieren wie ihr Charakter. Sie ist ernst und offen, manchmal ein wenig stur, noch häufiger aber gleichgültig und kühl. Wenn sie will, gibt sie sich als feine Dame der Gesellschaft. Gefügig ist sie nie, weiß aber dennoch zu gefallen. Fragt mich nicht, wie. Ich weiß es nicht, ich *fühle* es nur. Ihre Augen sind groß, blau, ein bißchen vorgewölbt. Sie hat einen wohlgeformten Mund und ein ovales Gesicht. Sie ist blond und hat eine hohe Stirn; ihre Hände könnten schöner sein, obwohl sie sich große Mühe mit ihrer Pflege gibt. Sie ist nicht auf den Mund gefallen, die Worte gehen ihr leicht von den Lippen, aber sowohl in Geist und Stil als auch in ihrem Auftreten hat sie einen einzigen Fehler, der sie hindert, fast allen anderen Frauen der Welt überlegen zu sein: Es mangelt ihr an Sanftmut, an jenem natürlichen Liebreiz, der für ein weibliches Wesen absolut unentbehrlich ist. Mit ihrem Herzen muß ich mich eingehender befassen als mit ihrem Gesicht. Ihre wichtigsten Charakterzüge sind folgende. Ich kenne nur wenige Menschen, die in so hohem Maße besitzen, was man ein «empfindsames Herz» nennt. Wenn man mich fragt, was ich damit sagen will in bezug auf die Frau, die ich hier schildere, so behaupte ich: ein empfindsames Herz bedeutet in ihrem Fall, daß sie ein überaus reizbares Nervensystem und ein intensives Gefühlsleben besitzt. Bei der geringsten Kleinigkeit gerät sie außer sich, sie ist empfänglich für die oberflächlichsten Eindrücke; ihre «Humanität» ist eher durch ihre körperliche Verfassung, durch Muskelschwäche und Gewohnheit bedingt als durch Prinzipien oder vernünftige Überlegungen. Ihr «gutes Herz» zeigt sich in übertriebener Freigebigkeit, teils aus Vergnügen an der Sache, teils aus einem Hang zu Verschwendung und Eitelkeit. Es kennt auch die Gefühle der Liebe, doch diese sind ihr, anders als ihre Freigebigkeit, nicht angeboren. Zärtlichkeit bedeutet für sie Schwäche oder Gefühlsduselei. Es wäre höchst unpassend, wenn eine so liebreizende Frau wie sie nie geliebt hätte. Also gibt sie sich jede erdenkliche Mühe zu lieben, doch oft verkennt sie die Symptome. Sie weint leicht, und wenn ihre Tränen getrocknet sind, glaubt sie, sie sei jetzt richtig zärtlich gewesen. Oft verwechselt sie körperliche Zustände mit echten Gefühlen. Trotzdem ist sie zur Liebe wie zum Haß fähig, doch beide Formen der Leidenschaft enthalten niemals niedrige Elemente. Ihr Wesen ist geprägt durch eine angeborene Vornehmheit, die vollkommen natürlich ist und nur einer gewissen Anleitung bedarf; sie würde allenthalben große Bewunderung hervorrufen, wenn sie ihrer Geistesbildung mehr Aufmerksamkeit geschenkt hätte und wenn die Atmosphäre in der Welt hochgestellter Personen, in der sie lange Zeit verkehrte, ihr erlaubt hätte, eigene Prinzipien zu entwickeln. Ihr Temperament, ihr lebhaftes Wesen sind ihre einzigen Richtlinien; und da sie einen Sinn für Größe und natürliche Würde hat, wird die Leidenschaft sie automatisch auf den (rechten) Weg führen, von dem sie mangels Urteilsvermögen und fester Prinzipien dann doch immer wieder abweicht. Der Mangel an Grundsätzen, oder, wenn Sie so wollen, das unbändige Feuer der Genialität macht sie zu einer gefährlichen Gegnerin, aber niemals zur böswilligen Feindin. Sogar ihre Fehler erhöhen noch ihren Reiz, und wenn man sie als Freundin gewonnen hat, gibt sie sich als liebenswürdigste Frau der Welt. Dann läßt sie ihren Gefühlen freien Lauf, Gefühlen, die keine Grenzen kennen und von ihrem Geist und ihrer Phantasie ins Unendliche getragen werden. Das ist ein immenser Reichtum, ein unerschöpflicher Born der Inspiration für die entzückendste Verbindung, die man jemals mit einem anderen Menschen eingehen kann. Und doch muß man im Umgang mit ihr stets auf Fallgruben und Fußangeln bedacht sein. Wie bei vielen vortrefflichen Dingen von erlesener Qualität gibt es auch hier Schattenseiten. Obwohl sie alle Eigenschaften besitzt, die einen Menschen zu einer festen Bindung befähigen, verhindern gewisse Charakterfehler, daß man sich auf die Beständigkeit ihrer Liebe verlassen kann. An erster Stelle ihrer Untugenden steht der Hochmut, gekoppelt mit einem hohen Maß an Leichtsinn (ein Verhaltensmuster, das sie im Umgang mit der «großen Welt» erworben und weiterentwickelt hat). Außerdem ist sie sehr mißtrauisch, eine unvermeidliche Folge der vielen Schicksalsschläge, denen sie so lange ausgesetzt war. Durch diese Schicksalsschläge sind die meisten ihrer schlechten Eigenschaften bedingt – die übrigens fast alle nur oberflächlicher Natur sind, denn im Grunde überwiegt das Gute in ihrem Wesen; trotz vorübergehender Launen und Zornausbrüche, denen sie stärker unterworfen ist als die meisten Menschen. Sowohl ihre Verfehlungen als auch ihre positiven Eigenschaften wurzeln in ihren geistigen Qualitäten. Sie ist sehr geistreich, mit einem Gespür für das Erhabene, lebhaft, scharfsinnig, feinfühlend, zu abstraktem Denken fähig, doch mangels ausreichender Bildung ist ihr Urteil nicht immer richtig. Ihr Geist ist wie ein Diamant, zur einen Hälfte schlecht geschliffen, zur anderen noch im Rohzustand; doch mit dem richtigen Schliff hätte dieser Stein alle seine Artgenossen in den Schatten gestellt. Ein unseliges Zusammenwirken von Faktoren hat sie daran gehindert, die (wer weiß) bedeutendste Frau ihres Zeitalters zu werden. Ihr bezauberndes Aussehen, die Ehrenerweise, die man ihr entgegengebracht hat, die Menschen, mit denen sie täglich verkehrt, die hochgestellten Kreise, in denen sie zu Hause ist, die Wechselfälle ihres Lebens, ihre Erfolge und sogar ihre Mißerfolge sind die eigentlichen Ursachen für ihre verzögerte Entwicklung; ohne Hilfe und verständnisvolle Anleitung hatten ihre glänzenden Talente keine Gelegenheit, sich frei zu entfalten. Niemals hatte sie die Chance, zu jener Frau heranzureifen, die sie auf Grund ihrer Gaben hätte werden können, Gaben, die sie, verglichen mit anderen Frauen, überreichlich besitzt. Ich muß noch etwas zu ihrem Geist sagen, um den Verdacht auszuräumen, *er* sei schuld an ihren Launen und rasch wechselnden Stimmungen. Ihr (suchender) Geist regiert zwar alle anderen Aspekte ihrer Persönlichkeit, er beeinflußt ihre Urteilsbildung und beherrscht ihr Gefühl und Verhalten, aber an ihren Zornausbrüchen, Spleens und ähnlichen Anwandlungen ist er nicht schuld. Die Unbeständigkeit ihres Gemüts beruht vielmehr auf den körperlichen Ursachen, die ich schon früher aufgezählt habe bei dem Versuch, ihre Herzlichkeit und «Güte» zu definieren. Ihr Geist könnte ausgeglichener und in ihrem Dasein richtunggebend sein, wohnte er nicht in einem Körper, der (zu ihrem Unglück) schön und wohlgestaltet ist und mit so vielen äußeren Reizen ausgestattet, daß er fast ihre gesamte Aufmerksamkeit beansprucht, da sie zu großen Gefallen an ihm findet. Ohne diesen Stolperstein hätte sie sich mit Sicherheit zu einer so harmonischen Persönlichkeit entwickelt, wie sie eine geistig lebendige Frau nur werden kann.

Es bleiben noch ein paar typische Züge, die ich am Schluß dieser ziemlich flüchtigen Porträtskizze erwähnen will. Material ist reichlich vorhanden, um als Grundlage für das merkwürdigste und außergewöhnlichste Bildnis zu dienen, das je ein Künstler gefertigt hat. Die Frau, die mir vor meinem geistigen Auge Modell steht, besitzt außer ihrer physisch bedingten Gutherzigkeit, ihrem edlen und hochstrebenden Geist, ihrer funkelnden Phantasie noch eine

Vielzahl angenehmer wie unangenehmer Eigenschaften, die alle ihren Ursprung in dem von mir soeben Angedeuteten haben. Ihre angeborene Eitelkeit macht sie überheblich, starrsinnig, manchmal sogar scharfzüngig; ihr übersteigertes Selbstwertgefühl macht den Umgang mit ihr schwierig. Dagegen beherrscht sie die Kunst, dank eines besonders ausgeprägten Einfühlungsvermögens auch die kompliziertesten Charaktere zu analysieren. Ihre Empfindungen und Gedanken drückt sie mit vollkommener Anmut aus, niemand versteht es wie sie, auch die feinsten Nuancen in Worte zu fassen. Ständig hat sie ein treffendes Scherzwort auf der Zunge. Immer wieder entfahren ihr die feinsinnigsten Bemerkungen, die neuesten, originellsten, scharfsinnigsten Ideen; ihr bereitet es fast genausoviel Mühe, sich zurückzuhalten, wie anderen Menschen, sich auszudrücken. Außerdem ist sie aufrichtig, direkt und gerecht; gern tut sie ungefragt anderen Gutes, weil dies ihrer Natur entspricht; doch erweckt sie auch gelegentlich den Eindruck, aus purer Verspieltheit falsch und bösartig zu sein. Ein andermal ist sie zu edelmütigen Taten und rührender Offenheit fähig; den Jähzorn, der mit ihr durchgehen will, hält sie durch ihr Gefühl im Zaum, wobei dieses Gefühl (seinerseits geleitet durch eine hemmungslose Phantasie) sie oft in die andere Richtung übers Ziel hinausschießen läßt. Ihr Temperament, ihre eigenwillige Geistesbeschaffenheit, ihre inneren Widersprüche ergeben zusammen eine Persönlichkeit, der gegenüber man niemals gleichgültig bleiben kann; im Gegenteil, ob man will oder nicht, man muß sie entweder innig lieben oder bitter hassen.

Auf Charlotte Sophie wirkt die Lektüre der Charakterskizze wie eine Botschaft aus dem Jenseits. Ihre Vitalität kehrt zurück, ihre Bereitschaft zu kühnen Plänen, schnellen Entschlüssen, durchgreifendem Handeln. Noch bevor das Jahr 1749 zu Ende geht, verläßt Charlotte Sophie ihr «Reich», ihre Heimat. Sie ahnt nicht, daß es ein Abschied für immer ist. Nie wieder wird sie den Boden von Varel und Kniphausen betreten (mehr als ein halbes Jahrhundert später wird man sie im Sarg darübertragen, wenn sie, in ihrem Todesjahr 1800, in der Kirche zu Varel beigesetzt wird).

Sie reist zuerst nach Berlin. Ihr Ziel ist nicht nur, am Hofe Friedrichs II. sich größtmögliche Protektion und tatkräftige Hilfe gegen Willem Bentinck und Dänemark zu verschaffen, sondern auch jene Dame von Welt, jener geschliffene und polierte Diamant zu werden, den Albrecht Wolfgang in ihr vermutet hat. Ihre Kutsche rumpelt über die Landstraßen (ob sie manchmal an die «zehn Pferde» denkt?) und trägt sie in ein neues Leben inmitten der Großen der Erde: zu einem König, einer Kaiserin, einem Philosophen, zu Ministern und Gesandten, Feldherren und Gelehrten, und in fernen Ländern, auf einer eigenen «grand tour», zu neuen Liebschaften, neuen Enttäuschungen und einem neuen Selbstbewußtsein.

Doch das ist eine andere Geschichte.

Wir, Willem Graf Bentinck, Herr van Rhoon und Pendrecht, Mitglied der Holländischen Ritterschaft, Präsident des Abgeordnetenrats der Provinz Holland, Kurator der Akademie von Leiden etc. pp., stellen fest und geben bekannt, daß: Charlotte Sophie Gräfin Bentinck, geborene Gräfin von Aldenburg, unsere Ehegattin, beschlossen hat (um den Meinungsverschiedenheiten und Auseinandersetzungen ein Ende zu setzen, die sich im Laufe der Jahre bezüglich unseres Erbteils und unserer finanziellen Verhältnisse zwischen uns ergeben haben), unseren geliebten Söhnen Chrétien Frédéric Antoine und Albert Jean ihren gesamten Besitz in Deutschland abzutreten. Hierzu hat sie eine Schenkungsurkunde mit folgendem Wortlaut unterzeichnet:

Ich gebe jedermann zu wissen, daß ich, Charlotte Sophie Gräfin Bentinck, geborene Gräfin von Aldenburg, Herrin von Varel, Kniphausen und Doorwerth, der Sorgen und Lasten überdrüssig bin, die mir die Verwaltung meiner Landgüter bislang auferlegt hat, und daß ich im Bestreben, von den damit verbundenen Scherereien befreit zu werden, mich freiwillig und wohlüberlegt entschlossen habe, meine Besitztümer, sofern diese in Deutschland gelegen sind, meinen geliebten Söhnen Chrétien Frédéric Antoine und Albert Jean unter den nachstehend aufgeführten Bedingungen zu übertragen:

1. Nach reiflicher Überlegung und aus völlig freiem Willen trete ich zu meinen Lebzeiten durch Schenkung an meine obgenannten Söhne für ewig und unwiderruflich ab: die Herrschaften Varel und Kniphausen sowie meinen gesamten übrigen Grundbesitz in Deutschland, sowohl feudal als zu Lehen empfangen, Fideikommiß oder nicht, mit allen zugehörigen Prärogativen, Privilegien, Freiheiten, Rechten und Ansprüchen sowie allen Untertanen, Weilern, Dörfern, Gebäuden, Seen, Flüssen, Fischteichen, Wäldern, Gehölzen, Feldern, Weiden, Steuereinnahmen, Zinsen, Einkünften und Gewinnen... mit der Auflage, daß zu meinen Lebzeiten sie (und nach ihnen ihre legitimen Nachkommen beiderlei Geschlechts) als Eigentümer gelten, d. i., daß nach dem derzeit im Hause Aldenburg geltenden Erstgeburtsrecht mein ältester Sohn Graf Chrétien Frédéric Antoine diese Herrschaften und Ländereien in seinen Besitz nimmt, auf dieselbe Weise und auf Grund derselben Rechte, nach denen ich bislang Eigentümerin derselben war; während der Zeit ihrer Minderjährigkeit sollen die obgenannten Besitztümer von Graf Bentinck, ihrem Vater und natürlichen Vormund, verwaltet werden.

2. Ich entbinde alle Beamten und Bewohner meiner Herrschaften und Landgüter von der Verpflichtung, mir Gehorsam zu leisten, und trage ihnen auf, diesen Gehorsam fortan meinen Söhnen zu geloben, daß heißt für die Zeit ihrer Minderjährigkeit meinem Ehegatten, Graf Bentinck, ihrem Vater.

3. Um keinen Anlaß oder Vorwand zu Unruhen zu geben und um mich an den Geist und die Intention von Artikel 1. der Vereinbarung zu halten, die am 15. April 1740 zwischen Graf Bentinck und mir geschlossen wurde, verpflichte ich mich, die obgenannten Landgüter und Herrschaften nicht mehr zu betreten (es sei denn, um meine Mutter zu besuchen). Etc. pp.

6. September 1754

In den letzten Septembertagen des Jahres 1761 trifft eine vornehme Dame mit großer Dienerschaft und einer Fracht Gepäck in der Stadt Mainz in Süddeutschland ein; sie kommt aus Italien (wo sie in Venedig vom Dogen empfangen wurde) über die Schweiz (wo sie einen alten Freund, den großen Schriftsteller Voltaire, in seinem Landhaus besucht hat). Sie will nach Norden, in die Herrschaft Jever, die den mit ihr verwandten Fürsten von Anhalt-Zerbst gehört und die man ihr offensichtlich für unbegrenzte Zeit als Unterkunft angeboten hat. Man rät ihr eindringlich ab, durch Westfalen zu reisen; die Straßen sind unsicher, in der Gegend wimmelt es von Räubern, die alle Kutschen anhalten und ausplündern. Die Dame entschließt sich für die andere Route über die Vereinigten Niederlande, den Zuiderzee und die beiden Frieslande. In ihrem Paß steht der Name Baronin von Hertzberg. Wer sich in genealogischen Zusammenhängen auskennt, knüpft leicht die Verbindung zu einem Schloß desselben Namens in der Grafschaft Schaumburg-Lippe. Die Baronin bekommt alle erbetenen Geleitbriefe und Stempel und mietet ein Schiff, mit dem sie rheinabwärts reist. Bei Köln wird das Schiff leckgeschlagen, ein anderes Fahrzeug ist weder für Geld noch für gute Worte aufzutreiben. Mit der Postkutsche fährt sie über schlechte Sandwege nach Arnhem und von dort aus nach Amsterdam. Die Gazetten, die sie sich bringen läßt, enthalten beunruhigende Nachrichten: in Ostfriesland sind Unruhen ausgebrochen, die von Soldaten niedergeschlagen werden. Die Baronin von Hertzberg will die Reise um jeden Preis fortsetzen; mit einem Sonderpaß und einem Freibrief des kaiserlich österreichischen Gesandten muß es ihr gelingen. Sie begibt sich nach Den Haag, um Seine Exzellenz persönlich um die benötigten Dokumente zu bitten. Dort bezieht sie ein Zimmer im Gasthof «Das Parlament von England».

Anonymes Billett, zugestellt an Albert Jean Bentinck auf Sorghvliet

Wenn ich mir die Freiheit erlauben darf, mein Herr: Eine sehr alte Bekannte, die Sie selbst vielleicht ebenfalls wiedersehen möchten, bittet Sie inständig um die Gunst, für ein paar Augenblicke in den Gasthof «Das Parlament von England» zu kommen und dort nach der Baronin von Hertzberg zu fragen. Die wohlwollende Gewährung ihrer Bitte, die ganz Ihrem großmütigen Wesen entspräche, würde sie mit größter Dankbarkeit erfüllen. Doch Sie dürfen zu niemandem darüber reden, bevor sie die Ehre hatte, mit Ihnen zu sprechen. Sie verläßt sich auf Ihre Diskretion.

Aus den Aufzeichnungen von Wilhelmine Marie von Aldenburg von Hessen-Homburg

Meine Tochter hatte von dem Aufstand in Ostfriesland vernommen. Sie wußte nicht, was sie tun sollte, und beschloß, nach Den Haag zu fahren und sich über den Stand der Dinge zu erkundigen. Dort sprach sie mit niemandem außer mit denjenigen, die sie zu Rate ziehen mußte; ein einziges Mal hat sie die Klosterkirche besucht. Eines Tages hörte sie zufällig, daß Graf Bentinck einer Sitzung der Generalstaaten beiwohnte und daß ihr jüngerer Sohn auf Sorghvliet weilte. Die Sehnsucht nach ihm verleitete sie zu einem Ausflug nach Sorghvliet. Sie nahm den Sekretär und die Kammerfrau mit und ging in ihrer Mitte. Die Frau des Gärtners ließ sie über eine kleine Brücke in den Park ein. In der Ferne erblickte sie zwei Herren, einen hochgewachsenen Mann und einen anderen, der etwas kleiner war. «Der kleinere ist vielleicht mein Sohn!» Ihre Aufmerksamkeit richtete sich so ausschließlich auf den kleineren der beiden, daß sie an dem anderen vorüberschritt, ohne ihn zu beachten. Im Vorbeigehen tauschten sie höfliche Grüße. Meine Tochter und ihre Begleitung begaben sich zur Orangerie, wo die

Orangenbäumchen in Blüte standen. Sie sah, daß die beiden Herren eilig den Park verließen und auf der anderen Seite der Brücke stehenblieben. Der Sekretär fragte die Gärtnersfrau: «Wer sind die beiden Herren?» Sie antwortete: «Der eine ist der Herr des Hauses, der andere ein Engländer.» Beim Verlassen des Parks mußte meine Tochter nochmals an ihnen vorbei. Sie sahen einander fest in die Augen, und meine Tochter grüßte überaus ehrerbietig. Bentinck rannte ins Haus und riß ein Fenster auf, von dem aus er sehen konnte, was weiter geschah. Meine Tochter setzte ihre Schoßhündchen auf den Boden (sie hatte das eine getragen, die Kammerfrau das andere) und ging ihres Weges. Der Sekretär fragte die Gärtnersfrau, ob der junge Graf Albert zu Hause sei. Sie sagte, er sei mit seinem angehenden Schwiegervater auf dessen Landgut gereist. Später ließ Bentinck durch seinen Notar, einen Laufburschen und einen weiteren Bedienten Drohungen gegen meine Tochter ausrichten; sie antwortete, wenn er nicht auf sie gewartet hätte, hätte sie ihn nicht erkannt, und im übrigen habe sie nichts Tadelnswertes getan. Der Park von Sorghvliet stehe allen Leuten offen. Bentinck weiß nicht einmal, wer dort spazierengeht.

«Heute, am 5. Oktober 1761, habe ich im Namen des hochgeborenen Herrn Bentinck van Rhoon einen Strafantrag gestellt gegen eine Dame, die zur Zeit im oberen Vorderzimmer des Gasthofs ‹Das Parlament von England› wohnt, des Inhalts, daß gemäß dem ersten Artikel des Vertrags, der seinerzeit zwischen obgenanntem Herrn Bentinck van Rhoon und dem Bevollmächtigten jener Dame geschlossen wurde, sie nicht befugt ist, Den Haag oder einen anderen Ort, an dem obgenannter Herr Bentinck van Rhoon sich befindet, aufzusuchen und dort zu verweilen; sie dürfe nicht gegen diese Abmachung verstoßen, wenn sie nicht wünsche, daß man Zwangsmaßnahmen gegen sie trifft.»

Die fragliche Dame packt ihre Koffer und fährt mit der Kutsche nach Amsterdam zurück. Von dort aus schreibt sie einen langen Brief an den kaiserlichen Gesandten, den sie aus ihrer Zeit in Wien persönlich kennt. «Bentinck hat versucht, mich einzuschüchtern. Ein Vollstreckungsbeamter, ein Faktotum und ein Knecht sind zu mir gekommen und haben behauptet, man hätte mich gleich erkannt, ‹weil ich noch genauso jung und schön aussähe wie vor zwanzig Jahren›. Die holländische Galanterie verfehlte ihren Zweck. Ich lachte dem pedantischen Schnösel, dem man solche groben Komplimente aufgetragen hatte, ins Gesicht. Am schlimmsten für mich ist, daß ich meinen Sohn keinen Augenblick zu Gesicht bekommen habe.

Hier sitze ich nun in der großen, unbehaglichen Stadt Amsterdam und warte auf einen Teil meines Gepäcks und auf günstigen Wind, um mich nach Gegenden einzuschiffen, die seit kurzem vom Elend des Krieges heimgesucht werden. Man nennt Amsterdam zu Recht die Schaubühne des Handels und Gewerbes, ganz und gar dem Mammon geweiht. Was die Stadt trotzdem für mich erträglicher macht als andere holländische Städte, ist, daß man hier keinen Haß zu spüren bekommt, der sich gegen freundschaftliche Verbindungen und Abmachungen richtet, und nichts von jener ausgesprochenen Voreingenommenheit gegen die Gegenpartei bemerkt, wie man sie in Den Haag antrifft. Auch in anderer Hinsicht ist Amsterdam unser Interesse wert. Was die Lage und Anlage betrifft, so finde ich die Stadt weitaus weniger anziehend als Venedig, dennoch enthält sie Kunstwerke, die das Auge des Kenners entzücken. Inmitten einer unglaublichen Menge abscheulichen Trödelkrams findet man echte Meisterwerke der Mal- und Bildhauerkunst. Ich beobachte hier Eifer und Fleiß in reinster Gestalt und sehe, wie diese die natürliche Trägheit der Bewohner überwunden haben. Dies ist, wie mich dünkt, der einzige Ort auf Erden, wo Betriebsamkeit die Menschen respektabler macht, weil ihr Arbeitseifer das Wohl der Gemeinschaft sichtlich fördert. Mir will scheinen, als sähe ich hier in Amsterdam die

Quelle dieser Vorteile in einem helleren Licht: im Licht der milden, göttlichen Toleranz, der Mutter von Wohlstand, Glück und Freiheit, der Tochter der Gerechtigkeit und Nächstenliebe.»

Nachwort

Dieses Buch wäre nie zustande gekommen ohne die Stiftung «De Gelderse Bloem» (in deren Namen Johan van der Woude mich einlud, in Gelderland nach einem «Stoff» zu suchen) und das Reichsarchiv Gelderland (wo Reichsarchivar Dr. G. J. Mentink meine Aufmerksamkeit auf eine umfangreiche Dokumentensammlung aus dem Hause Middachten lenkte, die den Nachlaß von Charlotte Sophie Gräfin Bentinck, geborene Gräfin von Aldenburg, enthielt). Ich bin sehr dankbar, daß man mir freundlicherweise erlaubte, eine Vielzahl von Mappen zu studieren, und zwar sowohl im Reichsarchiv in Arnhem als auch an meinem Wohnort Den Haag (im letzteren Fall mit freundlicher Unterstützung der dortigen Abteilung für kostbare Handschriften der Königlichen Bibliothek). Von großer Bedeutung war für mich ferner die Erlaubnis, die in der British Library des British Museum in London vorhandenen Briefe an und von Willem Bentinck einzusehen, die in der Egerton Collection aufbewahrt werden. Der Archivar des Fürstlich Schaumburg-Lippischen Hausarchivs (das im Niedersächsischen Staatsarchiv in Bückeburg untergebracht ist) gewährte mir die Einsicht in die Korrespondenz von Albrecht Wolfgang Graf zu Schaumburg-Lippe. Dem Österreichischen Staatsarchiv in Wien bin ich ebenfalls zu Dank verpflichtet.

Ich widerspreche stets fußt als Ganzes auf authentischen Dokumenten und Briefen. Natürlich gibt es eine subjektive Interpretation der Fakten, die aus diesen Schriften hervorgingen, nachdem ich sie chronologisch geordnet hatte. Ich habe das eine oder andere redigiert, das heißt gekürzt; ich habe Wiederholungen, Abschweifungen und für den Gang der Geschichte meines Erachtens unwichtige Details weggelassen; hier und da, insbesondere in den Briefen von

Thomas de Larrey und Abraham Trembley, habe ich Abschnitte zusammengefaßt, wobei ich soweit wie möglich auf den originalen Wortlaut zurückgriff. In den Zwischentexten habe ich Informationen verarbeitet, die ich in den verschiedenen Archiven (über die unterschiedlichen Dokumente verteilt) oder in der ergänzenden Lektüre aus und über diese Periode gefunden habe. Ein einziges Mal habe ich (wo gesicherte Daten fehlten, aber der Fortlauf der Erzählung gewisse Auskünfte erforderte) das Wahrscheinliche als Tatsache genommen oder vorhandene, aber spärliche Fakten ein wenig «ausgeschmückt». Die verwendeten Texte sind meist aus dem Französischen übersetzt, der damaligen Verkehrssprache gebildeter Kreise; die Briefe von Willem Bentinck an seine Mutter und ihre Antworten sind ursprünglich englisch geschrieben, die (französische) Korrespondenz der verschiedenen deutschen Personen ist oft mit Worten und Redewendungen in ihrer Muttersprache durchsetzt. Der reizvolle Effekt, der sich daraus ergab, ging bei der Übersetzung leider verloren.

Mein Buch erhebt keinen Anspruch auf Wissenschaftlichkeit. Wegen der Fülle des Materials und weil es sich nicht um ein biographisches Werk mit wissenschaftlichem Charakter handelt, habe ich auf Quellenangaben verzichtet. Ich habe diese Form, eine Montage aus authentischen Stücken, gewählt, weil ich glaube, daß ich in einem Roman die Menschen nicht so echt und lebendig hätte darstellen können, wie sie es mit eigenen Worten über sich und andere getan haben.

Alphabetische Liste der Personen

A

Die Familie von Aldenburg

- Anton II. (1681–1738), Graf von Aldenburg, Herr von Varel, Kniphausen und Doorwerth.
- Charlotte (Lottchen), Prinzessin von Nassau-Siegen (geb. 1702), 1725 Heirat mit dem Fürsten von Anhalt-Köthen (gest. 1728), 1733 Heirat mit Albrecht Wolfgang, Graf zu Schaumburg-Lippe; Pflegetochter von Anton von Aldenburg.
- Charlotte Amélie (1652–1732), geb. Prinzessin de la Trémouille, Mutter von Anton II. von Aldenburg.
- Charlotte Sophie (1715–1800), Gräfin von Aldenburg, Reichsgräfin von Varel und Kniphausen, Tochter von Anton II. Graf von Aldenburg und Wilhelmine Marie, geb. Prinzessin von Hessen-Homburg; 1733 Heirat mit Willem Bentinck, seit 1740 Trennung von Tisch und Bett.
- Wilhelmine Marie (1678–1770), geb. Prinzessin von Hessen-Homburg, Gemahlin von Anton II. von Aldenburg.
- Anna von Hannover (1709–1759), Prinzessin von Großbritannien, Gemahlin von Wilhelm IV.

B

Die Familie Bentinck

- Willem Bentinck (1704–1774), Herr von Rhoon und Pendrecht, durch seine Heirat mit Charlotte Sophie, Gräfin von Aldenburg, auch Reichsgraf von Varel und Kniphausen; Sohn von Hans Willem Bentinck (1649–1709), Earl of Portland, und Lady Portland (1672–1752), geb. Jane Martha Temple.
- Charlotte Sophie Bentinck (1715–1800), Gräfin von Aldenburg, Reichsgräfin von Varel und Kniphausen, Tochter von Anton II. Graf von Aldenburg (1681–1738) und Wilhelmine Marie (1678–1770), geb. Prinzessin von Hessen-Homburg, 1733 Heirat mit Willem Bentinck, seit 1740 Trennung von Tisch und Bett.
- Albert Jean Bentinck (1737–1775), Sohn von Willem und Charlotte Sophie Bentinck.
- Antoine Bentinck (1734–1768), Sohn von Willem und Charlotte Sophie Bentinck.
- Charles Bentinck (1708–1778), Bruder von Willem Bentinck.

C

Charlotte (Lottchen), Prinzessin von Nassau-Siegen (geb. 1702), 1725 Heirat mit dem Fürsten von Anhalt-Köthen (gest. 1728), 1733 Heirat mit Albrecht Wolfgang, Graf zu Schaumburg-Lippe; Pflegetochter von Anton II. von Aldenburg.

Lucia de la Cour, Hofdame.

Madame Cordier, Kammerfrau.

D

Charles von Donop (geb. 1740), außerehelicher Sohn aus der Verbindung von Charlotte Sophie Bentinck mit Albrecht Wolfgang (1698–1748), Graf zu Schaumburg-Lippe; adoptiert von der Familie von Donop.

Fräulein von Donop, «Schwester» von Charles von Donop, Gesellschaftsdame von Charlotte Sophie Bentinck.

F

Franz Stephan I. (1708–1765), Herzog von Lothringen, Kaiser des Hl. Römischen Reiches Deutscher Nation, Ehegemahl der Kaiserin Maria Theresia.

Friedrich II. (1712–1786), Kurfürst von Brandenburg, König von Preußen.

J

Johanna Sophie, geb. Gräfin von Hohenlohe, Mutter von Albrecht Wolfgang zu Schaumburg-Lippe.

Johanna Elisabeth (1712–1760), Fürstin von Anhalt-Zerbst, geb. Prinzessin von Holstein-Gottorp, Freundin von Charlotte Sophie Bentinck, Mutter von Katharina II. «der Großen» von Rußland.

L

Thomas Isaac de Larrey (geb. 1703), bis 1744 Verwalter der Aldenburgischen Besitzungen Varel und Kniphausen. 1746 Sonderbotschafter der Generalstaaten in Paris. Nach 1749 zweiter Sekretär des Statthalters Willem IV.

M

Maria Theresia (1717–1780), Erzherzogin von Österreich, Königin von Ungarn und Böhmen, Kaiserin des Deutschen Reiches.

N

Herr Neubour, Ratgeber von Anton II. von Aldenburg in Varel.

P

Lady Portland (1672–1752), geb. Jane Martha Temple, Mutter von Willem und Charles Bentinck.

Die königliche Familie von Preußen

– Prinz August Wilhelm (1722–1758), Kronprinz von Preußen, Bruder von Friedrich II.

– Prinzessin Amelie von Preußen (1723–1787), Schwester von Friedrich II.
– Prinz Heinrich von Preußen (1726–1802), Bruder von Friedrich II.
– Prinz Ferdinand von Preußen (1730–1813), Bruder von Friedrich II.
– Friedrich II. (1712–1786), Kurfürst von Brandenburg, König von Preußen.

S

Die Familie zu Schaumburg-Lippe
– Albrecht Wolfgang, Graf zu Schaumburg-Lippe (1698–1748).
– Friedrich zu Schaumburg-Lippe (geb. 1702), Bruder von Albrecht Wolfgang.
– Georg zu Schaumburg-Lippe 1722–1742), Sohn von Albrecht Wolfgang zu Schaumburg-Lippe aus dessen erster Ehe mit Margarethe Gertrud von Oeynhausen (1700–1726).
– Wilhelm zu Schaumburg-Lippe (1724–1777), Sohn von Albrecht Wolfgang zu Schaumburg-Lippe aus dessen erster Ehe mit Margarethe Gertrud von Oeynhausen (1700–1726).
Herr Schrader, Ratgeber von Anton II. von Aldenburg in Varel.

T

Abraham Trembley (1700–1784), Schweizer Biologe, bis 1746 Erzieher von Antoine und Albert Jean Bentinck.

V

François-Marie Arouet, genannt Voltaire (1694–1778), Dichter und Philosoph.

W

Graf von Wassenaer van Obdam, Vormund von Willem Bentinck; dessen Schwester Isabella, vermählt mit dem Marquis de St. Auban.

Hofmeister Weisbrod und seine Frau, Bedienstete von Charlotte Sophie Bentinck.
Guillaume Weisbrod, außerehelicher Sohn aus der Verbindung von Charlotte Sophie Bentinck mit Albrecht Wolfgang, Graf zu Schaumburg-Lippe; adoptiert von Hofmeister Weisbrod.
Wilhelmine Marie (1678–1770), geb. Prinzessin von Hessen-Homburg, Gemahlin von Anton II. von Aldenburg.
Willem Karel Hendrik Friso (1711–1751), Prinz von Oranien-Nassau, seit 1747 als Willem IV. Statthalter der Republik der Vereinigten Niederlande.